UNIVERSITY *of* LIMERICK

Tá Cois Life buíoch de Bhord na Leabhar Gaeilge (Foras na Gaeilge) agus den Chomhairle Ealaíon as a gcúnamh.

An chéad chló 2010 © Antain Mac Lochlainn

ISBN 978-1-901176-99-5

Clúdach agus dearadh: Alan Keogh

Clódóirí: Brunswick Press

www.coislife.ie

Tiomnaím an leabhar seo d'Éamonn Ó hÓgáin, crann taca an Choiste Téarmaíochta

CLÁR

RÉAMHRÁ

Is é fios fátha an leabhair seo ná cabhrú le daoine téacsanna slachtmhara soiléire a chur ar fáil i nGaeilge. Tá comhairle agus cleachtaí ann a rachaidh chun sochair don ábhar eagarthóra agus don scríbhneoir araon. Tá súil agam go mbainfidh na dreamanna seo a leanas leas as an leabhar:

- Mic léinn agus teagascóirí atá ag gabháil do mhodúil aistriúcháin, eagarthóireachta nó cruinneas Gaeilge.
- Foghlaimeoirí aonair ar mian leo eolas a chur ar ghnéithe de cheartúsáid na teanga scríofa nach gclúdaítear i leabhair eile.
- Eagarthóirí agus aistritheoirí ar mian leo rialacha agus nósanna oibre a athbhreithniú agus a gcuid eolais a dhaingniú.

Comhairle ghinearálta atá ann seachas treoir chuimsitheach ar na sainscileanna a theastaíonn ó eagarthóir nuachtáin, ón bhfoireann eagarthóireachta i ngníomhaireacht aistriúcháin ná ón eagarthóir a dhéanann speisialtacht den scríbhneoireacht chruthaitheach. B'fhiú cuntas cuimsitheach a thabhairt ar na dúshláin a bhaineann le gach ceann de na réimsí oibre sin agus tuilleadh nach iad, ach tá an leabhar áirithe seo dírithe ar an aidhm chomhchoiteann a bhíonn ag gach uile eagarthóir agus scríbhneoir, is é sin téacs soléite a chur ar fáil atá chomh saor agus is féidir ó mhíchruinneas, ó dhoiléire agus ó dhébhríocht. Ní leabhar gramadaí atá ann ach tá a lán le foghlaim faoin ngramadach ann. Ní mhaífinn gur lámhleabhar poncaíochta é, ach tá súil agam go bhfuil míniú achomair ann ar ghnásanna poncaíochta na Nua-Ghaeilge. Tá súil agam mar an gcéanna go bhfuil ábhar maith machnaimh sna nótaí faoi chúrsaí stíle. Ní leor cruinneas litrithe agus gramadaí chun an dea-scríbhneoireacht a chothú.

Bhí mé ag iarraidh freastal ar riachtanais líon mór daoine a bhíonn ag plé leis an bhfocal scríofa. Dá bharr sin níl plé ar bith sa leabhar seo ar an obair theicniúil a bhaineann leis na céimeanna deireanacha d'fhoilsiú leabhar. Níl comhairle ann maidir leis an dearadh grafach, cuir i gcás:

- Roghnú cló-aghaidheanna.
- Toisí.
- Innéacsanna.
- Coimisiúnú agus ionramháil léaráidí.

Is eagarthóirí gairmiúla iad siúd a bhíonn ag plé leis an obair theicniúil sin agus ní dócha go bhfuil faic le foghlaim acu ó chúrsa tosaigh den chineál seo. Is mó a theastaigh uaim freastal ar an oifigeach Gaeilge a chaithfidh súil a chaitheamh ar dhréacht de thuarascáil bhliantúil, nó ar an iriseoir Gaeilge a chaithfidh slacht a chur ar alt. Is mar gheall air sin atá cuid mhaith den leabhar tugtha suas don bhall laige is mó atá ar lucht na Gaeilge: lagchumas teanga. Is mar gheall ar staid reatha na Gaeilge atá dhá aonad tugtha suas don aistriúchán. Is téacsanna aistrithe formhór na ndoiciméad Gaeilge a chuirtear ar fáil inniu, agus tá lorg na haistriúcháinise go trom fiú ar théacsanna a scríobhtar i nGaeilge an chéad lá riamh. Tá an Ghaeilge á saothrú faoi scáth an Bhéarla agus ní fhéadfaí gan éigean a dhéanamh uirthi lena linn sin.

Tá cuspóir eile ann: na scríbhneoirí féin a oiliúint chun slacht a chur ar a saothar féin agus tuaiplisí áirithe a sheachaint. Is beag teagmháil a bhíonn ag scríbhneoirí Gaeilge le heagarthóir riamh, ach iad go léir freagrach as a scríbhinní féin. Tá sin ar cheann de mhórlaigí na hearnála aistriúcháin ó Bhéarla go Gaeilge. Is fíorannamh a dhéantar eagarthóireacht ar bith ar théacs Gaeilge i ndiaidh don saoraistritheoir an chéad dréacht a chur ar fáil. Is beag comhlacht stáit nó gníomhaireacht aistriúcháin atá in ann breithiúnas a thabhairt ar aistriúchán Gaeilge – diomaite díobh sin ar speisialtóirí san aistriúchán Béarla–Gaeilge iad. Caithfear cóipeagarthóirí a dhéanamh de na haistritheoirí, mar sin.

Is mise a chum roinnt bheag de na samplaí agus na habairtí lochtacha atá sa leabhar seo ach d'aimsigh mé a bhformhór i dtéacsanna foilsithe. Rinne mé athscríobh áirithe ar chuid acu ach ní athrú chun donais a bhí ann i gcás ar bith; is amhlaidh a chuir mé slacht ar shamplaí áirithe d'fhonn aird an léitheora a dhíriú ar locht stíle nó ar locht comhréire ar leith seachas ar an mhíchruinneas gramadaí a bhí sna habairtí a foilsíodh. Ní gnách liom foinse na n-abairtí a lua mar ní mian liom duine ná dream ar bith a tharcaisniú. Is leor a rá nach raibh an cuardach dian. Tá cló daite ar na habairtí lochtacha i gcorp an téacs.

Tá súil agam fosta go gcuideoidh an treoir seo le lucht na Gaeilge teacht ar thuiscint níos fearr ar ról an chóipeagarthóra. Tá mé buíoch de na heagarthóirí gairmiúla sin a bhí toilteanach tamall comhrá a dhéanamh liom agus léargas a thabhairt ar a modhanna oibre féin. Is mór an chomaoin a chuir siad ar an leabhar seo.

Tá súil agam go bhfuil léargas fónta ar dhúshláin na cóipeagarthóireachta sna cleachtaí agus sa tráchtaireacht sa leabhar seo. Pléitear sciar maith de na lochtanna teanga is coitianta atá tugtha faoi deara agamsa i mbuntéacsanna Gaeilge agus in aistriúcháin ach, i ndeireadh na dála, níl ach méid áirithe is féidir lena leithéid seo de threoirleabhar a bhaint amach. Tá sé ráite go beacht ag Antain Mag Shamhráin san agallamh leis sa leabhar seo: 'Oiliúint sa phost is tábhachtaí ar fad, sin agus *comhoiliúint* a bheith ar siúl ag eagarthóirí, ag caint le chéile, ag lorg eolais ar a chéile, ag roinnt eolais ar a chéile, ag cur comhairle ar a chéile.'

Gabhaim buíochas le Foras na Gaeilge a thug coimisiún dom chun an leabhar seo a scríobh. Tá mé faoi chomaoin ag Caoilfhionn Nic Pháidín, Cois Life, a chaith dua agus dúthracht leis an tionscadal. Go deimhin, b'eiseamláir den dea-chleachtas eagarthóireachta an cúram a rinneadh den téacs seo. Mise amháin atá ciontach as cibé botún atá ann.

AONAD 1
RÓL AGUS DUALGAIS AN CHÓIPEAGARTHÓRA

Cuspóirí an aonaid seo

- Na téarmaí 'eagarthóireacht', 'cóipeagarthóireacht', 'stíl', 'clóchur' agus 'profú' a shainmhíniú.
- Léargas a thabhairt ar chineálacha éagsúla eagarthóireachta.
- Cuntas a thabhairt ar ról agus ar dhualgais an chóipeagarthóra.

1 Cineálacha eagarthóireachta

Ní tuiscint róchruinn a bhíonn ag an ngnáthdhuine ar obair an eagarthóra. Úsáidtear na focail 'eagarthóireacht', 'profú' agus 'ceartú' amhail is gurb ionann ciall dóibh. Ní miste dúinne na coincheapa agus na téarmaí sin a bheachtú.

Téarma an-leathan is ea 'eagarthóireacht' a chuimsíonn roinnt mhaith cúraimí, go háirithe i measc lucht na mórtheangacha a mbíonn d'acmhainn acu foireann iomlán a chur ag plé le gnéithe éagsúla den phróiseas foilsitheoireachta. Bíonn eagarthóirí soláthair (*procurement* nó *acquisitions editors*) ag na foilsitheoirí móra agus é de chúram orthu údair a mhealladh chun téacsanna a scríobh. Má fheictear do chuideachta foilsitheoireachta go bhfuil gá le téacsleabhar nua faoin dlí teaghlaigh, cuir i gcás, aimseoidh an t-eagarthóir soláthair saineolaí éigin le tabhairt faoin obair.

Tá eagarthóirí ann a mbíonn de chúram orthu comhairle a chur ar údair faoi ábhar agus faoi chaighdeán an téacs, mar shampla sleachta a athscríobh nó cur chuige a athrú. Tugtar eagarthóirí forbartha (*developmental editors*) nó eagarthóirí ábhair (*content editors*) orthu sin. D'fhéadfaí a rá gur 'maicreagarthóireacht' a dhéanann siad; gach seans go n-aithníonn siad lochtanna nó míleanúnachas sa téacs maidir le litriú, poncaíocht nó gramadach de, ach is mó a bhíonn siad dírithe ar an téacs a dhéanamh éifeachtach mar shaothar litríochta nó mar fhoinse eolais.

Tá léargas an-mhaith ar an gcineál sin eagarthóireachta sa leabhar *The Happiness of Getting it Down Right: Letters of Frank O'Connor and William Maxwell, 1945–1966*. Bhí Maxwell ina eagarthóir liteartha le *The New Yorker* agus bhí comhfhreagras rialta aige leis an scríbhneoir óg as Corcaigh. Ba mhinic a d'iarradh Maxwell ar an ngearrscéalaí cur síos níos iomláine a dhéanamh ar charachtair nó ar an áit a raibh an scéal ag titim amach, sa chaoi is go dtiocfadh le léitheoirí pictiúr aigne a chruthú ón téacs. 'The characters do not have the breath of life in them,' a scríobh Maxwell i dtaobh scéil a raibh O'Connor féin an-tógtha leis. B'éigean é a athscríobh. Is annamh a bhíonn a leithéid de chomhar idir eagarthóir agus údar Gaeilge, cé go bhfuil roinnt foilsitheoirí leabhar ann a dhéanann cúram ar leith de gach gné den téacs. Is **cóipeagarthóireacht** is mó a dhéantar ar théacsanna Gaeilge. Cineál de mhicreagarthóireacht atá inti agus is í is ábhar don chúrsa seo.

1.1 Ról an chóipeagarthóra

Déanann an cóipeagarthóir grinnléitheoireacht ar théacs chun gach meancóg, earráid agus míleanúnachas ann a cheartú. Is iomaí locht a d'fhéadfadh a bheith ar théacs.

- Mílitriú m.sh. achmhainn tairgeachta.
- Míchruinneas gramadaí m.sh. tús an bhliain airgeadais.
- Leaganacha neamhchaighdeánacha i dtéacs oifigiúil nó leathoifigiúil a mbeifeá ag súil le Gaeilge chaighdeánach ann m.sh. Na daoine go bhfuil a n-ainmneacha scrite i gclár na vótóirí.
- Débhríocht nó doiléire a bhaineann le focail ar leith nó le hord na bhfocal san abairt m.sh. Cuirimid seirbhísí ar fáil do chliaint atá ar ardchaighdeán.
- Róthionchar an Bhéarla m.sh. an fear leis an bhféasóg in áit 'fear na féasóige'.
- *Contre sens* i.e. focal a úsáid sa chiall mhícheart m.sh. an focal 'smachtbhanna' san abairt Caithfear smachtbhannaí Bhord an Chontae a fháil más mian imirt i Meiriceá Thuaidh. Is é 'cead' an focal a theastaíonn, murab ionann agus 'smachtbhanna'. Is dócha gurb é an focal ilchiallach Béarla *sanction* ba chúis leis an tuaiplis.
- Earráidí nó easpa leanúnachais sa phoncaíocht m.sh. comharthaí cainte dúbailte a úsáid i bparagraf amháin agus comharthaí cainte singile a úsáid i bparagraf eile.
- Earráidí nó easpa leanúnachais i leagan amach nó i bhformáidiú an téacs m.sh. spásáil, na ceannteidil i gclár na n-ábhar a bheith difriúil ó na ceannteidil i gcorp an téacs féin.

Is den chóipeagarthóireacht chomh maith gnéithe caolchúiseacha áirithe nach mbaineann le cruinneas gramadaí.

- Míchruinneas fíricí, míloighic nó laige i dtéis nó in argóint an téacs m.sh. 'D'úsáid Trotsky an lámh láidir chun éirí amach na mairnéalach in Kronstad a chosc, rud a chruthaíonn go mbeadh a réimeas siúd lán chomh brúidiúil le réimeas Stalin, dá mbainfeadh sé cumhacht amach.' An leor eachtra amháin chun a 'chruthú' go mbeadh Trotsky 'lán' chomh holc le Stalin?
- Friotal a dhéanfadh daoine a dhíspeagadh mar gheall ar aicme shóisialta, reiligiún, inscne, míchumas, claonadh gnéis nó cúlra eitneach m.sh. 'Ba de phobal Albanach oirthear Dhún na nGall é,' ag tagairt do Phrotastúnach a rugadh is a tógadh in Éirinn.
- Ráiteas clúmhillteach nó sárú cóipchirt.

Tá plé orthu sin agus ar ghnéithe eile d'obair an chóipeagarthóra sna cleachtaí agus sna nótaí seo. Tá dhá phúca eile le díbirt i dtosach: cén difear atá idir an chóipeagarthóireacht agus **profú** agus cén chiall atá le **stíl** i gcomhthéacs seo na cóipeagarthóireachta?

1.2 Profú

Is é profú an téacs an chéim dheireanach den phróiseas foilsitheoireachta. Déantar an téacs a **chlóchur** ar dtús. Tá roinnt téarmaí eile in úsáid seachas 'clóchur', mar shampla 'cló-eagar' *(compositing)* nó 'leagan amach leathanach' *(page layout)*. Is é a thuigtear astu go léir ná téacs a leagan amach i bhfoirm leabhair, irise nó eile. Obair láimhe a bhí ann tráth den saol ach is ar ríomhaire a dhéantar an téacs a ionramháil inniu. I ndiaidh an téacs a chlóchur tugtar cóip don léitheoir profaí. Bíonn a gcuid oibre déanta ag an údar agus ag an gcóipeagarthóir faoin am seo. Ba chóir go mbeadh gach ceartú agus athrú a mhol siadsan curtha i bhfeidhm ar an téacs. Is iad na foilsitheoirí, de ghnáth, a íocann as an gclóchur agus is iad a íocann as gach athrú a dhéantar ag céim seo an phrofaithe. Ní hinmholta, mar sin, an téacs a chur as a riocht le sleachta breise ná le mórchuid ceartúchán. Bíonn an léitheoir profaí ag lorg (1) lochtanna nár tugadh faoi deara le linn na cóipeagarthóireachta agus (2) lochtanna a fágadh gan cheartú nó a rinneadh go húrnua le linn don téacs a bheith á chlóchur.

Is gnách ligean d'údar an téacs breathnú ar na profaí agus méid áirithe athruithe a mholadh. Cuirtear teorainn le líon na n-athruithe, mar a léiríonn an Comhaontú Foilsitheoireachta seo de chuid McGraw-Hill.

> The Author shall read, correct, and return promptly to the Publisher all printed proofs of the Work. If the Author makes or causes to be made any alterations in the type, illustration, or film which are not corrections of typographical, drafting or Publisher's errors and which exceed 10 per cent of the cost of the original composition independent of the cost of such Author's alterations, the cost of the excess alterations shall be charged against any sums accruing to the Author under this Agreement.

Tá siombailí profaithe ar leith ann chun leasuithe agus ceartúcháin a thaispeáint ar an leathanach. Ní thugtar cuntas ar na siombailí sin anseo, ar roinnt cúiseanna. An chéad chúis ná go bhfuil an profú (sa chiall is cruinne den téarma) lasmuigh dár gcúram. An dara cúis ná gur tháinig nósanna oibre nua chun cinn le forbairt an Ríomhaire Phearsanta agus na próiseála focal. Deir roinnt eagarthóirí liom nár úsáid siad siombailí profaithe riamh agus nach bhfuil siad eolach ach ar na cinn is coitianta is fad. Más téacs pragmatach atá ann, mar shampla, leagan Gaeilge de thuarascáil bhliantúil nó alt Gaeilge atá le foilsiú i nuachtán, ní dócha go mbeifí ag plé le cóip chrua ag céim ar bith den obair. Is mór idir sin agus an fhoilsitheoireacht leabhar. Is céim riachtanach den phróiseas foilsitheoireachta profaí a chur ar fáil don údar agus don léitheoir profaí sa chaoi is go mbeifear ag plé leis an leagan den téacs is *gaire* don téacs foilsithe.

Ní hionann ar fad na siombailí profaithe a úsáideann an dream seo agus an dream seo eile, ach tá caighdeán leagtha síos do Bhéarla na Breataine (British Standard 5261: Part 2: 1976). Tá cuntas ar na siombailí is coitianta sa chaighdeán sin ag Samuelsson-Brown 1993: 185–190. Foinse mhaith eile is ea an leagan ar líne den *MHRA Style Guide* (*www.mhra.org.uk*).

Is fiú a rá nach mbíonn úsáid na dtéarmaí 'cóipeagarthóireacht' agus 'profú' comhleanúnach ó eagraíocht go chéile. Seans go dtabharfaí 'profa' ar leathanach ar bith atá le léamh, is cuma cén chéim den phróiseas eagarthóireachta a bheadh i gceist.

1.3 Stíl

Ceist chasta is ea ceist na stíle chomh fada is a bhaineann le dualgais an chóipeagarthóra. Is iomaí sin locht a d'fhéadfadh a bheith ar théacs seachas an míchruinneas follasach a pléadh faoi 1.1.

- D'fhéadfadh an téacs a bheith leamh, athráiteach m.sh. gach abairt a thosú le 'tá' nó 'bhí'.
- Seans go mbeadh an t-údar tugtha do nathanna seanchaite m.sh. 'an chloch is faide siar ar mo phaidrín', 'fáilte Uí Cheallaigh', 'ag dul siar ar bhóithrín na smaointe'.
- B'fhéidir go mbeadh an téacs líonta lán de na frásaí sin nach n-iompraíonn mórán céille ach a úsáidtear chun téacs a líonadh m.sh. 'San am atá inár láthair agus sna blianta atá amach romhainn…' ('Anois agus feasta…')
- Thiocfadh dó go mbeadh míloighic nó áiféis éigin ag baint le hord na bhfocal m.sh. 'Scaoileadh sa mhuineál é in aice na teorann.'

Ní i gcónaí a aimsíonn an scríbhneoir an réim is fearr a oireann do chuspóir an téacs. Is deacair do dhaoine a bhíonn ag plé le téacsanna oifigiúla a gcuid scríbhneoireachta a chur in oiriúint don ghnáthchumarsáid. Bheadh 'ag tiomáint faoi bhrí dí meisciúla' go breá sa taifead ar chás cúirte ach seans gurbh fhearr le hiriseoir 'ag tiomáint faoi thionchar an óil' nó a leithéid. Bíonn réim ró-íseal ann chomh maith, mar bíonn lucht na Gaeilge an-tugtha don nath tíriúil. Cad é a déarfá le 'Beimid ar mhuin na muice má éiríonn leis an Aire Airgeadais srian a choimeád ar bhoilsciú.'

Is le linn d'eagarthóirí a bheith ag plé le ceisteanna stíle is mó a theastaíonn cumas teanga, iomas agus scileanna pearsanta. Bíonn ciútaí stíle ann a thaitníonn le daoine áirithe ach a dtugann daoine eile fuath dóibh. Is rífhurasta géilleadh don chathú agus do stíl phearsanta féin a chur i bhfeidhm ar an téacs ar shlí a chuirfeadh olc ar an údar. Cuir i gcás go measann tú i bhfad an iomarca focal agus frásaí iasachta ón Laidin nó ón bhFraincis a bheith sa téacs. B'fhearr gan iad a athrú scun scan, ach an scéal a chur i gcead an údair go múinte réasúnta agus leasú a mholadh.

> Feicim go bhfuil an-chuid frásaí Fraincise sa téacs. Tá imní orm nach dtuigfeadh an gnáthléitheoir iad go léir. Ar mhiste *à propos* a athrú go 'maidir le' agus *savoir-faire* a athrú go 'fios gnó'?

Plé, murab ionann agus sraith orduithe, ba chóir a bheith sa chomhfhreagras idir eagarthóir agus údar. Ní i gcónaí a bhíonn an fonn ar údar glacadh le comhairle, ach caithfidh an t-eagarthóir a sciar féin den obair a dhéanamh go múinte, tomhaiste.

Maíonn tráchtairí áirithe gur dhá cheird ar leith is ea an chóipeagarthóireacht agus an eagarthóireacht stíle. Measaimse nach féidir dealú glan a dhéanamh eatarthu. Fiú dá mb'fhéidir, is beag cliant a chuirfeadh téacs Gaeilge faoi bhráid beirt eagarthóirí – duine amháin acu ag seiceáil na sínte fada agus duine eile ag cur slachta ar an bhfriotal. An réiteach is fearr, dar liomsa, ná go ndéanfadh an cóipeagarthóir an téacs a léamh roinnt uaireanta agus díriú ar ghné faoi leith le gach léamh, mar shampla mílitriú agus míchruinneas gramadaí sa chéad léamh agus cúrsaí stíle agus comhréire sa dara léamh (nó an bealach eile timpeall). Is de dhualgas an chóipeagarthóra slacht a chur ar abairtí ciotacha den chineál atá sa tábla thíos, bíodh is nach bhfuil míchruinneas gramadaí ná litrithe iontu.

Leagan clóite	Athleagan
Tháinig aer na mara nach raibh i bhfad uathu isteach trí fhuinneog oscailte na traenach.	In aice na farraige a bhí siad, agus b'in aer na mara ag éalú isteach ar fhuinneog oscailte na traenach.
Trasphlandaíodh lámh duine a raibh a inchinn marbh, le fear eile a raibh a dhá láimh caillte aige i bpléascadh, i Lyon na Fraince sa bhliain 2000.	In Lyon na Fraince, sa bhliain 2000, rinneadh lámh duine a raibh a inchinn marbh a thrasphlandú chuig fear a chaill a dhá láimh i bpléascadh.
Ba mhaith liom go mbeadh gach focal deacair mínithe.	Ba mhaith liom go míneofaí gach focal deacair.

Tá fadhb bheag théarmaíochta ag baint leis an bhfocal 'stíl' i leaganacha mar 'stíl tí' *(house style)*, 'treoir stíle' *(style guide)* agus 'stílbhileog' *(style sheet)*. Téarmaí mí-oiriúnacha iad, ar bhealach, mar ní bhíonn ach caolbhaint ag a leithéid le stíl scríbhneoireachta.

> A style manual gives instructions on a wide variety of matters, including spelling (advertise or advertize?), capitalization, hyphenation, numerals (eight days or 8 days?) Latin or English plurals (fungi or funguses?), acronyms, use of italicization and bolding, presentation of quotations, footnotes and reference works, treatment of placenames (Montreal or Montréal?), transliteration of names from other languages, what, if anything, to do about non-gender-neutral language, and much more. (Mossop 2001: 22)

Is nós le heagraíochtaí agus le foilsitheoirí cloí le leabhar stíle foilsithe. Ag seo thíos cuid de na leabhair is mó clú.

- *The Oxford Style Manual* (Oxford University Press). Tá dhá fhoinse thábhachtacha curtha le fáil san imleabhar seo: *The Oxford Guide to Style* agus *The Oxford Dictionary for Writers and Editors*.

- *Copy-editing: the Cambridge handbook for editors, authors and publishers* (Cambridge University Press). Treoir ghinearálta a thugann tús áite d'úsáid na Breataine.

- *The Chicago Manual of Style* (University of Chicago Press). Treoir ghinearálta a thugann tús áite d'úsáid Mheiriceá Thuaidh. Tá eagrán ar líne ag *www.chicagomanualofstyle.org.*

- *MHRA Style Guide* (Modern Humanities Research Association). Saintreoir do lucht na hacadúlachta i dtaca le tráchtais, achoimrí agus páipéir a scríobh. Is féidir leagan PDF a íoslódáil saor in aisce ó shuíomh Gréasáin an Chumainn *(www.mhra.org.uk).*

- *English Style Guide* (European Commission Directorate–General for Translation). Treoir d'aistritheoirí agus do scríbhneoirí Béarla an Choimisiúin. Tá leagan PDF ar *ec.europa.eu/translation/writing/style_guides/english/style_guide_en.pdf.*

Déanann roinnt eagraíochtaí treoir ghairid a fhoilsiú mar gheall ar a ngnásanna scríbhneoireachta féin. 'Stílbhileog' a thugtar ar a leithéid sin agus cuirtear cóipeanna di ar fáil dóibh siúd a bhíonn ag plé le foilseacháin na heagraíochta – aistritheoirí, taighdeoirí agus cóipeagarthóirí. Féach, mar shampla, an *House Style Guide* ar shuíomh Gréasáin the Four Courts Press:
www.fourcourtspress.ie/easyedit/files/FCP%20House%20Style%2019-01-06.pdf.
Tá treoir ghairid dar teideal *Treoirlínte d'Udair* foilsithe ag Cois Life *www.coislife.ie/treoir.pdf* ach ní heol dom aon eagraíocht de chuid na hearnála poiblí in Éirinn a d'fhoilsigh lámhleabhar nó stílbhileog ar leith don Ghaeilge. Is mó seans go mbeidh an client ag súil leis an eagarthóir treoracha an lámhleabhair nó na stílbhileoige Béarla a chur i bhfeidhm ar an téacs Gaeilge.

1.4 Dualgais an chóipeagarthóra

Is iomaí sin riachtanas a bhíonn le freastal ag cóipeagarthóirí. Tá an corpas ann i dtús báire i.e. rialacha agus coinbhinsiúin na teanga scríofa de réir mar a mhínítear iad sna graiméir, sna foclóirí agus sna treoirleabhair údarásacha. Más lochtach féin é, féadaimid bheith ag caint ar chorpas de rialacha gramadaí agus de choinbhinsiúin foclóireachta a dhéanann teanga nua-aoiseach chaighdeánach den Ghaeilge.

Is ar an léitheoir is mó a bhíonn an cóipeagarthóir ag freastal. D'fhéadfaí cuspóir na cóipeagarthóireachta a mhíniú ar an mbealach seo: 'tuiscint léitheoirí a éascú i bhfianaise an chumais teanga agus an tsaineolais is dócha a bheith acu.' Más bileog eolais atá le scaipeadh i nGaeltacht Chorca Dhuibhne atá ann, mar shampla, ní miste in aon chor don scríbhneoir imeacht ón gcaighdeán oifigiúil agus leaganacha canúnacha a úsáid d'fhonn an tuiscint a éascú.

Oibríonn an t-eagarthóir de réir sheánra an téacs chomh maith. Níl raon na seánraí chomh leathan i nGaeilge agus atá sna mórtheangacha idirnáisiúnta. Ní bhíonn ailt taighde san innealtóireacht ghéiniteach le cur in eagar, ná anailís chomparáideach ar rátaí úis idirnáisiúnta a theastaíonn go práinneach ó cheannasaí bainc. Is gnách gur le haghaidh a fhoilsithe a chuirtear téacs Gaeilge ar fáil, agus is fíorannamh a chuirtear téacs 'garbh' ar fáil le húsáid mar fhoinse eolais ag foireann eagraíochta. D'fhéadfaí a mhaíomh, mar sin, gur fusa obair an eagarthóra Gaeilge sa mhéid is nach mbítear ag plé le mórán téacsanna fíortheicniúla, ach go mbíonn an obair níos deacra sa mhéid is go gcaithfear caighdeán foilsithe a bhaint amach i gcónaí.

Caithfear freastal ar mhianta cibé duine/daoine a íocfaidh an táille nó an tuarastal: foilsitheoir, gníomhaireacht aistriúcháin, comhlacht stáit, nuachtán nó eile. De ghrá na héascaíochta, úsáidfimid an focal 'cliant' chun trácht ar an bpáirtí a bhfuiltear ag obair dó/di.

Bíonn iontas ar chóipeagarthóirí nua cé chomh difriúil ó chéile is a bhíonn an stíl tí ó chliant go cliant. Is gnách le cliant amháin, b'fhéidir, córas Harvard a úsáid i leabharliostaí agus i dtagairtí d'fhoilseacháin i gcorp an téacs. Sa doiciméad *Treoirlínte d'Údair* a d'fhoilsigh Cois Life, tugtar an eiseamláir seo:

Ó Móráin, S. 1999. *An cat dubh sa chistin*. Baile Átha Cliath, Veritas.

Dá mbeadh an teideal céanna le hiontráil de réir an *MHRA Style Guide* is mar seo a bheadh:

Séamas Ó Móráin, *An cat dubh sa chistin* (Baile Átha Cliath: Veritas, 1999)

Caithfidh cóipeagarthóirí bheith solúbtha, leathanaigeanta faoi na difríochtaí úsáide seo agus cloí le cibé treoir a thugtar sa stílbhileog nó sa lámhleabhar a úsáideann an cliant.

Bíonn miondifríochtaí téarmaíochta ann ó eagraíocht go chéile. Moltar an focal 'éascaitheoir' a úsáid nuair is *facilitator* an Bhéarla atá i gceist, ach féach gur 'áisitheoirí' a bhíonn ag Údarás na Gaeltachta. Tá cúpla sampla de 'furasóir' i dtéacsanna Rannóg an Aistriúcháin ag trácht ar an *facilitator* céanna. Caithfidh cóipeagarthóirí nósanna agus roghanna an chliaint a chur san áireamh, ach má mheasann siad go bhfuil téarmaí á n-úsáid go mícheart ní miste dóibh a dtuairimí a chur in iúl don chliant agus malairt téarma a mholadh. Is fearr cloí le téarmaíocht fhaofa, is é sin le rá na téarmaí atá curtha ar fáil ag eagraíochtaí a bhfuil údarás acu chun téarmaí a cheapadh. Is iad an dá eagraíocht is tábhachtaí i dtaca le téarmaíocht na Gaeilge de ná Coiste Téarmaíochta Fhoras na Gaeilge agus Rannóg Aistriúcháin Thithe an Oireachtais.

Bíonn aird ag eagarthóirí freisin ar an té a chuir an téacs ar fáil. De ghrá na héascaíochta úsáidfimid an focal 'údar' le cur síos ar gach duine a chuireann téacs ar fáil, is cuma cé acu bunúdar nó aistritheoir atá ann, nó fiú má tá níos mó ná scríbhneoir amháin i gceist. Ba chóir go mbeadh deis ag an eagarthóir ceisteanna a chur ar an údar agus leasuithe a chur ina láthair. Níor cheart choíche leaganacha nach bhfuil mícheart a athrú scun scan toisc nach dtaitníonn siad leis an gcóipeagarthóir nó toisc nach bhfuil sé/sí eolach orthu. Rómhinic a 'mhícheartaítear' téacsanna Gaeilge de bharr aineolais nó de bharr claonadh bheith ag an gcóipeagarthóir le canúint ar leith. Léirítear dualgais an eagarthóra i bhFíor 1.

---

1. An téacs á chruthú

An corpas
(An caighdeán oifigiúil, téarmaíocht fhaofa srl.)

↓

An cliant
(Stíl tí, saintéarmaíocht, dearadh agus leagan amach srl.)

↓

An t-údar
(É/í a cheadú, gan an téacs a athrú gan ábhar)

---

2. An téacs á scaipeadh

Seánra agus cuspóir an téacs
(Teagasc, margaíocht, srl.)

↓

An léitheoir
(Aoisghrúpa, saineolas san ábhar, cumas Gaeilge srl.)

Fíor 1. Dualgais an chóipeagarthóra

Ach oiread le ceird ar bith eile tá eitic ag baint leis an eagarthóireacht. Cuir i gcás gur téacs dlí atá le cur in eagar agus go bhfuil an t-eagarthóir aineolach ar an dlí. Is olc an breithiúnas a thabharfadh a leithéid ar shaothar saineolaí agus b'fhearr dó/di a (h)aineolas a admháil nó gan glacadh leis an jab. Caithfidh cóipeagarthóirí iad féin a chosaint chomh maith. Má chuirtear chucu téacs a bhfuil an scríbhneoireacht fíorlag ann – é doiléir, débhríoch, breac le mílitriú agus le míchruinneas gramadaí – bíonn lánchead acu an jab a dhiúltú. Bíonn téacsanna ann atá chomh holc sin is go gcaithfear iad a athscríobh seachas iad a chur in eagar. Féach, mar shampla, an fógra seo thíos a bhíodh le feiceáil i dtithe tábhairne agus in óstáin sular cuireadh cosc ar chaitheamh tobac iontu.

Cuirtéis an Rogha

Tugann samhail agus seanfhealsúnacht na h-aoise aitheantas ar Cuirtéis an Rogha a tugann aitheantas ar a dhifríocht, ag an am chéanna ligeann dóibh bheith le hais a chéile.

Titeann Cuirtéis an Rogha le toil an duine, limistéar tobaic agus limistéar gan tobac a chur ar fáil i spiorad suairceach agus omóis.

Irish Hotels Federation.

Tá an téacs sin chomh lochtach agus chomh folamh ó chiall agus nach bhféadfaí é a chur in eagar. Ní eagarthóireacht atá le déanamh air, ach athscríobh nó athaistriú ón mBéarla.

1.5 Próifíl: agallamh le hAntain Mag Shamhráin

Tá tuairim is tríocha bliain caite ag Antain Mag Shamhráin ina eagarthóir, sa Ghúm i dtosach agus anois le Coimisiún na Scrúduithe Stáit. Is beag seánra téacs nár tháinig faoina lámha i gcaitheamh an ama sin. Ba le linn dó bheith ar coláiste, in Ollscoil Nua Uladh, Cúil Raithin, a thosaigh sé ag cur eolais ar an gceird. 'Bhí luí éigin agam le cruinneas teanga nuair a bhí mé ag foghlaim na Gaeilge ar an ollscoil, agus bhíodh mic léinn eile ag iarraidh orm cuidiú leo a gcuid aistí a chur le chéile.

'An Léann Éireannach agus an Fhraincis an dá ábhar a bhí agam ar an ollscoil. Bhí teanga agus litríocht na Gaeilge i gceartlár an Léinn Éireannaigh san ollscoil agus ó bhí comhchéim ar siúl agam d'fhág sin gur céim sa Ghaeilge agus sa Fhraincis a rinne mise, d'fhéadfá a rá. Bhí béim mhór i dtólamh ar chruinnúsáid na teanga i Roinn an Léinn

Éireannaigh, agus i Roinn na Fraincise fuair mé ardoiliúint ar ghrinnanailís na litríochta. Chuir an dá rud sin faobhar orm – ghéaraigh siad mo shúile agus m'intinn – agus chuir siad le mo chumas tabhairt faoin eagarthóireacht.'

Bhunaigh sé an t-irisleabhar bliantúil *Raithneach* nuair a bhí sé ina mhac léinn iarchéime agus chuaigh i mbun chúram na heagarthóireachta fosta. Foilsíodh saothar le mic léinn agus le léachtóirí na hollscoile ar an irisleabhar sin in imeacht na gceithre bliana a mhair sé. Ar *Raithneach* a foilsíodh saothar Gaeilge le Séamas Mac Annaidh de chéaduair.

Bhain Antain Mag Shamhráin post amach sa Ghúm i ndiaidh dó an ollscoil a fhágáil i 1980.

'Tháinig mé isteach sa phost gan réamhchúrsa oiliúna de shórt ar bith a dhéanamh. Mar sin féin, b'éigean dom a léiriú, ag teacht isteach dom, go raibh Gaeilge agam, go raibh tuiscint éigin agam ar an Bhéarla agus ar an Ghaeilge, agus ar na bealaí éagsúla le déileáil le smaointe sa dá theanga. An oiliúint a fuair mé ar an ollscoil, agus an taithí eagarthóireachta a bhí agam cheana féin, sheas siad dom sa scrúdú iontrála a bhí le déanamh agam sula bhfuair mé an post. Bhí cúpla páipéar Gaeilge le déanamh ag an dream againn a chuir isteach ar phost sa Ghúm ag an am, chomh maith le páipéar Béarla agus agallamh fada ina dhiaidh sin a rinne taighde domhain go maith orainn.

'Go leor dá bhfuil le foghlaim faoin eagarthóireacht is le linn na hoibre féin is minice a fhoghlaimítear é, ó bhainisteoirí agus ó chomrádaithe a chuireann comhairle ar an duine nua, agus as dúshlán na hoibre féin a thabhairt. Agus bhí sin agam sa Ghúm, obair a thug mo dhúshlán, agus comrádaithe a chuidigh liom agus a chuir comhairle orm i rith an ama. Tá stair agus taithí fhada eagarthóireachta sa Ghúm nach bhfuil le fáil áit ar bith eile i saol na Gaeilge. Ní hamháin go raibh faill agam seasamh ar chuid guaillí na bhfathach nuair a chuaigh mé ag obair ansin, bhí faill agam a bheith ag guaillíocht leo chomh maith. Bhí faill agam éisteacht leis na díospóireachtaí – agus leis na díospóidí – faoi cheartúsáid na Gaeilge agus páirt a ghlacadh iontu. Bhí ionadaithe ansin ó mhórchanúintí uile na Gaeilge agus réimse an-leathan saineolais ag an fhoireann. Ba bhocht an t-ábhar eagarthóra nach bhfoghlaimeodh cuid mhór sa Ghúm.

'Ach bhí cúrsaí oiliúna ar fáil ó am go chéile, san eagarthóireacht féin, i ngnéithe éagsúla den fhoilsitheoireacht, agus in úsáid na ríomhairí san eagarthóireacht agus san fhoilsitheoireacht. Sa Bhéarla a bhí a mbunús sin agus ba mhinice ná a mhalairt a bhí faill againn bualadh ar na cúrsaí sin le heagarthóirí as tithe foilsitheoireachta Béarla. Bhíodh sé suimiúil i gcónaí a bheith ag caint leo sin agus léargas a fháil ar an obair ón taobh amuigh.

Ach oiliúint sa phost is tábhachtaí ar fad, sin agus *comhoiliúint* a bheith ar siúl ag eagarthóirí, ag caint le chéile, ag lorg eolais ar a chéile, ag roinnt eolais ar a chéile, ag cur comhairle ar a chéile.'

An féidir tréithe an dea-eagarthóra a shainiú? Dar le Mag Shamhráin gur deacair sin a dhéanamh, mura gcuirtear ardchumas teanga san áireamh. Sin é an bunriachtanas nach féidir a easnamh a chúiteamh le buanna eile.

'Duine atá ag dul a chur saothar comhaimseartha in eagar – saothar litríochta, téacsleabhar, páipéar nuachta, cáipéis ghnó nó cáipéis de chineál ar bith – caithfidh eolas agus tuiscint a bheith aige ar an teanga a bhfuil sé ag obair inti. I gcás na Gaeilge, caithfidh eolas maith ginearálta a bheith aige ar na canúintí uilig, ar stór focal traidisiúnta na teanga – idir chaint na ndaoine agus an friotal liteartha – agus caithfidh mioneolas a bheith aige ar ghramadach na Gaeilge, go háirithe ar an chaighdeán oifigiúil. Agus ansin tá an téarmaíocht nua-aimseartha ann. Ní fhéadfaimis dálaí na linne a phlé i scríbhinn ar chor ar bith gan an téarmaíocht nua-aimseartha chuí a bheith againn. Tá éachtaí déanta ag an Choiste Téarmaíochta sa réimse sin le fada riamh agus is fusa i bhfad teacht ar an fhocal chuí anois ná a bhí sé tríocha bliain ó shin nuair a thug mise m'aghaidh ar an eagarthóireacht.

'Tá litriú na Gaeilge simplí go leor i dtaca le holc. Tá sé níos simplí ná an Béarla ar scor ar bith. Is buntáiste sin agus is annamh buntáiste ag an mhionteanga sna cúrsaí seo. Dúirt Anthony Burgess uair amháin, más buan mo chuimhne, go bhfuil 'too few letters' sa Ghaeilge 'chasing too many sounds'. Níl a fhios agam an raibh an ceart aige ach, de mo dhóighse, buntáiste atá i laghad na litreacha ag an té atá ag iarraidh an litriú a fhoghlaim. Má amharcann tú ar litriú na Gaeilge tchífidh tú go bhfuil míreanna ann a úsáidtear an-mhinic – '-ach', '-(e)acht', '-aigh', '-íocht', '-aithe', '-ta', '-adh', '-ú', '-f(a)idh' mar shampla, agus tá tuilleadh acu ann – agus ní doiligh a fhoghlaim cén dóigh lena n-úsáid agus lena n-infhilleadh. Ach an t-infhilleadh féin, ní ceist litrithe sin ach ceist ghramadaí, agus gramadach na Gaeilge, sin scéal eile. Tá gramadach na Gaeilge an-chasta. Dúirt mé roimhe é agus déarfaidh mé arís é: nuair a bhí rogha ag an Bhéarla idir an ghramadach agus an ceannas polaitiúil, roghnaigh sé an ceannas polaitiúil. Nuair a bhí an rogha chéanna ag lucht na Gaeilge – más rogha a bhí acu – roghnaigh siad an dorchadas agus na cliatha fis agus an ghramadach!

'Bhuel, leis an fhírinne a rá ina dhiaidh sin, níl gramadach na Gaeilge chomh casta agus go mbacfadh sí ar dhuine bunchumas maith cumarsáide a bhaint amach sa teanga, ach an leibhéal eolais agus tuisceana a bheadh de dhíobháil ar dhuine a mbeadh réimse de théacsanna éagsúla le cur in eagar aige, tá sé sin doiligh go leor a bhaint amach. Tá an oiread sin rialacha agus forialacha ag baint leis an séimhiú, mar shampla, nach bhfuil aon duine beo, creidim, nach gcuireann siad mearbhall air uair éigin. Gan trácht ar úsáid an ghinidigh agus ar an chlaochlú atá ag teacht ar an ghinideach sa teanga bheo ar na saolta seo. Agus a oiread de bhrí na Gaeilge is atá ag brath ar an réamhfhocal, rud nach dtig go nádúrtha i gcónaí leis an duine a tógadh leis an Bhéarla agus a bhfuil an Ghaeilge mar an dara teanga aige, mo dhála féin.

'Eolas agus cleachtadh, mar sin, cumarsáid rialta le cainteoirí maithe Gaeilge, agus cleachtadh rialta leitheadach ar an Ghaeilge a léamh, sin iad na nithe is mó a chuideoidh le hábhar eagarthóra teacht isteach ar an cheird. Ní bheidh iomlán an eolais ná iomlán na ndea-chleachtas ag aon duine amháin. Is tearc duine nach dtig foghlaim uaidh.

'Caithfidh buanna áirithe a bheith ag eagarthóir taobh amuigh de sin nach dtig liomsa cur síos orthu go hiomlán. Caithfidh an t-eagarthóir a bheith ábalta suí os comhair píosa páipéir nó scáileáin agus téacs a leanúint, agus a aigne a dhíriú air – díreach a bheith ábalta suí ag an deasc. Tá pearsantacht nó coimpléasc éigin de thréithe de dhíobháil ansin ar leibhéal síceolaíochta agus ar leibhéal fisiceach, b'fhéidir, nach féidir a theagasc do dhaoine agus atá doiligh a aithint. Mar, nuair a amharcann tú ar eagarthóirí, tá siad uilig éagsúil lena chéile.'

Agus an gcaithfidh an t-eagarthóir a bheith ina scríbhneoir maith fosta?

'Bhuel, dúirt mé le duine a raibh mé ag cur téacs in eagar dó uair amháin, "I'm the best writer in Ireland … over a sentence!" Ach is fíor go gcaithfidh eagarthóir a bheith ábalta abairt a scríobh go healaíonta agus an cruth cuí a chur ar abairt de chuid an scríbhneora nuair a bhíonn a leithéid de chuidiú de dhíobháil ar an scríbhneoir. Agus sin an focal ceart: "cuidiú". Cuid mhór dá mbíonn ar siúl ag eagarthóir, clúdaíonn an focal sin é. Bíonn an t-eagarthóir ag cuidiú leis an scríbhneoir a shaothar siúd a chur i gcrích. Ní bhíonn le déanamh in amanna ach ligean leis an údar agus *imprimatur* a thabhairt don rud a scríobh sé. Is minice a bhíonn ar an eagarthóir cur le saothar an údair nó baint de ar bhealach éigin le bailchríoch a chur air. Ar an drochuair is minice ná a mhalairt a bhíonn ar an eagarthóir Gaeilge athscríobh ó bhonn a dhéanamh ar stráicí móra de na saothair Ghaeilge a thig faoina bhráid.

'Tá go leor den chruinneas smaointeoireachta ag trá as an Ghaeilge, ar an drochuair, agus anuas air sin, sciar maith de lucht na Gaeilge nach bhfuil an teanga ó dhúchas acu, níl siad chomh heolach ar an teanga, ná chomh gafa léi mar mheán, agus ba dhóigh le duine a chaithfidís a bheith le saothar fiúntach a scríobh. Ar ndóigh, más ar théacsleabhar atá tú ag obair nó ar alt ag údar nach bhfuil ag saothrú a choda taobh istigh d'earnáil na Gaeilge, is é is dóichí nach bhfuil níos mó ná oiliúint scoile ar an duine sin sa Ghaeilge agus beidh go leor oibre le déanamh ar a shaothar, dá fheabhas é.

'D'fhéadfá a rá, ar bhealach, gur cineál de chomhphearsa é údar. Nuair a fheiceann tú ainm údair ar leabhar, bíonn foireann taobh thiar de sin. Tá an duine a rinne an bhunscríbhneoireacht ann agus ansin tá foireann a bhí ag obair leis, a chuir eagar ar an saothar nó a chóirigh ar bhealach éigin é, a rinne an leabhar a dhearadh agus a leagan amach, agus a dheilbhigh eatarthu an déantúsán a bhíonn le ceannach sna siopaí.

'Nuair a théann eagarthóir ag obair ar théacs caithfidh sé a fháil amach sa chéad áit cad é atá ar siúl ag an údar; caithfidh sé a dhéanamh amach cad é atá an t-údar *ag iarraidh* a dhéanamh agus, lena chois sin, cad é atá an t-údar a dhéanamh i ndáiríre sa saothar mar atá sé, i bhfios nó gan fhios dó féin. Agus ansin, caithfidh sé féachaint le cuidiú leis an údar cibé rud atá sé ag iarraidh a dhéanamh, a chur i gcrích. Agus caithfidh sé smaoineamh fosta ar an dream atá an t-údar ag iarraidh a aimsiú leis an saothar atá sé a scríobh, agus smaoineamh ar an dóigh a rachaidh an saothar i gcion ar na léitheoirí sin, ar an bhrí a bhainfidh na léitheoirí sin as an téacs. Agus caithfidh an t-eagarthóir cuidiú leis an údar an dream sin a aimsiú ar an dóigh ar mhaith leis an údar iad a aimsiú, agus dul i gcion orthu mar ba mhaith leis an údar dul i gcion orthu. Is annamh, ar ndóigh, a bhíonn an t-aimsiú chomh foirfe sin. Is é rud a chuirfidh tú téacs amach sa deireadh thiar thall agus *súil* agat go n-aimseoidh tú lucht léitheoireachta áirithe agus go mbainfidh siad brí áirithe as. I gcás na Gaeilge de, bheifeá sásta, is dócha, dá léifí an leabhar ar chor ar bith.

'Is é an t-eagarthóir an chéad léitheoir. Caithfidh sé a aithint cén stíl scríbhneoireachta atá ag an údar, cén stíl scríbhneoireachta a oireann don chuspóir atá aige, agus cuidiú leis an stíl sin a thabhairt chun foirfeachta, nó gabháil chomh gar don fhoirfeacht agus is féidir. Seans go siúlfaidh scríbhneoir isteach agus é sin déanta aige cheana féin. Níl le déanamh ansin ach an saothar a fhoilsiú. Seans fosta go dtiocfaidh duine eile isteach agus ábhar iontach aige ach gan é a bheith á láimhseáil ar an bhealach is fóirsteanaí. Agus idir na nithe sin ar fad, sa spás sin, a bhíonn an t-eagarthóir ag obair.'

Chuaigh Mag Shamhráin i bpáirt le Seosamh Ó Murchú agus le Mícheál Ó Cearúil ar fhoireann eagarthóireachta an irisleabhair bhliantúil *Oghma*, a choinnigh lón léitheoireachta le lucht na Gaeilge ar feadh páirt mhór de na 1990idí. Rinneadh cúram ar leith den phróslitríocht agus foilsíodh aistí ar ghnéithe den tsochtheangeolaíocht, den bhéaloideas, den pholaitíocht agus a lán eile chomh maith. Cén caidreamh a bhíodh aige leis na húdair a bhíodh ag soláthar ábhair don iris, nó cad é mar a chuirtí comhairle ar scríbhneoirí faoi na rudaí sin a chuirfeadh comaoin ar an téacs?

'Tá an cineál sin oibre deacair go leor a chur i gcrích go sásúil i gcás na Gaeilge mar taobh amuigh de dhornán beag daoine a bhíonn ag obair go lánaimseartha leis an eagarthóireacht – muintir an Ghúim agus corrdhuine eile thall is abhus – is obair oíche a bhí san eagarthóireacht, agus obair dheonach, b'fhéidir, go dtí na saolta deireanacha seo. Nuair a bhí muid ag plé le h*Oghma*, san oíche a bhíodh an triúr againn ag obair, i ndiaidh lá oibre san oifig ag cur eagair ar leabhair agus ar nuachtáin, agus ag aistriú cáipéisí oifigiúla stáit. B'éigean dúinn dul abhaile ansin agus toiseacht ag eagarthóireacht arís.

'Is é ba ghnách linn a dhéanamh an t-am sin, nuair a thiocfadh linn a dhéanamh, an t-ábhar a choimisiúnú ó na húdair, léamh tríd go mion agus idir litriú agus ghramadach a cheartú nuair ba ghá sin. Nuair atá pointí gramadaí le ceartú, tá sé chomh maith ag an eagarthóir sin a dhéanamh go díreach, glacadh leis go gcaithfidh sé sin a dhéanamh. Is annamh ar fad a chaithfeá a leithéid sin a chur i gcead an scríbhneora nó bíonn an scríbhneoir ag brath ar an eagarthóir sin a dhéanamh dó, leis an fhírinne a rá. Mura mbeadh ann ach an sciorradh pinn, is é cúram an eagarthóra an gortghlanadh sin a dhéanamh.

'Ansin agus an gortghlanadh déanta d'fhéadfaí tabhairt faoin ábhar féin a cheastóireacht, mar a déarfá. Bhíodh scríbhneoirí áirithe ann a mbíodh a saothar réidh le foilsiú nuair a tháinig sé isteach, amach ó cé bith sciorradh beag a bheadh le glanadh suas. Ach ba bheag duine nach bhféadfadh eagarthóir maith cuidiú leis cur leis an saothar a sholáthair sé sa chéad áit. Ba ghnách liom gabháil ag obair ar na haistí sin le peann dearg agus a oiread ceisteanna a chur ar an údar agus a thiocfadh liom, a oiread smaointe breise a chur ina láthair agus a thiocfadh liom san am gairid a bhíodh agam, agus mé ag tarraingt as an sciosán beag eolais a bhíodh agam ar chuid de na hábhair a bhíodh idir lámha: 'Cad é atá i gceist agat leis seo?' nó 'Tá bearna san aiste anseo. An scríobhfá tuilleadh anseo agus an bhearna a líonadh?' nó 'Dá mbogfá an píosa seo níos faide síos nó níos faide suas san aiste is fearr an aiste a bheadh agat sa deireadh.'

'Rinne muid oiread de sin agus a thiocfadh linn agus chuireadh muid na haistí ar ais chuig na húdair, agus thagadh an dara dréacht ar ais in am trátha. Ghlacadh siad leis na hathruithe in amanna agus in amanna eile ní ghlacadh. Murar ghlac, agus má shíl muidne go raibh na hathruithe tábhachtach, ba ghnách linn labhairt leo arís agus an t-ábhar a phlé leo féachaint cad é a thiocfadh linn a dhéanamh. An t-eagarthóir a thabharfadh faoina leithéid sin de chomhphlé le húdar, chaithfeadh ciall éigin a bheith aige do chumas an údair agus don fhiúntas breise a d'fhéadfadh sé a bhaint amach san aiste san am a bheadh ar fáil aige le caitheamh uirthi. Caithfidh sé bheith ábalta a aithint cén uair le stopadh nó bíonn an foilseachán le cur amach in am réasúnta. Agus níor mhaith an rud údar maith a chéasadh le brionglóid éigin nach bhfuil réasúnta. Ní i gcónaí a bhíodh an t-am againn eagarthóireacht mar sin a dhéanamh agus sinn ag obair ar *Oghma* ná ní fhéadfainn a mhaíomh go ndearna muid an cineál sin oibre le gach údar a bhí againn ach oiread. Ach rinne muid é le sciar maith acu agus sílim gur mhaith ab fhiú na hoícheanta fada a chaitheamh air.

'Ní i gcónaí a thuigeann eagarthóirí Gaeilge gur cheart ionchur mar sin a bheith acu san obair, áfach. Nuair a labhraíonn muintir na Gaeilge ar an eagarthóireacht is ar an rud ar a dtugtar 'cóipeagarthóireacht' a bhíonn siad ag smaoineamh, ar ghortghlanadh an litrithe agus na gramadaí. Tá an oiread céanna tábhachta ag baint le roghnú an ábhair sa chéad áit agus ar fhorbairt an ábhair ina dhiaidh sin. Má chluin tú údar aitheanta Béarla ag caint faoi 'm'eagarthóir', ní ag caint faoin duine a dhéanann an chóipeagarthóireacht atá sé. An t-eagarthóir a bhíonn i gceist acusan, is ar leibhéal na litríochta a bhíonn an duine sin ag obair, é gafa le forbairt liteartha an ábhair. Is fíor go mbíonn sé ag plé leis an litriú, leis an ghramadach, leis an phoncaíocht agus mar sin de, ach is ar leibhéal na brí a bhíonn sé ag obair i ndáiríre seachas bheith ag cóipeagarthóireacht. Ach mura bhfuil an t-airgead agat ... Mura bhfuil an comhlacht foilsitheoireachta mór go leor, mura mbíonn an pobal ann leis na leabhair a léamh agus a cheannach go forleathan – scéal na Gaeilge is dócha – is doiligh eagarthóireacht agus cuidiú mar sin a chur ar fáil d'údar. Ach más Seamus Heaney thú ... dhá dtrian de na leabhair filíochta a dhíoltar sa Ríocht Aontaithe is le Seamus Heaney iad. Dá bhrí sin gheobhaidh seisean a oiread eagarthóirí agus is mian leis. Gheobhaidh sé a oiread anamchairde lena chuid litríochta a phlé leis agus a éilíonn sé.

'Níl mé a rá nach bhfuil cuid de sin ar siúl sa Ghaeilge faoi láthair – má bhí muidne á dhéanamh le cuid de scríbhneoirí *Oghma* na blianta sin ó shin is cinnte go bhfuil sé ar siúl ag eagarthóirí agus ag foilsitheoirí Gaeilge i gcónaí. Is é atá mé a rá go gcaithfimid an cineál sin eagarthóireachta a fhorbairt. Má táimid le scríbhneoireacht na Gaeilge a fhás agus a fhorbairt, beidh páirt mhór ag an eagarthóireacht sa tionscadal.'

Moltaí le haghaidh tuilleadh léitheoireachta don aonad seo

- Caibidil 1 de Stainton, Elsie Myers (1991)

- Caibidlí 2–3 de Mossop, Brian (2001)

AONAD 2
CAIGHDEÁN AGUS CANÚINT

Cuspóirí an aonaid seo

- Aidhmeanna agus réim úsáide an chaighdeáin oifigiúil a mhíniú.
- Na téarmaí 'rócheartú', 'leagan malartach' agus 'leithleachas canúna' a shainmhíniú.
- Treoir maidir le leaganacha caighdeánacha agus leaganacha malartacha a aimsiú in FGB.
- Cleachtadh ar théacsanna Gaeilge a chaighdeánú.

2 Caighdeán agus canúint

D'eascair an caighdeán oifigiúil Gaeilge (CO) as obair Rannóg an Aistriúcháin i dTithe an Oireachtais. Fiú amháin na scoláirí sin atá i gcoinne caighdeánú a dhéanamh ar an nGaeilge, admhaíonn siad go dteastaíonn canúint neodrach éigin i gcomhair achtanna agus téacsanna de thábhacht náisiúnta. Tá lochtanna faighte ag scoláirí éagsúla ar ghnéithe den CO ach, tríd is tríd, admhaítear go bhfuil gá lena leithéid i ngnóthaí oifigiúla.

Ach tá réim an CO tar éis leathnú amach ón aistriúchán oifigiúil a chleachtann Rannóg an Aistriúcháin. Inniu, bítear ag súil le Gaeilge chaighdeánach i dtéacsanna 'leathoifigiúla' atá dírithe ar phobal náisiúnta, mar shampla tuarascálacha bliantúla, doiciméid eolais agus taighde a fhoilsíonn eagraíochtaí stáit, suímh Ghréasáin agus eile. Is scil riachtanach do chóipeagarthóirí, mar sin, tuiscint chuimsitheach a bheith acu ar an CO. Ach ní aithníonn an gnáthchainteoir Gaeilge leagan canúnach thar leagan caighdeánach. Dar le cainteoirí dúchais, agus lena lán foghlaimeoirí, go bhfuil gach uile rud ina gcanúint féin neamhchaighdeánach agus gurbh fhearr aithris a dhéanamh ar 'Ghaeilge an duine eile'. Is é an toradh a bhíonn air sin, go rómhinic, go roghnaíonn siad leaganacha canúnacha ó chúige eile. B'fhéidir go scríobhfadh Ultaigh an leagan Muimhneach 'tosnaigh' toisc go measann siad é sin a bheith níos caighdeánaí ná 'toisigh' agus gan a fhios acu gurb é 'tosaigh' an leagan caighdeánach.

Bíonn **rócheartú** ann chomh maith; roghnaíonn scríbhneoirí leagan lochtach toisc nach bhfuil siad cinnte faoi cé chomh cruinn is atá a leagan féin. Mar shampla, ní i gcónaí a aithnítear difríocht idir na réamhfhocail 'de' agus 'do' sa ghnáthchaint. 'Bhain mé dom mo chóta' a déarfadh a lán daoine in áit 'Bhain mé díom mo chóta'. Iad siúd a thuigeann an fhadhb sin a bheith ann, seans go dtosóidh siad ag úsáid 'de' an t-am ar fad, agus go scríobhfaidís 'Thug sé díom an t-airgead' agus a leithéid. Múinteoir ar bith a mharcáil aiste riamh, aithneoidh sé/sí an mearbhall agus an lagmhisneach a chuireann an teannas idir an CO agus canúintí ar Ghaeilgeoirí cumasacha. Níl ach réiteach amháin air: eolas a chur ar fhoinsí an ruda ar a dtugtar 'an Ghaeilge chaighdeánach' agus, níos tábhachtaí ná sin, ar an bhfeidhm atá leis.

2.1 Cad é an CO?

Is iad an dá fhoilseachán is mó a thugann treoir maidir le gramadach agus litriú caighdeánach na Nua-Ghaeilge ná *Gramadach na Gaeilge agus Litriú na Gaeilge, An Caighdeán Oifigiúil,* a d'fhoilsigh Rannóg an Aistriúcháin in aon leabhar amháin sa bhliain 1958, agus *Foclóir Gaeilge–Béarla* (FGB) a foilsíodh sa bhliain 1977. De ghrá na héascaíochta, tugtar 'lámhleabhar an CO' ar *Gramadach na Gaeilge agus Litriú na Gaeilge* anseo. Is deacair cóip de a fháil inniu ach tá leagan leictreonach curtha ar fáil ar *http://ec.europa.eu/translation/language_aids/irish_en.htm.*

Go hachomair, tugann lámhleabhar an CO treoir ghinearálta faoi chúrsaí deilbhíochta (mar shampla, na díochlaontaí nó réimniú na mbriathra). Tugtar neart eolais faoi dheilbhíocht na n-iontrálacha in FGB, chomh maith le leagan caighdeánach d'fhocail a bhfuil leaganacha éagsúla díobh sna canúintí. Caithfear cuimhneamh i gcónaí ar chuspóir an dá shaothar mar a mhínítear iad i réamhrá an dá leabhar. Deirtear sa réamhrá le lámhleabhar an CO:

…comhaontaíodh leis an Roinn Oideachais an leabhrán seo a fhoilsiú mar chaighdeán le haghaidh gnóthaí oifigiúla agus mar threoir do mhúinteoirí agus don phobal i gcoitinne. Tugann an caighdeán seo aitheantas ar leith d'fhoirmeacha agus do rialacha áirithe ach ní chuireann sé ceartfhoirmeacha eile ó bhail ná teir ná toirmeasc ar a n-úsáid.

Tá dhá phointe thábhachtacha a éiríonn as sin. Ar an gcéad dul síos, admhaítear go bhfuil nósanna úsáide sa chaint bheo nach bhfuil iomrá ar bith orthu i lámhleabhar an CO. Níltear ag maíomh go bhfuil na nósanna sin mícheart. Ar an dara dul síos táthar ag súil le daoine leas a bhaint as na rialacha seo *le haghaidh gnóthaí oifigiúla*. Mar a dúradh thuas, is gnách le scríbhneoirí cloí leis an CO i dtéacsanna 'leathoifigiúla' chomh maith, ach tá lánchead ag daoine imeacht ón CO i gcomhthéacsanna eile:

- sa scríbhneoireacht chruthaitheach
- i ndialanna agus i gcomhfhreagras pearsanta
- i dtuairiscí nuachta
- i scripteanna teilifíse
- in ailt tuairimíochta agus i dtéacsanna neamhoifigiúla de gach cineál

Fiú i gcás téacsanna scoile, ceadaítear leaganacha canúnacha ar an tuiscint go n-éascaíonn siad foghlaim na bpáistí, go háirithe sna bunscoileanna. Níl le déanamh ach breathnú ar úrscéalta Mhaidhc Dainnín Uí Shé, ar ghearrscéalta Mhichíl Uí Chonghaile nó ar dhánta Chathail Uí Shearcaigh le feiceáil go bhfuil canúintí na Gaeltachta á scríobh i gcónaí.

Níor mhaígh aon duine riamh gurb é cuspóir an CO cineál amháin Gaeilge a chur in áit na gcanúintí ná go bhfuil dualgas ar aon duine cloí leis lasmuigh den réimse oifigiúil/leathoifigiúil. Is dócha nach é an CO a chuireann isteach ar lucht na Gaeilge, ach an róchaighdeánú a dhéantar de bharr aineolais ar fhoinsí agus ar fheidhm an chaighdeáin sin.

2.2 FGB

Is é 'an dara leath' den CO an treoir a thugtar faoi fhocail ar leith in FGB. Tá saibhreas iontach sna canúintí Gaeilge agus bíonn go leor leaganacha den aon fhocal amháin ann ó Ghaeltacht go Gaeltacht, mar shampla 'teach', 'tig' agus 'tigh'. Theip ar roinnt foclóirithe Gaeilge an saibhreas sin a thuairisciú go loighciúil toisc faitíos a bheith orthu leagan amháin a roghnú thar na cinn eile. Is é an toradh a bhí air ná meascán mearaí den chineál seo thíos:

SEE,... [do-]chím é [C M], at-chím [> tím] é [U], feicim é [C]; ní fheicim é; [do-]chí [C], [do]chíonn [C M], feiceann [C], at-chí [tí] [U], sé mé...

Is mar sin a míníodh an briathar *to see* in *Foclóir Béarla agus Gaedhilge* le Lambert Mac Cionnaith, a foilsíodh sa bhliain 1935. Seasann na ceannlitreacha do na cúigí: M = Mumha, U = Ulaidh agus C = Connachta. Mhaígh Muiris Ó Droighneáin go raibh an nós seo ag déanamh 'muc' den Ghaeilge.

Ba é a chuir foireann FGB rompu 'leagan caighdeánach' amháin a roghnú agus an sainmhíniú a sholáthar taobh leis sin. Ba é 'feic' a rogha sa chás áirithe seo. Ach toisc 'chí' agus 'chíonn' agus 'tí' a bheith sa Ghaeilge chomh maith tugtar mar **leaganacha malartacha** iad. Ní thugtar aon eolas i dtaobh na leaganacha malartacha ach an léitheoir a threorú go dtí an leagan caighdeánach le comhartha comhionannais (=).

> **tig, tigh** = TEACH
>
> **achan** = gach aon: GACH [Tá eolas faoi 'gach aon' sa phríomhiontráil GACH]
>
> **fata** = PRÁTA

Ar uairibh, tugtar eolas faoi leaganacha agus difríochtaí canúna ag *deireadh* na hiontrála don leagan caighdeánach, go háirithe nuair is miondifríocht litrithe atá i gceist, nó malairt inscne, ghinidigh nó iolra. Mar shampla: **fabhar** (*Var:* **fábhar**). Nuair a fheiceann tú an chrostagairt = nó an nod *var:* bíonn a fhios agat gur leagan malartach atá ann. Is iad na leaganacha caighdeánacha ná 'teach', 'gach' agus 'práta'. Is iad na leaganacha sin ba chóir a úsáid i dtéacs oifigiúil/leathoifigiúil. Ar ndóigh, níl cosc ar aon duine 'tig', 'achan' nó 'fata' a rá ina chuid cainte féin nó a scríobh i dtéacs neamhoifigiúil de chineál ar bith. Bhíodh eagarthóir FGB, Niall Ó Dónaill, ag síormheabhrú do dhaoine-nárbh ionann leaganacha caighdeánacha a mholadh agus cosc a chur ar leaganacha eile. Is ar éigean a chuirfí na leaganacha malartacha ar fáil má bhíothas ag iarraidh ar dhaoine gan iad a úsáid choíche.

2.2.1 Inscne, ginideach agus iolra malartach

Bhí fadhbanna eile le sárú ag foireann FGB. Ní hionann inscne focal ó Ghaeltacht go chéile, mar shampla 'coláiste', 'gloine', 'loch', atá firinscneach i gcanúintí áirithe agus baininscneach i gcanúintí eile. Sa chás sin roghnaíodh inscne 'chaighdeánach' amháin agus cuireadh sa phríomhiontráil don fhocal é. Is i ndeireadh na hiontrála a sholáthraítear eolas faoi inscne mhalartach.

> **coláiste**, *m. (gs.* ~*, pl.* -**tí***)*. College…*(Var: f)*
>
> **gloine**, *f. (gs.* ~*, pl.* -**ní***)*. Glass…*(Var: m)*
>
> **loch**, *m. (gs.* ~*a, pl.* ~**anna***)*. Lake…*(Var: f)*

Corruair bíonn leagan canúnach de thuiseal ginideach an fhocail ann freisin. Is i ndeireadh na hiontrála a thugtar an t-eolas sin chomh maith.

> **béaloideas**, *m. (gs.* -**dis***)*. Oral tradition; folklore. (*Var: gs.* ~**a**)

Bhí fadhb ann maidir leis an uimhir iolra chomh maith, mar a dheimhnigh Niall Ó Dónaill sa phaimfléad *Forbairt na Gaeilge:*

Tá crann ina chrann, i ngach baile den Ghaeltacht a bhfuil aon chrann ag fás ann. Ach má tá dhá chrann i mbaile is ceacht tíreolais tuairisc a chur cé acu crainn nó croinn iad, nó crainnte nó croinnte, nó crainntí nó crannaí, nó crannaíocha nó crannaíochaí, nó sceacha i mbéal bearnan.Tá níos mó leagan ar an fhocal ná atá de chrannaibh sa Ghaeltacht! (Ó Domhnaill 1951:12)

Arís, is i ndeireadh na hiontrála don leagan caighdeánach den fhocal a chuirtear eolas ar fáil maidir le hiolra malartach. Is san eolas gramadaí i dtús na hiontrála a fhaightear an t-iolra caighdeánach, mar seo a leanas:

> **bonn**, *m. (gs. & npl.* **boinn**, *gpl.* ~*)*….(*Var: pl.* ~**a**(**cha**))
>
> **clár**, …*m. (gs. & npl.* **cláir**, *gpl.* ~*)*… (*Var: pl.* ~**acha**, ~**aí**)
>
> **gasúr**, *m. (gs. & npl.* -**úir**, *gpl.* ~*)*…(*Var: gs.* ~ **a**, *pl.* ~**aí**)

Mar is léir ó na samplaí thuas féachadh leis 'an t-iolra caol' a chur i réim sa teanga chaighdeánach i.e. an uimhir iolra a chur ar fáil trí dheireadh an fhocail a dhéanamh caol. Is minic a fuarthas locht ar an gcinneadh sin, ar an ábhar go bhfuil sé ag teacht salach ar chaint na ndaoine i ngach cearn den tír.

Déanadh an focal caol san uimhir iolra.

2.2.2 Cleachtadh

Roghnaigh an t-iolra caighdeánach as an dá cholún i lár baill agus breac isteach sa cheathrú colún é. Cuir d'iarracht i gcomparáid leis na nótaí san aguisín 'Tráchtaireacht ar na cleachtaí in Aonad 2.'

Uatha	Iolra 1	Iolra 2	An t-iolra caighdeánach
éigeandáil	éigeandálacha	éigeandálaí	
pictiúr	pictiúir	pictiúirí	
figiúr	figiúirí	figiúir	
síntiús	síntiúisí	síntiúis	
éadach	éadaí	éadaigh	
cailleach	cailleacha	cailligh	
post	postanna	poist	

2.2.3 An briathar

B'éigean eolas a sholáthar i dtaobh réimniú na mbriathra freisin, agus ar na difríochtaí atá ann ó Ghaeltacht go chéile. Ní bheadh na leaganacha seo inghlactha i dtéacs caighdeánach, cuir i gcás:

D'iarr sé airgead orm agus dhiúlt mé dó.

An rud a chí an leanbh ní an leanbh.

Ar ndóigh, fanóidh tú anseo go maidin.

Tugtar an t-eolas seo a leanas in FGB i dtaobh na leaganacha thuas.

diúltaigh (*Var:* **diúlt**)

chí 1. *var. pres.* of FEIC.

ní, *var. pres.* of DÉAN.

fanaigh = FAN

Go hachomair, soláthraíonn FGB litriú, inscne, iolra agus réimniú caighdeánach na bhfocal sin a bhfuil leaganacha éagsúla díobh sna canúintí. Soláthraíonn sé eolas faoi litriú, inscne, ginideach, iolra agus réimniú nach bhfuil ag teacht leis an gcaighdeán sin. **Leaganacha malartacha** a thugtar ar na leaganacha sin agus ní bheifeá ag súil lena leithéid i dtéacs oifigiúil/leathoifigiúil, cibé rud faoin litríocht chruthaitheach nó an comhfhreagras pearsanta. Má táthar in amhras faoi stádas an fhocail (é a bheith ina leagan malartach nó ina leagan caighdeánach) caithfear an t-eolas a lorg in FGB, de réir mar atá mínithe thuas.

Pointe ríthábhachtach: ní sholáthraíonn FGB leagan caighdeánach d'fhocal ach amháin má bhíonn leaganacha éagsúla den fhocal sin sna canúintí. Ní thugtar comhairle ar bith faoi fhocail *nach* leaganacha d'fhocail eile iad, fiú má shamhlaítear na focail sin le Gaeltacht ar leith. 'Fóirsteanach' a deir an tUltach. 'Feiliúnach' a deir an Connachtach. Cé go bhfuil blas réigiúnach ar na focail sin is *focail ar leith* iad agus ní mholann FGB focal amháin acu thar a chéile. Ná ní mholtar éirí astu ar fad agus 'oiriúnach' a úsáid ina n-áit ná rud ar bith mar sin. Is míthuiscint bhunúsach ar aidhmeanna FGB a cheapadh gur iarracht atá ann stór focal caighdeánach a chur in áit stór focal a bhfuil blas réigiúnach air. Nuair a bhí mé ag obair mar iriseoir bhí sé de nós ag eagarthóirí na nuachtán focail Ultacha mar 'fosta' agus 'girseach' a bhaint amach as an téacs a bhí scríofa agamsa agus leithéidí 'freisin' agus 'cailín' a chur ina n-áit. Chuireadh an 'ceartú' sin míshásamh mór orm mar is róchaighdeánú ar fad a bhí ann. Tá gach ceann de na focail sin ina fhocal dlisteanach caighdeánach a dtugtar iontráil ar leith dó in FGB. Is cuid de shaibhreas na Gaeilge iad. Is fíor go mbíonn cinneadh eagarthóireachta le déanamh faoi fhocail den chineál sin ó am go chéile. An dtuigfidh an léitheoir iad? An bhfuil siad oiriúnach do réim an téacs? Ach is cúrsaí stíle atá i gceist ansin seachas cúrsaí caighdeáin.

Úsáidim an téarma **leithleachas canúna** chun cur síos ar fhocail nó ar struchtúir a shamhlaítear le canúint ar leith ach atá ceadaithe de réir lámhleabhar an CO agus/nó FGB. Bhí an téarma céanna in úsáid ag Cormac Ó Cadhlaigh sa leabhar *Gnás na Gaedhilge*. Coincheap úsáideach é a chuireann ar ár gcumas dealú idir focail agus struchtúir atá neamhchaighdeánach amach is amach agus iad siúd ar cuid dhílis den chaighdeán oifigiúil iad. A leithéid seo:

(1) Maireann sí i gCill Airne anois.

(2) Tá Amharclann na Mainistreach ag dul ag léiriú dráma leis.

(3) Is maith liom ceol Sheosaimh, ach is é Darach is measa liom ar fad.

Nuair a thugtar na habairtí sin do dhaoine i gceardlanna eagarthóireachta is gnách leo iad a 'cheartú' mar seo a leanas:

(1) Tá sí ina cónaí i gCill Airne anois.

(2) Tá Amharclann na Mainistreach chun dráma leis a léiriú.

(3) Is maith liom ceol Sheosaimh, ach is é Darach is fearr liom ar fad.

Ar ndóigh níl na bunabairtí neamhchaighdeánach in aon chor. Leithleachas Muimhneach atá sa chéad abairt, a léirítear in FGB leis an sampla '**An áit a maireann siad,** where they live, abide.' Struchtúr Ultach atá sa dara sampla. Is é an fáth a mbíonn daoine amhrasach ina thaobh, b'fhéidir, ná toisc nach gcloíonn sé leis an ngnáthleagan amach a bhíonn ar abairt san infinideach: 'dráma a léiriú'. Léirítear é in FGB leis an sampla '**ag dul ag léamh leabhair,** going…to read a book.' D'fhéadfadh an tríú sampla a bheith débhríoch i gcomhthéacsanna áirithe ach níl ach ciall amháin leis san amhrán 'Curachaí na Trá Báine': 'Micil bocht ba mheasa liom dá bhfaca mé ariamh' i.e. 'Ba é Micil bocht ba mhó a raibh gean agam dó'. Ba mhór an feall cosc a chur ar na leaganacha sin trí aineolas ar an nGaeilge. Tá an caighdeán oifigiúil níos fairsinge agus níos solúbtha ná mar is léir dá lán daoine.

2.3 GGBC

Tá áis tagartha eile ann a chuimsíonn gnéithe den Ghaeilge nár luadh i lámhleabhar an CO ná in FGB, is é sin *Gramadach Gaeilge na mBráithre Críostaí* (GGBC) a céadfhoilsíodh i 1960 agus ar foilsíodh atheagrán de i 1999. Tá leagan inchuardaigh leictreonach le fáil ar *http://ec.europa.eu/translation/language_aids/irish_en.htm.* Nuair a bhítear ag tagairt do na míniúcháin a thugann GGBC ar ghnéithe éagsúla den ghramadach, is gnách uimhir an ailt a lua seachas uimhir an leathanaigh. Tá cuntas ar úsáid an fhleiscín in alt 3.6, cuir i gcás.

2.4 An CO – roinnt fadhbanna

Tá doiléire áirithe ag baint le cuid den treoir a thugtar i lámhleabhar an CO agus tá roinnt pointí míréire idir na leabhair thagartha eile: FGB agus GGBC. 'Beirt mhúinteoir' nó 'beirt mhúinteoirí'? 'Ní amhlaidh' nó 'Ní hamhlaidh'? Tá cuntas ar an mhíréir sin in Aguisín 1 leis an leabhar seo. Is minic a bhíonn scríbhneoirí agus eagarthóirí idir dhá chomhairle faoi stádas na bhfoinsí tagartha i gcás a leithéid de mhíréir. Dar lena lán gurb é FGB is údarásaí agus, i gcás nach ionann comhairle FGB agus comhairle na bhfoinsí eile, gurb é FGB ba chóir a leanúint. Is é FGB an foilseachán is déanaí acu, agus bhí seans ag foireann an fhoclóra sin forbairt na Gaeilge ó 1958 a chur san áireamh. Bíonn cinneadh le déanamh ag eagarthóirí cé acu nós a roghnóidh siad féin ach caithfidh siad meas a bheith acu ar roghanna an údair chomh maith. Comhleanúnachas an rud is tábhachtaí anseo. Ná bíodh 'idir bhéilí' ar leathanach amháin agus 'idir béilí' ar an gcéad leathanach eile. Caithfidh eagarthóirí Gaeilge na pointí míréire seo a chur san áireamh agus iad ag obair ar théacs, nóta a dhéanamh de ghnáthúsáid an údair agus féachaint chuige go gclóitear leis tríd síos.

2.5 Cleachtadh

Caithfidh scríbhneoirí agus eagarthóirí eolas cuimsitheach a chur ar rialacha an CO agus úsáid oilte a bhaint as FGB chun go mbeidh na téacsanna oifigiúla/leathoifigiúla a chuireann siad féin ar fáil ag cloí leis an CO agus chun go mbeidh siad in ann struchtúir/leaganacha malartacha a thabhairt faoi deara agus a leasú de réir mar is gá. Gheofar taithí ar an obair sin sna cleachtaí seo thíos.

Modh oibre

- Léigh an téacs uair amháin ó thús deireadh gan rud ar bith a mharcáil.
- Léigh arís go cúramach é agus cuir líne faoi gach leagan a mheasann tú a bheith neamhchaighdeánach agus faoi gach leagan atá le seiceáil agat. Gabh siar ar an téacs nó ar chodanna de chomh minic agus is gá.
- Léigh tríd an téacs arís agus breac an leagan caighdeánach os cionn na líne nó ar thaobh an leathanaigh.
- Más i rang nó i seimineár atá an cleachtadh á dhéanamh, bí réidh le do chuid athruithe a mhíniú.
- Cuir d'iarracht féin i gcomparáid leis na nótaí san aguisín 'Tráchtaireacht ar na cleachtaí in Aonad 2'.

Ná bíodh leisce ort na foinsí a cheadú fiú má tá tú beagnach cinnte go bhfuil an ceart agat faoi leagan ar leith. Ar a laghad ar bith gheobhaidh tú míniú ar cén fáth a bhfuil tú ceart, rud a dhaingneoidh an riail i do chuimhne. B'fhéidir go bhfaighfeá amach gur míthuiscint a bhí ort, nó go bhfuil eisceachtaí ar riail nárbh eol duit iad a bheith ann. 'Doras feasa fiafraí' a deir an seanfhocal Gaeilge.

Cuir i gcás go gcuirfí réamhrá mar seo le Tuarascáil Bhliantúil RTÉ. Toisc gur doiciméad leathoifigiúil é, ina dtugtar cuntas ar chúrsaí beartais agus airgeadais an chraoltóra náisiúnta, bheifeá ag súil le Gaeilge chaighdeánach ann. Fútsa atá sé an téacs a chaighdeánú.

Ba í 2009 an chéad bhliain iomlán a chaitheas féinig im' Chathaoirleach ar Údarás RTÉ. Bliain ana-dhúshlánach, ana-ghnóthach ab ea í. Is mian liom, ar dtúis, buíochas ó chroí do ghabháil le comhaltaí an Údaráis. Do léiríodar díograis thar na beartaibh i gcaitheamh na bliana agus ba mhór an taithneamh bheith ag obair le comhleacaithe athá chomh h-eolach agus chomh h-oilte leo.

D'fhoilsigh an Rialtas *The Broadcasting Amendment Bill*, 2006, bille go bhfuil ana-thábhacht leis agus a thugann aghaidh ar na hathruithe móra athá tárluithe sa tiúnscal le déanaí. Fé mar athá ráite, tá an teilifís digiteach linn cheana, agus chífimid rogha níos leithne de chainéil sna blianta amach romhainn. Tá lucht féachana na tíre fachta thar a bheith sofaisticiúil. Is mó tigh go bhfuil dhá nó trí theilifíseán ann, ceann amháin dos na daoine críonna agus ceann eile don gcleas óg. Bíonn a riachtanais féinig ag gach ceann des na h-aoisghrúpaí san agus ní fuirist gach éinne do shásamh. Ach níl puinn amhrais ná go mbeidh RTÉ ionchurtha leis an ndúshlán san.

2.6 Cleachtadh

Seo sliocht as leabhrán eolais faoi shlite chun an tIdirlíon a úsáid go sábháilte. Tá an leabhrán dírithe ar phobal léitheoireachta náisiúnta agus is mian leis na foilsitheoirí an Ghaeilge ann a bheith de réir an CO. Tá blas láidir Ultach ar an téacs Gaeilge, áfach. Déan caighdeánú ar an téacs agus cuir d'iarracht féin i gcomparáid leis na nótaí san aguisín 'Tráchtaireacht ar na cleachtaí in Aonad 2.'

Slándáil ar líne

Is iontach an gléas foghlama agus cumarsáide atá insan Idirlíon, fá choinne daoine fásta agus páistí ar aon. Ní bréag a rá go bhfuil sé i ndiaidh saol daoine a athrach go mór. Thig le daoine bheith ag obair leo ar a suaimhneas sa bhaile in áit theacht isteach 'na hoifige. Bíonn cláracha teilifíse agus scannáin le fáil ar líne, agus a oiread ceoil agus a choinneos an t-aos óg gnoitheach ag cóipeáil agus ag íoslódáil. Ach, cosúil le hachan chineál teicneolaíochta, tá míbhuntáistí ag baint leis an Idirlíon fosta. Tá a fhios againn uilig go bhfuil ábhair ann nach bhfuil fóirsteanach don aos óg – suíomhanna ar a bhfoilsítear pornagrafaíocht, cuir i gcás. Caithfidh rialacha áirid maidir le húsáid an Idirlín a leagan síos agus leanstan ar aghaidh mar sin i gcónaí. Má thoisítear amach i gceart beifear in ann cuid de na fadhbanna is coitianta a sheachnadh. Ach is doiligh do thuismitheoirí súil a choinneáil ar a gcuid mac agus níonacha gan an chuma a bheith orthu gur ag spíodóireacht atá siad. 'Sé atá sa leabhrán seo ná roinnt smaointí a chuideos le tuismitheoirí a gcuid páistí a chosaint agus a chuideos leis na páistí lán tairbhe a bhaint as an áis iontach eolais seo.

1. Cá gcuirfidh mé an ríomhaire?

Is iomaí páiste a bheas ag iarraidh ríomhaire sa tseomra 's aige fhéin. Ní nós ion-mholta é sin, nó ní fhóireann sé in achan chás. Seort comhartha a bheadh ann nach bhfuil srianta ar bith ar úsáid an ríomhaire. Chan amháin go dtiocfadh leis an duine óg bheith ag amharc ar ábhair mhí-oiriúnacha ach thiocfadh leis barraíocht ama a chaitheamh leis an ríomhaire, ag imirt chluichí, cuir i gcás. Is fearr an ríomhaire a choinneáil in áit a mbíonn daoine i dtólamh – i gcúinne inteacht den tseomra suí nó sa tseomra bídh. Bí thusa ag obair nó ag imirt ar an ríomhaire céanna, ó am go ham. Beidh faill agat amharc ar an fhillteán 'staire' a inseann duit cad iad na suíomhanna ar tugadh cuairt orthu. Níos fearr fós, bígí ag obair agus ag foghlaim i gcuideachta a chéile, i ndiaidh do na páistí pilleadh ón scoil nó san oíche i ndiaidh daofa a gcuid obair scoile a dhéanamh.

2.7 Cleachtadh

Seo thíos sliocht as an réamhrá a chuir an tOllamh Tomás Ó Máille le *Seanfhocla Chonnacht* (1948). Rinne mé féin athrú nó dhó ar an téacs ar mhaithe leis an gcleachtadh seo. Tá dhá thasc le déanamh.

(1) Déan an téacs a chaighdeánú go hiomlán.

(2) Cuir i gcás go bhfuil eagrán nua á ullmhú ach nach bhfuiltear ag iarraidh é a chaighdeánú go huile is go hiomlán. Ní téacs (leath)oifigiúil é agus níl fáth ar bith nach mbeadh blas Connachtach air. Cad iad na leaganacha canúna a choinneofá sa téacs?

Séard atá agam sa leabhar seo, seanráite a tháinig as trí foinsí i.e. béalaithris, láimhscríbhinní agus páipéirí. Ní saothar duine aonraic ar fad é, ach chuidigh go leor leis ar bhealaí éagsúla. 'Sé an tosach a bhí leis, comórtas a thúsaigh an Roinn Oideachais leis an gcnuasacht ab fhearr de sheanfhocla Chonnacht a chur ar fáil. Cinneadh leabhar a chur i dtoll a chéile as na bailiúcháin seanfhocal a fritheadh, agus tharla gur mise a bhain an duais a tairgeadh sa gcomórtas, fúmsa a fágadh an leabhar a chur in eagar.

Is áibhéil an mol mór cainteanna a bhí le scagadh agam, agus is ioma áit a ndeacha orm a rá le cinnteacht ar sheanfhocal ceart aon insin áirid, ach sa deireadh chinn mé chuile leagan, olc nó maith, a raibh cuma seanrá air, a chur isteach sa leabhar dá bhféadfaí suim a chur ann ó thaobh snoiteacht cainte, ciall focail, béaloideasa, nó eile. Dá bhrí sin, gheobhfar riar maith ráite sa leabhar nach seanfhocla sa dearbh-chéill iad, ach seanchainteanna, ráite pisreoige, leaganacha cainte, nó i gcorráit níl ann ó cheart ach focal siamsa. Tá an cnuasach chomh hiomlán is a d'fhéadas a dhéanamh, ach ba dhoiligh a rá gur fíoriomlán bailiúchán ar bith, cuma cén teanga atá i gceist.

2.8 Pointí plé

1. Tá roinnt leaganacha sa dara téacs atá caighdeánach ach a bhfuil blas láidir Ultach orthu, mar shampla 'fóirsteanach' nó 'barraíocht'. Cén dearcadh atá agat faoi fhocail mar sin a úsáid i dtéacs atá le húsáid fud fad na hÉireann?

2. An maireann blas na dtéacsanna seo i ndiaidh iad a chaighdeánú? An mbeadh a fhios agat gur Muimhneach a scríobh an chéad téacs, cuir i gcás?

Moltaí le haghaidh tuilleadh léitheoireachta don aonad seo

• Mac Mathúna, Liam (2008)
• Bliss, Alan (1981)

AONAD 3
GRAMADACH AGUS LITRIÚ

Cuspóirí an aonaid seo

- Cleachtadh ar mhíchruinneas gramadaí agus mílitriú a aimsiú agus a cheartú.
- Cleachtadh ar na foinsí tagartha a cheadú.

3 Intreoir

Is é atá san aonad seo ná trí cinn de chleachtaí a thabharfaidh taithí don léitheoir ar mhíchruinneas gramadaí agus mílitriú a aimsiú agus a cheartú i dtéacsanna Gaeilge. Tá corrshampla *contre sens* ann chomh maith, is é sin focal a úsáid sa chiall mhícheart. Admhaím go bhfuil mínádúrthacht éigin ina leithéid de chleachtadh; má tá téacs an-mhíchruinn ó thaobh na gramadaí de ní dócha gurb é sin an t-aon locht air. An bhfuil sé réalaíoch nó bailí, mar sin, téacsanna dea-scríofa a bhreacadh le botúin ghramadaí agus sin a chur i láthair mar chleachtadh eagarthóireachta? Dar liomsa go bhfuil sé bailí mura bhfuil sé iomlán réalaíoch féin. Caithfidh cúrsa oiliúna díriú ar scileanna áirithe i gcéimeanna áirithe, seachas bheith ag súil le daoine dul i ngleic le gach uile ghné den cheird d'aon iarracht amháin. Ná níl téacsanna na ngníomhaíochtaí seo chomh míréalaíoch agus a mheasfá ar an gcéad léamh; is minic a tharla mé féin ag plé le téacsanna a bhí taitneamhach, nádúrtha ach a bhí thar a bheith míchruinn.

Fadhb eile a bhaineann leis na gníomhaíochtaí seo a dhéantar le peann agus pár nach féidir áiseanna leictreonacha a úsáid mar a dhéanfadh eagarthóir de ghnáth. D'aimseodh litreoir Gaeilge sciar maith de na botúin litrithe sna téacsanna seo, cuir i gcás. Bíonn cinneadh le déanamh ag an eagarthóir faoi chuid mhór de na 'botúin' a aimsíonn an litreoir agus ní miste roinnt cleachtaí a dhéanamh dá cheal. Is mairg a bheith ag brath go huile is go hiomlán ar an litreoir.

Is é príomhdhualgas an chóipeagarthóra, chomh fada is a bhaineann le cruinneas gramadaí, gan rudaí atá ceart a 'cheartú'. Is dona an rud an cóipeagarthóir a bheith ciontach as botúin úrnua a thabhairt isteach sa téacs. Fiú más dóigh leat go bhfuil seo nó siúd mícheart, ná déan deimhin den dóigh. Má bhítear in amhras caithfidh na foinsí tagartha a cheadú nó comhairle a lorg. Is fíor go bhfuil easnaimh sa Ghaeilge. Tá foclóirí agus graiméir againn ach níl treoirleabhair 'cheartúsáide' againn ar nós *A Dictionary of Modern English Usage* le Henry W. Fowler nó imleabhar mór na Fraincise *Le Bon Usage* (1,768 leathanach). Ina ainneoin sin (nó, b'fhéidir, mar gheall air sin) bíonn dearcadh an-teann ag daoine faoi phointí ceartúsáide áirithe. Bíonn rialacha nach rialacha iad ar chor ar bith á múineadh sna scoileanna. Ag seo thíos sciar beag acu agus an réasúnaíocht a bhaineann leo.

1   Bhí neart ceoil le fáil ag bailitheoirí i gContae Bhaile Átha Cliath an t-am sin.

(Athraíodh seo go 'Contae Átha Cliath' ar an ábhar nach bhfuil ciall le *the county of the town of Dublin*. Níl an abairt míloighciúil ar chor ar bith mar ní hionann 'baile' na Gaeilge agus *town* an Bhéarla. Go deimhin, is é 'Contae Bhaile Átha Cliath' ainm oifigiúil an chontae.)

2   Is é an fhadhb atá ann ná gur deacair fostóirí a mhealladh go ceantair iargúlta mar seo.

(Athraíodh tús na habairte go 'Is í an fhadhb' ar an ábhar gur ainmfhocal baininscneach é 'fadhb' agus gur chóir forainm baininscneach a úsáid leis. Is míthuiscint é sin, mar níl an forainm ag tagairt don ainmfhocal 'fadhb' ach do *ábhar na faidhbe* mar a mhínítear sa dara clásal den abairt é.)

3   Sráid Uí Chonaill.

(Athraítear an ginideach 'Uí Chonaill' go dtí an t-ainmneach 'Ó Conaill' ar an ábhar gur in ómós don duine a ainmníodh an tsráid agus go dtabharfadh an ginideach le fios gur leis an tsráid nó go bhfuil an tsráid ina sheilbh. Is é an chomhairle a thugtar in *Sráidainmneacha: Treoirlínte* (An Coimisiún Logainmneacha, 1992) ná 'Is sa tuiseal ginideach a bhíonn formhór mór na sloinnte a thagann i gceist in ainmneacha sráideanna. Mar sin, tagann siad faoi réir ghnáthrialacha an ghinidigh…')

4   Cuireadh araidí speisialta ar fáil i gcomhair na hathchúrsála. Dath glas atá ar na haraidí sin.

(Athraítear 'glas' go 'uaine' ar an ábhar go n-úsáidtear 'uaine' ag tagairt do *artificial greens* (dúch nó péint) agus go n-úsáidtear 'glas' ag tagairt do *natural greens* (féar nó caonach, mar shampla). Is fíor go ndéanann 'uaine' comhaonad le focail áirithe, mar shampla 'Páipéar Uaine' *(Green Paper)* ach ní féidir é a ruaigeadh as an saol nádúrtha ar fad. Tugtar an nod *of non-natural objects* le 'uaine' ar *www.focal.ie* agus tugtar sraith samplaí a bhréagnaíonn an chomhairle sin. D'fhás mise aníos láimh le Portstewart i gContae Dhoire. 'Port na Binne Uaine' ainm Gaeilge an bhaile mar gheall ar bhinn a bheith ann agus dath uaine uirthi. Féach freisin go n-úsáidtear 'glas' ag tagairt do dhathanna saorga, mar shampla 'péint ghlas' in FGB.)

5   Bhí sí ar dhuine den fhíorbheagán polaiteoirí a dhéanfadh óráid mhaith i nGaeilge. (Athraíonn daoine 'i nGaeilge' go 'as Gaeilge'. Sa chás seo, tá an dá rud ceart.)

Is íorónta an rud é, agus faitíos chomh mór sin orainn roimh pheaca an Bhéarlachais, gur ón mBéarla a fuarthas sciar maith de na neamhrialacha seo. Déarfaidh daoine leat nach ceadmhach abairt a thosú le 'agus'. Ó thaobh na stíle de, b'fhearr go mór an abairt a thosú le 'agus' ná le ceann ar bith eile de na roghanna thíos:

> Le praghsanna tithe ag titim, tá oibrithe tógála ag imeacht thar sáile sa tóir ar obair.
>
> Anois go bhfuil praghsanna tithe ag titim, tá oibrithe tógála ag imeacht thar sáile sa tóir ar obair.

Tá alt ag Gearóid Stockman (1996: 101) faoin struchtúr lochtach sin 'Anois go bhfuil...' Is caol díreach ón mBéarla *Now that...* a tháinig sé chugainn. Cén fáth a mbeadh claoninsint i nGaeilge tar éis 'anois'? Deamhan locht ar an abairt thíos, ina n-úsáidtear 'agus' sa chiall 'i láthair na huaire'.

> Agus praghsanna tithe ag titim, tá oibrithe tógála ag imeacht thar sáile sa tóir ar obair.

Caithfidh eagarthóirí tuiscint a bheith acu don chomhthéacs ina n-úsáidtear struchtúir nach bhfuil ag teacht go huile is go hiomlán le teagasc na ngraiméar. Abair go bhfuiltear ag cur síos ar fhear a dhéanann turas fada ar ghluaisrothar. B'fhéidir go n-éireodh an taistealaí 'tuirseach de tiug tiug an innill'. De réir riachtanais na gramadaí bheadh séimhiú i ndiaidh 'de'. De réir riachtanais na healaíne caithfidh an 'tiug tiug' a thabhairt slán mar léiriú onamataipéach ar fhuaim an innill.

Aithníonn an t-eagarthóir tuisceanach na huaireanta nár mhiste eisceacht a cheadú, fiú má sháraítear rialacha nó prionsabail úsáide. Múintear do dhaoine, mar shampla, nár cheart 'le' a chur in ionad clásail choibhneasta in abairt mar seo:

Tá gá le hoiliúint bhreise do dhaoine le scileanna bunúsacha acu cheana.

Is é comhairle na n-údar gurbh fhearr clásal coibhneasta a úsáid ansin:

Tá gá le hoiliúint bhreise do dhaoine a bhfuil scileanna bunúsacha acu cheana.

Dea-chomhairle gan amhras, ach an gcrostar orainn leaganacha mar 'daoine le míchumas' a úsáid? Dar liom go bhfuil feidhm leis an réamhfhocal ansin. Tá 'daoine faoi mhíchumas' nó 'daoine a bhfuil míchumas orthu' ag teacht salach ar mheon an chineáil sin téarmaíochta; táthar ag iarraidh an rud diúltach a sheachaint. Nó cuir i gcás gur foirm iarratais nó fógra nuachtáin atá ann, agus nach bhfuil mórán spáis ann le haghaidh an téacs. Ba shaoithíneach an mhaise don eagarthóir, de mo dhóighse, locht a fháil ar leaganacha gonta mar 'iarratasóirí le hardscileanna' nó 'iarratasóirí le cáilíocht chuí'. Déarfadh duine, b'fhéidir, gurb é an bhrí atá le 'iarratasóir le cáilíocht chuí' ná duine a bhíonn ag siúl thart agus an cháilíocht á hiompar aige. Bímis ionraic: níl duine ar bith beo a bhainfeadh an chiall sin as 'iarratasóir le cáilíocht chuí'. Ní lucht na Gaeilge amháin a bhíonn ciontach as a leithéid, mar a mheabhraíonn Mossop (2001:34) i ndiaidh dó roinnt samplaí Béarla a phlé.

For an editor, the first thing to notice about all these complaints is that they have nothing to do with successful communication. None of these sentences are hard to read and none will be misunderstood.

Áiméan!

3.1 Sula ndéantar na cleachtaí

Tugadh treoir in Aonad 2 maidir le FGB a cheadú agus stádas focail a chinntiú, féachaint cé acu leagan malartach nó leagan caighdeánach atá ann. Tá scileanna eile ag teastáil chun gur féidir leas a bhaint as an treoir ghramadaí agus úsáide atá in FGB. Is mór is fiú réamhrá an fhoclóra a léamh, áit a mínítear na noda agus na comharthaí go léir a úsáidtear sna hiontrálacha. Molaim tabhairt faoi na gníomhaíochtaí a chuir Ciarán Mac Murchaidh le hAonad 2 den leabhar *Cruinnscríobh na Gaeilge* (Cois Life 2006). Féach fosta an cúrsa gairid san úsáid foclóra ar *www.focal.ie*.

Tá roinnt pointí gramadaí sna cleachtaí nár mhiste a mhíniú go mion. San aguisín 'Tráchtaireacht ar na cleachtaí in Aonad 3', tugtar tagairtí do na hailt in GGBC ina mínítear cibé riail atá i gceist.

3.2 Cleachtadh (gné-alt ar iris nó ar nuachtán) Modh oibre

- Léigh an téacs uair amháin ó thús deireadh gan rud ar bith a mharcáil.

- Léigh arís go cúramach é agus cuir líne faoi gach leagan a mheasann tú a bheith mícheart nó neamhchaighdeánach agus faoi gach leagan atá le seiceáil agat. Gabh siar ar an téacs nó ar chodanna de chomh minic agus is gá.

- Cuimhnigh nach bhfuil stíl an téacs le hathrú. Gach seans go bhféadfaí an prós a fheabhsú ach ní chuige sin atáimid.

- Léigh tríd an téacs arís agus breac an leagan ceart nó an leagan caighdeánach os cionn na líne nó ar thaobh an leathanaigh.

- Más i rang nó i seimineár atá an cleachtadh á dhéanamh bí réidh le do chuid ceartúchán a mhíniú.

- Beidh cinneadh le déanamh i dtaobh leaganacha malartacha i gcomhthéacs chineál an téacs. An téacs oifigiúil nó leathoifigiúil é den chineál a luaitear faoi alt 2?

- Cuir d'iarracht féin i gcomparáid leis na nótaí san aguisín 'Tráchtaireacht ar na cleachtaí in Aonad 3'.

Éigse an Oileáin Úir

Chuala muid go léir scéal an imirce as Éire go dtí an Oileán Úr. Is beag an tÉireannach nach bhfuil gaolta aige/aici i Meiriceá ná i gCeanada. Scéal nach gcluintear leath chomh minic ná scéal na Gaeilge sna tíortha sin. Bhí baicle bheag údair ann a d'fhág cuntas beo bríomhar ar shaol na n-imirceoirí agus ar na hathraithe móra a bhí ag titim amach taobh abhus agus taobh thall den Atlantach.

An té ba thábhachtaí díobh, agus an té ab fhearr stíle, ná Pádraig Phiarais Cundún, a rugadh sa bhliain 1777 láimh le Baile Mhac Óda i gContae Chorcaí. Murb ionann agus na daoine óga a chuaigh anall leis bhí sé ina fhear críonna ag dul go Meiriceá dó sa bhliain 1826. Chuaigh sé chun cónaí i stát Nua-Eabhrac, áit a d'éirigh leis feirm chuíosach mhór a cheannacht. Tá sé sa tseanchas go raibh feirmeacha le fáil ar praghas níos ísle fós, ach gur cheannaigh Pádraig an talamh daor chun go mbeadh sé i ndán freastal ar aifreann an Domhnaigh i séipéal nach raibh i bhfad ar shiúil uaidh. *Deerfield Hills* a thugadh lucht an Bhéarla ar an fheirm ach is é rud a bhaist Pádraic uirthi 'Machaire an Fhia'.

D'imigh seacht mbliana sula dtáinig fonn air scéala a chur ar ais go dtí a chomharsain sa mbaile. Sraith litreacha a scríobh sé, i nGaeilge dar ndóigh. Tá idir phrós agus dánta iontu agus tá difear mór idir an dá chineál. Tá an prós stuama, praicticiúil. Ní raibh in Éirinn ach bochtanas agus cos-ar-bolg. B'é Meiriceá tír na saoirse agus bhí saol níb fhearr ann nó mar a bhí i dtír a shinsir.

I gcnuasach Leabharlainne Náisiúnta na hÉireann, Baile Átha Cliath, tá láimhscríbhinn suimiúil a rinne fear darbh ainm dó Eoin Mac Cathail sa bhliain 1926. B'as Contae Luimnigh do Mhac Cathail agus is cosúil gur chaith sé sealad i marc-shlua na Stát Aontaithe. Ceapadh é ina ghiúistís in Pentwater, Michigan nó, mar ba ghnáth leis féin a scríobh, 'Uisce Glas, Misiga, Tír na nÓg'. Ba é 'Tír na nÓg' an t-ainm Gaeilge a bhí aige ar Mheiriceá. 'Bó allta' a bhí aige ar *buffalo* agus 'faolchú an mhachaire' a bhí aige ar *coyote*. Dár leis go dtéann daoine de phobal dúchasacha Mheiriceá go 'flaitheas na sealgaireachta' tar éis a mbáis. Agus ar chuala tú mar bhásaigh an Ginearál Custer ag 'Cath na hAdhairce Bige Móire'? Ní raibh aon teora le cumadóireacht Eoin ó thaobh na téarmaíochta de, ach níorbh fhile gan locht é. Is cosúil go bhfuil a chuid scríbhinní féin go mór faoi tionchar na n-úirscéalta beaga saor a bhí faiseanta san am. Féach, mar shampla, an eachtra dochreidte ina ndéantar príosúnach de féin agus dena chara, Tomás. Tá na 'fir dhearga' i bhfách lena marú ach labhrann Eoin le 'taoiseach na bhfear dearg', ag iarraidh trócaire. Déanann Eoin a dhícheall le clú muintir na hÉireann a chosaint:

Ná creid gach scéal a chloiseann tú féin

Tá gach cine ar domhan cam bréagach is mealltach

Ach na hÉireannaigh amháin tá siad gan chlaon

Tá siad fialmhar is cneasta, cairdeach is fiúntach.

Tugann an taoiseach freagra air sin (tá Gaeilge aige, dar ndóigh):

Ní hé sin an cháil atá orthu le fada

Ach deir mo chara go bhfuil siad go greannmhar

Go dtógann siad bolgam d'uisce na beatha

Ansin tá siad ullamh chun comhraic go fíochmhar.

Saol fada lán d'iontaisí a bhí ag Mac Cathail, ach tá a bhfuil againn óna pheann ró-áibhéileach ar fad.

3.3 Cleachtadh (bileog eolais a aistríodh ó Bhéarla)

An Straitéis Náisiúnta um Athrú Aeráide 2007–2012 Cad é atá cearr?

Tá an plainéad á théamh agus tá an aeráid á athrú mar gheall ar na gásanna ceaptha teasa a sceitear san atmaisféar de bharr gníomhartha an chine daonna. Is liosta le n-áireamh na rudaí a mbíonn tionchar docharach acu ar chúrsaí aeráide: an déantúsaíocht, an fheirmeoireacht nó díreach do theach cónaithe féin a théamh. Is de thoradh sin agus gníomhartha eile a cruthaítear gásanna dáinséaracha, leithéidí de mheatán, an dé-ocsaíd charbóin (CO_2) agus an ocsaíd nítriúil. Dá leanfadh cúrsaí ar aghaidh mar seo is cinnte go mbeidh geimhridh níos fuaire agus samhraidh níos tirime ann, go n-ardófar léibhéil na mara agus go mbeidh stoirmeacha níos déine ná riamh ann. Is é an leath is boichte den Domhan, na tíortha atá i mbéal forbartha, is measa a bheidh buailte.

Ní foláir srian a chur ar astúcháin chun an Domhain a thabhairt slán. Teastaíonn sprioc cinnte agus plean gníomhaíochta chun gur féidir iarrachtaí an phobail idirnáisiúnta a stiúrú. Comhaontaíodh a leithéid de phlean ag níos mó ná céad rialtas a shínigh an Prótacal Kyoto sa bhliain 1992. Faoi dheireadh thiar thall tá clár oibre ann a chabhróidh linn dul i ngleic leis an téamh domhanda go héifeachtach, córasach. I gcás na hÉireann tá geallúint ann CO_2 a laghdú faoi 80 milliún tonna i rith na tréimhse 2008–2012. Ní gan dua a dhéanfar sin. Beidh an rialtas ag obair i gcomhpháirtíocht le soláthraithe fuinnimh chun an céadatán leictreachais a ghintear as foinsí inathnuaite a mhéadú go 15% faoi 2010 agus go 33% faoi 2020. Ach táimid ag brath ortsa agus ar do chuid lucht aitheantais leis an cuspóir sin a bhaint amach. Is iad na roghanna a dhéanann tusa is tábhachtaí ar fad. Ní mór gluaisteáin agus trucailí a bhíonn an-trom ar ola a fhágáil sa gharáiste. Ní mór feabhas teacht ar iompar poiblí. Gheobhaidh tú roinnt moltaí sa bhilleog seo a chabhróidh leat na roghanna cearta a dhéanamh.

3.4 Cleachtadh 3 (gné-alt ar iris nó ar nuachtán)

Brian Ó Nualláin

Áirítear Brian Ó Nualláin i measc mórscríbhneoirí Éireannacha an fichiú aois. Tá greann osréalaíoch aibhéiseach ina chuid scríbhinní ach cé a shéanfadh nach bhfuil intleacht agus samhlaíocht thar meon iontu freisin? Níor scríbhneoir é a bhí ag brath ar scéalta beaga grinn, ach scoláire a raibh tuiscint thar na beartaibh aige ar litríocht Gael is Gall.

Ar an Srath Bán, i gContae Thír Eoghain a beireadh é, sa bhliain 1911. Bhí fórsaí na réabhlóide ag bailiú nirt, agus níorbh fhada go raibh Éire ina chíor tuathail amach is amach, idir ghníomhaithe teangan agus díograiseoirí poblachtánacha. Le Gaeilge a tógadh Brian agus a dhearthár Ciarán. Ba annamh sin sa bhaile mór, cé go raibh Gaeilgeoir corr le fáil faoin dtuath agus glan-Ghaeilge Thír Eoghain fós á labhairt mar ghnáth-theanga ag roinnt seanóirí. Bhí Ciarán, a bhí ina iriseoir cumasach Gaeilge an lá is faide anonn, bliain amháin níba shine ná Brian. Sa dírbheathaisnéis *Óige an Dearthár*, tugann Ciarán cuntas dúinn ar na chéad iarrachtaí liteartha a rinne Brian, agus é ar choláiste ar an gCarraig Dhubh. Dánta beaga gairide a chum sé ach níl ceann ar bith acu fós ar mharthain. Seans gur fearrde clú Bhriain na dánta sin a bheith ar lár!

Thug Brian faoi iris grinn a bhunú sa bhliain 1934, ach ní raibh saol fada in ann don fhiontar sin ach oiread. Ní raibh *Blather* leathbhliain ar an bhfód gur thit an tóin as. Ní raibh Brian sásta dul i bhfiacha leis an foilseachán a choimeád ag imeacht. Is deacair gan a shamhlú go raibh Brian ag súil lena bheatha a thabhairt i dtír leis an scríbhneoireacht. Cá fios cad iad na seoda litearthachta a chuirfeadh sé ar fáil dá raibh sé ag dul don scríbhneoireacht Domhnach is Dálach? Ach rinneadh státsheirbhíseach de Bhrian Ó Nualláin. Fágadh an scríbhneoireacht faoi Myles na gCopaleen agus Flann O'Brien. Is faoi na hainmneacha cleite sin a foilsíodh formhór a shaothar.

AONAD 4
CÚRSAÍ STÍLE

Cuspóirí an aonaid seo

- Léargas ar chuid de na fadhbanna stíle agus comhréire is coitianta sa Ghaeilge scríofa.
- Cleachtadh ar théacsanna lochtacha a fheabhsú.

4 Fadhbanna stíle agus comhréire

Ba é an t-aon chinneadh eagarthóireachta a bhí le déanamh in Aonaid 2 agus 3 ná leaganacha malartacha áirithe a choinneáil sa téacs nó leaganacha caighdeánacha a chur in n-ionad, ag brath ar chineál an téacs. Gan amhras, teastaíonn eolas agus scileanna taighde chun na foinsí tagartha a úsáid go héifeachtach agus na ceartúcháin/an caighdeánú a dhéanamh. Níl na lochtanna a phléitear san aonad seo díreach chomh follasach sin, ach tagann siad idir an t-údar agus na léitheoirí. Bac ar an gcumarsáid éifeachtach atá iontu, fiú mura milleann siad an téacs amach is amach.

4.1 An aimsir láithreach vs an aimsir ghnáthláithreach

Is nós le scríbhneoirí Gaeilge an chopail a sheachaint agus gach uile abairt a thosú le briathar. Tuirsíonn sin an léitheoir ach tá locht eile air is mian liom a lua, locht nach léir do dhaoine nuair a thosaítear an abairt le 'tá' nó 'bíonn'. Cuireann 'tá' an aimsir láithreach shimplí in iúl ('Tá Diarmaid ag imeacht inniu.') agus cuireann 'bíonn' an aimsir ghnáthláithreach in iúl ('Bíonn Diarmaid i gcónaí ag teacht agus ag imeacht.'). Tá go breá, ach is é an briathar 'bí' an t-aon bhriathar sa Ghaeilge a bhfuil foirmeacha ar leith aige san aimsir láithreach shimplí agus san aimsir ghnáthláithreach. Gach seans gurb í an aimsir láithreach shimplí atá i gceist ag an scríbhneoir a thosaíonn abairt le 'tagann' nó 'imíonn', ach is rud eile ar fad a thuigfear as i.e. an aimsir ghnáthláithreach. Sin an locht is troime ar leithéidí 'Tagann sí as Sligeach' seachas 'Is as Sligeach í'. Tugtar le fios sa chéad abairt go mbíonn sí go síoraí ag teacht agus ag imeacht as an mbaile sin.

Gan amhras, ní i dtús abairte amháin a thagann an t-iomrall aimsire sin i gceist, mar is léir ón sampla 'Beidh pinsean maith agam nuair a éirím as obair'. Is léir gur ócáid aon uaire (éirí as obair) atá i gceist anseo, agus nach bhfuil feidhm ar bith leis an aimsir ghnáthláithreach. Is léir freisin gur *san am atá le teacht* a bheidh an duine ag éirí as, agus nach n-oireann an aimsir ghnáthláithreach in aon chor. Is dócha gur tionchar an Bhéarla is cúis leis na lochtanna san abairt: *I'll get a good pension when I retire.* Ach teastaíonn an aimsir fháistineach faoi dhó san abairt Ghaeilge:

> Beidh pinsean maith agam nuair a éireoidh mé as obair. (Nó 'i ndiaidh dom éirí as obair.')

Is fíor go bhfuil roinnt bheag briathra ann a úsáidtear sa ghnáthláithreach ach a thuigtear mar thagairtí don am i láthair, mar shampla 'geallaim duit', 'aithním iad'. Rinne Cormac Ó Cadhlaigh plé an-chaolchúiseach air seo sa leabhar *Gnás na Gaedhilge* (1940: 8–9).

4.2 Athluaiteachas

Is mar seo a shainmhínítear **athluaiteachas** in *Collins English Dictionary:* 'the use of words that merely repeat elements of the meaning already conveyed, as in the sentence *Will these supplies be adequate enough?'* Seo thíos roinnt samplaí as téacsanna Gaeilge.

> Tá fadhbanna ann nach labhraítear fúthu in aon chor. Cuir i gcás mí-úsáid drugaí, mar shampla.
> (Is leor 'cuir i gcás' nó 'mar shampla'.)

> Ag Féachaint ar Aghaidh Romhainn
> (Is leor 'Ag Féachaint ar Aghaidh' nó 'Ag Féachaint Romhainn'.)

> Conas mar a dhéantar an obair?
> (Is ionann 'conas' agus *in what way*. Níl gá ar bith le 'mar'.)

Tá comhairle curtha ar fáil ag an Rialtas faoi cad é ba chóir a dhéanamh má thiteann éigeandáil thromchúiseach amach.

(Nach tromchúiseach a bhíonn gach éigeandáil?)

Ní léir domsa go bhfuil an maoiniú iomlán riachtanach.

(Ní féidir le rudaí a bheith 'níos riachtanaí' ná a chéile.)

Bhí céim iarchéimeach sa dlí aige.

('Iarchéim' gan amhras. Tá an locht céanna ar 'fochéim'. Nuair a chonaic mé 'fochéim' den chéad uair shíl mé go rabhthas ag trácht ar cháilíocht éigin is ísle ná céim.)

Is léir gur friotal lochtach atá sna samplaí thuas, ach féadann scríbhneoirí úsáid a bhaint as dornán focal atá ar aon bhrí, mórán mór, agus cúis mhaith acu leis.

- Focail ag míniú a chéile m.sh. 'Ní raibh d'ioncam aige ach stipinn nó liúntas ón Deoise.' Ní athluaiteachas amach is amach an dá fhocal 'stipinn' agus 'liúntas'. Tá an focal coitianta 'liúntas' á úsáid chun an saintéarma eaglasta 'stipinn' *(stipend)* a shoiléiriú.

- Smaoineamh a threisiú m.sh. 'Gealladh dúinn, tráth a bunaíodh na Binsí Fiosrúcháin, go ndéanfaí íocaíochtaí le polaiteoirí a iniúchadh, a scrúdú agus a fhiosrú go mion.' Is ionann sin agus a rá go mbeadh ceastóireacht an-dian ar fad ann. Cleas stíle traidisiúnta de chuid na Gaeilge is ea dúblóga mar 'fann folamh', 'faoi léan agus leatrom', 'níl ocras ná ocras orm'.

- Foirmlí dlí m.sh. 'cabhrú agus neartú' *(aiding and abetting)*, 'ionsaí agus slacairt' *(assault and battery)*, 'uacht agus tiomna' *(will and testament)*. Seans nach léir dúinne difear céille idir cuid de na leaganacha sin, ach is cuid de fhriotal foirmleach an dlí iad.

4.3 Cleachtadh

An bhfuil aon cheann de na habairtí seo lochtach, dar leat? Conas a dheiseofá iad? Cuir d'iarracht i gcomparáid leis na nótaí san aguisín 'Tráchtaireacht ar na cleachtaí in Aonad 4.'

1   Is féidir suíocháin a réamháirithint ar shuíomh Gréasáin Iarnród Éireann.

2   Moltar do phaisinéirí gan dearmad a dhéanamh dá ngiuirléidí pearsanta.

3   Bhí an teanga Ghaeilge á labhairt anseo go dtí tús na gcaogaidí.

4   Ní mór ainm agus seoladh iomlán na scoile a thabhairt, mar aon le hainm duine
    teagmhála.

5   Tá fiosrúchán le cur ar bun i dtaobh na gcúinsí a bhain lena bás.

4.4 Béarlachas

Is é a thuigtear go coitianta as an bhfocal 'béarlachas' ná róthionchar an Bhéarla ar an
nGaeilge. In *Foclóir Gaedhilge–Béarla* (1927) maíonn an tAthair Pádraig Ó Duinnín
gur focal *recent* atá ann. An féidir gur in aimsir na hathbheochana a thosaigh lucht na
Gaeilge ag tabhairt breithiúnais ar cé chomh 'glan' is a bhí Gaeilge an duine eile?
B'iontach mura mbeadh tionchar ag an mBéarla ar an nGaeilge, ó tharla an dá theanga
sin a bheith á labhairt in Éirinn leis na céadta bliain, agus ó tharla an Béarla a bheith in
uachtar le fada an lá. Bhuail Lambert Mac Cionnaith an sprioc sa réamhrá a chuir sé le
Foclóir Béarla agus Gaedhilge (1935: xiii):

> Irish has been (as even the literature shows) subject to English influence for centuries,
> but its degeneration has become more rapid and virulent of late years, owing to its
> weakened vitality. On native speakers' lips today hundreds of English words have, either
> partly or completely, displaced their Irish equivalents, and many English idioms have
> modified or ousted their Irish ones. In fact Anglicism or Béarlachas (in its strict sense)
> has come to be an integral part of modern spoken Irish, just as many French words have
> won a right of city in English. Any given Anglicism (word or phrase) ought to be
> condemned as Béarlachas (using the term in a contemptuous sense) only when it is not
> the ordinary – or at least not a common form – form of expression. To condemn and
> expel straight-away all Anglicisms is, therefore, quite impossible; an attempt to do so
> would be ruinous to the life of the language. All that can be done at present is to
> discourage the less common ones, and to encourage the use of their Irish equivalents –
> when these exist anywhere in the living language.

Is breithiúnas suibiachtúil é 'béarlachas' a chur i leith leagan cainte. Is de réir a
thuisceana féin, agus de réir a chanúna féin, a dhamnaíonn duine an leagan seo agus a
mholann an leagan seo eile. Tá sé de nós ag lucht na Gaeilge, go fóill féin, drochamhras
a bheith orthu faoi leagan ar bith atá *cosúil* le Béarla.

Rud eile de, an nath atá ina dhearg-Bhéarlachas, dar leis an gConnachtach, seans nach mbeadh locht ag an Muimhneach air agus *vice versa*. Sa leabhrán ríspéisiúil úd *Lorg an Bhéarla* (1957) lochtaigh Seán Mac Maoláin úsáid an fhocail 'nuacht' san abairt 'Chuir an nuacht sin uafás agus alltacht ar an líon tí.' Ba dheacair leis a chreidiúint go gcuirfeadh 'nuacht' (nó 'nuaíocht') olc ar aon duine mar is é a thuig seisean as an bhfocal sin ná *novelty* nó *treat*. Tuiscint a chanúna féin a bhí aige ar an bhfocal – tuiscint nach gcuimsíonn an bhrí bhunúsach eile sin 'scéal nua'. Bhí Mac Maoláin ag siúl ar an bhfírinne nuair a scríobh sé go gcaithfí comhréir na Gaeilge a thabhairt slán. Tá dualgas ar scríbhneoirí agus ar eagarthóirí eolas a chur ar mhúnlaí comhréire na Gaeilge agus leas a bhaint astu sin seachas as múnlaí an Bhéarla. Ní beart críonna a bheadh ann diúltú do leaganacha Gaeilge díreach ar an ábhar gur iasachtaí ón mBéarla (nó ó theangacha eile) iad. Is dócha gur ón mBéarla a fuarthas sciar maith de sheanfhocail na Gaeilge. Go deimhin, tá caibidil iomlán díobh dar teideal 'Ar Iasacht ón Bhéarla' in *Seanfhocail Uladh* le hÉnrí Ó Muirgheasa. Is ann a gheofá 'Ní féidir sparán síoda a dhéanamh de chluas muice'. Is é an locht is mó ar an sampla sin nach bhfuil feidhm ar bith leis, nuair atá leagan Gaeilge níos coitianta ann: 'Cuir síoda ar ghabhar agus is gabhar i gcónaí é.' Sin ráite, níl aon choincheap ann atá coimhthíoch ná níl aon rud ann nach bhfuil cleachtadh ag lucht na Gaeilge air. Ní féidir é a lochtú ó thaobh chomhréir na Gaeilge ach oiread. Seans nach dtaitníonn an seanfhocal linn ach ní baol don Ghaeilge a leithéid a bheith ann.

Ach is baol don Ghaeilge a leithéid seo: 'Níl tú ábalta sparán síodúil a dhéanamh de chluas muice.' Ar an gcéad dul síos, ní hionann *you* an Bhéarla agus 'tú' na Gaeilge. Úsáidtear *you* ar bhealach an-ghinearálta i mBéarla na linne seo. Nuair a deirtear *You can't make a silk purse out of a pig's ear* níltear ag tagairt d'aon duine ar leith. Is ionann é agus *One can't make a silk purse out of a pig's ear*. Ach is tagairt phearsanta a bhíonn i gceist le 'tú' na Gaeilge de ghnáth agus is ait linn é a bheith ina leithéid seo d'abairt, nuair nach bhfuil ordú á thabhairt d'aon duine ar leith. Maidir le *silk purse* is é nós na Gaeilge an t-ainmfhocal 'síoda' a bheith sa ghinideach, ag tabhairt le fios gur den síoda a rinneadh an sparán. Má úsáidtear an aidiacht, ar nós an Bhéarla, déantar mugadh magadh den Ghaeilge. Is mór an difear idir 'teach adhmaid' *(wooden house)* agus 'teach adhmadach' *(a woody house)*. Agus maidir le 'síodúil' ní *silken* is túisce a spreagann sé i m'aigne ach *suave, smooth, urbane*. I mbeagán focal, is é tionchar chomhréir an Bhéarla is cúis le 'Níl tú ábalta sparán síodúil a dhéanamh de chluas muice' a bheith mícheart amach is amach.

Pointe eile is fiú a lua ná an difear idir an teanga labhartha agus an teanga scríofa. Bíonn dearg-Bhéarlachas le cloisteáil i gcomhrá cuid de na cainteoirí dúchais is líofa sa

Ghaeltacht, mar shampla 'Tá mé ag fáil slaghdáin' nó 'Tá tú ag breathnú go hálainn'. Is dual don chaint a bheith beagáinín scaoilte, míchruinn. Ach bíonn deis machnaimh ag scríbhneoirí, agus is dual dóibh a bheith níos dícheallaí dá réir sin.

4.5 Cleachtadh

An síleann tú ceann ar bith de na habairtí thíos a bheith lochtach ar aon slí? Conas a dhéanfá iad a dheisiú? Cuir d'iarracht féin i gcomparáid leis na nótaí san aguisín 'Tráchtaireacht ar na cleachtaí in Aonad 4.'

1   Déanfaidh stocaireacht dícháiliú go huathoibríoch.

2   Is le linn tochailtí seandálaíochta a thángthas ar an bhfionnachtain.

3   Toghann an pobal an tUachtarán go díreach.

4   Tá cnónna lán calraí, áfach, agus ba chóir iad a ithe go measartha.

5   Tagann an diaibéiteas go minic ar dhuine le haois.

4.6 Béarlagair

Is minic gur le meon diúltach a úsáidtear an focal 'béarlagair' i nGaeilge agus an focal *jargon* i mBéarla. Dar leis an ngnáthdhuine gurb ionann béarlagair agus caint nó scríobh ar bith atá casta nó doiléir. Tugann *Collins English Dictionary* an sainmhíniú 'language characterized by pretentious syntax, vocabulary, or meaning.' Tugtar sainmhíniú eile san fhoclóir céanna atá níos gaire do shainchiall na heagarthóireachta: 'specialized language concerned with a particular subject, culture or profession.' Nuair a bhíonn eagarthóirí ag trácht ar bhéarlagair is é atá i gceist acu ná friotal ar leith a bhaineann le ceird nó gairm nó réimse saoil ar leith. Corruair, éalaíonn cuid den fhriotal sin ón sainréimse lenar bhain sé i dtosach agus is é sin is mó a chothaíonn deacrachtaí d'eagarthóirí, go háirithe agus iad ag plé le hábhair a aistríodh ón mBéarla.

An cúram is tábhachtaí ar fad ná dealú a dhéanamh idir béarlagair ar téarmaíocht é agus béarlagair meafarach. Má bhíonn tíreolaithe ag trácht ar 'seismeagraf', 'tearcdhaonra' agus 'gluaiseacht ilchríochach' is léir gur téarmaí a bhaineann le disciplín na tíreolaíochta iad. Bíonn a leithéid de théarmaíocht riachtanach chun gur féidir le saineolaithe a réimsí speisialtóireachta féin a phlé go hachomair. Ach is minic a 'éalaíonn' téarmaí ón réimse lenar bhain siad i dtosach. Tosaíonn lucht na meán cumarsáide á n-úsáid i gcomhthéacsanna nua. Úsáid mheafarach a bhaintear astu ansin.

Is féidir an iomarca measa a bheith againn ar bhéarlagair atá á úsáid go meafarach. Déantar iarracht béarlagair meafarach an Bhéarla a thabhairt díreach isteach sa Ghaeilge. Bíonn an locht sin ar théacsanna a scríobhtar i nGaeilge chomh maith le téacsanna a aistrítear go Gaeilge.

> We hope that this investment will be a springboard for further projects.
>
> Tá súil againn go mbeidh an infheistíocht seo ina preabchlár le haghaidh tuilleadh tionscadal.

Meafar is ea *springboard* agus ní féidir é a aistriú go litriúil. Ní ann don mheafar sin sa Ghaeilge. B'fhearr cur chuige ar bhealach eile agus an nath béarlagair a shainmhíniú. Cén chiall atá le *springboard* anseo? Níl ann ach go spreagfaidh sé tuilleadh rudaí. Sin é go díreach an rud ba chóir a scríobh: 'Tá súil againn go spreagfaidh an infheistíocht seo tuilleadh tionscadal' nó 'go mbeidh tuilleadh tionscadal ann de thoradh ar an infheistíocht seo.'

Is léir cén locht atá ar 'preabchlár le haghaidh tuilleadh tionscadal' ach is minic a bhíonn an scéal níos caolchúisí ná sin. Seans go measfadh an t-údar go n-oireann an meafar Béarla go breá don Ghaeilge, go bhfuil brí agus nuacht ag baint leis. B'fhéidir go measfadh an t-údar go mbíonn údarás éigin ag baint le nathanna béarlagair, gur friotal teicniúil atá ann a ardaíonn stádas an téacs. Níorbh ionadh dá scríobhfadh príomhfheidhmeannach nó bainisteoir abairt den chineál seo: 'Caithfear na cistí seo a imfhálú le haghaidh taighde agus forbartha san am atá romhainn.' Béarlagair meafarach is ea 'imfhálú'; ciallaíonn sé 'fál a thógáil timpeall ar rud'. Is cinnte gur tháinig sé ón mBéarla *ring-fencing* agus nach bhfuil i gceist sa chomhthéacs seo ach 'cur ar leataobh' nó 'cosaint'. Seans maith gurb é an parafrása sin ab fhearr leis an eagarthóir ach an féidir a mhaíomh go bhfuil 'imfhálú' áiféiseach, míloighciúil, mínádúrtha mar mheafar Gaeilge? Is léir ó chuardach gasta Google go n-úsáidtear 'imfhálú' go meafarach i dtéacsanna Gaeilge.

Bíonn faitíos ar eagarthóir maith leaganacha bailí dlisteanacha a 'cheartú'. Más mian parafrása a chur in ionad an bhéarlagair b'fhearr sin a chur i gcead an údair, más féidir.

Tá uas-sciliú daoine ar cheann de phríomhfheidhmeanna FÁS.

Comment [AML1]: Ar mhiste 'cur le scileanna daoine' nó 'scileanna breise a mhúineadh do dhaoine' seachas 'uas-sciliú'? Seans gur fearr a thuigfeadh daoine sin

4.7 Cleachtadh

Cén dearcadh atá agat i dtaobh na nathanna béarlagair sna habairtí thíos? Conas a d'athrófá na leaganacha a shíleann tú a bheith míshásúil? Cuir d'iarracht féin i gcomparáid leis na nótaí san aguisín 'Tráchtaireacht ar na cleachtaí in Aonad 4.'

1   Rachaidh roinnt breac-Ghaeltachtaí i léig. Is iad na Gaeltachtaí ina mbeidh mais chriticiúil cainteoirí a thiocfaidh slán.

2   Óstaíonn an Ollscoil taighde d'ardchaighdeán.

3   Bunófar córas achomhairc a bheidh simplí, úsáidchúntach.

4   Is é aidhm na mbeart seo áiseanna sláinte úrscothacha a chur ar fáil san iarthuaisceart.

5   Tá U-chasadh déanta ag an bhfreasúra i dtaobh vóta mímhuiníne in aghaidh an Rialtais.

4.8 Carnadh ainmfhocal

Tá claonadh ann inniu dornán ainmfhocal (agus, b'fhéidir, roinnt aidiachtaí) a chur i ndiaidh a chéile in aon sraith amháin. Cleas riachtanach in obair na téarmaíochta atá ann, mar is dual do théarmaí a bheith gonta. Tá taithí áirithe againn ar théarmaí coimpléascacha mar 'Clár comhdheiseanna cúram leanaí' nó 'bord forbartha contae agus cathrach'. Tá cleachtadh againn ar shraitheanna ainmfhocal i gceannteidil nuachta chomh maith, mar shampla *Student accommodation price hike controversy*.

Go rómhinic, áfach, is deacair ciall na sraithe ainmfhocal a fhuascailt, nó gaol na bhfocal lena chéile a mheas, mar is léir ó na samplaí Béarla seo.

Narrow inflation projection exercises
Farm silage wrap plastic

Cén t-ainmfhocal atá á cháiliú ag an aidiacht *narrow* sa chéad sampla? An é an boilsciú nó na cleachtaí atá 'cúng'? Ní léir dúinn ciall an dara sampla gan an tsraith ainmfhocal a bhriseadh: *plastic for wrapping farm silage* (nó *plastic for making farm silage wraps*).

Is measa fós cás na Gaeilge mar bíonn infhilleadh agus claochlú tosaigh le cur san áireamh áit a mbíonn ainmfhocail faoi réir a chéile. Ní gan dua a dhéantar sin agus is iomaí botún gramadaí a dhéantar lena linn. Is deacair na samplaí Gaeilge seo a thuiscint, cé nach bhfuil ach ceithre ainmfhocal i ngach ceann acu:

Feachtas méadaithe acmhainn táirgeachta

Próiseas aimsithe deiseanna comhpháirteachais

Caithfear an chiall a chinntiú sula ndéantar leaganacha den chineál seo a athrú. Moltar tosú ag deireadh na sraithe, áit a mbíonn an cuspóir de ghnáth. Má léitear na samplaí ar an gcaoi sin tuigfear gur 'acmhainn táirgeachta' atá le méadú de bharr feachtais sa chéad sampla agus gur 'deiseanna comhpháirteachais' atá le haimsiú de bharr próisis éigin sa dara sampla. Anois is féidir an tsraith a bhriseadh le réamhfhocail agus le briathra san infinideach:

Feachtas chun acmhainn táirgeachta a mhéadú

Próiseas chun deiseanna comhpháirteachais a aimsiú

Bíonn sraitheanna níos casta ná sin ann, mar shampla. 'feisteán imchlúdaigh foirgneamh fuarstórála'. Mura bhfuil ar do chumas féin an chiall a fhuascailt caithfear é a chur i gcead an údair. Ní féidir leagan a dheisiú gan é a thuiscint.

4.9 Faí chéasta nó faí ghníomhach?

I ngach leabhar stíle dár foilsíodh riamh moltar do scríbhneoirí an fhaí ghníomhach a úsáid seachas an fhaí chéasta. Más fíor don chomhairle sin is fearr 'Tá Gardaí na Gaillimhe ag fiosrú an scéil' ná 'Tá an scéal á fhiosrú ag Gardaí na Gaillimhe'. An chomhairle chéanna a thugtar sa leabhrán stíle *How to Write Clearly* a d'fhoilsigh Stiúrthóireacht Ghinearálta an Aistriúcháin sa Choimisiún Eorpach. Tá feachtas ar siúl acu dar teideal *Fight the Fog* agus é d'aidhm aige scríbhneoirí a mhealladh i dtreo na simplíochta *(ec.europa.eu/translation/writing/clear_writing/fight_the_fog_en.pdf)*. Cuireann an fhaí ghníomhach brí agus fuinneamh san insint, más fíor d'údair an leabhráin:

If you follow the advice to use active verbs instead of passive ones, your writing will become clearer because you will be forced to name the agent – that is, the person or organisation or thing that carries out the action.

Tugtar an sampla 'lochtach' *This proposal was approved at Commission level* agus moltar an abairt leasaithe *The Commission approved this proposal.* An bua is mó atá ag an leagan leasaithe ná go bhfuil a fhios againn go díreach cé a rinne an gníomh. Is dea-chomhairle é sin ach bíonn eisceachtaí i gcónaí ann – cuir i gcás nach bhfuiltear ag iarraidh a rá glan amach cé a rinne an gníomh, nó nach eol cé a rinne? Ní mhairfeadh lucht dlí leath lae féin gan dul i muinín an tsaorbhriathair agus na faí céasta, mar is léir ón sliocht seo thíos as an téacsleabhar dlí *Dlí na Fianaise in Éirinn* (Ua Maoileoin, 1962: 67).

AN RIAIL MAIDIR LE hADMHÁLACHA

[Fianaise is ea] ... aon admháil a dhéanann duine cúisithe go saorálach, pé acu an roimh é a bheith cúisithe nó dá éis sin a dhéanann sé í. Ach más amhlaidh a <u>dhéantar</u> an admháil mar gheall ar bhagairt nó aslú *(inducement)* ar bith, is cuma beag mór é, a dhéanann duine in údarás, nó a <u>dhéantar</u> i bhfios dó nó lena chead, le hintinn an admháil a mhealladh uaidh, <u>ní fhéadtar</u> glacadh léi, <u>mura gcruthaítear</u> go soiléir nach raibh an gheallúint nó an bhagairt i bhfeidhm ar aigne an duine cúisithe agus nárbh í an gheallúint ná an bhagairt a bheir dó an admháil a dhéanamh ina dhiaidh sin, nó <u>nach ndearnadh</u> an admháil go dtí go raibh deireadh go dearfa leis an aslú nó leis an mbagairt sin, nó lena dtionchar ar aigne an duine i gceist.

Ní léir cén gníomhaí a chuirfí in áit na saorbhriathra sa sliocht sin – na cúirteanna, an Garda Síochána, an fhoireann dlí? Is buille faoi thuairim a bheadh i ngach ceann acu.

Bíonn fadhbanna gramadaí ag baint leis an bhfaí ghníomhach i gcomhthéacsanna áirithe. Is fada na saoithe Gaeilge ag bagairt orainn gan gníomh a chur i leith ruda gan chroí gan anam. San áit a mbeadh 'Bhí na tonnta ag briseadh ar an gcladach' b'fhearr leosan 'Bhí na tonnta á mbriseadh ar an gcladach', mar níl ar chumas na dtonn gníomhú astu féin. Mar an gcéanna le 'Tosaíonn an rang ar a seacht' agus 'Cuirtear tús leis an rang ar a seacht'. Dar liomsa gur saoithín a dhéanfadh a leithéid de 'cheartú' ach is fíor go mbíonn cuma áiféiseach ar an bhfaí ghníomhach i samplaí áirithe.

Tháinig triopall deas bláthanna go dtí an doras chugam Lá Fhéile Vailintín.

D'éirigh le trá na Sceirí Brat Gorm a bhaint i mbliana.

Fágann an bóthar an phríomhchathair ag dul bealach Bhaile Munna agus as sin amach i dtreo Chill Dhéagláin.

Shíl na seanúdair go bhféadfaí riail a leagan síos faoin ngné seo den teanga, a chrosfadh orainn gníomh a chur i leith 'nithe nach gcuireann cor ná bogadh díobh' (Mac Maoláin, 1957: 2). Ní féidir. Ní fhaighimid locht ar bith ar 'd'éirigh an ghaoth' nó 'bainfidh an fharraige a cuid féin amach' nó 'tá mo shláinte ag déanamh imní dom'. Ach nuair a chloisimid duine ag caint ar bhláthanna ag teacht go dtí an doras chuige ní fios dúinn an de shiúl na gcos nó i dtacsaí a tháinig siad. Caithfidh an scríbhneoir agus an t-eagarthóir gach sampla a mheas ina chomhthéacs féin. Is minic a bhíonn an fhaí chéasta níos oiriúnaí do ghnás na Gaeilge.

Tugadh triopall deas bláthanna go dtí an doras chugam Lá Fhéile Vailintín.

Bronnadh stádas Brat Gorm ar thrá na Sceirí i mbliana.

Leantar an bóthar trí Bhaile Munna, ag imeacht as an bpríomhchathair amach i dtreo Chill Dhéagláin.

4.10 Friotal cinnte, neamhbhalbh

San aiste chlúiteach *Politics and the English Language* (1946), rinne George Orwell cáineadh láidir ar rud ar thug sé *the not un-formation* air. Mhol sé do dhaoine atá tugtha don struchtúr áirithe sin an abairt seo a chur de ghlanmheabhair:

A not unblack dog was chasing a not unsmall rabbit across a not ungreen field.

Reductio ad absurdum é sin, ar ndóigh, ach is minic a fheicim an struchtúr 'Níl sé neamh-' i mbuntéacsanna Gaeilge agus in aistriúcháin. Is faoi thionchar díreach an droch-Bhéarla a scríobhtar leithéidí 'Níl sé neamh-indéanta' seachas 'Tá sé indéanta' nó 'Is féidir é a dhéanamh'. Is geall le fadhb mhatamaitice cuid de na samplaí a aimsítear le cuardach Google. Cad é a déarfá, mar shampla, le 'Níl sé neamh-infhorfheidhmithe'? Is dócha gur *It's not unapplicable* atá i gceist ach cén fáth nár scríobhadh 'Is féidir é a fhorfheidhmiú' nó 'Ní hé nach féidir é a fhorfheidhmiú?'

Admhaím go bhfuil gá leis an diúltachas dúbailte in amanna. Cáin nach féidir a íoc ar ais is amhlaidh gur 'cáin neamh-inaisíoctha' atá inti, de réir na gCoimisinéirí Ioncaim.

Fiú sa chomhthéacs sin is féidir leas a bhaint as an leagan timchainteach seachas comhfhocal a chumadh a bhfuil trí nó ceithre mhír ann. Is fearr a thuigfeadh daoine 'earraí nach féidir a athchúrsáil' ná 'earraí neamh-inathchúrsála'. Níl an leagan timchainteach mórán níos faide ach oiread.

Léiríonn sampla sin Orwell droch-chlaonadh chun seachantachta agus easpa féinmhuiníne i measc scríbhneoirí. Má fheictear duit gur dath dubh atá ar an madra, gur dath glas atá ar an bhféar agus gur coinín beag atá ann, cad chuige nach ndéarfá an méid sin glan amach?

Gan amhras, bíonn feidhm le struchtúir a chuireann coinníoll nó cáiliú éigin in iúl. Tá difear céille idir 'Ní duine gan locht é' agus 'Is drochdhuine é'. Is láidre 'Tá meas agam ar a shaothar' ná 'Níl mé gan meas a bheith agam ar a shaothar'. Dar leat, sa dara sampla, go bhfuil cáineadh nó lochtú éigin le teacht sna sála ar an lagmholadh. Agus is mar gheall air sin ba chóir an struchtúr a sheachaint nuair nach mian coinníoll nó cáiliú ar bith a bheith ann.

Is minic freisin seachantacht nó easpa féinmhuiníne ag baint le nathanna mar 'is dócha' agus 'is féidir'.

Is féidir Ó Cadhain a áireamh i measc mhórscríbhneoirí na Gaeilge.

Is dócha go raibh de Valera ar dhuine de na polaiteoirí ba mhó a d'fhág a lorg ar Éirinn.

Ní gá a bheith leath chomh faiteach. Tá brí agus fuinneamh sa mhaíomh a dhéantar go neamhbhalbh, oscailte.

Áirítear Ó Cadhain i measc mhórscríbhneoirí na Gaeilge.

Bhí de Valera ar dhuine de na polaiteoirí ba mhó a d'fhág a lorg ar Éirinn.

Laige eile ná an modh coinníollach a úsáid nuair nach bhfuil coinníoll ná amhras i gceist dáiríre.

Tá rogha leathan ann dóibh siúd a bheadh ag iarraidh lón léitheoireachta i nGaeilge.

'An buntáiste do pháirtí polaitíochta bheith páirteach i gcomhrialtas?' Sin an cheist is mó a bheadh ag déanamh imní don iriseoir seo tar éis an toghcháin.

B'fhearr go mór an aimsir láithreach a úsáid sa dá shampla sin. Is amhlaidh atá lón léitheoireachta ag teastáil; mura mbeadh, ba chuma rogha leathan a bheith ann nó as. Tá an toghchán thart agus is féidir ceisteanna comhrialtais a phlé. Ní gá fanacht go dtí toghchán eile amach anseo. Is féidir dul rófhada an bealach eile, agus deimhin a dhéanamh den dóigh.

Ní féidir a shéanadh go bhfuil an rialtas ar nós cuma faoi réigiún an Iarthair.

Polasaí an rialtais, gan amhras, is cúis leis an gcúlú eacnamaíoch.

Shéanfadh rialtas ar bith an dá achasán sin, agus shéanfadh go láidir. Níl iontu ach tuairimí an údair. Ní miste a leithéid a scríobh in alt tuairimíochta, b'fhéidir, ach níor chóir tuairimí pearsanta a chur i láthair mar fhírinne dhoshéanta i dtráchtas ollscoile nó i dtéacs ar bith a bheidh le meas de réir chaighdeán na hargóna ann.

Cuireann an dá fhocal sin, 'ar ndóigh' as don léitheoir má úsáidtear iad ionann is a rá 'ba chóir seo a bheith ar eolas ag aon duine a bhfuil beagán oideachais air/uirthi'.

Ba iad teoiricí Freud faoin bhfo-chomhfhios, ar ndóigh, a tharraing easaontas idir Freud agus Jung an chéad lá riamh.

Bhí Burns in ann dánta a chumadh i mBéarla breá caighdeánach chomh maith, mar is eol do chách.

Ba chóir friotal den chineál sin a sheachaint i dtéacsanna atá dírithe ar an ngnáthléitheoir, mura bhfuiltear ag dul siar ar eolas atá curtha i láthair cheana.

4.11 Friotal dímheasúil, conspóideach

Mhaígh an fealsamh sóisialach Karl Marx go bhfuil gné pholaitiúil ag baint le gach uile rud. Is fíor gur deacair d'eagarthóirí éalú ón idé-eolaíocht ina gcuid oibre, fiú amháin agus iad ag plé le téacsanna nach bhfuil conspóideach ná polaitiúil amach is amach. Rinne an foilsitheoir oideachais, Folens, an téarma conspóideach *the British Isles* a scrios ón atlas scoile. De réir ailt a foilsíodh ar an *Irish Times* Dé Luain 2, Deireadh Fómhair 2006, bíonn súil ag an Roinn Gnóthaí Eachtracha féin ar an bhfriotal geografach céanna: 'The Irish Embassy in London has also been urged to monitor the media in Britain for any abuse of the official terms as set out in the Constitution of Ireland and in legislation.'

Tá roinnt samplaí de 'Na hOileáin Bhriotanacha' ar an Idirlíon agus ní chuireann 'Na hEileanan Breatannach' isteach nó amach ar lucht na Gaeilge in Albain. Ach cuardaigh *the British Isles* ar *www.focal.ie* agus gheobhaidh tú 'Éire agus an Bhreatain Mhór'. Is léir go bhfuil dhá thuiscint taobh thiar de na téarmaí éagsúla sin. Is tuiscintí polaitiúla iad ar an gcaidreamh stairiúil idir Éire agus an Bhreatain.

Tagann conspóidí téarmaíochta chun cinn de réir mar a thagann cor nua sa pholaitíocht. Sampla maith de sin an díospóireacht a bhí ar fhóram ríomhphoist *www.acmhainn.ie* mar gheall ar *extraordinary rendition*. Nath úrnua a bhí ann san am, agus ní raibh sainmhíniú ar bith le fáil sna foclóirí. Is ag Wikipedia a bhí an míniú ab fhearr (agus ba neodraí):

> **Extraordinary rendition** (ER) is a term used to describe an extra judicial procedure conducted by the United States government, and in particular by the CIA, to transfer to third-party states persons detained in the frame of the "War on Terror" declared by the George W. Bush administration since the September 11 2001 attacks.

Tharla go raibh plé ar *extraordinary rendition* i dTithe an Oireachtais. B'éigean d'fhoireann Rannóg an Aistriúcháin téarma Gaeilge a cheapadh le cur ar chlár Riar Oibre na Dála. 'Aistriú urghnách' an téarma a ceapadh. Fuair cuid de na rannpháirtithe ar fhóram *www.acmhainn.ie* locht air sin ach bhí a mbreithiúnas polaitiúil féin le sonrú ar na leaganacha a sholáthair siad féin, mar shampla 'seachadadh mírialta' nó 'fuadach' féin. Tuigim dóibh. Tá sé curtha i leith fhórsaí rúnda Mheiriceá go ngabhann siad daoine ar fhíorbheagán fianaise agus go dtugann siad go *third-party states* iad sa chaoi is gur féidir iad a chéasadh ann. Dar le dream gur 'sofhriotal' *(euphemism)* atá sa téarma neodrach *extraordinary rendition;* friotal leathdhlíthiúil a cheileann an foréigean agus an sárú cirt atá i gceist dáiríre. Diúltaíonn an American Civil Liberties Union an téarma a úsáid. Is cruinne i bhfad, dar leo, *CIA kidnapping*. Fuarthas an locht céanna ar shofhriotal eile de chuid Stáit Aontaithe Mheiriceá, mar shampla *collateral damage* 'unintentional damage to civil property and civilian causalities, caused by military operations.' *(Collins)*. Gaol gairid leis is ea *friendly fire*, 'firing by one's own side, esp. when it harms one's own personnel.' *(Collins)* I ngach cás tá uafás á cheilt sa téarma anaithnid neodrach.

Maíonn daoine áirithe go bhfuil dualgas ar chách diúltú do na téarmaí 'bolscaireachta' thuas. Mhol duine a bhí páirteach sa díospóireacht faoi *extraordinary rendition* go n-úsáidfí 'fuadach' mar leagan Gaeilge. Is dócha go dtiocfadh 'slad ar shibhialtaigh' a úsáid le haghaidh *collateral damage*, dá mba mhian béim a leagan ar an uafás agus ar an bhfulaingt. Ach spreagann seo ceist. Más é dualgas an eagarthóra ciall agus stíl an téacs a thabhairt slán, an ceadmhach dó/di focal chomh lom le 'fuadach' a chur in áit 'aistriú urghnách'? Is d'aon turas a roghnaigh an t-údar an focal fuar neodrach, dá olcas linn é. An bhfuil an ceart ag an eagarthóir teacht salach ar mhianta an údair agus a léamh féin ar an bhfírinne a chur sa téacs? Ceist chasta atá ann, ach tríd is tríd, moltar d'eagarthóirí gan a leithéid de ghortghlanadh polaitiúil a dhéanamh. Tá sé ráite go beacht ag Roberto Mayoral Asensio (2003: 16):

> Feelings and drives opposed to colonial, sexual exploitation, etc. are certainly present in our field…The *professionalism* of the translator represses all these personal impulses.

Is ag trácht ar ghairm an aistritheora a bhí Asensio ach tá an méid céanna fíor i dtaobh ghairmiúlacht an eagarthóra. Léireoidh na samplaí agus na cleachtaí thíos cé chomh deacair is a bhíonn sé don eagarthóir na claonta pearsanta a luaigh Asensio a chloí agus cé chomh guagach, míleanúnach is a bhíonn an nuathéarmaíocht i gceisteanna a bhaineann le hinscne, gnéas, agus míchumas.

B'fhurasta dul ag magadh ar mheon 'PC' na linne seo. Táthar ag iarraidh gach uile rud a thabharfadh masla nó scannal d'aon dream a dhíbirt as teangacha an domhain, más fíor. Chualamar go léir scéalta faoi *personhole covers* in áit *manhole covers*, nó *herstory* in áit *history* nó *vertically-challenged* in áit *short*. Is den bhéaloideas comhaimseartha cuid mhór mhaith de na scéalta sin agus seachnaíonn siad an cheist bhunúsach: an bhfuil sé de cheart ag dream amháin a rogha ainm a thabhairt ar dhream eile, fiú má fheictear don dara dream an t-ainm sin a bheith maslach? Seans nach le fuath ar Éireannaigh a déarfadh an Sasanach *paddy nó mick*, ach bí cinnte go ngoilleann sé ar an Éireannach a chloiseann é.

Mar an gcéanna i gcúrsaí inscne. Tá claonadh sa Bhéarla éirí as iarmhíreanna mar *-ess* agus *woman* i bhfocail mar *instructress* nó *businesswoman*. Tá an claonadh céanna sa Ghaeilge. Úsáidtear téarmaí atá neodrach ó thaobh na hinscne de, mar shampla 'altra' in áit 'banaltra', 'garda' in áit 'bangharda'. Ní haon rud nua é sin. Tá 'altra' luaite in *Foclóir Gaedhilge agus Béarla* Uí Dhuinnín (1927). Tá sé d'ádh ar lucht na Gaeilge gur féidir an focal neodrach 'duine' a chur in áit *man* agus *woman* agus níl feidhm ar bith againn le *chairperson* nuair atá 'cathaoirleach' ann.

Ach is measa cás na Gaeilge i dtaca le forainmneacha tríú pearsa de. Ní hamháin go bhfuil 'sé'/'sí' againn ag freagairt do *he/she*, ach tá forainmneacha réamhfhoclacha againn ('air'/'uirthi' srl) agus aidiachtaí sealbhacha a mbíonn tionchar gramadúil acu de réir a n-inscne ('a theach'/'a teach'). Má tá neart tagairtí don tríú pearsa ann bíonn cuma an-mhíshlachtmhar ar an téacs. Féach an sampla seo i ndoiciméad de chuid Fheidhmeannacht na Seirbhíse Sláinte:

Má tá céile ina b(h)eatha nó leanbh ina b(h)eatha ar iarradh air/uirthi íocaíochtaí a dhéanamh óna c(h)uid acmhainní féin ar son duine a bhí go hiomlán incháilithe agus a chónaigh i saoráid fhadchónaithe phoiblí, ansin tá an céile nó an leanbh i dteideal an méid a d'íoc sé/sí óna c(h)uid acmhainní féin a éileamh ar ais.

Téacs deacair go leor a bhí ann an chéad lá riamh, é lán clásal agus fochlásal. Is cinnte nach gcabhraíonn an 'sé'/'sí' ná an 'air'/'uirthi' ná 'a c(h)uid' le brí an téacs a shoiléiriú. Tá scríbhneoirí ann ar fearr leo cloí leis an traidisiún agus an tríú pearsa firinscneach a úsáid i gcónaí. Tá scríbhneoirí feimineacha ann a mholann an tríú pearsa baininscneach a úsáid i gcónaí. Tá roinnt roghanna ag an eagarthóir a mheasann na nósanna thuas a bheith míshlachtmhar, míchothrom:

- Tríú pearsa iolra a dhéanamh den tríú pearsa uatha m.sh. 'Iarrtar ar iarratasóirí a sonraí pearsanta a chur ar fáil.' Seachain, áfach, agus ná bíodh an t-ainmfhocal san uatha agus an aidiacht shealbhach (nó an forainm réamhfhoclach) san iolra, mar atá san abairt Bhéarla *The applicant is asked to provide **their** contact details*. Bíonn saoithe na gramadaí i ngleic le chéile faoi cé chomh hinghlactha is atá an úsáid sin. An locht is mó atá air, b'fhéidir, nach bhfuil sé riachtanach in aon chor.

- Is minic is féidir an abairt a dhéanamh neamhphearsanta m.sh. 'Iarrtar ar an iarratasóir sonraí teagmhála a chur ar fáil.' Tá sé intuigthe gur sonraí teagmhála an iarratasóra a theastaíonn.

- Tá scríbhneoirí ann a dhéanann iarracht an dá inscne a úsáid gach re seal. Bheadh *his contact details* in alt amháin agus *her contact details* in alt eile. Ní mheasaim gur réiteach rómhaith é sin agus d'fhéadfadh sé bheith ina údar míthuisceana i gcomhthéacsanna áirithe.

Tá plé ar chúrsaí inscne ar leathanach 51 den *English Style Guide* a d'fhoilsigh an Coimisiún Eorpach agus atá le fáil ar *http://ec.europa.eu/translation/writing/style_guides/english/style_guide_en.pdf.*

Tá roinnt comhthéacsanna ann agus níor cheart don eagarthóir friotal seobhaineach a leasú. Má tá carachtar i leabhar ficsin a bhfuil dímheas aige ar homaighnéasaigh nó ar mhná, b'fhearr ligean dó a racht a chur de. Ní fiú ach an oiread féachaint le luachanna na linne seo a chur i bhfeidhm ar eagráin nua de théacsanna a scríobhadh blianta fada ó shin. Sampla maith de sin is ea *Scairt an Dúthchais*, aistriúchán Gaeilge a rinneadh ar *The Call of the Wild* le Jack London [Rinne mise corrleasú ar litriú an tsleachta thíos.]:

> Ba de Fhrancaigh Cheanada Perrault é féin, agus bhí sé dorcha go breá san aghaidh; ach ba mheascach de Fhrancaigh Cheanada agus de Chiardhubhánaigh Mheiriceá François agus bhí seisean dhá uair chomh dorcha. (Ó Domhnaill 1932: 27–8)

Ní thaitníonn friotal mar 'meascach' agus 'ciardhubhánach' le daoine inniu ach ba dhána an té a dhéanfadh seoid liteartha a athscríobh chun freastal ar thuiscintí na linne seo.

4.12 Cleachtadh

An ndéanfá aon leasú ar na samplaí seo thíos i bhfianaise an phlé san alt seo?

1 ÁIT CHÓNAITHE I RITH AN TÉARMA Faoi réir aon rialachán ginearálta a d'fhéadfaí a leagan síos ó am go ham, féadfaidh mac léinn nach bhfuil ina c(h)ónaí lena m(h)uintir a (h)áit chónaithe féin a roghnú i rith an téarma. Cabhróidh an Ollscoil le mic léinn lóistín cuí a aimsiú trí Oifig Lóistín na Mac Léinn. San áit chónaithe sin, ba chóir don mhac léinn a bheith airdeallach ar na cuspóirí is mian leis/léi a bhaint amach; agus ina c(h)aidreamh leis an tiarna talún agus le daoine eile ina gcónaí san áit chónaithe sin, ba chóir dó/di a chinntiú go dtagann a (h)iompar leis na caighdeáin a mbeifí ag súil leo sa phobal.

2 Ansin fuair siad fear pá le cuidiú leo, agus ba ghnách leis an cheathrar acu oibriú mar a bheadh fir dhubha ann. [Comhthéacs: as *Gadaidheacht le Láimh Láidir* le Domhnall Ó Grianna, 1936. Rinne mise an litriú a chaighdeánú.]

3 Tiocfaidh tuairisceoir agus fear ceamara chun tí chugat leis an agallamh a dhéanamh.

4 I nDroim an tSionnaigh a bhí sí ina cónaí agus í ag déanamh banachas tí dá dearth.áir a bhí ina shagart san áit. [Comhthéacs: as *Crathadh an Phocáin* le Seaghán Mac Meanman, 1955.]

5   Mholfainn don Aire gach iarracht a dhéanamh le cothrom na Féinne a thabhairt do na daoine míchumasacha atá infhostaithe.

4.13 Friotal gonta

> Alex scanned the document on his desk. *In respect of the provisions of the applicable relevant legislation currently in force...* Alex was master of the red pen and the delete button; he put a red line through the clause and wrote: *By law...* (Ó Ceallaigh 2006: 18)

Scríbhneoir agus aistritheoir cáiliúil a bhí i Stiofán Mac Enna. Ba mhór a spéis sa Ghaeilge ach bhí gnéithe den teanga scríofa a chuireadh isteach go mór air. Ceann acu sin an stíl thimchainteach rófhoclach a shíl sé a bheith i réim i measc scríbhneoirí Gaeilge.

> Is éachtach an méid Gaeilge a dhéantar déistineach don léitheoir bocht le hualach urghránna d'fhocail neamhriachtanacha, briathraíocht throm i gcásanna ina mbíonn samplaí den stíl uasail chomair le fáil sa ghnáthchaint. 'Níl sé aosáideach duine ar bith a fháil a bheadh in ann é sin a dhéanamh' (156 focal) = 'cá bhfuil fear a dhéanta?'(5 fhocal). (Ó Rinn 1939: 57)

Ní hé gur mhian le Mac Enna páipéar a spáráil ná focail a choigilt mar a dhéanfadh sprionlóir lena chuid pinginí. Ceist stíle atá ann; is éifeachtaí go mór an chumarsáid a dhéantar i mbeagán focal ná téacs a thuirsíonn an léitheoir le focail nach n-iompraíonn brí ar bith.

> Má tá aon phointí ann a dteastaíonn uait tuilleadh soiléirithe nó tuilleadh mionsonraí ina dtaobh, beimid sásta a leithéid de shonraí breise a sholáthar ar an teileafón de réir mar is gá.

Níl i gceist ansin dáiríre ach 'Glaoigh orainn, le do thoil, má tá ceist agat.'

Cad is cúis leis an rófhoclaíocht seo sa Ghaeilge? Bhí cultas i measc lucht na Gaeilge riamh maidir le caint na Gaeltachta, cé gur dual don chaint bheith scaoilte, míchruinn, athráiteach. Inniu féin bíonn scríbhneoirí ficsin agus iriseoirí tugtha do chiútaí stíle a bhaineann leis an gcaint seachas leis an teanga scríofa. Fadhb eile ná gur aistriúcháin atá i gcuid mhór dá bhfoilsítear i nGaeilge. Gníomh cumarsáide atá san aistriúchán agus bíonn aistritheoirí maithe ar a ndícheall ag iarraidh gach débhríocht agus doiléire sa téacs foinseach a réiteach. Is furasta dul thar fóir leis an ról míniúcháin sin agus míniú fada foclach a thabhairt ar smaointe a chuirtear in iúl go deas gonta sa téacs atá á aistriú. B'fhéidir go measfadh an t-aistritheoir nach dtuigfí téarma mar 'íoslódáil' agus go scríobhfadh sé/sí parafrása fada ina ionad, mar shampla 'ábhair a chóipeáil ón nGréasán chun do ríomhaire féin.' D'fhéadfadh an cur chuige sin a bheith iomlán bailí má tá an téacs dírithe ar léitheoirí ar dócha iad a bheith aineolach ar na téarmaí teicniúla.

Is gné thar a bheith cigilteach den chóipeagarthóireacht é seo. An gcaithfidh friotal iomarcach dá leithéid a scrios i ngach uile théacs? Ní mheasaim é. Braitheann sé ar an seánra téacs agus ar na spriocléitheoirí. A leithéid seo:

> Is maith is eol dom go bhfuil cur agus cúiteamh sna meáin chumarsáide agus i measc an phobail faoin méid atá i ndán do sheirbhísí sna blianta beaga amach romhainn. I dtaca liomsa de, féadaim a rá nach bhfuil i bhformhór mór na scéalta atá á scaipeadh ach ráflaí nach bhfuil bunús ar bith leo, bealach amháin nó bealach eile. I gcás go ndéanfaí athruithe ar bith is amhlaidh gur athruithe iad a chuirfidh feabhas ar an tseirbhís.

Más ráiteas atá ann a chuireann cathaoirleach le tuarascáil bhliantúil nó le doiciméad taighde, ní fiú mórán ama a chaitheamh leis. Ní bhítear ag súil le scoth an phróis ina leithéid. Ach cuir i gcás gur preasráiteas atá ann. Níor mhiste gortghlanadh a dhéanamh air sa chás sin. Níl cuid ar bith den chiall caillte san athleagan thíos.

> Tuigim go bhfuil plé ar siúl faoina bhfuil i ndán don tseirbhís. Níl i bhformhór dá bhfuil á rá ach ráflaí. Is athrú chun feabhais a bheidh in aon athrú a dhéanfar.

4.14 Friotal nithiúil agus friotal teibí

Tuiscint thraidisiúnta a tháinig chugainn ó náisiúnaithe Chonradh na Gaeilge ná go bhfuil an Ghaeilge nithiúil, trédhearcach, ionraic fad is atá an Béarla teibí, doiléir, seachantach.

> English is fond of metaphor and personification. Irish on the whole is more restrained and matter-of-fact…. Irish loves logical order: English is sometimes whimsically illogical…English is often *allusive*, Irish *direct*…Irish is fond of *the concrete*, where English frequently has *the abstract*… (Ó Nolan 1920: 3)

Is iomaí údar a chuir an chomhairle chéanna ar scríbhneoirí Gaeilge: seachain an teibíocht. Tá an chomhairle sin ag teacht le teagasc lucht *Plain Language* sa Bhéarla chomh maith, ach nach ionann mar a thuigeann siad siúd nádúr a dteanga féin. Seo sliocht eile as an leabhrán *How to Write Clearly*.

> English is a notoriously blunt language. Too much abstract language (FOG) may make your reader suspect that something real and unpalatable is being wrapped up in verbiage.
>
> In general, if you have a choice between an abstract word and a more concrete one that means the same, choose concrete. It will make your message more direct.

Measaimse gurbh fhearr cuimhneamh ar chuspóir an téacs agus ar an bpobal ar a bhfuil sé dírithe. Beidh an teibíocht i dtreis i dtéacsanna áirithe toisc an t-ábhar féin a bheith teibí, mar shampla na heolaíochtaí, teoiric an dlí, an fhealsúnacht agus an diagacht. Níl aon amhras ach gur chóir an chuid is troime den teibíocht a sheachaint i dtéacsanna atá dírithe ar an ngnáthphobal, ar pháistí scoile agus ar fhoghlaimeoirí. Rómhinic a úsáidtear an t-ainmfhocal teibí in áit an ghnáth-ainmfhocail.

> Labhraíomar leo chun a dtuairimíocht a fháil.
>
> Tá laghdú tagtha ar phraghas tithíochta.
>
> Is gnó é sin d'ardrúnaíocht an Chumainn.
>
> Tá an cháipéisíocht chuí faoi iamh.
>
> Earcaíodh na póilíní nua as measc bhallraíocht an tsean-UVF.

Níl fáth ar bith nach gcuirfí na gnáth-ainmfhocail in áit gach ceann de na hainmfhocail theibí atá folínithe thuas: 'a dtuairimí', 'tithe', 'ardrúnaithe', 'cáipéisí' agus 'baill'. Ní féidir 'tithíocht' a cheannach, is cuma cén praghas a bheadh uirthi.

4.15 Cleachtadh

An síleann tú na habairtí thíos a bheith lochtach ar aon slí? Déan iarracht an abairt a dheisiú agus cuir d'iarracht féin i gcomparáid leis na nótaí san aguisín 'Tráchtaireacht ar na cleachtaí in Aonad 4'.

1 Go minic bíonn an fhéidearthacht láidir ann dul chun cinn a dhéanamh ach nach mbíonn an chinnteacht ann nach mbeadh drochthoradh ar an bhforbairt go fadtéarmach.

2 Is san oíche a dhéanfar an obair, ionas míchaoithiúlacht cónaitheoirí áitiúla a
   íosmhéadú.

3 Tá feabhas tagtha ar infhaighteacht áiteanna páirceála.

4 Toradh dearfach amháin a bhí ar an bhfeachtas earcaíochta ná láithreacht na
   nGardaí sa phobal a mhéadú.

5 Páirt thábhachtach den taighde is ea údarthacht na dtéacsanna a chinntiú.

4.16 Réim

Tá na húdair go léir ar aon aigne faoina thábhachtaí is atá réim an téacs ach is deacair
teacht ar shainmhíniú comhaontaithe ar cad is réim ann. Dar le Alan Duff (1989: 20),
baineann réim le rialacha neamhscríofa na teanga.

> What happens when we try to break these unwritten rules? Let us take a test case. Would
> you expect to find the following sentence in a tourist brochure, a scientific article, or
> neither?
>
> Samples of sand taken from the sun-kissed beaches of Goa revealed abnormally high
> concentrations of sodium chloride.

Ó thaobh na gramadaí de, is abairt fhoirfe í sin, ach is léir go sáraíonn sí gnáthúsáid an
Bhéarla. Is cosúil, mar sin, go bhfuil rudaí eile seachas an ghramadach a choscann
saorúsáid na bhfocal. I gcás an tsampla seo thuas tá béarlagair na mbróisiúr
turasóireachta tugtha ar iasacht i dtéacs eolaíoch, agus is ciotach, áiféiseach an iasacht
sin. Tá dhá réim ag teacht salach ar a chéile.

Ag barr an speictrim tá 'réim ard' ('Tá an tUasal Ó Néill ar shlí na fírinne le deich
mbliana anois') agus ag bun an speictrim tá 'réim íseal' ('Stiúg mac Uí Néill deich
mbliana ó shin.'). Ní i gcónaí a bhíonn an difear réime chomh follasach sin, ach tá
roinnt comharthaí sóirt ann.

In Aonad 2, pléadh roinnt míthuiscintí coitianta faoin nGaeilge 'chaighdeánach'.
Luadh, mar shampla, nach gcoscann an caighdeán oifigiúil focail agus struchtúir áirithe
a *shamhlaítear* le canúintí réigiúnacha ar leith, mar shampla 'feiliúnach' agus
'fóirsteanach'. Is focail ar leith iad siúd a úsáidtear i nGaeilge Chonnacht agus i
nGaeilge Uladh faoi seach. Ní leaganacha malartacha de 'oiriúnach' iad. Is ionann sin
agus a rá go bhfuil siad lánchaighdeánach. Mar an gcéanna le roinnt struchtúr gramadaí

a mheastar a bheith neamhchaighdeánach agus a 'cheartaítear' go minic, mar shampla 'Tá sioc ar an bhóthar' – leagan atá lán chomh bailí le 'Tá sioc ar an mbóthar.'

Bíodh sin mar atá, bíonn rudaí eile le cur san áireamh seachas leagan a bheith 'caighdeánach' nó 'neamhchaighdeánach'. Bhí sampla maith de sin sa dara cleachtadh in Aonad 2, mar atá 'chan amháin'. Tá an mhír dhiúltach 'cha' iomlán caighdeánach ach ní oireann sé do gach cineál téacs. Ní bheadh locht ar bith air i dtéacs liteartha nó i script teilifíse ach dhéanfaí iontas de i dtuarascáil bhliantúil na Gníomhaireachta um Chaomhnú Comhshaoil.

Tá canúintí sóisialta ann chomh maith le canúintí réigiúnacha. Sampla maith as téacs Gaeilge is ea an comhrá seo as *Díbirt Dé* le Pádraig Standún (Cló Iar-Chonnachta 2007: 104). Tá gasúr óg ag caint lena athair mar gheall ar a dhualgais mar bhuachaill altóra.

> '…coinním súil [ar an sagart] leis an gcomaoineach agus leis an gcupán a chuireann sé san aer.'

> Cheartaigh a athair é. 'An chailís.'

> 'Tá a fhios agam, ach is féidir cupán a thabhairt air freisin mar deir an sagart gur thóg Íosa an cupán.'

Sin fear óg a bhfuil tuiscint an-chaolchúiseach aige ar chúrsaí réime. Is minic a cháintear saothar Standún as 'droch-Ghaeilge' a bheith ann ach bíonn an-léargas ann ar na frásaí ísealréime atá coitianta i nGaeilge iarthar na hÉireann. Tá friotal ardréime agus friotal ísealréime ar fhrása mar *He was breathalysed* (1) 'Cuireadh iallach air séideadh isteach san anáileadán', agus (2) 'Cuireadh an mála air.' An dara ceann atá ag an Standúnach.

Tá focail áirithe sa Ghaeilge ar comhartha stádais agus aicme iad. 'Comhaltaí' a bhíonn san eagraíocht ealaíontóirí Aosdána, mar shampla, murab ionann agus 'baill'. 'Cnuas' a fhaigheann siad agus ní hé 'pinsean' ná 'liúntas'. Is mairg a thabharfadh 'fidléir' ar cheoltóir clasaiceach.

Níl ceist na gcanúintí sóisialta i nGaeilge baol ar chomh casta is atá i mBéarla agus i mórtheangacha eile. Mar sin féin, bíonn leaganacha áirithe in úsáid sa chaint nach n-oirfeadh do chomhthéacs foirmiúil. Bítear ag caint ar 'Ollscoil na Ríona' ach is é 'Ollscoil na Banríona, Béal Feirste' ainm na hollscoile.

Rud eile de, an rud nach mbeadh dímheasúil, scannalach ná maslach sa ghnáthchaint, seans go gcuirfeadh sé as do dhaoine i gcomhthéacsanna áirithe. I nDún na nGall, úsáidtear an focal 'Albanach' le cur síos ar Phrotastúnaigh. Níl aon dímheas ná fuath creidimh ann. Níl ann ach tagairt don tír as ar ghluais sinsir an phobail sin. Ach caithfear i gcónaí cuimhneamh ar an gcomhthéacs ina bhfuil an chumarsáid ar siúl. Cé nár theangeolaí é, thug Earnán de Blaghd míniú an-tuisceanach ar an scéal. Ba Phrotastúnach de bhunadh an tuaiscirt é féin, agus chuir úsáid an fhocail 'Albanach' isteach go mór air.

> ... in alt dar scríobh sé, thug scríbhneoir Gaeilge Ultach 'na hAlbanaigh' ar Phrotastúnaigh na Sé Chontae. Dúirt mé gur thuigeas go maith go n-úsáidtear an leasainm sin coitianta sa chaint i dTír Chonaill, ach gur mheasas nárbh aon leithscéal é sin faoi é a úsáid i gcló nó i scríbhinn nó in aon chaint phoiblí ach amháin i ndráma nó in úrscéal. ...ba ait liom go mbeadh Náisiúnaí tuisceanach ag breacadh síos abairte a chuirfeadh in iúl gur eachtrannaigh mórchuid daoine a lonnaigh a sinsir anseo breis agus trí chéad bliain ó shin... (de Fréine 1990: 294)

Bíonn an réimse dioscúrsa le cur san áireamh i gcás leaganacha eile atá coitianta sa chaint, fiú mura bhfuil siad díreach chomh conspóideach le 'Albanach'. Tá 'leasainmneacha' Gaeilge ar chuid mhór galar agus aicídí, mar shampla. Tugtar 'galar Phóil' ar *epilepsy* (bhí an tinneas sin ar Naomh Pól, de réir traidisiúin) ach b'fhearr 'titimeas' a thabhairt air i gcomhthéacs eolaíoch an leighis. An rud a oireann don ghnáth-chomhrá ní i gcónaí a oireann sé don teanga fhoirmiúil. Cé acu is lú a chuirfeadh scanradh ar othar: 'dul faoi scian' nó 'obráid'? Más oibrí thú atá chun a phost a chailleadh b'fhéidir gurbh fhearr leat a rá 'go ndearnadh iomarcach' thú ná gur tugadh cead siúil duit, nó bata agus bóthar.

Is é an locht réime is minice a bhíonn ar théacsanna Gaeilge ná réim ró-íseal a úsáid i gcomhthéacs ina dteastaíonn friotal foirmiúil nó neodrach. Cuid mhór de shaibhreas cainte na Gaeilge, fáisceadh é as saol traidisiúnta na tuaithe agus bíonn scríbhneoirí, agus aistritheoirí, an-cheanúil ar an nath tíriúil a bhfuil 'boladh na móna' air. Luann Gabriel Rosenstock (2000) an claonadh seo agus é ag tagairt don chnuasach nathanna Gaeilge *Díolaim d'Abairtí Dúchasacha* (Maolmhaodhóg Ó Ruairc, An Gúm: 1996):

> The above-mentioned *Díolaim* gives one much pause for thought in this matter. How would you say, "It would wake the dead?" *Thabharfadh sé ba bodhra as coillte,* literally it would bring deaf cows out of woods. In our post-traditional society where kids go to a holiday farm to see a free-range cow, might not some of our earthy phrases seem a little

surreal?… By sheer dint of trial and error, the sensitive translator must gauge how much of the genius of one language can be transferred to another, or much of the natural richness of Irish can be employed without distorting registers.

Bíonn an cúram sin ar an *sensitive editor* chomh maith.

Fíor-chorruair a bhíonn réim an aistriúcháin níos airde ná réim an téacs fhoinsigh. Cuimhním ar na fógráin a d'fhoilsigh Ollscoil na Banríona, Béal Feirste roinnt blianta ó shin. *Excellence in research* a bhí sa leagan Béarla agus 'Dearscnaitheacht sa taighde' a bhí sa leagan Gaeilge. Is dóigh liom go bhfuil snas agus blas na seanlitríochta ar 'dearscnaitheacht' agus gur túisce a thuigfeadh daoine 'sárchaighdeán' nó 'ardchaighdeán' nó a leithéid.

4.17 Cleachtadh

Sa tábla thíos, sa cholún ar thaobh na láimhe clé, tá deich gcinn d'fhocail Bhéarla. Faoi bhun an tábla sin tá liosta d'fhocail Ghaeilge a fhreagraíonn do na focail Bhéarla. Roghnaigh an focal Gaeilge ardréime agus an focal Gaeilge ísealréime (nó an focal Gaeilge atá neodrach ó thaobh na réime de) agus breac isteach sa cholún cuí iad. Tá an chéad cheann déanta cheana. Cuir d'iarracht i gcomparáid leis na nótaí san aguisín 'Tráchtaireacht ar na cleachtaí in Aonad 4.'

Focal Béarla	Réim ard	Réim neodrach nó íseal
pram	naíchóiste	pram
optician		
breakfast		
lots, a large number		
spouse		
primer, a book for beginners		
nose		
to give an injection		
insane		
tree		

céile	caincín	craiceáilte	instealladh a thabhairt
go leor	uraiceacht	radharceolaí	naíchóiste
nuachar	céadphroinn	bile	an biorán a thabhairt
bunleabhar	lia na súl	bricfeasta	crann
ina g(h)eal	pram	iliomad	srón

4.18 Tiarnas an ainmfhocail

Tá cion as cuimse ag scríbhneoirí Gaeilge ar an ainmfhocal. Andúiligh ainmfhocal is ea iad. Ba dheas mar a chuir Liam Ó Rinn an méid sin i bhfriotal:

> Ní chuirtear puinn suime sna briathra. Leantar i gcónaí de chora cainte a úsáid ina n-ionad. Is breá iad na cora cainte – mar mhúr cosanta in aghaidh chora cainte an Bhéarla, cuir i gcás – ach mar sin féin ba mhór ár lúcháir dá ndéanfaí, fo-uair ar aon nós, briathar beag gonta a thabhairt dúinn in ionad na timchainte gnáith, e.g. "lúcháireas" in áit "tháinig lúcháir orm." (1940: 109–111)

Is i mbriathra, i réamhfhocail agus i nascfhocail a bhíonn páirt mhór de sholúbthacht agus d'aclaíocht teanga ar bith atá beo ar bhéal daoine. Is fearr le lucht na Gaeilge ainmfhocail a charnadh i mullach a chéile. A leithéid seo, i bhfógrán fostaíochta:

Is den riachtanas incháilitheacht bhallraíocht iarchéime PSA nó BPS.

Is dócha gur *eligibility for graduate membership of PSA or BPS* a bhí le haistriú nó a bhí ar aigne an údair. Duine as céad a thuigfeadh é gan leas a bhaint as briathra agus réamhfhocail.

Caithfidh iarrthóirí bheith i dteideal ar bhallraíocht iarchéime sa PSA nó sa BPS.

Níl rud ar bith ba mhó a chuirfeadh brí agus gontacht sa Ghaeilge scríofa ná leas a bhaint as acmhainní briathartha na teanga.

4.19 Cleachtadh

An síleann tú na habairtí thíos a bheith lochtach ar aon slí? Déan iarracht an abairt a dheisiú agus cuir d'iarracht féin i gcomparáid leis na nótaí san aguisín 'Tráchtaireacht ar na cleachtaí in Aonad 4'.

1 Tar éis na hobráide, tugtar ceimiceáin don othar chun diúltú na colainne don ghéag nua a sheachaint.
2 Tá córacha leighis ann a laghdaíonn gá ocsaigine an chroí.
3 I bpacáil an chuisneora ba cheart bianna so-lofa a stóráil sa chuid is fuaire de.
4 Tá contúirt ag baint le hathchócaráil bia dhíreoite.
5 Féadann an tUachtarán diúltú do scor Dháil Éireann.

4.20 Uimhreacha

Tá cleachtadh againn go léir ar leaganacha ar nós 'trí phunt déag' agus 'an ceathrú féile is fiche'. Is é sin an struchtúr is coitianta a úsáidtear nuair a bhítear ag plé le huimhreacha ó na déaga go céad. Struchtúr thar a bheith áisiúil atá ann nuair is ainmfhocal amháin atá le cur idir 'trí' agus 'déag' nó idir 'ceathrú' agus 'fiche' mar atá sna samplaí thuas. Ní struchtúr ró-oiriúnach é, áfach, má tá faisnéis níos casta le fí isteach, mar shampla *fourteen School Attendance Certificates*/ceithre Theastas Freastail Scoile déag' nó *twenty-five high-definition visual display units*/cúig aonad fístaispeána ardghléine is fiche'. B'fhearr leas a bhaint as na roghanna comhréire atá sa Ghaeilge:

• An t-ainmfhocal iolra 'cinn' a chur idir an dá uimhir agus sin a úsáid leis an réamhfhocal 'de' móide an t-ainmfhocal iolra i ndeireadh na faisnéise, m.sh. 'Cúig cinn déag d'aonaid fístaispeána ardghléine'.
• Na bunuimhreacha a úsáid leis an réamhfhocal 'de' agus an t-ainmfhocal iolra a chur i ndeireadh na faisnéise, m.sh. 'a ceathair déag de Theastais Freastail Scoile'.

Níl aon bhunús sa Ghaeilge le leaganacha ar nós 'fiche a cúig aonad fístaispeána ardghléine' ná níl aon ghá leis ach oiread, in ainneoin é a bheith an-choitianta sa chaint.

4.21 Deacracht/castacht an téacs

Deacracht an téacs agus lagchumas an ghnáthléitheora Gaeilge: siúd an dá ní nár cheart d'eagarthóirí Gaeilge a ligean i ndearmad agus iad ag plé le téacsanna atá dírithe ar phobal nach saineolaithe iad. Más téacs Chonradh Liospóin atá ann déantar talamh slán de go mbeidh taithí ag léitheoirí ar abairtí fada lán clásal agus idiraisnéise, ar théarmaíocht dlí agus ar bhéarlagair an Aontais. Ach cuir i gcás gur leabhrán eolais faoi reifreann ar Chonradh Liospóin a bheadh ann. Sa chás sin bheifeá ag súil go rachadh an téacs i dtreo na simplíochta agus go mbainfí leas as cuid de na cleasa scríbhneoireachta is féidir a úsáid chuige sin:

- Na habairtí féin a bheith gearr, neamhchasta.
- Téarmaí a chur i gcomhthéacs nó a mhíniú le parafrása m.sh. 'díspeagadh cúirte, is é sin le rá, beag a dhéanamh den chúirt nó gan meas mar is ceart a bheith agat uirthi'.
- Téarmaí a mhíniú i ngluais ag bun an leathanaigh m.sh. 'díspeagadh cúirte –*contempt of court*'.
- Dul siar go minic ar choincheapa casta chun tuiscint an léitheora a éascú.

Bíonn foilsitheoirí ábhar oideachais ag trácht ar 'aoisoiriúnacht' an ábhair. I gcás na Gaeilge, caithfidh lagchumas Gaeilge a chur leis sin. Tá bearna mhór idir cumas léitheoireachta Gaeilge agus cumas léitheoireachta Béarla i measc daltaí scoile. Fiú daltaí na nGaelscoileanna, bíonn a stór focal Gaeilge gann i gcomparáid lena stór focal Béarla. Bíonn sé deacair acu ciall a bhaint as abairtí fada. Nuair a fheiceann siad focal anaithnid san abairt ní bhíonn siad in ann sciorradh thairis mar a bhíonn agus iad ag léamh i mBéarla. Téann siad in abar sa téacs agus cailleann misneach. Ní úsáideann siad nuathéarmaí Gaeilge chomh héasca céanna is a úsáideann siad a macasamhail i mBéarla. Ní haon ionadh é sin. Is é an Béarla is máthairtheanga d'fhormhór mór millteach na bpáistí. Níor dheacair do dhalta meánscoile an téacs Béarla seo thíos a thuiscint, cuir i gcás. Sliocht atá ann as bileog eolais dar teideal *The Vikings in Ireland*. Roghnaigh mé í as sraith a d'fhoilsigh an eagraíocht ENFO, *Information on the Environment*. Is féidir breathnú ar an téacs iomlán ar shuíomh Gréasáin ENFO *www.enfo.ie*.

> ### The Vikings
>
> The very word Viking conjures up an image of fierce warriors, with flaxen hair, often worn in plaits under helmets with horns, ready to invade, attack and pillage those poor

unsuspecting people who lived too near the sea. This image of Vikings as plunderers has lasted well over a thousand years and it is certainly a correct view of our earliest encounters with these invaders. What is less well known about these invaders is that their involvement with Ireland lasted for many hundreds of years: over time these terrifying warriors would settle here and become farmers and traders. More importantly, they would also be responsible for some of the earliest urban development within Ireland.

Who were the Vikings?

The Vikings were from Scandinavia and became infamous for carrying out sea borne raids and invading various parts of Northwest Europe from the 8th to 11th centuries AD. The Vikings were pagan farmers and seamen who originally came from Norway. One of the main advantages of this race of people was that they were highly skilled carpenters and were able to build ships strong enough to sail the Atlantic Ocean.

The Vikings began raiding Ireland in 795 when they attacked Lambay Island (off the Dublin Coast) and Iona (an island off the west coast of Scotland). Colm Cille had founded a monastery on Iona in the sixth century – monasteries were favourite targets of the Vikings as they were often wealthy communities. They would not only provide the Vikings with goods, but also with slaves.

Níl ach fíorbheagán focal deacair sa téacs. Seans go mbeadh ar léitheoirí óga *flaxen* a lorg i bhfoclóir mura dtuigfidís ón gcomhthéacs é. Tá an chéad abairt beagán fada ach níl abairt ar bith an-chasta ar fad. Seachnaítear an chuid is troime den téarmaíocht. Ní *coastal-dwellers* atá ann ach *people who lived too near the sea*. Ní dhéantar talamh slán de go mbeidh a fhios ag an léitheoir cá bhfuil Iona nó Lambay. Tríd is tríd is téacs soiléir simplí atá ann.

Féachaimis anois ar aistriúchán Gaeilge (ní hé an t-aistriúchán a d'fhoilsigh ENFO). Tá scoth na Gaeilge ann ach tá sé iomlán mícheart ó thaobh na réime agus na deacrachta de.

Na hUigingigh

Ar chloisteáil an fhocail 'Uigingeach' dúinn samhlaítear dúinn díorma de laochra fíochmhara agus a bhfolt buíbhán ina dtrilseáin faoi chlogad na n-adharc; iad faoi réir chun creachadh agus foghail a imirt ar na donáin neamhurchóideacha a chónaigh cois farraige agus gan súil acu riamh le hionradh ná le hionsaí. Téann samhail sin na gcreachadóirí Uigingeacha níos faide siar ná míle bliain agus is cruinn an tsamhail í, fad is a bhaineann leis an gcéad aithne a chuireamar ar a chéile – aithne na mbó maol. Ach ná dearmadtar go raibh dáil na gcéadta bliain idir na foghlaithe agus na hÉireannaigh. Le himeacht ama chuaigh gaiscígh úd na sceimhle chun cónaithe abhus agus go ndearnadh feirmeoirí agus ceannaithe díobh. Rud is tábhachtaí fós, ba iadsan a leag síos dúshraith na chéad bhailte in Éirinn. Ba as Críoch Lochlann do na hUigingigh agus thuill siad droch-chlú dóibh féin as a ruathair mhara agus as ionradh a dhéanamh ar áiteanna éagsúla ar feadh Iarthuaisceart na hEorpa ón 8ú go dtí an 11ú hAois AD. Feirmeoirí agus maraithe a bhí sna hUigingigh agus ba san Iorua a tháinig ann dóibh a chéaduair. Ceann de mhórbhuanna na muintire seo ná a thréithí is a bhí a saoir adhmaid, ar shlí go raibh ar a gcumas longa a dhéanamh a bhí acmhainneach ar mhórmhuir an Atlantaigh. I 795 a thug na hUigingigh an chéad ruathar ar Chríoch Fódla, tráth a d'ionsaigh siad Reachrainn (ar imeallbhord Átha Cliath) agus Í (oileán de chuid Inse Gall na hAlban). Bhunaigh Colm Cille mainistir ar Í sa séú hAois. Ba mhinic na hUigingigh ag tarraingt ar mhainistreacha, óir ba mhinic mainistir maoineach. Bhí idir airnéis agus sclábhaithe le fáil ag na hUigingigh iontu.

An foclóir an chéad rud a gcuirfeadh duine sonrú ann. Leagan deas fileata is ea 'aithne na mbó maol' ('they quarrelled on first acquaintance' – FGB), ach is duine as míle a thuigfeadh é. Bheinn in amhras faoi cé chomh hoiriúnach is atá na focail is na frásaí eile seo sa chéad pharagraf.

Sa téacs	Leasú
Uigingeach	Lochlannach
díorma	slua
folt	cuid gruaige
buíbhán	buí
faoi réir	réidh
creachadh agus foghail a imirt	robáil agus slad a dhéanamh
na donáin neamhurchóideacha	na daoine bochta
is cruinn an tsamhail í	tá sí ceart/fíor
Le himeacht ama	I ndiaidh tamaill

Sa téacs	Leasú
dul chun cónaithe	socrú síos
gaiscígh úd na sceimhle	laochra fíochmhara/na Lochlannaigh
abhus	anseo in Éirinn
dúshraith na mbailte a leagan síos	bailte móra a chur ar bun/a bhunú

Caithfear na leasuithe foclóra sin a dhéanamh ach ní rachadh sin leath bealaigh féin. Bheinnse i bhfabhar an fhaí ghníomhach a chur in áit na faí céasta.

Sa téacs	Leasú
Ar chloisteáil an fhocail 'Uigingeach' dúinn	Nuair a chloisimid an focal 'Lochlannach'
samhlaítear dúinn	feicimid/smaoinímid ar
Ná dearmadtar	Ná déan dearmad

Tá leaganacha mar 'go ndearnadh feirmeoirí agus ceannaithe díobh' agus 'go raibh dáil na gcéadta bliain idir na foghlaithe agus na hÉireannaigh' mí-oiriúnach chomh maith. Má dhéantar na leasuithe atá luaite, agus mionleasú eile anseo is ansiúd, is mar seo a bheadh an chéad pharagraf.

Na Lochlannaigh

Nuair a chloisimid an focal 'Lochlannach' smaoinímid ar shlua de laochra fíochmhara; dath buí ar a gcuid gruaige, clogad adharcach ar a gceann agus iad i gcónaí réidh chun na daoine bochta a bhí ina gcónaí cois farraige a robáil agus a shlad. Tá an pictiúr sin inár n-aigne le níos mó ná míle bliain. Is pictiúr fíor atá ann má táimid ag caint ar an gcéad aithne a chuir na Lochlannaigh agus na hÉireannaigh ar a chéile. Ach ná déan dearmad gur mhair an dá dhream le chéile ar feadh na gcéadta bliain. I ndiaidh tamaill, shocraigh na Lochlannaigh síos anseo in Éirinn. Thosaigh siad ag feirmeoireacht, nó ag díol agus ag ceannach earraí. Ba iad na Lochlannaigh a bhunaigh na chéad bhailte móra in Éirinn.

Tá an t-aistriúchán Gaeilge eisceachtúil ar go leor bealaí. Is annamh a bhíonn eagarthóirí ag gearán faoin nGaeilge a bheith róshaibhir. A mhalairt ar fad! Is beag nach athscríobh a bhí le déanamh seachas eagarthóireacht. Ní nós inmholta é sin ach caithfidh é a dhéanamh corruair i bhfianaise sheánra agus spriocléitheoirí an téacs.

4.22 Cleachtadh

Déan an dá pharagraf eile sa téacs a chur in oiriúint do léitheoirí óga. Cad iad (1) na focail atá le baint amach agus (2) cad iad na struchtúir atá mí-oiriúnach? Cuir d'iarracht féin i gcomparáid leis na nótaí san aguisín 'Nótaí ar na cleachtaí in Aonad 4'.

AONAD 5
FADHBANNA FOCLÓRA AGUS TÉARMAÍOCHTA

Cuspóirí an aonaid seo

- Léargas a thabhairt ar *contre sens* i dtéacsanna Gaeilge.
- Plé ar fhadhbanna a bhaineann le nuathéarmaíocht na Gaeilge.
- Cleachtadh ar fhadhbanna foclóra a aithint agus a chur ina gceart.

5 Intreoir

Ciall focal agus nathanna is ábhar don aonad seo. Le gur féidir leo a gcuid oibre a dhéanamh caithfidh eagarthóirí géilleadh do thuiscint thraidisiúnta phraiticiúil ar cad is 'ciall' ann. I rith an fichiú haois rinne fealsaimh agus teangeolaithe diancheistiú ar thuairimí seanbhunaithe maidir le ceist seo na céille. Ina measc siúd bhí fealsaimh mar Jacques Derrida agus Ludwig Wittgenstein. Cruthaíodh gur rud éalaitheach, seachantach is ea ciall focail. Athraíonn ciall ó ghlúin go glúin (ní hionann mar a thuigtear 'ríomhaire' inniu agus inné) agus ó aicme go haicme (ní hionann an tuiscint atá ag lucht caite cannabais ar 'raithneach' agus an tuiscint a bheadh ag luibheolaí). Bíonn a thuiscint phearsanta féin ag gach duine ar fhocail agus ar nathanna, tuiscintí a d'fhéadfadh bheith ag teacht salach ar an tuiscint choitianta a thuairiscítear sna foclóirí. 'Idióleict' (nó 'canúint aonair') a thugtar ar an tuiscint phearsanta sin.

Agus mé ag teagasc ceardlann aistriúcháin, iarraim ar na rannpháirtithe roinnt focal agus nathanna a shainmhíniú dom. Ceann acu is ea *cutting-edge research*. Dar le formhór na rannpháirtithe gur taighde ceannródaíoch atá i gceist; an chuid is úire den taighde, mar a déarfá. Bíonn i gcónaí duine nó beirt ann a shíleann gurb í an chuid is fearr den taighde atá ann. Bíonn impleachtaí nach beag ag na tuiscintí pearsanta seo i dtéacsanna a aistrítear go Gaeilge. Ar feadh na mblianta shíl mise gurb ionann 'croí na féile' agus *the life and soul of the party*. Tuiscint theoranta ar an bhfocal 'féile' ba chúis leis sin; níorbh eol dom go mbíonn 'flaithiúlacht' nó 'cineáltas' i gceist chomh maith le 'cóisir' nó 'fleá'. Is é an Béarla is gaire do 'croí na féile' ná *a heart of gold*. Bhí an nath Gaeilge á úsáid go breallach agam ar feadh na mblianta. Ní mise amháin ba chiontach. Bhí 'croí na féile' mar mhana poiblíochta ag RTÉ ar feadh i bhfad, agus ní ag trácht ar fhlaithiúlacht a bhíothas.

Tá plé an-spéisiúil sa dioscúrsa léannta ar cad is ciall ann, ach caithfidh údair a gcuid alt, leabhar agus tuarascálacha a scríobh, agus caithfidh eagarthóirí féachaint chuige go n-úsáidtear focail agus nathanna ar shlí nach dtagann salach ar thuiscintí coitianta ina leith.

> It is not particularly helpful for theorists to tell us … that words are meaningless and there is nothing objectively there. I hope when Madame Derrida sends her husband to the supermarket with a shopping list marked with the words *filets de sole, beurre, farine* and he comes back with some paper clips and a packet of Gauloises, she hits him over the head with the frying pan. (Chesterman & Wagner 2002: 25)

Díreach é. I gcead do lucht teoirice, tá an cúrsa seo ag brath ar thuiscint thraidisiúnta ar cad is 'ciall' ann. Glactar lena lán eile dá bhfuil sna foclóirí, ach le meon criticiúil agus leis an tuiscint nach féidir le foclóir dá mhéad teanga bheo a chuimsiú.

5.1 *Contre sens*

Léigh na habairtí seo thíos. An aithníonn tú locht ar bith orthu?

1 Tá Plean – an Plean Éigeandála Náisiúnta um Thionóiscí Núicléacha – ar bun chun dul i ngleic le haon radaíocht a d'fhéadfadh cur isteach ar Éirinn. Mar shampla, dá mbeadh tionóisc ag planda núicléach thar lear.

2 Tá cistí á n-infheistiú thar sáile atá de dhíth anseo in Éirinn. Caithfear stop a chur leis an bhfuiliú seo.

3 Ceann de na hargóintí a fhostaíonn lucht cosanta Iosrael ná gur stát daonlathach é.

Tá *contre sens* i ngach ceann de na habairtí thuas, is é sin, úsáidtear focal sa chiall mhícheart. Is faoi thionchar an Bhéarla a dhéantar sin de ghnáth, fiú i dtéacsanna nach aistriúcháin iad in aon chor. Focal ilchiallach is ea *plant* sa Bhéarla, cuir i gcás. Fástar *plants* sa gharraí agus bíonn *plant* de chineál eile le fáil ar eastát tionsclaíochta. Níl an raon céanna brí leis an bhfocal i nGaeilge, áfach, rud a fhágann cuma an-ait ar fad ar an gcéad sampla thuas. Má thagann an lá a bheidh na plandaí féin 'núicléach' is baolach go mbeidh an pláinéad bocht caillte.

Ní léir do dhaoine go mbíonn scil ag baint le foclóirí dátheangacha a úsáid. Dar le daoine nach mbíonn ann ach an focal Béarla a aimsiú agus focal Gaeilge a fhreagraíonn dó a roghnú. Shílfeá nach bhféadfá botún a dhéanamh ach ní mar a shíltear bítear. Is é an focal *haemorrhaging* a bhí ar intinn ag údar an dara sampla thuas. Aimsíodh 'fuiliú' in *English–Irish Dictionary* (1959) nó i bhfoinse éigin eile ach níor tuigeadh gur téarma leighis é. Ní bhíonn lucht na Gaeilge ar caint ag infheistíochtaí a bheith ag cur fola.

Nuair is saintéarma atá san fhocal is gnách nod a chur leis chun a réimse úsáide a thaispeáint do lucht úsáide an fhoclóra. Is deacair maithiúnas a thabhairt don údar a scríobhfadh 'Choinnigh Seán Ó Ríordáin tréimhseachán atá anois i leabharlann an Choláiste Ollscoile, BÁC.' Tá an nod *Journ.* leis an bhfocal 'tréimhseachán' in FGB agus ba chóir gur leor sin chun an t-údar a chur i dtreo 'dialann' nó 'cín lae'. Feictear dom gurb iad na gnáthfhocail, na hiontrálacha nach mbíonn nod ar bith leo sna foclóirí, is mó a mbaintear úsáid bhreallach astu. Níl nod ar bith le 'fostaigh' in FGB a thabharfadh le fios gur socrú oibre atá i gceist, agus nach féidir 'argóint a fhostú' mar a dhéantar sa tríú sampla thuas.

5.2 Cleachtadh

Léigh an téacs gairid thíos, a chuireann síos ar chonspóidí reiligiúin le linn an Reifirméisin. An dóigh leat go bhfuil focail nó leaganacha ann atá beagán ciotach nó mí-oiriúnach?

> Ar na mí-úsáidí a bhí forleathan san Eaglais Chaitliceach san am bhí an tIolrachas, is é sin dhá phost eaglaise nó níos mó a bheith ag duine amháin san aon am amháin. Bhíodh ceannasaithe na hEaglaise, ón bPápa anuas, ag díriú ar chúrsaí domhanda níos mó ná aon rud eile. Ba é an toradh a bhí air gur dhiúltaigh daoine d'údarás an Phápa agus gur thug siad a n-aghaidh ar fhoirmeacha difriúla den Chríostaíocht.

5.3 Comhchiallaigh

Is cabhair don eagarthóir eolas éigin a chur ar na míthuiscintí is cúis le *contre sens* i dtéacsanna, mar atá focail a bheith comhchiallach, ilchiallach nó ina gcomhainmneacha. Tugtar 'comhchiallaigh' ar fhocail atá ar aon chiall, nó beagnach ar aon chiall, le focal eile, mar shampla 'oiriúnach/feiliúnach/fóirsteanach' nó 'fanacht/feitheamh/fuireach'. Tá an-chuid comhchiallach sa Ghaeilge de thairbhe shaibhreas na gcanúintí réigiúnacha. Tugtar iontráil faoi leith do gach comhchiallach sna foclóirí Gaeilge–Béarla. Sna foclóirí Béarla–Gaeilge, áfach, is minic a thugtar roinnt comhchiallach faoi aon cheannfhocal Béarla. Eascraíonn roinnt mhaith míthuiscintí as sin, in ainneoin na nod agus na comhairle go léir maidir le húsáid na bhfocal.

Botún coitianta is ea glacadh leis gur comhchiallaigh iad focail nach ionann ciall dóibh dáiríre. Measann go leor foghlaimeoirí Gaeilge, mar shampla, gurb ionann 'clann' agus 'teaghlach' agus gur féidir iad a mhalartú ar a chéile. Ní hamhlaidh atá, mar is ionann 'clann' agus 'páistí' nó 'sliocht'. Muintir an tí go léir, idir lánúin agus chlann, atá sa 'teaghlach'. Botún coitianta eile is ea 'graiméar' agus 'gramadach' a mhalartú faoi mar b'ionann ciall dóibh. Is leabhar gramadaí atá sa 'graiméar'.

Is minic a bhíonn focail ina gcomhchiallaigh fhoirfe sa ghnáthchaint ach go dtugtar ciall shainiúil d'fhocal amháin acu i réimse speisialtóireachta ar nós an dlí nó na n-eolaíochtaí. Sin ceann de na seifteanna a bhíonn ag téarmeolaithe agus iad ag ceapadh téarmaí nua. Ba dhóigh leat, mar shampla, gur comhchiallaigh iad 'cúnamh/cuidiú/cabhair' agus nach bhfuil de dhifear eatarthu ach go bhfuil cuid acu níos coitianta ná a chéile sna canúintí Gaeilge. Ach féach go bhfuil nós i measc aistritheoirí Rannóg an Aistriúcháin 'cabhair' a úsáid nuair is tacaíocht airgeadais atá i gceist, mar shampla 'cabhair dheontais' *(grant aid)*. Tá nós ann, cé nach bhfuil sé iomlán leanúnach, 'cúnamh' a úsáid le haghaidh tacaíochta a bhfuil comhairle nó seirbhís i gceist léi, mar shampla 'cúnamh dlí' *(legal aid)*. Ní féidir brath ar fhoclóirí ginearálta mar FGB agus EID (*English–Irish Dictionary*, 1959) chun na miondifríochtaí úsáide idir na comhchiallaigh i réimsí speisialtóireachta a léiriú.

5.4 Ilchiallaigh

Tugtar 'ilchiallach' ar fhocal amháin a bhfuil cialla éagsúla leis. Bíonn na cialla sin gaolta dá chéile. D'fhéadfá a rá go n-eascraíonn siad as a chéile. Iontráil amháin a thugtar dá leithéid d'fhocal sna foclóirí Gaeilge–Béarla, agus rangaítear na cialla éagsúla de réir uimhreacha. Aithnítear trí chiall san fhocal 'cló' in FGB.

1. Form; shape, appearance. **2.** Impression, mould. **3.** Print, type.

Cé gur coincheap ar leith atá i ngach ceann de na trí cinn sin, is léir gur ón bhfoinse chéanna iad go léir i.e. 'cruth' nó 'cuma'. Ní focail ar leith iad, mar sin, ach codanna d'fhocal ilchiallach.

I dtús an aonaid seo luadh an sampla lochtach 'planda núicléach' agus maíodh gur míthuiscint faoin bhfocal ilbhríoch Béarla *plant* ba chúis leis. Is cosúil nár thuig an t-údar gur focal ilchiallach é *plant*. Ní hannamh a bhíonn a leithéid de mhíthuiscint ann, bíodh is nach mbíonn gach sampla díreach chomh follasach céanna le 'planda núicléach'.

5.5 Cleachtadh

Níor tugadh ciall na n-ilchiallach Béarla slán sna habairtí Gaeilge seo thíos. Aimsigh foinse na míthuisceana agus cuir síos air mar atá déanta le *plant* thuas. Cuir d'iarrachtaí féin i gcomparáid leis na nótaí san aguisín 'Tráchtaireacht ar na cleachtaí in Aonad 5'.

1 Is é an tUachtarán a ainmníonn na hAirí Rialtais (an Caibinéad), agus is é nó is í a ainmníonn an Tánaiste freisin.

2 Fan, le do thoil, fad is atá an leathanach á dhaonrú. [Comhthéacs: treoracha d'úsáideoirí ríomhaire.]

3 Más spéis leat an post, iarr ar ár Rannóg Pearsanra an litríocht chuí a chur chugat.

4 Tá oifigeach nua againn a bheidh ag plé go sonrach le Seachadadh Seirbhísí agus Sásamh Custaiméirí.

5 Bíonn ar vótálaithe fianaise féiniúlachta a thaispeáint.

6 Is féidir go dtabharfar tús áite do pháistí a chónaíonn i ndobharcheantar na scoile.

7 Tar éis an clár a íoslódáil, léigh na treoracha insealbhaithe go cúramach.

8 Sin ráite, d'fhéadfadh farasbarr fíona dochar a dhéanamh do shláinte an duine.

5.6 Comhainmneacha

Is é is comhainm ann ná focal as grúpa focal a litrítear ar an gcaoi chéanna ach a bhfuil cialla éagsúla leo, mar shampla 'fonn' = *air, tune* agus 'fonn' = *desire, wish, inclination, urge*. Tugtar iontráil faoi leith do gach ceann de na focail seo sna foclóirí Gaeilge–Béarla, mar níl aon ghaol eatarthu dáiríre. D'fhéadfá a mhaíomh gur comhtharlú atá ann iad a bheith litrithe mar a chéile. Féach, mar shampla, na hiontrálacha faoi 'cuach' in FGB. Tugann na huimhreacha taobh le gach ceannfhocal le fios go bhfuil trí chomhainm sa ghrúpa 'cuach'.

cuach[1], 1. Cuckoo…

cuach[2], 1. Bowl; goblet, drinking-cup…

cuach[3], 1. (Of clothes, etc.) Ball, bundle…

Is léiriú maith é sin ar cad is comhainm ann. Is ionann litriú do cuach = éan, cuach = babhla/soitheach agus cuach = burla ach níl aon cheangal céille eatarthu in aon chor. Theastódh focal Béarla ar leith chun gach ceann acu a aistriú. Botún tromchúiseach a bheadh ann *She wore her hair in thick goblets* a scríobh, nó *The Taoiseach presented the President with a Waterford Crystal Cuckoo*. Tá an iomarca eolais againn ar an mBéarla le go scríobhfaimis abairtí áiféiseacha mar sin, ach is minic a dhéantar botúin chomh háiféiseach céanna i dtéacsanna Gaeilge.

5.7 Teanga shainfheidhme

Ní hannamh a shamhlaítear ciall ar leith le focal i measc daoine a chleachtann ceird nó gairm ar leith. Bíonn béarlagair agus caint theicniúil ar leith acu a dtugtar 'teanga shainfheidhme' uirthi sa Ghaeilge. *Language for special purposes* (LSP) an téarma Béarla. Ní hionann i gcónaí na focail a úsáidtear sa ghnáthchaint agus na focail a úsáidtear chun an coincheap céanna a chur in iúl sa teanga shainfheidhme. Bíonn difear idir focail a úsáidtear go coitianta sa Ghaeilge neamhfhoirmiúil agus i nGaeilge fhoirmiúil na reachtaíochta agus an dlí, cuir i gcás.

Coincheap	Gnáthchaint	Teanga shainfheidhme
Company (gnó)	Comhlacht	Cuideachta
Policy (polaitíocht, riarachán)	Polasaí	Beartas
Decision (dlí, cúirteanna)	Cinneadh	Breith
Refugee (polaitíocht, dlí)	Teifeach	Dídeanaí

Is cúis iontais le scríbhneoirí Gaeilge bearna chomh mór sin a bheith idir an ghnáthchaint agus téarmaíocht na teanga foirmiúla. Is deacair dóibh an léim a thabhairt ón ngnáthfhriotal go friotal teicniúil. Go deimhin, éiríonn an scéal níos casta nuair a chuimhnítear go bhfuil ciall eile ar fad ag 'comhlacht', 'polasaí', 'cinneadh' agus 'teifeach' i dteanga shainfheidhme an dlí:

Téarma	Ciall sa teanga	Sampla
Comhlacht	Body	Comhlacht trasteorann = cross-border body
Polasaí	Commercial document	Polasaí árachais = insurance policy
Cinneadh	Determination	Tá cinneadh na Cúirte Cuarda críochnaitheach = The Circuit Court's determination is final
Teifeach	Fugitive	Teifeach a thearmannú = to harbour a fugitive

Ball laige a bhaineann le saothrú na Gaeilge ná a laghad scríbhneoirí, aistritheoirí agus eagarthóirí Gaeilge ar speisialtóirí iad sa teanga shainfheidhme a úsáidtear i ngnóthaí agus i ngairmeacha faoi leith. Tá ceist eitice ann: mura bhfuil tú eolach ar an dlí, cuir i gcás, is ar éigean a bheidh tú in ann téacs dlí a mheas mar is ceart. Seans gur mó dochar ná sochar a dhéanfá, le tréan aineolais ar choinbhinsiúin na gairme. B'fhéidir go mbeadh iontas ort faoina laghad poncaíochta atá sa téacs, agus gan a fhios agat go mbíonn lucht dlí an-spárálach ar fad le comharthaí poncaíochta: meastar gur údar débhríochta iad. B'fhéidir go mbeadh fonn ort a leithéid seo 'a cheartú':

> ... i gcás go bhfolaítear beirt nó níos mó daoine san abairt an Tionónta nó san abairt an Tiarna Talún...

Ní 'abairt' sa ghnáthchiall atá in 'an Tionónta' ná in 'an Tiarna Talún' ach féach gur 'abairt' a bhíonn sa reachtaíocht Éireannach áit ar bith a bhfuil *expression* sa Bhéarla. Is é atá ráite thuas ná *where there are two or more persons included in the expression the Tenant or in the expression the Landlord*. Is fánach duit bheith ag brath ar fhoclóirí ginearálta mar FGB nó EID ina leithéid seo d'obair. Is don ghnáthúsáideoir, agus ní don speisialtóir, a ceapadh an dá fhoclóir sin. Is ionann 'abairt' agus *sentence* nó *phrase* de réir FGB.

Níl údarás agamsa a rá le heagarthóirí nár cheart dóibh glacadh le hobair a bhaineann le réimsí nach bhfuil siad eolach orthu. Bíonn an cheist ann i gcónaí i measc lucht na

Gaeilge: 'Mura ndéanaimse é, cé eile a dhéanfaidh é?' Ní shéanaim nárbh fhéidir le duine scrupallach obair mhaith a dhéanamh i gcúinsí áirithe.

- Má tá comhairle le fáil ón údar nó ó theagmhálaí san eagraíocht inar scríobhadh an téacs.
- Má tá foclóirí sainábhair le fáil m.sh. *Téarmaí Dlí, Focal sa Chúirt* nó an Ghluais Bhreise ar *www.focal.ie.*
- Má tá doiciméid den saghas céanna ann mar eiseamláir de ghnáth-théarmaíocht agus de fhriotal foirmleach an tseánra.

Ach is le taithí agus síorchleachtadh a chuireann eagarthóirí eolas ar an téarmaíocht chuí.

5.8 Cleachtadh

Líon na bearnaí sa ghreille seo thíos leis na saintéarmaí a úsáidtear i ngach réimse.

Coincheap	Gnáthchaint	Teanga shainfheidhme
Expenses (cuntasaíocht, riarachán)	Costais	
Firm (gnó, fostóir)	Comhlacht	
Certificate (doiciméad dlíthiúil)	Teastas	
Embezzlement (sárú dlí)	Caimiléireacht	
Asthma (leigheas)	Plúchadh nó giorra anála	

5.9 Téarmaíocht

Níl an téarmaíocht teoranta do réimsí speisialtóireachta, ar ndóigh. Déantar gnáthfhocail de shaintéarmaí teicniúla de réir mar a chuireann an pobal eolas orthu. Go rómhinic ar fad bíonn rogha le déanamh ag eagarthóirí idir téarmaí éagsúla. An féidir a mhaíomh go bhfuil 'Ombudsman' níos fearr ná 'Fear an Phobail'? Cé acu ab fhearr: 'leictreachas' nó 'aibhléis'? Tá amanna ann agus is cuma cé acu leagan a roghnófá. I gcomhthéacsanna eile, áfach, beifear ag súil le téarma ar leith a oireann don ghnó. Tá an nuathéarmaíocht Ghaeilge an-suaite ar fad agus tá an suaitheadh céanna le brath ar theangacha neamhfhorleathana i ngach cearn den domhan. Déanfar iarracht sna hailt seo na cúiseanna atá leis an éagsúlacht téarmaí a mhíniú agus cleachtadh a thabhairt ar an téarma ceart a aimsiú i gcomhthéacs.

5.9.1 Ombudsman nó Fear an Phobail?

Nós inmholta d'eagarthóirí is ea cloí le téarmaíocht fhaofa i.e. téarmaí atá faofa ag ceann de na heagraíochtaí a bhfuil údarás acu sa réimse sin, mar atá an Coiste Téarmaíochta (CT) agus Rannóg Aistriúcháin Thithe an Oireachtais (an Rannóg). Bíonn gradam agus údarás lena gcuid oibre agus, corruair, bíonn stádas dlíthiúil leis, mar atá i gcás shaothar Choiste Comhairleach na dTéarmaí Dlíthiúla a foilsíodh sa leabhrán *Téarmaí Dlí* (1960). Bíonn 'normalú' nó caighdeánú le cur i gcrích ag téarmeolaithe chomh maith le téarmaí nua a cheapadh. Má tá níos mó ná téarma amháin i gcúrsaíocht le haghaidh aon choincheapa amháin, déantar iarracht téarma údarásach amháin a chur i réim. Theastaigh a leithéid de threoir i gcás *mobile phone,* mar shampla, toisc an-chuid leaganacha a bheith in úsáid i measc lucht na Gaeilge. Is féidir cúig cinn déag a áireamh, ar a laghad.

guthán póca	teileafón póca	fón póca
guthán siúil	teileafón siúil	fón siúil
guthán iniompartha	teileafón iniompartha	fón iniompartha
guthán so-iompartha	teileafón so-iompartha	fón so-iompartha
guthán móibíleach	teileafón móibíleach	fón móibíleach

'Fón póca' a mholtar inniu. B'fhéidir go measfadh daoine gur roghnaíodh an téarma mícheart. B'fhéidir gurbh fhearr le daoine áirithe 'fón siúil'. Ach is beart ciallmhar géilleadh d'fhoinse éigin sna cúrsaí seo seachas ligean don nuathéarmaíocht imeacht ó smacht ar fad.

Is minic a chaithfidh an t-eagarthóir aitheantas áirithe a thabhairt do théarmaí 'neamhfhaofa' toisc go mbíonn siad in úsáid ag an gcliant. Is é 'gníomhaireacht' an téarma Gaeilge a mholann an CT le haghaidh *agency*. Tá 'áisíneacht' sa chaint ach níl iomrá air sin in FGB ná in EID ná ar *www.focal.ie*. Féach, áfach, go bhfuil an

Áisíneacht Náisiúnta Litearthachta do Aosaigh ann, chomh maith leis an Áisíneacht Dáiliúcháin Leabhar, a dtugtar ÁIS air go coitianta. Go deimhin, is brainse d'Fhoras na Gaeilge é ÁIS, é féin agus an Coiste Téarmaíochta!

Is cinnte, mar sin, go gcaithfidh aitheantas áirithe a thabhairt do théarmaí atá seanbhunaithe sna meáin, sa ghnáthchaint agus i dteidil oifigiúla eagraíochtaí. Inniu, liostaítear cuid acu ar *www.focal.ie* agus an lipéad 'gnáthchaint/*colloquial*' taobh leo. Sampla maith is ea an leagan 'Fear' nó 'Bean an Phobail'. Tháinig an leagan sin isteach sa chaint in ainneoin chomhairle na n-institiúidí Gaeilge, a mhol nár cheart Ombudsman a aistriú in aon chor.

Cad é a dhéanfaidh an t-eagarthóir, mar sin? 'Ombudsman' a úsáid i dtéacsanna oifigiúla agus leathoifigiúla agus i ngach comhthéacs eile mura bhfuil a mhalairt de threoir tugtha ag an gcliant.

5.9.2 Leictreachas nó aibhléis?

Athrú bunúsach i dtéarmeolaíocht na Gaeilge ná an claonadh i dtreo 'téarmaí idirnáisiúnta' a úsáid i sainréimsí teicneolaíochta agus sna heolaíochtaí trí chéile. Nós eile ar fad a bhí á chleachtadh i dtús ré athbheochan na Gaeilge. Ba é ba mhian a dhéanamh an t-am sin ná 'téarmaí dúchasacha' a aimsiú sa Ghaeilge féin agus diúltú do gach tionchar eachtrannach.

Déantar na téarmaí idirnáisiúnta a dhíorthú as fréamhacha Gréigise nó Laidine. An nós céanna atá i réim i bhformhór thíortha na hEorpa, sa chaoi is go mbíonn cosúlacht idir téarmaí ó theanga go chéile. Cuirtear traslitriú i bhfeidhm ar na téarmaí, is é sin le rá go litrítear iad ar shlí a oireann do chóras foghraíochta agus deilbhíochta na teanga a bhfuil siad á nglacadh isteach inti. Tá aiste faoi phrionsabail agus rialacha an traslitrithe le fáil san fhoilseachán *Lámhleabhar Téarmaíochta* a d'fhoilsigh an Coiste Téarmaíochta sa bhliain 2007 agus ar féidir é a íoslódáil ó *ec.europa.eu/translation/language_aids/irish_en.htm*. Is leor sampla amháin a lua chun áisiúlacht an chuir chuige sin a léiriú. Sa réamhrá le EID liostaigh Tomás de Bhaldraithe cuid de na hiarrachtaí a rinneadh chun leagan dúchasach den fhocal *telescope* a chumadh i nGaeilge.

cianarcán, cianamharcán, ciannarcán, ciandarcán, ciandearcán,
cianradharcán, ciandracán, fadradharcán, fadamhrcán, faidearcán,

radharcghloine, súilghloine, súil-fhiodán, gloine fadradhairc, gloine fhéachaint, telescóp, tealoscóp, teileascóp.

Ocht leagan déag, mura miste leat. Admhaím gur iarrachtaí traslitrithe atá sna trí cinn deiridh. Go deimhin, is é 'teileascóp' an téarma atá in úsáid inniu. Is iomaí sin bua ag leaganacha mar 'teileascóp'. Tá siad trédhearcach – thuigfeá iad gan mórán den teanga a bheith ar eolas agat, fiú. Bua eile ná go mbíonn na téarmaí idirnáisiúnta aonchiallach de ghnáth. Níl aon débhríocht san fhocal 'teileascóp'; cuireann sé coincheap amháin in iúl gan athbhrí dá laghad.

Níl aon amhras ná go nglacann pobal na Gaeilge le hiasachtaí áirithe toisc iad a bheith níos soiléire agus níos fusa a láimhseáil ná na seantéarmaí dúchasacha. D'imigh 'muirthéacht' agus tháinig 'réabhlóid'. Is beag duine a d'fheicfeadh an focal 'dúnghaois' *(policy)* nach mbeadh air míniú a lorg in FGB. Is beag duine a scríobhfadh 'an litríocht freacnairce' seachas 'an litríocht chomhaimseartha' nó 'litríocht na linne seo'.

Níl aon duine ag maíomh gur cheart na téarmaí dúchasacha a chosc. Tás ciar maith acu chomh cruinn le téarma idirnáisiúnta ar bith. Scríobh Mícheál Ó Bréartúin, innealtóir, leabhar breá dar teideal *Aibhléis* inar thug sé cuntas ar shaothrú an leictreachais ó thús ama. Ba dhána an t-eagarthóir a 'cheartódh' é nó a choscfadh ar dhaoine 'guthán' a scríobh in áit 'teileafón'. Ach is deacair na téarmaí dúchasacha a chur in oiriúint do riachtanais na teicneolaíochta. Ní cabhair dúinn 'aibhléis' chun coincheapa chomh bunúsach le *electrical* agus *electrician* a chur in iúl. An dtuigfeadh daoine 'aibhléiseach' agus 'aibhléiseoir'? Agus feictear cé chomh riachtanach is atá an réimír 'teile(a)-' nuair a bhíonn trácht ar *telecommunications* agus ar *telemarketing*. Téarma aonchiallach, trédhearcach is ea 'teileachumarsáid'. Mugadh magadh de théarma a bheadh in 'guthchumarsáid'.

Cad é ba chóir don eagarthóir a dhéanamh, mar sin? Gach cás a mheas ina chomhthéacs féin dar liom. B'fhearr an téarma idirnáisiúnta a úsáid más dócha gur fearr a thuigfí é nó má tá cruinneas ann atá in easnamh sa téarma dúchasach. Tugtar treoir éigin sna lipéid ar *www.focal.ie*. Cuirtear an lipéad 'In úsáid/*In use*' le leaganacha mar 'aibhléis' chun a chomharthú go bhfuil siad fós sa Ghaeilge ach nach bhfuiltear á moladh i gcomhthéacs foirmiúil nó teicniúil ar bith.

5.9.3 Cleachtadh

Cé acu leagan den abairt, a nó b, is fearr a oireann?

1a Tá córas nua locadh diosca i bhfeidhm ar an mbaile.
1b Tá córas nua páirceáil diosca i bhfeidhm ar an mbaile.
2a Ní mór gach ball trealaimh a aimridiú tar éis a úsáidte.
2b Ní mór gach ball trealaimh a steiriliú tar éis a úsáidte.
3a Táthar chun na hábhair ón aircív fuaime a chur ar fáil ar an Idirlíon.
3b Táthar chun na hábhair ón gcartlann fuaime a chur ar fáil ar an Idirlíon.
4a Gortaíodh é agus é ar fiannas sa Mheánoirthear.
4b Gortaíodh é agus é ar sheirbhís mhíleata sa Mheánoirthear.
5a Ba é Sigmund Freud athair na síceolaíochta.
5b Ba é Sigmund Freud athair na haigneolaíochta.
6a Ní léir cad é atá i ndán do theagasc na saoránaíochta sna scoileanna.
6b Ní léir cad é atá i ndán do theagasc na cathróireachta sna scoileanna.
7a Ba mhian le Hugh Lane iarsmalann nua-ealaíne a bhunú i mBaile Átha Cliath.
7b Ba mhian le Hugh Lane músaem nua-ealaíne a bhunú i mBaile Átha Cliath.
8a Bítear ag caint anois ar 'shaíocht na hóige', nó *youth culture.*
8b Bítear ag caint anois ar 'chultúr na hóige' nó *youth culture.*

5.9.4 Téarmaí lochtacha

Ní bhíonn deireadh choíche le saothrú na téarmaíochta. Bíonn beachtú ar siúl i gcónaí. Tuigtear téarmaí áirithe a bheith easnamhach i bhfianaise athruithe sa tsochaí agus moltar éirí astu agus téarmaí nua a úsáid ina n-áit. Is é an toradh a bhíonn air sin ná go mbíonn dhá théarma nó níos mó i gcúrsaíocht, ar feadh tamaill ar aon nós.

Ar feadh i bhfad bhí 'barántas fuinneoige' á mholadh chun an coincheap *window warrant* a chur in iúl. Míthuiscint faoi chiall an téarma Béarla ba chúis leis an tuaiplis: 'A warrant exercisable on particular days or during particular periods.' Is léir go bhfuil *window* á úsáid sa chiall mheafarach *a window of opportunity* seachas sa chiall 'poll i mballa agus clúdach gloine air'. Is dócha gur 'uainbharántas' a chuirfear in áit 'barántas fuinneoige' i bhfoclóirí téarmaíochta amach anseo. Tá an lipéad 'dímholta/*superseded*' curtha le cuid de na téarmaí lochtacha seo ar *www.focal.ie*. Is próiseas leanúnach atá ina leithéid seo de bheachtú. Níl nod curtha le gach uile théarma lochtach ná baol air.

Seans gurb í an scil is tábhachtaí ar fad i dtaca leis an nuathéarmaíocht ná fios a bheith agat cá huair a theastaíonn téarma agus cá huair a d'fhéadfaí parafrása a úsáid. Cuir i gcás gur bileog eolais faoin dlí teaghlaigh atá i gceist (murab ionann agus an reachtaíocht féin). Is go réidh a thuigfeadh an Béarlóir *he shall arrange for the future financial security of his spouse* ach ba dheacair don léitheoir Gaeilge ciall a bhaint as 'déanfaidh sé soláthar i gcomhair shláine airgeadais a chéile sa todhchaí'. B'fhearr i bhfad liom 'féachfaidh sé chuige go mbeidh dóthain airgid ag a bhean chéile san am atá le teacht'.

Corruair, feictear dom go bhfuil scríbhneoirí agus aistritheoirí Gaeilge éirithe leisciúil, agus go lorgaíonn siad téarma deas néata le haghaidh gach uile choincheap atá deacair acu. Ní hé an t-aistriúchán amháin atá i gceist agam; is iomaí téacs a scríobhadh i nGaeilge atá breac le téarmaí sainiúla nuair ab fhearr go mór an parafrása. Ag scríobh faoin gcóras *Greyhound Bus* i Meiriceá scríobh tuairisceoir leis an iris *Beo*: 'De ghnáth, is mar gheall ar imthosca foircneacha a bheadh duine mífhortúnach ag taisteal i gceann acu.' Mínítear 'imthosca foircneacha' sa ghluais ag deireadh an ailt: *extreme circumstances*. Ní shéanaim go mbeadh feidhm leis an téarma i dtéacs dlí, ach é a úsáid in alt taistil? Níl ann ach go bhfuil na taistealaithe bus ar bheagán airgid.

5.9.5 Cleachtadh

Seo sliocht as téacs Gaeilge ina bhfuil roinnt téarmaí á n-úsáid sa chiall mhícheart. Tá roinnt bheag eile téarmaí atá lochtach nó atá mí-oiriúnach don chomhthéacs. Caithfear an t-eolas seo a leanas a thabhairt:

- Gach botún/úsáid mhí-oiriúnach a aimsiú.
- Míniú gairid a thabhairt ar cén fáth a bhfuil an téarma Gaeilge mícheart.
- An téarma ceart Gaeilge a sholáthar.

Sampla: Ba mhaith liom a shoiléiriú nach ag caint i dtoilleadh easpaig atá mé.
Freagra: Baineann 'toilleadh' le ciall eile den fhocal *capacity* i.e. spás chun stórála. Is é ról an duine agus stádas a chuid cainte atá i gceist san abairt. B'fhearr 'i gcáil easpaig'.

Dílárú nó díbirt?

In ainneoin go bhfuil fostaithe na hearnála poiblí ag cur ina choinne, maíonn Fianna Fáil agus an Comhaontas Glas go ndéanfaidh an comhrialtas roinnt comhlachtaí stáit a dhílárú as Baile Átha Cliath. 'D'éirigh leis an dílárú fud fad an Aontais Eorpaigh,' a dúirt urlabhraí inné. 'Níl aon rud eisceachtúil sna moltaí seo againne. Is próiseas normalach idirnáisiúnta é seo.'

Ní mar sin a fheictear do cheannairí na gceardchumann é. 'Tá an Rialtas fós dall ar an iarmhairt a bheidh aige seo ar na hoibrithe agus, go deimhin, ar gach dream de na páirtithe leasmhara,' a deir Miriam Bell. 'Dar le páirtithe an Rialtais go bhfuil vótaí le baint acu as roinnt céadta post a thabhairt go dtí dáilcheantair tríd an tír. B'fhéidir é, ach ná dearmad gur dáilcheantar sách mór atá san earnáil phoiblí chomh maith. Tá vótaí againne freisin, agus cá bhfios nach mbeadh fonn díoltais orainn amach anseo?'

Ina ainneoin sin ar fad tá Fianna Fáil sásta dul sa seans. 'Níl ach codán beag bídeach d'fhostaithe na seirbhíse poiblí i gceist,' a dúirt T.D. amháin. 'Dar linne go mbeadh bunáite na n-oibrithe breá sásta imeacht as Baile Átha Cliath ach go bhfuil faitíos orthu sin a rá glan amach. Smaoinigh air sealad – éalú ón mbrú tráchta, ón gcoiriúlacht, ón ardchostas maireachtála. Tá na ceardchumainn in ainm agus ionadaíocht a dhéanamh ar son na n-oibrithe, ach níl a seasamh ar an gceist áirithe seo réasúnta ná ionadúil.'

Is eol freisin go bhfuil na Glasaigh imníoch faoi ghnéithe áirithe de bheartas an Rialtais. Admhaíonn siad go bhfuil dílárú cumhachta agus fostaíochta ina aidhm dhlisteanach ag gach gluaiseacht timpeallachta san Eoraip. 'Bíodh sin mar atá, ní leor a leithéid de dhílárú chun an neamart fada a rinneadh in infreastruchtúr na réigiún a leigheas,' a dúirt urlabhraí linn. 'Níor tugadh prióireacht riamh d'fhorbairt na réigiún in aon Chlár Rialtais ó bunaíodh an stát. Tá na bóithre fós sách dona in áiteanna. Níl seirbhísí leathanbhanda ann. Cá bhfuil na dreasachtaí chun fuilleamhóirí príobháideacha a mhealladh? Ní fiú a bheith ag caint ar 'dhílárú saorálach' nuair atá an phríomhchathair chomh fada sin chun tosaigh ar an gcuid eile den tír.'

5.10 Comhaonaid

An míniú is simplí ar cad is comhaonad ann ná 'focail a bhíonn i gcomhluadar a chéile'. *Faightear* bás. *Teipeann glan* ar rudaí. Bíonn *aimsir bhog* ann. Is de thoradh úsáide agus gnáthaimh a fhanann na focail seo i gcomhluadar a chéile. 'Sin mar a dúramar riamh é' a déarfadh an gnáthdhuine leat ach ní bheadh sé/sí in ann a rá cén fáth. B'fhéidir gur *cliché* nó focal atá imithe as an ngnáthchaint a bheadh i bpáirt den chomhaonad. Is annamh, mar shampla, a fheictear an focal 'oineach' sa Nua-Ghaeilge gan a pháirtí 'céim' a bheith leis – 'céim oinigh'. Seans freisin go mbeadh raon úsáide ceann de na focail teoranta don chomhaonad. Is beag feidhm atá le 'fearadh' gan 'fáilte' a bheith leis: 'tá fearadh na fáilte romhat' nó 'fáilte a fhearadh roimh dhuine'. An rud is suntasaí faoi chomhaonaid ná cé chomh seasta, socair a bhíonn na focail iontu. 'Srianta comhaonaid' a thugann Mona Baker orthu seo (2005: 14–15):

> …semantically arbitrary restrictions which do not follow logically from the propositional meaning of a word. For instance, laws are *broken* in English, but in Arabic they are 'contradicted'. In English, teeth are *brushed*, but in German and Italian they are 'polished', in Polish they are 'washed', and in Russian they are 'cleaned'.

Toisc iad a bheith fréamhaithe i ngnáthnósanna agus i gcultúr na teanga lena mbaineann siad, athraíonn comhaonaid go mór ó theanga go chéile. Is dúshlán mór don scríbhneoir Gaeilge an comhaonad ceart dúchasach a aimsiú, go háirithe i réimsí saoil atá níos sainiúla ná an ghnáthchaint. Má deir Francach atá ag foghlaim Béarla *I made a visit to my friend last night* aithnítear láithreach gur *pay a visit* ba chóir dó a rá, agus gurb é an comhaonad Fraincise *faire une visite* a chuir dá threo é. Ní i gcónaí a aithnítear botúin mar sin, agus botúin níos follasaí fós, i dtéacs nó i gcomhrá Gaeilge. Is deacair dúinn an comhaonad Gaeilge a aimsiú, toisc ár stór focal féin a bheith gann go leor agus an Ghaeilge féin a bheith teoranta do roinnt bheag réimsí saoil.

Ní hannamh a chuirtear leagan lochtach amach is amach ar fáil faoi thionchar an chomhaonaid Bhéarla, mar shampla 'Is éard is réalteolaíocht ann ná staidéar ar na corpáin spéire.' Ar eagla go mbeimis ródhian ar an scríbhneoir is fiú cuimhneamh go bhfuil an leagan sin 'corpáin spéire' tugtha le haghaidh *heavenly bodies* in EID. Fiú amháin scoláire chomh cumasach is chomh tréitheach le Tomás de Bhaldraithe theip air an comhaonad nádúrtha Gaeilge 'reanna neimhe' a aimsiú. Ná tuigtear gur cora cainte agus meafair amháin atá i gceist. Téarma tíreolaíochta is ea *ocean lane* agus níorbh ionadh dá scríobhfaí 'conair aigéin' nó a leithéid mar leagan Gaeilge air, in ainneoin gur 'bealach loingseoireachta' a bhí riamh ann.

Bíonn an chontúirt ann go gcuirfear an comhaonad Béarla ar fáil i nGaeilge mar *calque* nó mar iasacht aistrithe. Más *at a reduced price* atá i gceist, scríobhtar 'ar phraghas laghdaithe' in ainneoin 'ar lascaine' agus 'ar lacáiste' a bheith seanbhunaithe sa Ghaeilge. Thuigfeadh daoine 'ar phraghas laghdaithe', ach cén fáth a ligfí na leaganacha traidisiúnta Gaeilge i ndearmad? Bíonn a leithéid seo d'iomrall níos coitianta agus níos tromchúisí i dtéacsanna sainiúla a bhaineann le disciplín nó le réimse speisialtóireachta. Baineadh na samplaí sa tábla thíos as téacsanna eolais faoin dúlra. Léiríonn siad mar a bhíonn an Ghaeilge á daibhriú agus á tanú de bharr thionchar na gcomhaonad Béarla.

An comhaonad Béarla	Calque	An comhaonad Gaeilge
freshwater fish	iasc uisce úir	iasc fionnuisce
wild honey-bee	beach mheala fhiáin	seileán
sea trout	breac mara	breac geal
winter lake	loch geimhridh	turlach
fallen leaves	duilleoga tite	seanduilliúr
stony beach	trá chlochach	duirling
river valley	gleann abhann	srath

5.11 Cleachtadh

Ar aimsíodh an comhaonad ceart Gaeilge i ngach ceann de na samplaí thíos? Conas a dheiseofá na habairtí lochtacha?

1 Ní léir faoi láthair gur féidir leis na páirtithe comhaontú a shroicheadh.
2 Is é an Banc Lárnach atá freagrach as seirbhísí baincéireachta a mhonatarú agus a cheadúnú.
3 Ealaín mhíleata de chuid an oirthir is ea *karate*.
4 Rud míthrócaireach atá ann slua fear agus paca con imeacht sa tóir ar shionnach bocht gan chosaint.
5 Bhí sé i sláinte bhorb an uair dheireanach a casadh orm é.

5.12 Friotal seanda

Dúradh cheana go gcaithfidh eagarthóirí eolas a chur ar na 'noda' a úsáidtear i bhfoclóirí chun réimse úsáide an fhocail a chomharthú nó eolas a sholáthar ina thaobh. Is iomaí botún a sheachnófaí dá mbeadh scríbhneoirí Gaeilge láneolach ar na noda céanna. D'aithneofaí an difear idir 'traigéideach' *(Th.)* agus 'tragóideach'. Seans fosta go seachnófaí leaganacha a bhfuil an nod *Lit.* leo. Is é is brí leis an nod sin ná gur sa *litríocht* a fhaightear an focal nó an nath, den chuid is mó. Is leaganacha iad a bhaineann le tréimhsí eile de stair na Gaeilge agus nach cuid de theanga labhartha an lae inniu iad. Cuireadh ar fáil in FGB iad chun cabhrú le daoine a mbíonn seantéacsanna Gaeilge á léamh acu. Go deimhin, tá blas na seanaimsire ar roinnt mhaith focal nach bhfuil *Lit.* luaite leo in aon chor. Bíonn eagarthóirí ag brath ar a n-eolas féin ar an teanga bheo chun oiriúnacht na bhfocal sin a mheas.

Bíonn scríbhneoirí cruthaitheacha áirithe an-cheanúil ar fhriotal seanda, ach ní bheifeá ag súil lena leithéid a fheiceáil i dtéacsanna oifigiúla nó i dtéacsanna a bheadh dírithe ar an bpobal. Níl fáth ar bith a scríobhfaí 'fiodh' in ionad 'crann' ná 'dearscnaitheach' in ionad 'sármhaith'. Níl feidhm le leithéidí 'lear' agus 'bóchna' nuair atá 'muir' agus 'farraige' sa ghnáthchaint.

Ach fainic: ceann de na bealaí ina ndéantar téarmaí nua a sholáthar i nGaeilge ná focal ó thréimhse eile sa Ghaeilge a athbheochan agus casadh a chur i gciall an fhocail, más gá. Níor éiríodh as an nós sin i ndiaidh fhoilsiú FGB, agus is é an toradh atá air ná gur athbheodh roinnt bheag focal/nathanna a bhfuil an nod *Lit.* leo san fhoclóir sin, mar shampla:

> **earnáil…** *Lit:* Part, share; branch, division; class, category, kind.

Dá mbeifeá ag brath ar an eolas in FGB bheifeá amhrasach faoi 'earnáil' a úsáid, ach féach gurb é sin an téarma is coitianta inniu le haghaidh *sector* sa chiall eacnamaíoch. Bítear ag caint ar 'an earnáil phríobháideach' agus ar 'an earnáil phoiblí'. Tugtar 'rochtain' mar leagan liteartha in FGB chomh maith, ach tá sé in úsáid choitianta inniu i nathanna mar 'suíomh Gréasáin a rochtain'.

5.13 Cialla agus fochialla

'Ach tá sé san fhoclóir!' Is minic an chosaint sin ar bhéal scríbhneoirí nuair a fhaightear locht ar rogha a rinne siad. A leithéid seo:

> Leanamar orainn i dtreo Bordeaux, mar a rabhamar ag dul chun staidéir an oíche sin.

Níl 'ag dul chun staidéir' inghlactha, dar liomsa, in ainneoin go bhfuil sé ceadaithe de réir FGB. Luaitear ceithre chiall leis an bhfocal 'staidéar'. Ar an tríú ceann tá 'Stay;

stand, station; habitat. **An áit a raibh ~ orainn**, where we were staying. **Bhíomar chun staidéir ann an oíche sin**, we were to lodge there that night.' An chéad cheist a spreagtar i m'intinn ná cén fáth a mbainfí úsáid as leagan doiléir, deacair, débhríoch nuair atá a oiread sin leaganacha coitianta soiléire a d'fhéadfaí a úsáid ina áit: 'an oíche a chaitheamh' nó 'fanacht' nó 'cur fúinn' nó 'an oíche a chur dínn'.

An dara pointe ná seo: de réir mar a bhítear ag imeacht ón bpríomhchiall a thugtar sna hiontrálacha in FGB is gnách go mbítear ag dul i dtreo na héagoitiantachta. Is úsáid neamhghnách eisceachtúil a bhíonn ina lán de na fochialla deireanacha a thugtar. *Irritation, annoyance* an tríú ciall a luaitear le 'forbairt', cuir i gcás. An bhfuil duine ar bith beo a bhainfeadh an chiall sin as? Is cosaint an-lag ar fad ar abairt mar 'ag dul chun staidéir' a rá go bhfuil sé san fhoclóir. Cuimhním ar an gcomhairle bhreá sin a chuir an t-údar Meiriceánach Karen Judd (1995: 134) ar scríbhneoirí: *Forms that are technically correct may often sound pedantic.* Áiméan!

Tá soiléiriú ag teastáil faoi phointe amháin a bhaineann le hord na gciall is na bhfochiall sna hiontrálacha i bhfoclóirí. Bíonn cinneadh eagarthóireachta le déanamh ag gach foireann foclóireachta maidir le bunchiall an fhocail. Is féidir, mar shampla, tús áite a thabhairt don chiall *is coitianta* a shamhlaítear leis an bhfocal sa lá atá inniu ann. Is mar seo a bheadh an iontráil le haghaidh 'ríomhaire', cuir i gcás:

Ríomhaire 1 Computer. **2** Calculator, enumerator.

Thiocfadh dul céim níos faide agus nod éigin mar 'dímholta/*superseded*' nó 'neamhchoitianta/*uncommon*' a chur leis an dara ciall, mar a dhéantar le roinnt iontrálacha ar *www.focal.ie.* Is tuairisc an-chruinn a bheadh ann ar an ngnáththuiscint a bhaineann daoine as an bhfocal 'ríomhaire' inniu.

Tá cur chuige eile ar fad ann: a rá gurb í bunchiall an fhocail an chiall is luaithe is eol dúinn a bheith aige agus tús áite a thabhairt dó sin. De réir na tuisceana sin, ba chóir tús áite a thabhairt don chiall *calculator/enumerator*, ó tharla go raibh 'ríomhaire' in úsáid sa chiall sin i bhfad sular tháinig Bill Gates chun an tsaoil.

Ríomhaire 1 Calculator, enumerator. **2** Computer.

Bíonn an dara rogha le moladh sa mhéid is go dtugann sé léargas níos fearr ar fhorás nó éabhlóid na teanga. Sin mar a tuigeadh an scéal d'fhoireann FGB, mar a thuairiscíonn Mac Amhlaigh (2008: 130):

Socraíodh ar bhunphrionsabal tábhachtach amháin ar dtús: go mbeadh tús áite ag bunbhrí an fhocail (má bhí teacht air agus nach raibh sé ró-ársa) agus go gcuirfí síos ar bhríonna eile in ord gaoil leis; ach i gcás nach raibh deimhniú ar bhunbhrí an fhocail go dtabharfaí tús áite don bhrí ba choitianta a bhain leis ag an am agus go leanfaí ar aghaidh ar an mbonn sin.

Is léir, áfach, go bhféadfadh scríbhneoirí míthuiscint thromchúiseach a bhaint as iontrálacha a scríobhtar ar an mbealach sin, nuair nach n-aithníonn siad an chiall is coitianta a shamhlaítear le focal inniu. A leithéid seo: 'Bhí gruaig shaobh dhonn air.' Is deacair ciall a bhaint as 'saobh' gan é a cheadú in FGB:

1. Slanted, twisted, askew. 2. Wayward, capricious. 3. Crooked, perverse.

Is dócha gur 'cam' nó 'aimhréidh' bunchiall an fhocail ceart go leor, agus gur eascair na cialla eile as sin le himeacht aimsire. Ach is cuma leis an léitheoir sin. Is é an chiall a bhain mise as 'gruaig shaobh' ná *perverse hair*, sa mhéid is gur bhain mé ciall ar bith as. B'in go díreach an chiall a bhain daoine eile as, nuair a chuir mé ina láthair é.

5.14 Leaganacha nach luaitear

Is iontach linn cuid de na focail choitianta nach dtugtar in FGB ar chor ar bith. Nuair a dhéanann imreoir drochiarracht cúl a aimsiú i gcluiche peile, seans go ndéarfadh an tráchtaire spóirt go ndeachaigh an liathróid 'ar foraoil'. 'Ar fóraoíl' atá scríofa in ábhair oiliúna GLC ach is deacair an litriú a chinntiú nuair nach bhfuil an focal féin sna foclóirí. Cuardaigh FGB le haghaidh an fhocail sin agus is cuardach in aisce a bheidh ann, cé go dtugtar 'faraoil' mar leagan malartach den fhocal 'faraor'. Is furasta a shamhlú go bhfuil gaol acu lena chéile, ach b'fhiú iontráil ar leith a thabhairt don chiall *gone wide, off the mark*. Ní ag fáil lochta ar FGB atá mé; níl foclóir dá mhéad ann a chuimsíonn teanga iomlán, go háirithe iad sin a tiomsaíodh gan rochtain ar chorpas. Sin é an fáth a bhfoilsítear atheagráin d'fhoclóirí – chun gur féidir iontrálacha nua a chur leo agus iontrálacha eile a leasú. Is mór an náire nach ndearnadh atheagráin de EID agus de FGB a fhoilsiú riamh ach is fíor gur aithníodh an fhadhb a bheith ann. Tá cúiteamh éigin sa tsraith sin 'Deascán Foclóireachta' de chuid Acadamh Ríoga na hÉireann, ina mbailítear 'ábhar foclóireachta ó chaint bheo na Gaeltachta nár foilsíodh roimhe.' Tá tuilleadh eolais ar shuíomh Gréasáin an Acadaimh *www.ria.ie/projects/fng/deascan_focloireachta.html.*

Is í an cheist is práinní a eascraíonn as seo, i dtaca le hobair an eagarthóra de, ná cén stádas atá ag leaganacha mar 'ar foraoil'? Ar cheart diúltú dóibh toisc nár tugadh cead isteach dóibh i bhfoclóir a foilsíodh sa bhliain 1977? Ar éigean é, ach beidh éiginnteacht ann faoi litriú agus faoi ghramadach an fhocail. Bíonn an éiginnteacht sin le sonrú fiú i gcás focal áirithe a thugtar in FGB. Tá an focal 'cinneadh' *(decision)* ann, mar shampla, ach ní luaitear uimhir iolra ar bith leis (ach oiread le hainmneacha briathartha eile mar 'déanamh' nó 'caitheamh'). Bíonn an fhadhb chéanna ann i gcás a lán ainmfhocal teibí nár ghnách iad a úsáid san uimhir iolra go dtí le déanaí. B'éigean do dhaoine a leagan féin a chumadh: 'cinntí', 'cinnte', 'cinnidh' agus fiú amháin 'cinníochaí'. Tá 'cinntí' molta mar iolra caighdeánach ar *www.focal.ie.*

Bíonn baol míthuisceana ann i gcás eolais ar bith nach bhfuil iomlán. Is cuimhin liom eagarthóir amháin a d'aimsigh 'botún' i dtéacs a bhí á chur in eagar aige. Bhí 'flaitheas na naomh' luaite sa téacs agus theastaigh ón eagarthóir sin a athrú go 'flaithis na naomh'. An chúis? Is san uimhir iolra atá na samplaí go léir in FGB a chiallaíonn *heaven* nó *paradise.* 'Is ionann 'flaitheas' agus *sovereignty* nó *kingdom*' a dúirt sé. Is fíor go bhféadfaí an chiall sin a bhaint as an iontráil in FGB ach ní mheasaim gur theastaigh ó fhoireann an fhoclóra a leithéid de threoir a thabhairt. Ní féidir gach uile iontráil a cháiliú go mion ná aiste mhíniúcháin a chur le gach sampla is sainmhíniú. Is mairg don eagarthóir a bheadh ag brath ar fhoclóirí dátheangacha chun léargas cuimsitheach a thabhairt ar theanga bheo. Teastaíonn tuiscint chaolchúiseach ar an gcomhthéacs agus ar ghnás agus ar fhorás na Gaeilge.

AONAD 6
COMHRÉIR NA HABAIRTE

Cuspóir an aonaid seo

- Léargas agus cleachtadh ar fhadhbanna coitianta a bhaineann leis an abairt i nGaeilge.

6 An abairt fhada

Is minic a chomhairlítear do scríbhneoirí a gcuid abairtí a choinneáil gairid. Go deimhin, moltar sa leabhar *How to Write Clearly* nár cheart dul mórán os cionn fiche focal. Ní droch-chomhairle ar bith é sin fad is a bhaineann le scríbhneoirí nach bhfuil muiníneach ná oilte. Ach is dána an té a déarfadh gur chóir do scríbhneoirí abairtí fada a sheachaint nó gur chóir d'eagarthóirí iad a 'cheartú'. Abairt amháin atá san alt seo thíos, ó pheann an fhealsaimh A.C. Grayling (2006: 40–41):

> Writers do not have a responsibility to make their paragraphs short…or long… nor even to make their sentences short, so long as clarity of sense is retained, and with it the interest of the reader; for although short sharp sentences are great supporters of clarity, and have their special uses in making points pungently and aiding the build-up of suspense in thriller novels, they can sometimes interfere with that prose virtue much admired and exploited by Sydney Strachey, namely sequentiality – by which he meant the flow of meaning in a passage, the unfolding, mounting, accumulating, broadening path of information and imagery that takes the reader from a point lower in the scale of things to one very much higher, all the while held aloft on strong wings of sentence structure, constituted by a scaffolding of clauses, subclauses, suitable punctuation and what might be called 'mental breathings', these being minor caesurae in the flow allowing the reader to gather himself or herself before continuing to mount the escalier of artfully dovetailed phrases until the view from the top is achieved – as I hope it now is.

Díreach é. Caithfear cuimhneamh freisin gur chóir abairtí fada i dtéacsanna dlí a fhágáil mar atá, dá fhad iad. Chuir Séamas Daltún (1965: 5) comhairle mhaith ar dhaoine a bhíonn ag plé le hachtanna nó le hionstraimí reachtúla nuair a dúirt sé go mbíonn 'ceangal na gcúig gcaol' orthu.

> Caithfidh sé cloí go dlúth leis an leagan amach atá ar an mbuntéacs. Ní féidir leis abairtí fada a bhriseadh, agus ní mór dó gach idiraisnéis san abairt a chur san ionad is cuí di ó thaobh céille nó treise.

Ar ndóigh, bíonn scileanna agus taithí ag na scríbhneoirí a dhréachtaíonn téacsanna oifigiúla agus is féidir leo abairtí fada a chur in alt a chéile go slachtmhar. Mar an gcéanna le Grayling; is scríbhneoir tréitheach é agus is do léitheoirí oilte a bhíonn sé ag scríobh. Is minic a théann údair Ghaeilge thar a gcumas nó thar chumas a gcuid léitheoirí le habairtí casta ilchlásal ar deacair a gciall a fhuascailt ar an gcéad nó ar an dara léamh.

> Bunóimid córas foirmiúil achomhairc/athbhreithnithe a bheidh dea-phoiblithe, so-rochtana, trédhearcach agus éasca le húsáid le haghaidh custaiméirí a bheadh míshásta faoi chinntí maidir le beartas Saoráil Faisnéise.

Is dócha go bhfuil dóthain eolais cheana féin i 'córas achomhairc/athbhreithnithe do chustaiméirí a bheadh míshásta le cinntí maidir le beartas Saoráil Faisnéise' gan ualach mór aidiachtaí a leagan anuas air. B'fhearr abairt nua a thosú le haghaidh an eolais atá sna haidiachtaí. Níl aon mhórlocht agam ar chomhfhocail mar 'dea-phoiblithe' agus 'inrochtana'. Tá sé de bhua na gcomhfhocal sin gur fusa iad a fhí isteach in abairtí ná bheith ag plé le frásaí réamhfhoclacha. Is fíor gur ghlac cuid de phobal na Gaeilge col le comhfhocail áirithe a bhfuil Údarás na Gaeltachta agus roinnt eagraíochtaí eile an-cheanúil orthu, mar shampla 'jabthuairisc' *(job description)*, 'pobalbhunaithe' *(community based)* agus 'teangalárnach' *(language-centred)*. Leaganacha úsáideacha iad ach is fearr a bheith spárálach leo. Seans nár mhiste leaganacha traidisiúnta timchainteacha a úsáid ina leithéid seo d'abairt chasta:

> Bunóimid córas achomhairc/athbhreithnithe do chustaiméirí nach bhfuil sásta le cinntí maidir le beartas Saoráil Faisnéise. Córas trédhearcach a bheidh ann, a ndéanfar poiblíocht mhaith ar a shon agus a mbeifear ábalta teacht air agus a úsáid gan dua.

Is féidir, mar sin, dhá nó trí abairt a dhéanamh den abairt fhada a fheictear duit a bheith liopasta, doiléir nó má fheictear duit nach bhfuil ann ach roinnt abairtí agus iad ceangailte le chéile le comharthaí poncaíochta. An chamóg is minice a úsáidtear mar dhroichead idir clásail atá neamhspleách nó a bhfuil gaol indíreach eatarthu. *Comma splicing* a thugann lucht an Bhéarla air sin.

> Dar le daoine gur féidir le bainisteoir contae éachtaí a dhéanamh thar oíche, ní thuigtear go mbíonn a lán rudaí ag brath ar na himreoirí.

Teastaíonn lánstad nó idirstad idir an dá leath den abairt thuas, mar níl ach gaol indíreach idir an dá chlásal.

> Dar le daoine gur féidir le bainisteoir contae éachtaí a dhéanamh thar oíche. Ní thuigtear go mbíonn a lán rudaí ag brath ar na himreoirí.

> Dar le daoine gur féidir le bainisteoir contae éachtaí a dhéanamh thar oíche; ní thuigtear go mbíonn a lán rudaí ag brath ar na himreoirí.

6.1 Clásal a thabhairt chun tosaigh

Cleas éifeachtach eile is ea clásail a aistriú timpeall. *Fronting* nó 'tabhairt chun tosaigh' a thugtar ar fhaisnéis éigin istigh san abairt a aistriú go dtí an tús. Is mór an cuidiú é in abairtí mar seo thíos:

> Fuarthas an gasúr beag a chuaigh ar strae, agus a raibh a mháthair agus foireann an tsiopa go léir á chuardach, faoi dheireadh ag an bpríomhdhoras isteach.

Is ait linn ionad na bhfocal 'faoi dheireadh' san abairt sin. Shílfeá go raibh moill ann sular tosaíodh an cuardach. Tá sé dona go leor agus é a léamh os íseal duit féin. Dá mbeadh sé le léamh amach ar thuairisc nuachta bheadh an diabhal ar fad déanta. Tagann feabhas nach beag ar an scéal má aistrítear na clásail timpeall.

> An gasúr beag a chuaigh ar strae, agus a raibh a mháthair agus foireann an tsiopa go léir á chuardach, fuarthas é faoi dheireadh ag an bpríomhdhoras isteach.

In alt máistriúil dar teideal 'An Abairt Ghaeilge agus an Abairt Bhéarla' (1957: 7–17) chuir Seán Mac Maoláin comhairle chiallmhar orainn faoi struchtúr coitianta nach dtaitníonn lena lán daoine agus ar tugadh 'an abairt bhacach' air:

> Dúirt an fear a tháinig isteach agus gunna leis, dúirt sé le muintir an tí gurbh airgead a bhí uaidh.

Is é an t-athrá ar an mbriathar 'abair' is mó a ghoilleann ar an gcluas. Ach, más abairt shlachtmhar atá uainn, ní leor an dara 'dúirt' a chur ar ceal.

Dúirt an fear a tháinig isteach agus gunna leis le muintir an tí gurbh airgead a bhí uaidh.

Déarfá ar an gcéad fhéachaint gur fadhb dhosháraithe chomhréire atá ann ach tá fuascailt na faidhbe an-simplí ar fad. Is é an chéad 'dúirt' ba chóir a scrios.

An fear a tháinig isteach agus gunna leis, dúirt sé le muintir an tí gurbh airgead a bhí uaidh.

Níor cheart choíche riail a dhéanamh den eisceacht, áfach. Is cabhair dúinn an struchtúr sin in abairtí fada casta ach féadann sé bheith ina údar doiléire chomh maith.

Beartas forbartha na hÉireann, tá sé ina dhlúthchuid de bheartas eachtrach na hÉireann trí chéile.

Níl cúis ar bith a chuirfí ainmní ná cuspóir an chlásail roimh an mbriathar sa chás sin, ach an abairt a chur le chéile go deas simplí.

Tá beartas forbartha na hÉireann ina dhlúthchuid de bheartas eachtrach na hÉireann trí chéile.

6.2 Cleachtadh

An síleann tú ceann ar bith de na habairtí seo thíos a bheith lochtach? Deisigh iad, más gá, agus cuir d'iarracht i gcomparáid leis na nótaí san aguisín 'Tráchtaireacht ar na cleachtaí in Aonad 6.'

1   Sa bhliain 2001 rinneadh tagairt do na deiseanna fostaíochta a bheadh ann d'iarthar na hÉireann a bhuí d'fhás na teicneolaíochta i dtuarascáil taighde de chuid Fiontraíocht Éireann.

2   Diúltaíonn 'lianna nádúrtha' don ghnás seanbhunaithe i gcórais sláinte thíortha forbartha iarthar na hEorpa, más fíor do thráchtairí áirithe, tinneas a dhiagnóisiú trí scrúdú coirp agus déileáil le gach othar ionann is nach féidir é a leigheas ach le cógas nó le hobráid éigin.

3   Léiríonn ár gclár oibre agus ár mbeartas maidir le comhar forbartha ár dtiomantas, atá i bhfad ann, do chearta daonna agus do chothroime sa chaidreamh idirnáisiúnta agus tá siad seo do-scartha ó bheartas eachtrach na hÉireann san iomlán.

4   Tá cás ina bhfuil coiste bainistíochta ar scoil náisiúnta i gCorcaigh ag tabhairt dhúshlán na Roinne Oideachais as cead a dhiúltú di iompú ina Gaelscoil, tá sé le héisteacht san Ard-Chúirt san fhómhar, dearbhaíodh inné.

5   Níor cheart duit brostú amach chun piollairí vitimíní a cheannach agus a lán díobh a ithe chun na buntáistí sláinte seo a fháil duit féin, de bhrí go bhfuil an iomarca díobh, go mór mór vitimíní A agus D atá intuaslagtha i ngeir, tocsaineach.

6   Tá bearnaí ag méadú idir ioncam na ndaoine a raibh sé ar a gcumas leas a bhaint as na deiseanna a chuir an fás eacnamaíoch ar fáil agus ioncam na ndaoine nach raibh in ann é sin a dhéanamh.

7   Bíonn sé de cheart agat nach ngearrfaí táille níos mó ort ná an táille a thaispeántar ar an méadar nó an táille a socraíodh ag tús an turais agus tú ag taisteal i dtacsaí.

8   Feiniméan neamhchoitianta aimsire a tharlaíonn go minic mar gheall ar ardteochtaí ar dhromchla aigéin is ea hairicín.

6.3 Briathra cúnta

Cleas comhréire eile atá ina chuidiú mór san abairt fhada ná briathar cúnta a chur inti. I mBéarla, tagann an briathar roimh an gcuspóir, de ghnáth. *To cash a cheque, to ease traffic problems in the Greater Dublin Urban Area.* Is i ndiaidh an chuspóra a bhíonn an briathar i nGaeilge: 'seic a bhriseadh', 'fadhbanna tráchta i Mórcheantar Uirbeach Bhaile Átha Cliath a mhaolú'. Tá go breá, ach bíonn deacrachtaí sa Ghaeilge nuair a bhíonn bearna fhada idir an cuspóir agus an briathar.

Is é cuspóir an chiste nua seo ná oideachas/traenáil leanúnach daoine atá páirteach i soláthar seirbhísí litearthachta don Choiste Gairmoideachais, ar bhonn deonach nó ar bhonn gairmiúil, a fheabhsú.

Deir an Ghníomhaireacht um Chaomhnú Comhshaoil go bhfuil torthaí an tsuirbhé réigiúnaigh a rinneadh i dtús na bliana 2004 d'fhonn teacht ar mheastachán ar líon na dtithe in iarthar na hÉireann atá i gcontúirt ó nochtadh don ghás radóin fós le hanailísiú.

I gcás mar sin is fiú leas a bhaint as briathar cúnta mar 'cuir' agus 'déan' chun an bhearna a chúngú.

> Is é cuspóir an chiste nua seo ná feabhas a chur ar oideachas/traenáil leanúnach daoine atá páirteach i soláthar seirbhísí litearthachta don Choiste Gairmoideachais, ar bhonn deonach nó ar bhonn gairmiúil.

> Deir an Ghníomhaireacht um Chaomhnú Comhshaoil go bhfuil anailís fós le déanamh ar thorthaí an tsuirbhé réigiúnaigh a rinneadh i dtús na bliana 2004 d'fhonn teacht ar mheastachán ar líon na dtithe in iarthar na hÉireann atá i gcontúirt ó nochtadh don ghás radóin.

Ní miste, in abairtí gearra, ceachtar den dá nós a úsáid.

Cuspóir + briathar	Briathar cúnta
Bunaíodh an Institiúid chun truailliú uisce a thaighdiú.	Bunaíodh an Institiúid chun taighde a dhéanamh ar thruailliú uisce.
Tá torthaí na scrúduithe fós le hanailísiú.	Tá anailís fós le déanamh ar thorthaí na scrúduithe.

Tá daoine ann a gheobhadh locht ar bhriathar cúnta a úsáid mar cuireann sé le fad na habairte gan an chiall a shoiléiriú. B'fhearr leo briathar amháin a úsáid, fiú más gá an briathar sin a dhíorthú as ainmfhocal, mar shampla 'anailís' > 'anailísiú' nó 'taighde' > 'taighdiú'. Ceist stíle atá ann; faigheann daoine áirithe blas coimhthíoch ar 'anailísiú' agus is mór le daoine eile an ghontacht a bhaineann leis i gcomórtas le 'anailís a dhéanamh ar'. Tá seantaithí againn ar bhriathra áirithe a díorthaíodh as ainmfhocal agus ní chuireann siad sin isteach ná amach orainn, ach is cinnte gurb ait linn cuid de na briathra atá ag teacht isteach sa teanga scríofa le deireanas, mar shampla 'foireann na hoifige a cheardchumannú' *(unionise)* nó 'othar a dhiagnóisiú' *(diagnose)*.

Faoin eagarthóir a bhíonn sé cinneadh a dhéanamh na leaganacha sin a leasú agus leaganacha níos timchaintí a chur ar fáil, mar shampla 'foireann na hoifige a thabhairt isteach sa cheardchumann' agus 'diagnóisiú a dhéanamh ar othar'. Déantar an cinneadh i bhfianaise an tseánra téacs; bíonn leithéidí 'anailísiú' an-choitianta ar fad i dtéacsanna teicniúla agus i dtéacsanna oifigiúla.

6.4 Cleachtadh

An síleann tú na habairtí seo thíos a bheith lochtach ar aon slí? An dóigh leat gur cheart briathar cúnta a úsáid i gcás ar bith? Tá roinnt nótaí san aguisín 'Tráchtaireacht ar na cleachtaí in Aonad 6.'

1   Leabhlaíodh an tUasal Albert Reynolds ar an *Sunday Times.*
2   Ní mór gach feithicil a árachú.
3   An chéad chéim eile ná torthaí an taighde a fhaisnéisiú agus tuismitheoirí a chumasú chun rogha láneolach a dhéanamh.
4   Tá Fáilte Éireann freagrach as turasóireacht bhaile a mhargú.
5   Tá sé éasca go leor ag bulaithe daltaí leochaileacha a aonrú agus a chiapadh.

6.5 Clásal copaile nó briathar?

Ceann de na chéad rudaí a mhúintear d'fhoghlaimeoirí Gaeilge ná gur gnách go mbíonn an briathar i dtús na habairte i nGaeilge, mar shampla 'Tá Diarmaid ag imeacht inniu.' Ní hiontas ar bith gur mian le foghlaimeoirí cloí leis an struchtúr simplí sin i ngach cás. Is é an rud is túisce a fhoghlaimítear is buaine a fhanann sa chuimhne. Ach, ó thaobh na stíle de, is nós leamh, leadránach gach uile abairt a thosú ar an mbealach céanna. Locht is bunúsaí fós ná go bhfuil gnéithe céille ann nach féidir a chur in iúl má chloítear leis an struchtúr 'briathar + ainmní'. Cuir i gcás gur mian treise a chur le focal áirithe san abairt sin thuas. I gcomhrá Béarla, ní bheadh le déanamh ach béim ghutha a chur ar fhocal amháin seachas a chéile (cleas nach féidir a dhéanamh sa teanga scríofa):

> Is **Diarmaid** leaving today?
>
> Is Diarmaid **leaving** today?
>
> Is Diarmaid leaving **today**?

Ní hinmholta don Ghaeilgeoir aithris ar bhéim sin an Bhéarla, cé gur minic a dhéantar sin ar chláir theilifíse agus raidió. Is é nós na Gaeilge ná clásal copaile a úsáid agus an abairt a thosú le foirm éigin den chopail 'Is':

> An é Diarmaid atá ag imeacht inniu?
>
> An ag imeacht atá Diarmaid inniu?
>
> An inniu atá Diarmaid ag imeacht?

Ní i gcónaí a scríobhtar ná a chloistear an chopail ina leithéid seo d'abairt, ach tuigtear í a bheith ann, mar shampla '[Is] Duine deas atá ann'. Feictear an chopail go soiléir nuair a chuirtear claoninsint ar an abairt: 'Measaim *gur* duine deas atá ann'. Cleas comhréire atá sa chlásal copaile a chuireann ar chumas an scríbhneora difríochtaí céille mar atá sna trí shampla thuas a thabhairt slán. Bíonn comhthéacsanna ann agus *caithfidh* clásal copaile a úsáid chun an chiall a thabhairt slán. Deir an Béarla *He's from Limerick* nó *He comes from Limerick* ach ní de ghnás na Gaeilge 'Tá sé as Luimneach' ná 'Tagann sé as Luimneach'. Níl aon rogha sa chás sin ach clásal copaile a úsáid: 'Is as Luimneach é'.

Cuireann an chopail brí san abairt, mar is léir ó na samplaí thíos:

> Bhí mé sa Bhreac-Ghaeltacht ach bhí sin ceart go leor. Bhí breac-Ghaeilge agam.
>
> Tá sé furasta é a cháineadh, ach bhunaigh Cathal Ó hEochaidh Aosdána.

Tá na habairtí sin cruinn go leor ó thaobh na gramadaí ach féach na hathleaganacha seo a bhaineann leas as clásal copaile. Tá brí agus cruinneas céille iontu:

> Sa Bhreac-Ghaeltacht a bhí mé ach ba chuma sin; breac-Ghaeilge a bhí agam.
>
> Is furasta Cathal Ó hEochaidh a cháineadh, ach ba eisean a bhunaigh Aosdána.

6.6 Débhríocht

Nuair a deirtear abairt nó páirt d'abairt a bheith 'débhríoch' is amhlaidh a d'fhéadfadh dhá chiall a bheith aici, ag brath ar thuiscint an léitheora. Seans go mbeadh 'ilbhríocht' níos beaichte i gcásanna áirithe nuair a d'fhéadfadh níos mó ná dhá chiall a bheith ann. Bíodh sin mar atá, cloífimid le 'débhríocht' don am i láthair. Fadhb bhunúsach san eagarthóireacht atá sa débhríocht sin a thagann idir an léitheoir agus tuiscint ar an téacs.

Is é is 'débhríocht léacsach' ann ná débhríocht ar leibhéal an fhocail/an fhrása. Tá focail ann atá débhríoch amach is amach, mar is léir ó na hiontrálacha seo in *Collins English Dictionary* agus FGB:

> **bimonthly 1** every two months. **2** (often avoided because of confusion with sense 1) twice a month, semimonthly.
>
> **leathdhuine 1.** (In phrase) ~ **cúpla**, one of twins. **2.** Half-witted person.

Ní féidir débhríocht a ruaigeadh as teanga bheo ar bith. Is í is foinse don ghreann agus don imeartas focal. Is í is im agus arán do lucht dlí fosta. Tá débhríocht sna samplaí seo thíos, áfach, nach bhfuil gné chruthaitheach ar bith ag baint léi. Is féidir an débhríocht a rianú siar go dtí an Béarla i ngach cás, fiú sna samplaí nach aistriúcháin iad.

> Tá an Bord ag súil le bliain dheacair i 2010.
>
> (Tá dhá chiall le 'ag súil le': a bheith ag fanacht le rud éigin agus bheith ag tnúth le rud éigin. An bhfuil súil in airde ag an mBord le bliain dheacair?)

> Ba de dhéantús saor na painéil.
>
> (Aistriúchán ar *The panelling was the work of craftsmen*. An ar an bpingin is ísle a rinneadh é?)

> Cosnaíonn criosanna sábhála beatha daoine.
>
> (*Costs* nó *protects*? Glanmhalairt an ruda ba mhian a rá.)

> Coimeádann a n-imtharraingt féin na réaltaí le chéile.
>
> (Cad é atá i gceist le 'coimeád le chéile'? An é 'gach uile réalta a choimeád ina haon phíosa amháin' atá i gceist, nó 'na réaltaí a choimeád ina sraith', 'in aice a chéile'?)

Ní miste don eagarthóir an ceartú a dhéanamh sna chéad trí shampla:

> Is dóigh leis an mBord gur bliain dheacair a bheidh sa bhliain 2010.
>
> Saor adhmaid a rinne na painéil.
>
> Cabhraíonn criosanna sábhála le beatha daoine a chosaint.

Tá castacht sa sampla deireanach ar fad. Cad é go díreach atá i gceist le 'coimeád le chéile'? D'fhéadfadh ceachtar den dá thuiscint a bheith ceart, ag brath ar rún an údair. Ba chóir an méid sin a fháil amach, más beo don údar agus más féidir ceisteanna a chur air/uirthi.

Bíonn débhríocht comhréire ann nuair is é ord na bhfocal san abairt is cúis leis an débhríocht. Is gnách go mbíonn an t-eagarthóir in ann an chiall a dhéanamh amach gan an iomarca dua, ach bíonn débhríocht níos tromchúisí ann nuair nach léir cén brí a bhí ar intinn an údair. Bíonn fadhbanna ar leith ag baint le foirmeacha iarratais agus le doiciméid atá ar bheagán téacs, mar ní bhíonn comhthéacs ann a shoiléireodh ciall na bhfocal agus na bhfrásaí débhríocha.

Údar eile le débhríocht is ea focal cáilithe, nó clásal cáilithe, a bheith scartha ón rud atá á cháiliú aige.

> Tá dualgas ar an stát gnó a spreagadh, ach níl dualgas ar bith orainn maoiniú a thabhairt do chuideachtaí nach bhfuil riachtanach.

Ní faoin rialtas atá sé cinneadh a dhéanamh faoi cé chomh 'riachtanach' is a bheadh cuideachta ar bith. Is rídhócha gurb é an maoiniú a bheith riachtanach atá i gceist.

> Tá dualgas ar an stát gnó a spreagadh, ach níl dualgas ar bith orainn maoiniú nach bhfuil riachtanach [nó 'maoiniú neamhriachtanach'] a thabhairt do chuideachtaí.

Déarfadh duine, b'fhéidir, nár dheacair don léitheoir oilte ciall cheart na habairte sin a fhuascailt. Tá go breá, ach cén fáth a gcuirfí ualach breise oibre ar an léitheoir? Rud eile de: ní féidir talamh slán a dhéanamh de gur léitheoir cumasach oilte a bheidh ann. Ná ní i gcónaí is féidir an téacs a léamh ar shlí a thabharfaidh deis mhachnaimh don léitheoir. Seo líne as script teilifíse.

> Is dócha gurb é seo an taifeadadh is luaithe le Dónal Lunny a mhaireann fós.

Is beo atá Dónal Lunny inniu, bail ó Dhia air, ach is cosúil gurb é an taifeadadh a bheith ar marthain atá i gceist anseo. Cuimhnigh nach mbeidh aon deis athléite ag an lucht féachana. Ní féidir leas a bhaint as an bponcaíocht chun an chiall a shoiléiriú. Is dócha go dtuigfí an bhrí, fiú má chuireann an abairt mearbhall ar dhaoine i dtosach. Ach tá sí ina habairt mhíshlachtmhar, mhíloighciúil, mhístuama, mhíthaitneamhach. Ní ag tromaíocht ar dhaoine eile atá mé – mise a scríobh. Cad chuige a dtabharfaí maithiúnas di nuair is féidir athleagan soiléir a chur ar fáil gan dua?

> Is dócha gurb é seo an taifeadadh is luaithe le Dónall Lunny atá tagtha slán chugainn.

Ba chóir go mbeadh fógraí agus comharthaí poiblí chomh soiléir le solas geal an lae. Smaoinigh ar an taistealaí bocht a bheadh ag amharc ar an gcomhartha seo ar an ardán i Stáisiún na bPiarsach:

> Tógfar aon ní a bheidh fágtha gan tionlacan gan aon rabhadh a thabhairt.

Is ea, tuigimid é i ndiaidh tamaill mar (1) tá seantaithí againn ar dhroch-Ghaeilge agus

(2) tá barúil mhaith againn cad é a bheadh ina leithéid de chomhartha Béarla: *Unattended baggage will be removed without warning.* An chuid is measa den Ghaeilge atá sa chomhartha sin. Gaeilge nach bhfuil feidhm chumarsáide léi. Gaeilge ar mhaithe le Gaeilge a bheith ann.

Is minic a bhíonn poncaíocht scaoilte ina húdar débhríochta. Pléifear sin in Aonad 7. Is leor an méid seo a rá faoi láthair: is féidir camóga nó comharthaí eile poncaíochta a úsáid chun an léitheoir a chur i dtreo na céille a bhí ar intinn an údair ach ní i gcónaí gur leor sin. Maireann fuílleach doiléire san abairt mar gheall ar ord na bhfocal, doiléire nach gcuirfeadh poncaíocht dá fheabhas ar ceal.

> D'fhoilsigh Seán Ó Ríordáin *Línte Liombó*, an cnuasach deireanach leis sula bhfuair sé bás, sa bhliain 1971.

In ainneoin na poncaíochta, ba dheacair don léitheoir gan a thuiscint go bhfuair an Ríordánach bás sa bhliain ar foilsíodh *Línte Liombó*, murab ionann agus sa bhliain 1977. Is furasta é a leigheas.

> Ba sa bhliain 1971 a d'fhoilsigh Seán Ó Ríordáin *Línte Liombó*, an cnuasach deireanach leis sula bhfuair sé bás.

Le fírinne, d'fhéadfadh abairt bheith foirfe ó thaobh na gramadaí agus na poncaíochta agus bheith iontach doiléir ina dhiaidh sin.

Is fiú a lua freisin go mbíonn an débhríocht ina locht níos troime ar théacsanna áirithe seachas a chéile. Seachnaíonn foireann Rannóg an Aistriúcháin an focal 'is' (= 'agus') ar an ábhar gurb ionann litriú dó agus don chopail. Dar leat nach bhfuil údar débhríochta i leaganacha mar 'fear is bean' nó 'scoil is baile' ach ní hionann riachtanais na gnáthscríbhneoireachta agus riachtanais an dlí.

6.7 Cleachtadh

An síleann tú na habairtí seo thíos a bheith débhríoch ar aon slí? Deisigh iad agus cuir d'iarracht i gcomparáid leis na nótaí san aguisín 'Tráchtaireacht ar na cleachtaí in aonad 6.'

1 Maidir le *Scéala Éireann/The Irish Press*, cailleadh sciar maith dá chuid léitheoirí nuair a athraíodh formáid an nuachtáin.

2 Bímid ag obair i gcomhpháirt le heagraíochtaí maoinithe eile.

3 €130 an táille atá ar an bpacáiste dhá lá. Tá lascaine €90 le fáil ag ceoltóirí ar mian leo páirt a ghlacadh ann.

4 Iar-Phoblacht Iúgslavach na Macadóine.

5 Tá eolas cuimsitheach i Lámhleabhar na Foirne maidir le saoire mháithreachais agus saoire aithreachais.

6.8 Suíomh an réamhfhocail san abairt

I ngnáthabairtí Gaeilge, is ag deireadh na habairte a bhíonn an réamhfhocal: 'Ní hí sin an bhean a raibh mise ag caint léi', 'Sin an scoil a raibh mé féin uirthi'. Thiocfadh an réamhfhocal a aistriú go hionad eile san abairt, mar atá déanta sna samplaí seo: 'Ní hí sin an bhean lena raibh mé ag caint', 'Sin an scoil ar a raibh mé féin'. An dara nós atá inmholta nuair a bhíonn bearna rófhada idir an ainmfhocal (an bhean, an scoil) agus an réamhfhocal atá ag tagairt di (léi, uirthi). Mar shampla:

Siúd é an poll a dtagann na coiníní beaga bána a mbíonn gasúir óga an bhaile seo agus na mbailte thart timpeall i gcónaí sa tóir orthu as.

Siúd é an poll as a dtagann na coiníní beaga bána a mbíonn gasúir óga an bhaile seo agus na mbailte thart timpeall i gcónaí sa tóir orthu.

Tá an sampla sin roinnt bheag áiféiseach, ach fanann sé sa chuimhne.

Bíonn sé deacair do scríbhneoirí struchtúir réamhfhoclacha a láimhseáil in abairtí ceisteacha.

Céard atá tú ag iarraidh labhairt faoi?

Cé a thug tú an t-airgead dó?

Is i bhfíorthús na habairte a bhíonn an cheist agus an forainm réamhfhoclach de ghnáth. Sa tríú pearsa uatha firinscneach a bhíonn an forainm i gcónaí, is cuma más foireann camógaíochta atá faoi thrácht. Coibhneas indíreach a leanann é.

Céard faoi a bhfuil tú ag iarraidh labhairt ?

Cé dó ar thug tú an t-airgead?

6.9 Ionad na n-aidiachtaí san abairt

Cuir i gcás go bhfuil aidiacht nó roinnt aidiachtaí san abairt. Má chloítear leis an struchtúr 'briathar + ainmní' ('Tá sé deas') níl ach áit amháin inar féidir an aidiacht sin a chur, i.e. i ndiaidh an bhriathair agus an ainmní. Ní miste sin i gcás abairtí simplí mar 'Tá sé deas' ach cuir i gcás go bhfuil bearna idir an t-ainmní agus an aidiacht.

Bíonn an t-eolas sa nuachtlitir tábhachtach.

Níl ach céatadán an-íseal den fhoireann pháirtaimseartha cáilithe.

Bíonn ríomhaire neamhchosanta leochaileach.

Sa chéad sampla, tá an aidiacht 'tábhachtach' scartha ón ainmfhocal atá á cháiliú aici i.e. 'eolas'. Go deimhin, is gaire do 'nuachtlitir' í, agus mheasfadh daoine gurb í an nuachtlitir, nó eagrán amháin di, atá tábhachtach agus go bhfuil eolas éigin le fáil san eagrán tábhachtach sin. Mar an gcéanna sa dara sampla. Mheasfá go bhfuil an dá aidiacht ag cáiliú an ainmfhocail 'foireann' ós é is gaire dóibh. Ní leor an séimhiú a bheith in easnamh ar 'tábhachtach' agus ar 'cáilithe' chun an tuiscint sin a ruaigeadh as aigne an léitheora. Is dócha gur rud éigin mar *an unprotected computer is vulnerable* a bhí i gceist sa tríú sampla. Ní hé sin a thuigfeadh duine as an leagan Gaeilge, áfach. Smaoinigh ar nathanna ar nós 'duine fial fáilteach' nó 'lá fuar fliuch'. Nuair nach bhfuil ach ainmfhocal amháin san abairt tuigeann an léitheoir gur ag tagairt don ainmfhocal sin atá gach uile aidiacht, is cuma cá mhéad acu atá ann. Is é an chiall a bhainfeadh go leor daoine as an abairt thuas ná *A computer is (often) unprotected and vulnerable*.

Is furasta an débhríocht a sheachaint ach clásal copaile a úsáid.

Eolas tábhachtach a bhíonn sa nuachtlitir.

Is céatadán an-íseal den fhoireann pháirtaimseartha atá cáilithe.

Is leochaileach ríomhaire gan chosaint.

Caithfear cuimhneamh i gcónaí ar cén t-ainmfhocal atá á cháiliú. Abair go bhfuil sráid ann den ainm Béarla *Little Strand Street*. Go rómhinic ar fad is é 'Sráid na Trá Bige' a thabharfaí air sin sa Ghaeilge. Ní dócha, áfach, gurb í an trá atá beag in aon chor, ach an tsráid. Is ait linn 'Sráid na Trá Bheag' mar bímid ag súil go dtiocfaidh an aidiacht díreach i ndiaidh an ainmfhocail atá á cháiliú aici. Ní gá gurb ea. Bíonn an chiall ag brath ar shuíomh na haidiachta. Tá difear beag idir 'cupán tae eile' *(a cup of another kind of tea)* agus 'cupán eile tae' *(another cup of tea)*. Difear atá ann nach gá do cheann a bhuaireamh leis sa ghnáth-chomhrá agus is saoithín an té a cheartódh thú faoina leithéid. Ach abair go bhfuil a leithéid seo d'abairt i gcáipéis a bhaineann leis na comhlachtaí Thuaidh–Theas a bunaíodh faoi Chomhaontú Bhéal Feirste: 'Beidh comhlachtaí stáit eile freagrach as caomhnú comhshaoil.' Seans gur *Other state bodies will be responsible for environmental protection* a bhí i gceist ag an údar ach an té a bhreathnódh air le loighic fhuarchúiseach an dlí déarfadh sé/sí gur *Bodies of another state...* atá ráite. Cé acu stát, mar sin, atá freagrach?

6.10 Cothromaíocht san abairt

Léigh na habairtí seo thíos. An síleann tú iad a bheith ciotach nó ait?

> Beidh an té a cheapfar freagrach as ranganna oíche an Ionaid a eagrú, múinteoirí a aimsiú agus ábhair theagaisc.
>
> Ní hamháin go gcaithfidh tú ceadúnas a bheith agat, ach é a thaispeáint.

Goilleann na habairtí sin ar an gcluas toisc go bhfuil míchothromaíocht iontu. Bítear ag súil leis an struchtúr céanna a bheith ar chodanna den abairt a bhfuil cosúlacht eatarthu ó thaobh na céille de. Ní mar sin atá sna habairtí thuas. Tá dhá infinideach sa chéad sampla ('ranganna oíche an Ionaid a eagrú, múinteoirí a aimsiú') agus bímid ag súil go leanfaidh sin i ndiaidh an nascfhocail 'agus'. Baineann na hainmfhocail 'ábhair theagaisc' preab asainn. Ba dheise i bhfad an abairt sin ach infinideach eile a chur ag a deireadh.

> Beidh an té a cheapfar freagrach as ranganna oíche an Ionaid a eagrú, múinteoirí a aimsiú agus ábhair theagaisc a sholáthar.

Sin nó ainmfhocail a bheith inti tríd síos.

> Beidh an té a cheapfar freagrach as ranganna oíche an Ionaid, as soláthar múinteoirí agus as soláthar ábhar teagaisc.

Sa dara sampla ('Ní hamháin go gcaithfidh tú ceadúnas a bheith agat, ach é a thaispeáint.') bímid ag súil le rud eile a chaithfidh a dhéanamh. Ba chóir go mbeadh an dara clásal ina scáthán ar an gcéad chlásal.

> Ní hamháin go gcaithfidh tú ceadúnas a bheith agat, ach caithfidh tú é a thaispeáint chomh maith.

An uair is measa a bhíonn an mhíchothromaíocht seo ann, dar liomsa, ná i liostaí nó i sraith de phointí urchair. A leithéid seo:

Iarrtar ar rannpháirtithe na rudaí seo a thabhairt leo:

- bróga siúil
- éadaí uiscedhíonacha
- glac le comhairle na dtreoraithe i gcónaí
- lón agus deoch uisce.

Tá dhá locht ar an sampla áirithe sin. Ní féidir 'glac le comhairle na dtreoraithe i gcónaí' a thabhairt leat agus ní hionann struchtúr don mhodh ordaitheach sin agus do na hainmfhocail eile sa liosta.

Is nós inmholta gan focail atá an-ghar dá chéile ó thaobh na fuaime de a chur i ndiaidh a chéile, ná réamhfhocail a charnadh i mullach a chéile mar a dhéantar sa chéad sampla thíos:

Ní hiontas ar bith é go raibh spéis ag na Lochlannaigh i mainistreacha. Ní hamháin go mbíodh a lán earraí luachmhara iontu ach bhí sclábhaithe le fáil acu iontu leis.

...tá Pat O'Shea agus a chriú tar éis cur suas le caitheamh anuas ó thalamh le seachtain anuas.

Tá dhá chárta anseo thíos maidir le cearta tomhaltóirí agus tugtar míniú ar na cártaí sin i dtaobh cad iad na cearta sin.

Áit ait an t-oileán seo.

Is féidir bás a fháil den fhliú, fiú.

Is iad na truaillitheoirí is mó is mó a chuireann imní ormsa.

Ba locht an-bhunúsach ar fad é sin i dtéacs ar bith atá le léamh amach os ard. Tá a ainm féin ag lucht raidió is teilifíse air: *I see the sea.*

6.11 Iomrall aimsire

Má tá cothromaíocht mar is ceart san abairt ní bheidh na haimsirí inti ag teacht salach ar a chéile. Ná tuig as sin gur gá gach briathar san abairt a bheith san aon aimsir amháin. Is í an mhíthuiscint sin is cúis le habairtí lochtacha mar seo:

> Léigh mé *The Great Silence*, le Seán de Fréine. Leabhar ba ea é a chuaigh i bhfeidhm go mór orm agus a léirigh dom go raibh an Ghaeilge beo.

Bhuel, is dócha go ndéarfadh Seán de Fréine go bhfuil an Ghaeilge beo *i gcónaí*. Ní gá ach oiread gur san aimsir chaite a bheifí ag trácht ar an leabhar. Tá an leabhar ann fós. An tuiscint chéanna is cúis le daoine an abairt seo a 'cheartú'.

> Is é Seán Ó Ríordáin an file Gaeilge is mó riamh a shaothraigh stíl phearsanta dá chuid féin.

Is gnách le daoine an chopail a chur san aimsir chaite ('Ba é Seán Ó Ríordáin…') ar an tuiscint gur cheart go mbeadh na haimsirí san abairt de réir a chéile. Cinnte, bheadh 'Ba é' iomlán ceart, ach teastaíonn solúbthacht áirithe aimsire chun cialla difriúla a chur in iúl. Maireann saothar an Ríordánaigh fós. Níor tháinig aon fhile ina dhiaidh, más fíor, a sháraigh é i dtaca le stíl phearsanta de. Mar sin de, is é Seán Ó Ríordáin fós an file is mó riamh a shaothraigh stíl phearsanta dá chuid féin. Níl aon rud míloighciúil faoin abairt thuas fiú dá gcuirfí claoninsint uirthi:

> Creidim gurb é Seán Ó Ríordáin an file Gaeilge is mó riamh a shaothraigh stíl phearsanta dá chuid féin.

Bhí comhairle bhreá ag Gearóid Ó Nualláin faoi ghné chaolchúiseach eile den Ghaeilge. Thug sé sliocht le haistriú go Gaeilge. Sa sliocht sin tá fear ag cur síos ar shráidbhaile i lár an gheimhridh. Castar an reacaire le *a group of boys and girls who were skating gaily on the ice-covered river hard by.* Is san aimsir chaite atá an insint go léir agus bheadh fonn ar an aistritheoir 'bhí' a úsáid tríd síos. Seans go scríobhfadh sé 'Bhí abhainn in aice láimhe agus clúdach oighir uirthi.' Thug an Nuallánach rabhadh faoi sin (1920: 28):

> … don't say *bhí abhainn*… but *tá abhainn*. Rivers do not easily shift their positions. It is to be assumed that the river is still there. *Bhí* would seem to insinuate that it was there specially for this occasion.

An-cheart! Míthuiscint amach is amach a rá go gcaithfidh an aimsir chaite a chur i bhfeidhm as éadan ar abairt ar bith a thráchtann ar an am atá thart. Tá sé ar cheann de na rialacha bréige sin atá róchoitianta sa Ghaeilge. Is é is cúis le habairtí lochtacha mar seo thíos:

Thángthas ar phictiúr nua le Caravaggio dar theideal 'Tógáil Chríost'.

Bhí Bríd ag fiafraí cén chaoi a raibh tú.

Mur*arbh* ionann agus polaiteoirí na linne seo, bhí bua na cainte ag John Dillon.

Is é 'Tógáil Chríost' ainm an phictiúir i gcónaí. Is é ba mhian le Bríd a fháil amach ná conas atá sláinte an duine inniu. Is cuma léi cad é mar a bhí san am atá thart. Tá deisbhéalaí John Dillon á cur i gcodarsnacht leis na polaiteoirí mantacha atá suas lenár linn.

Thángthas ar phictiúr nua le Caravaggio dar teideal 'Tógáil Chríost'.

Bhí Bríd ag fiafraí cén chaoi a bhfuil tú.

Murab ionann agus polaiteoirí na linne seo, bhí bua na cainte ag John Dillon.

Tá a leithéid chéanna de mhíthuiscint ann i dtaca leis an aimsir ghnáthláithreach agus an aimsir ghnáthchaite. Measann daoine go n-úsáidtear iad ag tagairt do rud ar bith seasta, leanúnach.

Bíonn caitheamh aimsire an-suimiúil aige.

Bímid cleachta leis an drochaimsir sa tír seo.

Ach ní hé go mbíonn an caitheamh aimsire seo seal ann agus seal as. Agus maidir le dearcadh fadfhulangach na nGael i leith na drochaimsire, is staid shimplí atá ann ach oiread le 'Tá mé tuirseach' nó 'Tá ocras orm'.

Nuair a labhraímid faoi mhíleanúnachas aimsire, mar sin, is é atá i gceist againn ná na haimsirí a bheith ag teacht salach ar a chéile ar shlí atá míloighciúil nó ar shlí a sháraíonn gnás na Gaeilge.

Beidh an té a fhaigheann an post ina dhuine fuinniúil, solúbtha.

Cuimhnigh go mbeidh eolas éigin ar an ríomhaireacht cheana féin ag na daoine a bheadh ag freastal ar na cúrsaí.

An cheist a spreagann an chéad sampla ná cén fáth an aimsir ghnáthláithreach? An é go mbíonn an post le fáil go minic? Ócáid aon uaire is ea duine a fhostú, agus ócáid atá fós le tarlú. Rud eile de: nár chóir go mbeadh na dea-thréithe a luaitear, an fuinneamh agus an tsolúbthacht, ag an duine *anois* murab ionann agus am éigin amach anseo?

Úsáidtear 'go mbeidh' sa dara sampla toisc go bhfuiltear ag trácht ar ranganna atá fós le múineadh. Is olc a oireann sin do 'cheana féin', áfach. Is ionann é agus 'Beidh eolas éigin acu cheana féin'. Seans gur *some previous knowledge* an Bhéarla a chuir an t-údar amú. Caitear an modh coinníollach isteach mar bharr ar an donas. Is furasta an scéal a chur ina cheart.

Duine fuinniúil, solúbtha a cheapfar sa phost.

Cuimhnigh go mbeidh eolas éigin ar an ríomhaireacht ag na daoine a bheidh ag freastal ar na cúrsaí.

6.12 Forainmneacha agus a réamhtheachtaí

Nuair nach bhfuil ach pearsa amháin san abairt ní deacair an gaol idir an phearsa sin (an réamhtheachtaí) agus an forainm a dhéanamh amach.

Tháinig Bríd isteach agus culaith dheas ghorm uirthi.

Is léir go bhfuil 'uirthi' ag tagairt siar do Bhríd. Ní bhíonn an gaol chomh soiléir sin áit a mbíonn níos mó ná pearsa amháin ann. Ní i gcónaí is locht tromchúiseach é sin. Is léir ón gcomhthéacs cén réamhtheachtaí atá ag an bhforainm.

Meabhraítear do dhaoine féinfhostaithe gurb iad na Coimisinéirí Ioncaim a dhéanfaidh cinneadh faoina stádas fostaíochta.

Níl aon débhríocht san abairt sin dáiríre. Ní hé go bhfuil cinneadh le déanamh ag na Coimisinéirí faoina stádas fostaíochta féin. Ach féach seo:

Má bhaineann turraing leictreach do dhuine, múch an leictreachas sula dtugann tú faoi é a athbheochan.

Tá an sampla sin ag dul i dtreo na doiléire. Is fíor nach mbítear ag caint ar 'leictreachas a athbheochan' ach tá ceangal coincheapúil éigin idir an leictreachas a chur as agus é a chur ar siúl arís. An leigheas is éifeachtaí ná réamhtheachtaí an fhorainm 'é' a lua arís.

Má bhaineann turraing leictreach do dhuine, múch an leictreachas sula dtugann tú faoin duine a athbheochan.

Ba chóir freisin go mbeadh an réamhtheachtaí agus an forainm de réir a chéile i dtaca le huimhir agus le hinscne de. Seachain a leithéid seo:

Ní mór do gach duine a gcárta aitheantais a thaispeáint ag dul isteach dó.

Ainmfhocal uatha is ea 'duine' agus ní théann aidiacht shealbhach iolra leis. Tá an chuma air go raibh an t-údar ag iarraidh a bheith neodrach ó thaobh na hinscne de. Theip ar an iarracht, mar tá 'dó' ag deireadh na habairte. Tá seifteanna eile ann chun an inscne a sheachaint.

Ní mór do dhaoine a gcártaí aitheantais a thaispeáint ag dul isteach dóibh.

Ní mór do chárta aitheantais a thaispeáint ag dul isteach duit.

Ní mór cárta aitheantais a thaispeáint ar an mbealach isteach.

6.13 Cleachtadh

An síleann tú ceann ar bith de na habairtí seo thíos a bheith lochtach? Deisigh iad, más gá, agus cuir d'iarracht i gcomparáid leis na nótaí san aguisín 'Tráchtaireacht ar na cleachtaí in Aonad 6.'

1   Is féidir comhaid cheoil a íoslódáil saor in aisce ó shuímh mar e.mule agus kazaa.com. Tá sé seo ag cur thionscal an cheoil i mbaol.

2   Má dhiúltaíonn an t-othar an cógas a ól ba chóir é a chaolú le huisce.

3   Níl an chuma air go mbeidh an rialtas in ann a gcuid gealltanas a chomhlíonadh.

4   Ba chóir doirse a athdhearadh sa chaoi is go mbeidh daoine i gcathaoireacha rotha ábalta dul isteach san fhoirgneamh. Níor chóir go ndéanfaidís aghaidh seantithe a mhilleadh, áfach.

5   I leabhar nua Bhreandáin Uí Bhuachalla, ríomhann sé saol agus saothar Aogáin Uí Rathaille.

6   Scríbhneoir cumasach a bhí i Seosamh, agus ba é sin do Shéamus leis. Ach is dósan a thugtar an chraobh i measc scríbhneoirí Gaeilge Thír Chonaill.

AONAD 7
PONCAÍOCHT

Cuspóir an aonaid seo

- Léargas agus cleachtadh ar choinbhinsiúin phoncaíochta.

7 Intreoir

Mheasfadh duine gur obair mheicniúil í an chóipeagarthóireacht agus nach mbíonn cinneadh tromchúiseach ar bith le déanamh lena linn. Ach bíonn suibiachtúlacht ag baint le rud chomh bunúsach leis an bponcaíocht féin. Corruair bíonn rogha le déanamh idir coinbhinsiúin éagsúla a bhfuil argóintí fónta ar a son agus ina gcoinne.

Is féidir an méid seo a rá go cinnte: is beag idir nósanna poncaíochta na Nua-Ghaeilge agus nósanna Bhéarla na hÉireann agus na Breataine.

- Táthar i ndiaidh éirí as noda an tseanchló ghaelaigh. Ba iad an dá nod ba choitianta ná 7 (a chiallaíonn 'agus') agus .i. a dhéanadh ionad an fhocail 'eadhon'. Feicfidh tú na noda sin i seanleabhair agus i gclónna ornáideacha ach tá & agus i.e. tagtha ina n-áit i ngnáth-théacsanna comhaimseartha.

- Rinneadh corriarracht nósanna poncaíochta a bhaineann le teangacha eile a thabhairt isteach sa Ghaeilge. Is dócha gur d'fhonn éalú ó smacht an Bhéarla a rinneadh amhlaidh ach ní dheachaigh an iarracht i gcion ar lucht na Gaeilge. Samplaí de sin is ea rachtáin («…») a úsáid in áit comharthaí athfhriotail, nós nár ghlac pobal na Gaeilge leis.

- Corruair, úsáideann scríbhneoirí cruthaitheacha poncaíocht ar leith dá gcuid féin. Bhí fuath ag James Joyce, cuir i gcás, ar chomharthaí athfhriotail. Dar leis gur marcanna míshlachtmhara ar théacs iad. Bhaist sé *perverted commas* orthu agus tharraing chuige an dais chun caint a chomharthú. Bhain roinnt scríbhneoirí Gaeilge triail as an gcleas chéanna. Féach, mar shampla, an t-úrscéal *Ar Bhruach na Laoi* le Liam Ó Muirthile (1995).

— Bhfuil gach aon ní agat don bhus? arsa Falvey.

— Tá mo mhála liom, agus mo phas.

Corruair, úsáidtear cló iodálach chun an chaint a chomharthú, go háirithe i leabhair atá ar bheagán dialóige. Tá gach uile cheart ag scríbhneoirí triail a bhaint as an bponcaíocht is fearr a oireann dá gcuspóir, ach níor cheart don eagarthóir gnás a dhéanamh den eisceacht.

Tá poncaíocht na Nua-Ghaeilge ag teacht leis an mBéarla maidir leis an spás a fhágtar idir comharthaí poncaíochta éagsúla. Bhí lá ann agus ba ghnách spás amháin a fhágáil idir focail agus poncanna áirithe. Spás dúbailte a bhíodh idir abairtí. Féach an sampla seo as *Feardorcha Truaillidhe* (1929: 56):

" Caithfidh mise dul amach," arsa Conchúr ; " agus le cuidiú Dé, rachaidh mé, is cuma cad é mar a bheas. "

" Cad chuige ? Cad é a thabharfadh ort dul amach, mura miste a fhiafraí ? " arsa an fear eile.

Is mór idir sin agus nósanna na linne seo. Is go dlúth i ndiaidh an fhocail roimhe a scríobhtar marcanna poncaíochta sa Ghaeilge inniu, diomaite den dais agus de chomharthaí focalbhá (…). Dá mbeifí leis an sliocht thuas a athscríobh de réir rialacha an lae inniu is é a bheadh ann:

"Caithfidh mise dul amach," arsa Conchúr; "agus le cuidiú Dé, rachaidh mé, is cuma cad é mar a bheas."

"Cad chuige? Cad é a thabharfadh ort dul amach, mura miste a fhiafraí?" arsa an fear eile.

Tá cúpla athrú eile a d'fhéadfaí a chur ar an sliocht. Tugtar 'comharthaí athfhriotail catacha' ar na comharthaí cainte ann (" "). Is iad is minice a úsáidtear i leabhair. Tá comharthaí athfhriotail díreacha ann (") chomh maith:

"Caithfidh mise dul amach," arsa Conchúr;" agus le cuidiú Dé, rachaidh mé, is cuma cad é mar a bheas."

Cibé nós a roghnaítear, ba cheart bheith leanúnach agus gan an dá chineál a úsáid san aon téacs amháin. Tá ceist níos casta fós ann: ar cheart comharthaí dúbailte nó comharthaí singile a úsáid chun caint a chomharthú?

Ní hionann mar a thuigtear an scéal seo do phobal idirnáisiúnta an Bhéarla agus fágann sin fadhb le réiteach againne a bhíonn ag obair faoi scáth an Bhéarla. Tá claonadh taobh abhus den Atlantach comharthaí singile a úsáid, fad is a bhíonn na Meiriceánaigh tugtha do na comharthaí dúbailte. Dar le dream go bhfuil na comharthaí singile níos slachtmhaire:

> 'Caithfidh mise dul amach,' arsa Conchúr; 'agus le cuidiú Dé, rachaidh mé, is cuma cad é mar a bheas.'

Is beag duine a gheobhadh locht ar an sampla sin, mar is léir gur caint dhíreach atá i gceist. Tá an clásal tuairiscithe ('arsa Conchúr') againn ag dearbhú gur Conchúr a dúirt an chaint sin. Ach tá comhthéacsanna eile ann ina mbeadh sé riachtanach dealú a dhéanamh idir a leithéid de chaint dhíreach agus parafrása. Féach an abairt thíos:

> Tá 'bail shásúil' ar an ngeilleagar, a deir an Taoiseach linn, in ainneoin gur cailleadh na mílte post in iarthar na tíre le seachtain.

An amhlaidh a d'úsáid an Taoiseach an focal 'sásúil' sa chomhthéacs mífhortúnach sin nó an parafrása atá ann, atá á chur ina leith go héagórach? Seans gur mhaígh an Taoiseach go bhféadfadh rudaí a bheith níos measa, nó go dtiocfadh biseach ar an ngeilleagar go luath amach anseo, agus nach bhfuil sa chaint seo a chuirtear ina leith ach leagan claonta an údair. Níl ach bealach amháin ann leis an amhras a chur ar ceal go huile is go hiomlán:

> Tá "bail shásúil" ar an ngeilleagar, a deir an Taoiseach linn, in ainneoin gur cailleadh na mílte post in iarthar na tíre le seachtain.

Gach seans nach é an t-eagarthóir féin a dhéanfaidh cinneadh faoin gceist seo, ach cloí le gnáthúsáid an chliaint nó an fhostóra.

Ach b'fhéidir gur leor sin chun a léiriú nach bhfuil nósanna poncaíochta chomh seasta, comhaontaithe agus a shíltear. Treoir ghinearálta maidir le gnáthúsáid atá sna nótaí san aonad seo. Bíonn nósanna poncaíochta ar leith sna heolaíochtaí, sa teangeolaíocht, sa mhatamaitic agus ina lán réimsí eile. Níl ar ár gcumas mionchuntas a thabhairt orthu sin.

7.1 An chamóg

Gné ríthábhachtach den phoncaíocht is ea an chamóg, mar is minic a bhíonn ciall an téacs ag brath uirthi. Tá iarracht láidir den tsuibiachtúlacht ag baint lena húsáid. Dar le dream gur cheart camóga a úsáid chun sruth agus rithim an téacs a chomharthú, díreach ar aon dul le nodaireacht cheoil, agus dar le dream eile nár chóir camóga a úsáid ach chun débhríocht thromchúiseach a sheachaint. Baineann an chéad tuiscint leis an ré inar ghnách téacsanna a léamh amach os ard. Féach mar a úsáidtear an chamóg sa sliocht seo thíos as *Silas Marner* (1938: 23):

> Fiú amháin duine a mbeadh léann aige, agus é eolach, dá thairbhe sin, ar an choigríoch, b'fhéidir nárbh fhurasta dó greim ceart a choinneáil ar a chreideamh agus ar a dhearcadh, dá ndéanfaí a aistriú go tobann go tír ina mbeadh sé ina dhubh-eachtrannach – tír a bheadh éagsúil ar fad ina dreach lena thír féin, agus nárbh ionann, ach oiread, na béasa a bheadh inti agus na béasa a raibh seisean ina gcleachtadh riamh ó thús a shaoil.

Tá camóga díreach sna háiteanna ina stadfadh an té a bheadh ag léamh os ard. Tá ocht gcamóg ar fad ann. Seans nach mbeadh os cionn dhá chamóg san abairt chéanna dá scríobhfaí inniu í.

> Fiú amháin duine a mbeadh léann aige, agus é eolach dá thairbhe sin ar an choigríoch, b'fhéidir nárbh fhurasta dó greim ceart a choinneáil ar a chreideamh agus ar a dhearcadh dá ndéanfaí a aistriú go tobann go tír ina mbeadh sé ina dhubh-eachtrannach – tír a bheadh éagsúil ar fad ina dreach lena thír féin agus nárbh ionann ach oiread na béasa a bheadh inti agus na béasa a raibh seisean ina gcleachtadh riamh ó thús a shaoil.

Bíodh sin mar atá, maireann ceangal éigin idir béim nádúrtha an ghutha agus úsáid na camóige, mar a fheicfear sna nótaí seo.

7.1.1 Faisnéis a fhí isteach san abairt

Feidhm bhunúsach eile de chuid na camóige is ea faisnéis a fhí isteach ag tús, i gcorp agus i ndeireadh abairte. Is gnách camóg a chur le fochlásal a chuireann faisnéis i láthair *i dtús abairte.*

Díreach mar a bheifeá ag súil leis, ghoill an scéal seo go mór orainn.

Agus mé ag caint libh inniu san áras stairiúil seo, smaoiním ar na laochra a sheas anseo romham.

D'fhéadfaí a mhaíomh nach cuid dhílis den abairt atá sna frásaí tosaigh sin. Níl iontu ach cur i gcomhthéacs nó réamhullmhú don fhaisnéis a thagann sna sála orthu. Ní hionann iad agus roinnt frásaí gairide a chuirtear i dtús abairte agus ar cuid dhílis den abairt iad. Thiocfadh iad sin a scríobh le camóg nó gan chamóg.

In iarthar an chontae déantar an fhéile a cheiliúradh le tinte cnámh.

I 1899 cheannaigh sé a thicéad go Nua-Eabhrac.

Braitheann úsáid na camóige ar cén bhéim a chuirfí ar an bhfrása tosaigh. Dá mbeadh stad beag idir an clásal tosaigh agus an chuid eile den abairt, b'fhearr sin a chomharthú le camóg.

In iarthar an chontae, déantar an fhéile a cheiliúradh le tinte cnámh.

I 1899, cheannaigh sé a thicéad go Nua-Eabhrac.

Is gnách camóg a chur le focal nó clásal idiraisnéise *i gcorp na habairte*.

Thosaigh sí ag obair le daoine gan dídean, dream dearmadta atá ag éirí níos líonmhaire ar feadh an ama, agus le hógánaigh a d'imigh óna muintir féin.

Deir mo dheartháir, a mbíonn tuairimí craiceáilte aige, gur cheart cosc a chur ar an ólachán.

Is abairtí ar nós an dara sampla sin is mó a mbíonn deacrachtaí ag daoine leo. Is léir gur clásal coibhneasta atá san idiraisnéis 'a mbíonn tuairimí craiceáilte aige' ach caithfimid dul céim níos faide agus dealú a dhéanamh idir 'clásail choibhneasta shainitheacha' *(defining relative clauses)* agus 'clásail choibhneasta neamhshainitheacha' *(non-defining relative clauses)*.

Is clásal coibhneasta neamhshainitheach atá sa dara sampla thuas. Eolas breise atá san idiraisnéis 'a mbíonn tuairimí craiceáilte aige'. Is cruthú air sin na camóga ar gach taobh de. Bheadh abairt cheart ann fiú agus an idiraisnéis a fhágáil ar lár.

Deir mo dhearthái gur cheart cosc a chur ar an ólachán.

Cuir i gcás go bhfágfaí na camóga ar lár agus an abairt iomlán a scríobh ar an gcaoi seo:

Deir mo dhearthái a mbíonn tuairimí craiceáilte aige gur cheart cosc a chur ar an ólachán.

Is amhlaidh atá an deartháir á shainiú san abairt sin. Cén deartháir é? An deartháir a mbíonn tuairimí craiceáilte aige (murab ionann agus deartháir stuama ciallmhar éigin). Is iomaí abairt a dhéantar débhríoch nuair nach n-aithnítear cén cineál clásail atá ann ó cheart.

Is gnách camóg a chur le focal nó clásal idiraisnéise *i ndeireadh abairte*.

Tabharfaidh mé gach cúnamh duit, más cúnamh é.

Is bean ildánach í Siobhán, mar is eol daoibh go léir.

7.1.2 Roimh chónasc

Má úsáidtear cónasc mar 'ach', 'ná' 'mar sin féin', nó 'cé go' chun dhá abairt neamhspleácha a nascadh le chéile, is gnách camóg a chur roimh an gcónasc.

Is ar éigean a bhí mé sásta leis, ach ní raibh deis agam tuilleadh ama a chaitheamh leis.

Ní dhearna an fuacht a dhath air, ná níor léir gur ghoill an t-ocras air mórán ach oiread.

Féach gur abairtí neamhspleácha gach ceann de na samplaí thíos. D'fhéadfaí iad a scaradh ó chéile dá mba mhian é sin a dhéanamh.

Is ar éigean a bhí mé sásta leis. Ach ní raibh deis agam tuilleadh ama a chaitheamh leis.

Ní dhearna an fuacht a dhath air. Níor léir gur ghoill an t-ocras air mórán ach oiread.

Is minic a fhágtar an chamóg ar lár má bhíonn gaol gairid idir an dá chlásal, nó má bhíonn an dara clásal ag brath ar an gcéad chlásal chun a chiall a shoiléiriú.

Rinneamar ár ndícheall ach ní raibh bua i ndán dúinn.

Shiúil mé agus shiúil mé agus ní raibh radharc agam ar an mbaile.

7.1.3 Sraith aidiachtaí

Ceist choitianta: ar chóir camóg a chur idir aidiachtaí i sraith den chineál seo thíos?

Ba é an fear cróga / intleachtach / ionraic / carthanach é.

Tá an Ghaeilge acu go lúfar / bríomhar / blasta / fileata.

Bhí cuma bheag / bhocht / fhuar / anróiteach uirthi.

Tá trí rogha ann. An chéad rogha ná camóg a chur idir na haidiachtaí i gcónaí. Tá bua na simplíochta ag an rogha sin ar chuma ar bith. An dara rogha ná camóg a chur idir aidiachtaí má thráchtann siad ar thréithe éagsúla. A leithéid seo:

Ba é an fear cróga, intleachtach, ionraic, carthanach é.

Déantar sin toisc go bhfuil difear suntasach céille idir crógacht agus intleacht, agus idir ionracas agus carthanacht. Cad é faoin dá shampla eile, mar sin? Is dócha go bhféadfaí a mhaíomh go bhfuil difear céille idir cuid de na haidiachtaí ach go mbaineann siad go léir leis an aon téama amháin; líofacht sa chéad sampla agus dearóile sa dara sampla. De réir na tuisceana sin is mar seo a bheadh:

Tá an Ghaeilge acu go lúfar bríomhar blasta fileata.

Bhí cuma bheag bhocht fhuar anróiteach uirthi.

Dar liomsa, áfach, gur deacair an prionsabal sin a chur i bhfeidhm. Nach bhféadfaí a mhaíomh gurb ionann feidhm do na haidiachtaí go léir sa chéad sampla agus go mbaineann siad go léir leis an téama céanna (feabhas an duine)?

Ba é an fear cróga intleachtach ionraic carthanach é.

Tá an tríú rogha ann: gan camóg ar bith a chur isteach. Thug Ernest Gowers, gramadóir Béarla, an dá shampla seo thíos agus dúirt go bhfuil siad lán chomh ceart lena chéile. Níl de dhifear eatarthu ach go gcuireann na camóga tuilleadh béime ar na haidiachtaí.

A silly, verbose, pompous letter.

A silly verbose pompous letter.

Sa leabhar clúiteach *The Complete Plain Words* a scríobh Gowers an méid sin. Tá leagan ar líne le fáil ag an seoladh *http://www.ourcivilisation.com/smartboard/shop/gowerse/complete/index.htm.*

Ní féidir le heagarthóir nós a bhrú ar údar. Má tá camóga ann tríd síos an téacs ní ceadmhach don eagarthóir iad a scrios. Is é cúram an eagarthóra (1) cloí le cibé nós a bheadh ag an gcliant nó le cleachtais an fhoilsitheora agus (2) féachaint chuige go gcuirtear sin i bhfeidhm ar an téacs go comhleanúnach.

Pointe tábhachtach eile: is iomaí sin aonad céille atá comhdhéanta d'ainmfhocal + aidiacht, mar shampla. 'máthair chríonna', 'fear gorm', 'airgead tirim'. Cuimhnigh, má chuirtear aidiacht le ceann ar bith acu sin, nár cheart camóg a chur idir an t-aonad céille agus an aidiacht.

Chuir sé air a fhilleadh beag, ildaite.

Bhíomar ag breathnú ar an bhfarraige mhór, shuaite.

Athraíonn an chamóg sin an chiall ba mhian a chur in iúl. Is mar seo ba chóir a leithéid a scríobh:

Chuir sé air a fhilleadh beag ildaite.

Bhíomar ag breathnú ar an bhfarraige mhór shuaite.

7.1.4 An chamóg sraithe

Is gnách camóga a chur idir míreanna i liosta ach gan camóg a chur roimh 'agus', 'nó' nó 'ná' ag deireadh an liosta.

Stopann an traein ag Gabhal Bhinn Éadair, Port Mearnóg, Mullach Íde agus Domhnach Bat.

Is é nós Mheiriceá Thuaidh camóg a chur roimh 'agus', 'nó' & 'ná' ag deireadh an liosta. 'An chamóg sraithe' a thugtar air sin. Ní nós coitianta in Éirinn é ach bíonn feidhm leis i gcás go bhfuil 'agus' i gceann de na míreanna sa liosta.

Stopann an traein ag Gabhal Bhinn Éadair, Port Mearnóg, Mullach Íde, Domhnach Bat, an Ros agus Lusca, agus na Sceirí.

Teastaíonn camóg tar éis 'Ros agus Lusca' chun a thaispeáint gur stáisiún traenach amháin atá ann.

7.1.5 Úsáidí eile

Úsáidtear camóga sna comhthéacsanna seo a leanas:

- Le ráitis sa tuiseal gairmeach m.sh. 'Éist liom, a Shorcha, agus ná bí dána.'
- Le hintriachtaí m.sh. 'A Dhia, tá sé te!'
- Le ceisteanna m.sh. 'Tiocfaidh tú féin linn, nach dtiocfaidh?'
- Le focail nó frásaí a dheimhníonn nó a thacaíonn le hargóint m.sh. 'Tá sé tinn mar gur ól sé an iomarca, sin an fáth!'
- Idir gach mír i seoltaí agus i ndátaí m.sh. 'Ar Meitheamh 20, 1763, ag 44 Stafford Street, Baile Átha Cliath, a rugadh Theobald Wolfe Tone.'

7.1.6 Ionad na camóige *vis-à-vis* comharthaí poncaíochta eile

I gcás athfhriotail: is taobh istigh de na comharthaí cainte a chuirtear an chamóg más abairt iomlán atá ann. Ní chuirtear camóg lena leithéid má tá ponc uaillbhreasa nó ponc ceiste nó eile ann.

'Beidh lá geal gréine in Éirinn fós,' a dúirt an Niallach.

'A leithéid d'amaidí!' arsa Síle

Is taobh amuigh de na lúibíní a chuirtear an chamóg.

Bhain sé Nua-Eabhrac amach Dé hAoine, 13 Márta (dáta nár thuar sonais ar bith é), agus chuaigh i dteagmháil le sean-Fhiníní na cathrach.

7.2 Ceannlitreacha

Tá cur síos cuimsitheach ar úsáid ceannlitreacha sna foinsí ar líne seo a leanas:

- *MHRA Style Guide:* 5.1–5.7
- GGBC: 3.1–35

Gheofar taithí ar na prionsabail sin a chur i bhfeidhm sa chleachtadh thíos. Tá míniú sna nótaí san aguisín 'Tráchtaireacht ar na cleachtaí in Aonad 7.'

7.3 Cleachtadh

Léigh an sliocht seo thíos agus breac isteach na ceannlitreacha de réir mar a mheasann tú a bheith riachtanach. Cuir d'iarracht féin i gcomparáid leis na nótaí san aguisín 'Tráchtaireacht ar na cleachtaí in Aonad 7.'

ba é guí wolfe tone go dtiocfadh na heasaontóirí agus na caitlicigh le chéile agus buille a bhualadh ar son na héireann nár buaileadh a leithéid ó bhí cogadh na naoi mblian ann. scéal corrach is ea scéal a bheatha. chaith sé seal ina rúnaí ar choiste na gcaitliceach, agus ba lena linn sin a thosaigh fear ionaid an rí agus údaráis an chaisleáin ag cur suime in imeachtaí an fhir óig. ba dheacair dóibh é a thuiscint; de réir cosúlachta ní raibh aon mhórmheas aige ar phápa na róimhe ná ar rí na breataine. cuireadh cor i gcinniúint tone in earrach na bliana 1793, tráth a d'fhógair an fhrainc cogadh ar sheán buí agus ar theaghlach oráiste na hollainne. i dteach na dteachtaí i londain, rinneadh iarracht bille faoisimh a rith a thabharfadh fóirithint dóibh siúd a bhí lasmuigh den chomaoin anglacánach. chuir beirt ardeaspag a n-ainm leis ach ba léir go raibh dóchas na ngael anois i gcumann na n-éireannach aontaithe. spreag réabhlóid na fraince go mór iad agus bhí saothar úd thomas paine, *the rights of man* mar a bheadh bíobla nua ann i súile an aosa óig. ba é a dúirt tone: 'athraíodh polaitíocht na héireann i bhfaiteadh na súl.' rinneadh ardaidiúnach in arm na fraince de tone, lá is faide anonn. chonaic sé brúidiúlacht na 'direachtóireachta' lena shúile cinn féin, brúidiúlacht nach bhfacthas a leithéid ar mhór-roinn na heorpa ó na meánaoiseanna nó ó aimsir na cúistiúnachta. ní gan ábhar a tugadh 'ré an uafáis' ar an tréimhse chéanna. ní raibh sé de chroí ag tone poblacht na fraince a cháineadh, eisean a chuir dóchas chomh mór sin inti. bhí deireadh le dóchas i ndiaidh gur theip go tubaisteach ar éirí amach 1798. bhain fórsaí na corónach díoltas millteanach amach ar an gcosmhuintir. ba é guí cách go ndéanfadh dia a thrócaire ar éirinn.

7.4 An dais

Caithfidh eagarthóirí na difríochtaí idir fleiscíní agus cineálacha éagsúla daiseanna a aithint agus na comharthaí a úsáid mar is cuí.

Tá cur síos cuimsitheach ar úsáid an fhleiscín in GGBC: 3.6. Is leor a rá nach bhfuil úsáid na Gaeilge leath chomh casta le húsáid an Bhéarla. Tá conspóid sa teanga sin faoi cé acu is fearr: *copyediting* nó *copy-editing*. Ní gá dúinne ár gceann a bhuaireamh faoina leithéid sin.

Tá dhá chineál daiseanna ann: dais ghairid (–) ar a dtugtar an 'ein-dais' agus dais fhada (—) ar a dtugtar an 'eim-dais'. Molann treoir stíle Four Courts Press gur chóir a bheith an-spárálach ar fad leis an dais fhada.

Em dash (—): use this only to indicate missing letters: Sir Simon P—

Tá bua na simplíochta sa chomhairle sin.

Tá iarracht déanta ag roinnt gramadóirí rialacha a leagan síos faoi na comhthéacsanna ina n-úsáidtear camóga, lúibíní nó daiseanna gairide chun idiraisnéis a chomharthú. Ní léir, áfach, gur féidir reacht a leagan síos ar an gcaoi sin. Bheadh ceann ar bith de na trí leaganacha seo inghlactha.

Thosaigh sí ag obair le daoine gan dídean, dream dearmadta atá ag éirí níos líonmhaire ar feadh an ama, agus le hógánaigh a d'imigh óna muintir féin.

Thosaigh sí ag obair le daoine gan dídean (dream dearmadta atá ag éirí níos líonmhaire ar feadh an ama) agus le hógánaigh a d'imigh óna muintir féin.

Thosaigh sí ag obair le daoine gan dídean – dream dearmadta atá ag éirí níos líonmhaire ar feadh an ama – agus le hógánaigh a d'imigh óna muintir féin.

I gcás go mbeadh an abairt breac le camóga cheana féin thabharfadh lúibíní nó an dais faoiseamh don tsúil. Ba chóir a bheith spárálach leis, mar chleas; bíonn cuma mhíshlachtmhar ar leathanach atá breac le daiseanna, agus is deacair abairt a léamh má bhíonn dhá nó trí cinn de dhaiseanna inti. Tabhair faoi deara go mbíonn spás ar gach taobh den dais nuair a úsáidtear í chun idiraisnéis a chomharthú.

Ba chóir, chun caighdeán foilsitheoireachta a bhaint amach, dais ghairid a úsáid sna comhthéacsanna seo a leanas:

- I dtagairtí do raon leathanach, nó caibidlí nó amanna agus dátaí m.sh. 'lgh 7–18', 'le linn na tréimhse 1916–1921'.
- I bpéirí focal ar nós 'An Comhaontú Angla–Éireannach', 'An Cogadh Franc–Phrúiseach', 'Foclóir Gaeilge–Béarla'.

7.5 An t-idirstad

Is é feidhm bhunúsach an idirstad ná comharthú don léitheoir go bhfuil faisnéis ag teacht i bhfoirm liosta nó achoimre, nó go bhfuil gaol éigin idir an fhaisnéis a thugtar i gclásal amháin agus an fhaisnéis a thugtar i gclásal eile. Tá claonadh ag scríbhneoirí inniu an t-idirstad a sheachaint agus dais a chur ina áit. Is ceadmhach sin a dhéanamh, ach is uirlis áisiúil i lámha an scríbhneora é an t-idirstad i gcónaí. Ní deacair é a úsáid má thuigtear an fheidhm sin.

7.5.1 Liosta a chur i láthair

Úsáidtear an t-idirstad mar chomhartha don léitheoir go bhfuil faisnéis éigin ag teacht i bhfoirm liosta.

Bronnadh boinn ar na daltaí seo a leanas: Peadar Ó Ruairc, Síle Ní Dhoibhlin agus Monica Mooney.

Ní fada go raibh an baile siúlta aige: an chanáil, an phríomhshráid gona siopaí nua faiseanta, na cúlsráideanna cúnga dorcha.

Gheobhaidh tú gach uile áis anseo: seomraí comhdhála, seomra aclaíochta, linn snámha agus rochtain leathanbhanda ar fud an óstáin.

Tabhair faoi deara nach mbíonn ceannlitir ar thús an fhocail a leanann an t-idirstad, ach amháin más gnách é a litriú ar an gcaoi sin, toisc gur ainm dílis é, cuir i gcás.

RABHADH: Ná húsáid an t-idirstad má tá nascfhocail mar 'is ea', 'ná' agus 'ach' roimh an liosta.

Is iad na buanna atá riachtanach don amhránaíocht ar an sean-nós ná cuimhne mhaith, glór deas cinn agus teanga mhaith Ghaeilge.

Cé a fuair mé romham ach Bláthnaid, Clíona agus mo sheanchairde ollscoile!

Léiriú ar dhíogras an Rialtais i leith na Gaeilge is ea Acht na dTeangacha Oifigiúla, ceapadh an Choimisinéara Teanga agus bunú TG4.

7.5.2 Ráiteas nó ceist a chur i láthair

Úsáidtear an t-idirstad mar chomhartha don léitheoir go bhfuil ráiteas nó ceist ag teacht.

Ag amharc siar dom ar na blianta a chaith mé i Londain is fearr a thuigim an méid seo: ní oireann saol na cathrach dom in aon chor.

Féadann na heolaithe an scéal a phlé go mbeidh siad féin tuirseach de: tá a fhios ag cách go bhfuil an pláinéad á théamh as cuimse.

Ceist a chuir mo mhac óg orm inné: an mbíonn éisc i gcontúirt a mbáite?

7.5.3 Athfhriotal a chur i láthair

Úsáidtear an t-idirstad mar chomhartha don léitheoir go bhfuil athfhriotal ag teacht.

Chuir Art Ó Gríofa brí nua i sean-nath a chuirtear i leith Swift: 'Dóigh gach a dtagann ó Shasana ach an gual.'

Dúirt Dia: 'Bíodh solas ann,' agus bhí an solas ann.

Is ceadmhach camóg a úsáid in áit an idirstad sa chomhthéacs seo, cé nach nós coitianta é sin.

7.5.4 Achoimre nó iomlánú a chur i láthair

Úsáidtear an t-idirstad mar nasc idir clásal amháin a achoimríonn nó a mhíníonn an fhaisnéis a thugtar i gclásal eile.

> Ba thréimhse thorthúil a chaith sí ina scríbhneoir cónaitheach ó dheas: is ann a scríobh sí *An Choill,* úrscéal gairid a cóiríodh don stáitse.

> Féach a bhfuil againn de bharr na tincéireachta seo le siollabais agus le modhanna teagaisc: daltaí nach bhfuil litriú ná cuntas acu.

> Ná bíodh iontas ort mura dtig leat codladh san oíche: tá Baile Átha Cliath ar cheann de na cathracha is callánaí san Eoraip.

7.5.5 Úsáid chlógrafach

Úsáidtear idirstad idir teideal agus fotheideal.

> *Litriú na Gaeilge agus Gramadach na Gaeilge: An Caighdeán Oifigiúil*
> *Nod don Eolach: Gasaitéar Eolaíochta*

Is minic a úsáidtear idirstad chun dialóg a chomharthú i scripteanna. Féach an sliocht seo as Ó Searcaigh (2005):

> Salómae: An bhfuil tú bodhar, a Héaróid?
> Tá cloigeann Eoin uaim!
> Héaróidias: Ní bodhar atá sé ach bómánta.

Úsáidtear idirstad idir na huimhreacha i gcóimheas.

> Tá trí cheathrú de dhromchla an domhain clúdaithe le huisce. Talamh tirim atá sa chuid eile. Sin cóimheas 75:25.

Is gnách idirstad a úsáid i dtagairtí don Bhíobla, chun uimhir na caibidle agus uimhir an véarsa a dhealú: Íseáia 1:18.

Úsáidtear an t-idirstad roimh uimhreacha leathanaigh.

Féach Longley, *The Irish Review,* 1995: 26–39.

Tá conspóid bheag faoin nós sin. De réir údar áirithe ní oireann an t-idirstad ach do thagairtí d'ailt *a foilsíodh ar irisí.* Molann siad 'lgh' a úsáid más tagairtí do leathanaigh leabhair atá ann.

7.5.6 Ionad an idirstad *vis-à-vis* comharthaí poncaíochta eile

Is taobh amuigh den chomhartha athfhriotail, nó den lúibín, a scríobhtar an t-idirstad.

Ach tá fadhb níos bunúsaí fós le coincheap seo na náisiún 'Ceilteach': ní léir go raibh a leithéid de chine riamh ann.

Is é a deirtear sa *Treoirleabhar d'Iarratasóirí* (1999): 'Ba chóir an t-iarratas a dhéanamh i scríbhinn agus táille a chur leis de réir mar is cuí.'

7.6 An lánstad

Shílfeá go dtiocfadh linn talamh slán a dhéanamh den lánstad. Tá a fhios ag gach páiste scoile go n-úsáidtear é chun deireadh abairte a chomharthú. Sin é a bhun agus a bharr, nach ea?

7.6.1 Noda agus giorrúcháin

Tá difear idir noda *(contractions)* agus giorrúcháin *(abbreviations)*. Is é atá sa nod ná leagan giorraithe den fhocal atá comhdhéanta de chéad litreacha agus de litreacha deireanacha an fhocail. Ní chuirtear lánstad leo sin:

An Dr Ó Laoire

Féach lgh 10–16.

Is é atá i ngiorrúchán ná cuid d'fhocal – an chéad chuid, de ghnáth. Ba é an nós traidisiúnta lánstad a chur leo sin.

An tOll. Michelle Nig Uidhir

23 Sráid an Mhóta Uacht.

Is fiú a rá, áfach, go bhfuil an nós sin ag dul i léig le tamall. Táthar ag dul i dtreo na simplíochta i ngach gné den phoncaíocht agus deamhan locht a bheadh agamsa air sin. Ní bhíonn daoine in ann dealú a dhéanamh idir noda agus giorrúcháin. Is giorrúcháin ó cheart, mar shampla, leaganacha coitianta mar 'per cent' agus 'viz', atá díorthaithe as 'per centum' agus 'videlicet'. Cuireann foireann Rannóg an Aistriúcháin lánstad leis na leaganacha sin i gcónaí ach ní gach dream a bhíonn chomh beacht céanna. Is é príomhchúram an eagarthóra, dar liomsa, ná féachaint chuige go bhfuil leanúnachas sa téacs.

7.6.2 Seoltaí Gréasáin agus ríomhphoist

Bíonn faitíos ar dhaoine lánstad a chur le seoltaí suíomh Gréasáin agus le seoltaí ríomhphoist ag deireadh abairte, ar eagla go measfadh daoine gur cuid dhílis den seoladh é an lánstad. Imní gan ábhar é sin. Ba chóir an lánstad a scríobh, mar seo:

Tá tuilleadh eolais le fáil ar ár suíomh Gréasáin *www.legalaidboard.ie*. Is féidir foilseacháin an Bhoird a íoslódáil ón seoladh céanna.

7.6.3 Liostaí

Ar cheart lánstad a chur ag deireadh gach míre i liosta? Ní gá, murab abairtí iomlána iad.

Tá na rudaí seo a leanas clúdaithe i dtáille an chúrsa:

- péint agus canbhás
- turas go Gleann Dá Loch
- léacht ar phéintéirí móra tírdhreacha.

Moltar lánstad a chur le gach mír sa liosta más abairt iomlán atá i mír ar bith acu (diomaite den cheann deireanach ar fad). Déantar ceannlitir de thúslitir gach míre chomh maith.

Tá na rudaí seo a leanas clúdaithe i dtáille an chúrsa:

- Péint agus canbhás.
- Turas go Gleann Dá Loch. (Moltar do dhaoine cótaí báistí a thabhairt leo.)
- Léacht ar phéintéirí móra tírdhreacha.

7.6.4 Úsáid chlógrafach

Ní chuirtear lánstad le teidil ar chaibidlí ná ar ailt. Féach leat teideal an aonaid agus teideal an ailt seo.

Úsáidtear lánstad chun uimhreacha a scaradh ó chéile i dtagairtí d'fhíoracha nó d'ailt agus i dtagairtí ama (an uair agus an nóiméad).

FÍOR 9.1 *Radharc ar Chorcaigh ón aer*

Dearbhaíonn Alt 28.4.1 den Bhunreacht go bhfuil an Rialtas freagrach do Dháil Éireann.

Tá traein ann a shroicheann Luimneach ar 4.35.

D'fhéadfaí idirstad a úsáid sa sampla deireanach sin agus 4:35 a scríobh, ag brath ar ghnás an chliaint/an fhostóra.

7.6.5 Ionad an lánstad *vis-à-vis* comharthaí poncaíochta eile

Ní scríobhtar lánstad i ndeireadh abairte a chríochnaíonn le ponc de shórt ar bith:

A leithéid de mhí-ádh!

Tá sé éifeachtach do thinneas cinn, do thinneas fiacaile srl.

An bhfuil tarrtháil i ndán don phláinéad? Neosfaidh an aimsir …

Tá malairt úsáide ann maidir leis na comharthaí focalbhá (...) sa sampla deireanach. Dar le dream gur chóir an ceathrú ponc a chur ag deireadh abairte. Dar le dream eile go bhfuil sin ag teacht salach ar fheidhm na gcomharthaí focalbhá i.e. a léiriú go bhfuil an fhaisnéis neamhiomlán.

Is *taobh istigh* de na comharthaí athfhriotail a chuirtear an lánstad nó an ponc nuair is abairt iomlán atá ann:

Is é a dúirt Mac Grianna, 'B'fhearr liom a bheith corr ná a bheith ceangailte.'

Chaith sé siar a raibh sa ghloine agus dúirt 'Meas tú ar cheart deoch eile a ól?'

Is *taobh istigh* de na lúibíní a chuirtear an lánstad ag deireadh faisnéise atá ina habairt iomlán, neamhspleách:

B'iontach leis na Gaill nach raibh bailte móra curtha ag bun ag na Gaeil. (Dar leis na Gaeil, ar ndóigh, gur dheacair bailte móra a chosaint.)

Féach go gcuirtear lánstad ag deireadh na habairte roimh na lúibíní chomh maith.

Is *taobh amuigh* de na lúibíní a chuirtear an lánstad ag deireadh faisnéise nach bhfuil ina habairt iomlán, neamhspleách:

B'iontach leis na Gaill nach raibh bailte móra curtha ag bun ag na Gaeil (de réir a dtuisceana siúd ar cad is baile mór ann).

7.7 An leathstad

Baintear úsáid bhreallach as an leathstad nó seachnaítear ar fad é. Ní hiontas ar bith é sin mar is deacair feidhm an leathstad a mhíniú go hachomair agus bíonn comhthéacsanna ann ina mbeadh comharthaí poncaíochta eile inghlactha. Míniú úsáideach ar fheidhm an leathstad ná go bhfuil sé leath bealaigh idir an chamóg agus an lánstad. Comharthaíonn sé briseadh éigin san abairt atá ró-thromchúiseach chun go gcomharthófaí le camóg é ach ní briseadh iomlán é chun go ndéanfaí é a chomharthú le lánstad.

Mhair Ádhamh naoi gcéad agus tríocha bliain ar fad; ansin fuair sé bás.

Ná ceap go bhfuil mé ag iarraidh lagmhisneach a chur ar údar óg; a mhalairt ar fad.

Tá rogha áirithe ag tuismitheoirí nach féidir leo na páistí a chur chun na scoile agus a bhailiú gach uile lá; tá dornán scoileanna cónaithe fós sa tír.

Ní oirfeadh an chamóg i gceann ar bith de na habairtí thuas. Ní leor í chun an dá chlásal a dhealú ó chéile: 'Mhair Ádhamh naoi gcéad agus tríocha bliain ar fad, ansin fuair sé bás.' Ní oirfeadh lánstad ach oiread, mar is deighilt idir an dá chlásal a theastaíonn, murab ionann agus clabhsúr nó conclúid: 'Mhair Ádhamh naoi gcéad agus tríocha bliain ar fad. Ansin fuair sé bas.'

Féach freisin go mbeadh an dara clásal ('Ansin fuair sé bás.') lag go leor mar abairt inti féin. Bíonn úsáid an leathstad ag brath go mór ar riachtanais stíle. Tá amanna ann agus ba dheacair a rá go mbeadh an lánstad mícheart amach is amach. Is minic freisin a fhágtar ar lár na nascfhocail sin a mbeifí ag súil leo idir dhá chlásal de ghnáth: 'ach', 'nó', 'ná', 'óir', 'mar sin féin'. Is ar mhaithe le gontacht nó ar mhaithe le tionchar éigin a imirt ar an léitheoir (íoróin, ionadh, tarcaisne) a dhéantar amhlaidh. Féach na leaganacha éagsúla den abairt seo thíos:

Ba chuma liom gur sa Bhreac-Ghaeltacht a bhí mé, breac-Ghaeilge a bhí agam.

Ba chuma liom gur sa Bhreac-Ghaeltacht a bhí mé. Breac-Ghaeilge a bhí agam.

Ba chuma liom gur sa Bhreac-Ghaeltacht a bhí mé mar breac-Ghaeilge a bhí agam.

Tá an chéad sampla mícheart amach is amach, ar na cúiseanna a míníodh thuas. Bheadh faitíos orm a mhaíomh go bhfuil an dara sampla mícheart ach is léir go bhfuil ciall an dara habairt ag brath ar an abairt a thagann roimpi, agus is ait linn iad a bheith scartha le lánstad. Tá an tríú sampla foirfe ó thaobh na gramadaí agus na poncaíochta de ach tá leimhe éigin ag baint léi. Dar leat nach bhfuil muinín ag an scríbhneoir i gcumas na léitheoirí an t-imeartas focal a thuiscint; caithfear gach ní caolchúiseach a mhíniú dóibh amhail is gur páistí iad. Ba chabhair dúinn anseo an dá chlásal a nascadh le leathstad.

Ba chuma liom gur sa Bhreac-Ghaeltacht a bhí mé; breac-Ghaeilge a bhí agam.

Úsáidtear an leathstad mar an gcéanna roimh chlásail neamhspleácha a thosaíonn le nascfhocail ar nós 'dá bhrí sin', 'sin ráite' 'bíodh sin mar atá', nó 'go deimhin'.

Smaoiním; dá bhrí sin is ann dom.

Níl aon leigheas simplí ar an bhfadhb; bíodh sin mar atá ní mór dúinn iarracht éigin a dhéanamh.

Shílfeá go bhfuil sé thar am ómós a thabhairt don Éireannach cumasach seo; arae tá an méid sin ráite go hoscailte agam minic go leor cheana.

Is féidir an dais a úsáid in ionad an leathstad.

Ba chuma liom gur sa Bhreac-Ghaeltacht a bhí mé – breac-Ghaeilge a bhí agam.

Smaoiním – dá bhrí sin is ann dom.

Is dána an té a déarfadh go bhfuil an nós sin mícheart; go deimhin tá bua na héascaíochta aige, agus is mór is fiú é sin.

7.7.1 An leathstad i liostaí

Is gnách an chamóg a úsáid idir míreanna i liosta ach ní féidir sin a dhéanamh má bhíonn camóga laistigh de cheann de na míreanna sa liosta.

Scríobh sé dánta, gearrscéalta, drámaí, idir dhrámaí grinn agus traigéidí, scripteanna teilifíse, úrscéalta, lena n-áirítear scéalta don aos óg, cuid de na húrscéalta liteartha is dúshlánaí sa teanga agus corrcheann nár mhian leis a fhoilsiú.

Is slachtmhaire go mór, agus is cabhair don léitheoir gach mír ar leith a dhealú le leathstad.

Scríobh sé dánta; gearrscéalta; drámaí, idir dhrámaí grinn agus traigéidí; scripteanna teilifíse; úrscéalta, lena n-áirítear scéalta don aos óg, cuid de na húrscéalta liteartha is dúshlánaí sa teanga agus corrcheann nár mhian leis a fhoilsiú.

7.7.2 Ionad an leathstad *vis-à-vis* comharthaí poncaíochta eile

Is taobh amuigh den chomhartha athfhriotail nó den lúibín a scríobhtar an leathstad.

> Breithiúnas éagothrom a tugadh ar Chearbhall Ó Dálaigh nuair a dúradh nach raibh ann ach 'náire shaolta'; go deimhin ba bhreithiúnas éagórach é.

> Bhí tréan airgid aige (nó thug sé le fios go raibh); dá bhrí sin ligeamar dó deoch nó dhó a cheannach.

7.8 Lúibíní cruinne

Chonaiceamar in alt 7.4 gur féidir camóga, daiseanna nó lúibíní cruinne a úsáid chun idiraisnéis san abairt a chomharthú. Tá iarrachtaí déanta ag gramadóirí áirithe chun prionsabail a leagan síos faoin gcineál idiraisnéise a oireann do gach comhartha poncaíochta. Deirtear, mar shampla, nár chóir lúibíní a úsáid le faisnéis ar bith ar dlúthchuid den abairt í. Eolas breise, nach bhfuil ach baint indíreach aige le hábhar na habairte, ba chóir a bheith idir lúibíní, dar leo. Ní cosúil go mbíonn aird ag daoine ar an gcomhairle sin, ach is fíor gur cleas an-áisiúil is ea lúibíní cruinne nuair is mian fonótaí a sheachaint. Deamhan locht ar fhonótaí, ar ndóigh, ach b'fhearr a bheith spárálach leo i dtéacsanna áirithe, mar shampla ailt irise, ábhair do léitheoirí óga.

Úsáidtear lúibíní cruinne le huimhreacha nó le litreacha i liosta.

> Ba iad aidhmeanna cheannairí an Éirí Amach (1) a léiriú go raibh an ghluaiseacht réabhlóideach beo beathach, (2) an pobal a spreagadh chun tacú leo agus (3) tabhairt ar údaráis na Breataine dianslándáil a chur i bhfeidhm ar shlí a chuirfeadh as do ghnáthdhaoine.

7.9 Lúibíní cearnacha

Is gnách lúibíní cearnacha a úsáid chun a chomharthú gurb é an t-údar nó an t-eagarthóir a scríobh an t-eolas taobh istigh.

> 'Tá eagla a gcraicinn orthu [páirtithe an rialtais] roimh olltoghchán,' a dúirt urlabhraí Fhine Gael, 'ach tiocfaidh sé luath nó mall.'

Níl mórán aithne ag an Ambasadóir nua ar pholaiteoirí na hÉireann, cé go ndúirt sé liom gur chas sé leis an Uachtarán Mary McLeash [sic] ag cóisir na Féile Pádraig in Washington.

7.10 Ponc ceiste

Úsáidtear ponc ceiste in abairtí a bhfuil ceist dhíreach á cur iontu:

An le traein nó le bus a thiocfaidh tú?

Ceist agam oraibh: an fiú foireann a chur go dtí na Cluichí Oilimpeacha gan dúil le duais?

Ní scríobhtar ponc ceiste más go hindíreach atá an cheist á cur:

Faigh amach an le traein nó le bus a thiocfaidh sí.

Fiafraigh díot féin an fiú foireann a chur go dtí na Cluichí Oilimpeacha gan dúil le duais.

Is gnách ponc ceiste a chur le ceist ráiteasach i.e. ceist nach bhfuiltear ag súil le freagra uirthi dáiríre:

Cé againn atá saor ó locht?

An gá dom níos mó a rá?

Tá saoirse áirithe ann, áfach, agus is féidir comharthaí eile a chur le ceist ráiteasach, nó gan comharthaí ar bith a úsáid.

Céad euro! An ag magadh atá tú!

Cé a shílfeadh, deich mbliana ó shin, go mbeimis inár suí anseo ag ól seaimpéine is ag ithe oisrí.

Bíonn ceisteanna ráiteasacha ann a bhfuil iarracht láidir den ordú iontu. Ba mhaolú ar an ordú ponc ceiste a chur ag an deireadh.

An miste dom iarraidh ort íoc as an damáiste a rinne do mhac.

Níl a fhios agam an bhfuil tú chun an obair sin a chríochnú.

7.10.1 Ponc ceiste taobh istigh d'abairt

Má tá ponc ceiste laistigh d'abairt ba chóir an abairt a athscríobh chun an cheist a chur ar ceal nó í a aistriú go deireadh na habairte. Cuireann sin cuma níos slachtmhaire ar an abairt agus seachnaítear deacrachtaí maidir le ceannlitir nó camóg a scríobh i ndiaidh an phoinc.

> An cheist is práinní sa toghchán seo ná cad é atá i ndán don gheilleagar? ach is cosúil nach bhfuil freagra ar bith ag na polaiteoirí.

> Tá nósanna ann, an dtuigeann tú? a gcaithfear cloí leo.

Feicfidh tú abairtí den chineál sin i seanleabhair. B'fhearr go mór na habairtí a athscríobh sa chaoi nach dteastódh an ponc ceiste, sin nó an ponc ceiste a fhágáil ar lár.

> Is cosúil nach bhfuil freagra ar bith ag na polaiteoirí ar an gceist is práinní sa toghchán seo: cad é atá i ndán don gheilleagar?

> Tá nósanna ann, an dtuigeann tú, a gcaithfear cloí leo.

7.11 An ponc uaillbhreasa

Níor chóir dul i muinín an phoinc uaillbhreasa mura bhfuil mothúchán láidir nó ordú práinneach éigin i gceist.

> A leithéid d'aimsir cháidheach i gceartlár an tsamhraidh!

> Do chuid airgid, a deirim leat. Anois!

Ach oiread le cleas reitrice ar bith, is beag brí a bhíonn sa phonc uaillbhreasa má bhítear ag tarraingt air i gcónaí. Tá blas leanbaí, áiféiseach ar abairtí den chineál seo thíos:

> Cúrsa sábháilteacht bóthair i bPort Láirge!

> Peadar i measc bhuaiteoirí an Oireachtais!

Is fiú cuimhneamh fosta gur leor ponc uaillbhreasa amháin, is cuma cén scéal iontais a bheadh le hinsint.

7.11.1 Ionad an phoinc *vis-à-vis* comharthaí poncaíochta eile

Más taobh istigh de na comharthaí athfhriotail/na lúibíní atá an cheist nó an t-uaillbhreas, is taobh istigh ba chóir an ponc ceiste nó ponc uaillbhreasa a scríobh.

'A Dhia inniu!' a dúirt Dónall, lúcháir ina shúile. 'Tú féin atá ann! Cá raibh tú uainn le bliain?'

Foilsíodh *An Druma Mór* sa bhliain 1969 (ba mhall is ba mhithid!) agus moladh go hard é.

Más taobh amuigh de na comharthaí athfhriotail/na lúibíní atá an cheist nó an t-uaillbhreas, is taobh amuigh ba chóir an ponc ceiste nó ponc uaillbhreasa a scríobh.

Luaitear 'ioncam réasúnta' san Acht. Ach cén chiall atá le 'réasúnta'?

Imigh leat amach as seo, tú féin agus do 'ghrá geal'!

7.12 Cleachtadh

Baineadh gach comhartha poncaíochta, diomaite de na lánstadanna, as na sleachta thíos. Cuir na comharthaí poncaíochta ar ais agus cuir d'iarracht i gcomparáid leis na nótaí san aguisín 'Tráchtaireacht ar na cleachtaí in Aonad 7.'

1. Sliocht as bileog eolais faoi Chonradh Liospóin

Is mar seo a leanas an gnáthbhealach a dhéantar dlíthe an AE déanann an Coimisiún moladh pléann Comhairle na nAirí agus Parlaimint na hEorpa é agus féadfaidh siad araon athruithe a dhéanamh déanann an Chomhairle agus an Pharlaimint an cinneadh deiridh i gcomhar lena chéile ansin tugtar nós imeachta an chomhchinnidh air seo.

2. Sliocht as téacs faoi rialacháin scrúduithe ollscoile

Más é breithiúnas Uachtarán na hOllscoile go bhfuil an t-iarrthóir tar éis aon cheann de na Rialacháin a shárú nó go bhfuil an t-iarrthóir ciontach in iompar míchuí de shaghas ar bith eile is amhlaidh atá sé de chumhacht ag an Uachtarán an scrúdú nó aon chuid de a bhaint den iarrthóir agus anuas air sin ainm an iarrthóra a fhoilsiú ag dearbhú gur baineadh an scrúdú iomlán nó páirt den scrúdú de di toisc na Rialacháin a bheith sáraithe aige aici. Agus tá sé de chumhacht ag an Uachtarán faoi réir achomhairc an t-iarrthóir a eisiamh ón scrúdú ar feadh tréimhse nach faide ná dhá bhliain.

3. Airteagal 31.2 de Bhunreacht na Éireann

Is iad na daoine seo a leanas a bheidh ina gcomhaltaí den Chomhairle Stáit

i   De bhua oifige an Taoiseach an Tánaiste an Príomh-Bhreitheamh Uachtarán na hArd-Chúirte Cathaoirleach Dháil Éireann Cathaoirleach Sheanad Éireann agus an tArd-Aighne.

ii   Gach duine ar cumas dó nó di agus ar fonn leis nó léi gníomhú mar chomhalta den Chomhairle Stáit agus a bhí tráth i seilbh oifige mar Uachtarán nó mar Thaoiseach nó mar Phríomh-Bhreitheamh nó mar Uachtarán ar Ard-Chomhairle Shaorstát Éireann.

iii Aon duine eile a cheapfar ag an Uachtarán faoin Airteagal seo má cheaptar aon duine chun bheith ina gcomhaltaí den Chomhairle Stáit.

AONAD 8
AN PRÓISEAS CÓIPEAGARTHÓIREACHTA

Cuspóirí an aonaid seo

- An próiseas cóipeagarthóireachta a leanúint ó thús deireadh.
- Téacs samplach a chur in eagar.
- Léargas a thabhairt ar úsáid ríomhairí sa chóipeagarthóireacht.

8 An téacs a fháil

Is dócha gur i bhformáid leictreonach a chuirfear an téacs chugat. Is rídhócha gur i gcomhad Microsoft Word a bheidh sé, nó i bhformáid éigin atá comhoiriúnach le Word. Is ar an bhfeidhmchlár sin is mó a bheidh mé ag tagairt sna nótaí seo, mar is é go mór fada an clár próiseála focal is mó a úsáidtear.

Má chuirtear an téacs chugat i bhformáid eile, mar shampla PDF, Powerpoint nó Excel, beidh ort féin cinneadh a dhéanamh cé acu atá na scileanna próiseála focal riachtanacha agat nó nach bhfuil. Is deacair téacs a ionramháil i bhformáid PDF, cuir i gcás. Is é is ciall do na litreacha PDF ná *Portable Document Format*, ach dar le duine go mbeadh *Protected Document Format* ina ainm níos beaichte. Adobe Reader nó Adobe Acrobat a úsáidtear chun comhaid PDF a oscailt agus a léamh. Tá roinnt feidhmeanna eagarthóireachta sna gnáthleaganacha de tháirgí Adobe a bhíonn le fáil saor in aisce: is féidir nótaí tráchta a scríobh, téacs a scriosadh nó téacs breise a scríobh má tá an comhad socraithe ar an gcaoi sin ag an té a chruthaigh é. Tá feidhmeanna breise i bhfeidhmchláir mar Adobe Acrobat Professional ach b'fhearr d'eagarthóirí a machnamh a dhéanamh sula gceannaíonn siad a leithéid. An féidir go gcaithfidh tú níos mó airgid ar an leagan sin ná mar a shaothrófá choíche ag plé le comhaid PDF?

An chéad chúram ar fad ná an comhad a shábháil i bhfillteán ar do ríomhaire féin. Seans go mbeadh an cliant i ndiaidh ainm diamhrach éigin mar 'versionirish8.doc' a thabhairt ar an gcomhad. Tabhair tusa ainm soiléir so-aitheanta air. Is maith le roinnt eagarthóirí leagan nua den chomhad a shábháil tar éis gach seisiún oibre. Tá de bhuntáiste leis sin go gcoimeádtar taifead dílis ar na céimeanna éagsúla den phróiseas eagarthóireachta. Tá de mhíbhuntáiste leis go mbíonn leaganacha éagsúla den chomhad céanna á gcarnadh i mullach a chéile. Más mian leat an nós sin a leanúint bí cinnte agus córas loighciúil a bheith agat chun na leaganacha a ainmniú. Is féidir, mar shampla, dáta a chur le gach leagan nó na leaganacha a uimhriú ó 1 suas. Is gnách liomsa comhaid a shábháil in *Rich Text Format* (.rtf), formáid nach gcuirtear as a riocht nuair a osclaítear an comhad i bhfeidhmchlár nach MS Word é. Is féidir Word a shocrú sa chaoi is go sábhálann sé comhaid mar .rtf i gcónaí. Féach *Tools > Options > Save* agus roghnaigh .rtf ón roghchlár *Save Word files as.*

8.1 Eolas faoin téacs

Bíonn gá le heolas éigin ag an gcéim seo chun gur féidir cur chuige oiriúnach a roghnú.

- Cuspóir an téacs m.sh. ábhar éigin a theagasc nó a mhíniú (leabhar scoile nó bileog eolais faoi chearta tomhaltóirí) nó argóint éigin a áiteamh (alt ar nuachtán nó bileog toghcháin).
- An pobal léitheoireachta ar a bhfuil an téacs dírithe m.sh. saineolaithe ar ábhar an téacs, an gnáthphobal, léitheoirí óga nó eile.
- Stádas an téacs. An saothar litríochta é nó téacs ina bhfuil an t-eolas níos tábhachtaí ná an stíl, m.sh. foirm iarratais? An téacs oifigiúil (m.sh. reachtaíocht, cáipéis dlí) nó téacs leathoifigiúil é (m.sh. tuarascáil bhliantúil)?

Caithfear na ceisteanna sin a fhreagairt sula dtosaítear ar an obair ar chor ar bith. Is de réir an eolais sin a bhíonn a fhios ag an eagarthóir cén tsaoirse atá aige/aici an téacs a chur in oiriúint do na spriocléitheoirí. B'fhurasta d'eagarthóirí Gaeilge géilleadh don éadóchas agus a rá nach bhfuil pobal léitheoireachta ar bith ann, go háirithe nuair is aistriúcháin ar dhoiciméad leathoifigiúla atá idir lámha. Tuigim sin, ach ní fheicim cén toradh a d'fhéadfadh a bheith air ach míghairmiúlacht. Admhaím gur deacair in amanna a dhéanamh amach cad iad na riachtanais nó cén cumas léitheoireachta atá ag na spriocléitheoirí Gaeilge. Is léir, áfach, go mbeadh difear mór idir bileog eolais faoin Teicneolaíocht Faisnéise a bheadh dírithe ar dhaltaí meánscoile agus a leithéid chéanna de bhileog a bheadh dírithe ar an Oifigeach Teicneolaíocht Faisnéise sa scoil chéanna. Tá plé agus cleachtadh ar théacs a chur in oiriúint do spriocléitheoirí in alt 4.22.

8.2 Riachtanais an chliaint

Chomh maith le heolas a fháil i dtaobh spriocléitheoirí an téacs is cabhair don eagarthóir fios a bheith aige/aici faoi na rudaí seo a leanas:

- An bhfuil leabhrán nó bileog stíle dá c(h)uid féin ag an gcliant ina dtugtar treoir faoin ngnáthúsáid i dtaca le poncaíocht srl?
- Mura bhfuil a leithéid de threoir ag an gcliant féin, an amhlaidh a chloítear le leabhar stíle ar leith m.sh. Chicago, Cambridge nó eile?
- An bhfuil riachtanais téarmaíochta ar leith ag an gcliant?

Ceist thábhachtach atá le socrú ag an bpointe seo ná cé chomh dian is a bheidh an eagarthóireacht agus cé chomh fada is a mhairfidh an obair. Molaim go láidir an téacs a léamh (nó sleachta a léamh más téacs an-fhada atá ann) chun teacht ar thuiscint éigin faoin méid oibre atá romhat. Ní caighdeán an téacs amháin atá i gceist, ach mianta an chliaint agus na riachtanais a bhaineann leis an seánra téacs. Má tá spriocdháta ag teannadh leis an gcliant ní dócha go mbeidh an obair eagarthóireachta chomh cuimsitheach críochnúil agus ba mhaith leat. Bíonn cúrsaí stíle níos tábhachtaí i dtéacsanna áirithe seachas a chéile. Ní bhíonn ar bith ag súil le scoth an phróis ar shuíomh Gréasáin eagraíocht stáit. Is leor é a bheith soiléir agus saor ó mhíchruinneas. Os a choinne sin, chonaiceamar an dua a caitheadh leis an téacs oideachasúil faoi na Lochlannaigh in alt 4.22.

Is deacair d'eagarthóir sprioc ama a leagan síos agus a rá 'beidh mé trí lá i mbun na hoibre seo'. Bíonn a oiread sin rudaí ann nach mbíonn neart orthu. B'fhéidir gur meitheal údar a chuir an téacs ar fáil, cuid acu ina scríbhneoirí maithe agus cuid acu gan a bheith thar mholadh beirte. Ach má mheasann an t-eagarthóir go mbeidh an-chuid oibre le déanamh ar théacs b'fhearr dó sin a chur in iúl don fhostóir nó don chliant. Tá impleachtaí ama agus airgid ag baint leis.

8.3 An téacs samplach

Tá cóipeagarthóireacht le déanamh ar an téacs thíos. Seo beagán eolais ina thaobh:

- Sliocht atá ann as téacs 20,000 focal dar teideal *Stair Eacnamaíoch na hÉireann.*

- Tá an leabhrán dírithe ar léitheoirí fásta ar mhaith leo eolas éigin a chur ar an eacnamaíocht. Tá súil ag an údar go n-úsáidfear an leabhrán in ollscoileanna agus i meánscoileanna ina mbíonn an eacnamaíocht á múineadh trí Ghaeilge.

- Níl treoir ar bith ag an bhfoilsitheoir maidir le stíl tí de. Teastaíonn uathu go mbeidh an téacs saor ó mhíchruinneas agus go gcuirfear gach cinneadh faoi chúrsaí úsáide i bhfeidhm go comhleanúnach.

Léigh an sliocht ar dtús chun tuairim a fháil faoi chumas scríbhneoireachta an údair agus faoi na deacrachtaí a bheidh le sárú le linn na heagarthóireachta.

An Euro

Is é atá ann ná airgeadra amháin atá in úsáid i sé cinn déag de bhallstáit an EU, Éire san áireamh. Is iad an 15 tír eile i Limistéar an Euro, in ord aibítre, ná An Ostair; An Bheilg; An Chipír; An Fhionlainn; An Fhrainc; An Ghearmáin; Poblacht Heilléanach na Gréige; An Iodáil; An Lucsamburg; Málta; An Ísiltír; An Phortaingéil; An tSlóvaic; An tSlóivéin agus An Spáinn. Shocraigh Rialtas na Ríochta Aontaithe a gcinneadh siúd i dtaobh an Euro a chur ar an méar fhada.

Tháinig nótaí agus boinn airgid Euro i gcúrsaíocht den chéad uair ar 1 Eanáir 2002. Tá an t-airgeadra nua ina pháirt den phróiseas i dtreo Aontais Eacnamaíoch agus Airgeadaíochta (EMU) san Eoraip, de réir mar a fhoráiltear i gConradh Mhaastricht. Rinne vótálaithe na hÉireann an Conradh sin a dhaingniú i Reifreann a ritheadh ar Mheitheamh 2 1992. Is é an Euro an toradh is feiceálaí ar an bpróiseas go nuige seo, ach ba chéim thábhachtach eile bunú an Bhainc Ceannais Eorpaigh neamhspleáigh.

Sochair an Euro

Tá an Euro i ndiaidh dul chun sochair do thomhaltóirí ar go leor bealaigh —

- is fusa praghasanna a chur i gcomparáid ó thír go tír laistigh den Limistéar Euro
- ón gcéad lá de mhí Eanáir 2002 i leith níor ghá do shaoránaigh an Limistéir Euro airgeadraí iasachta a mhalartú, mar bhí an Euro in úsáid ar fud an Limistéir.
- beidh praghasanna níos cobhsaí.

Conas a cuireadh an Euro i gcúrsaíocht?

I dtús na bliana 1999 rinneadh rátaí malartacha na mballstát a bhí chun ballraíocht a bhaint amach i Limistéar an Euro ar ball, rinneadh iad a "bhuanghlasáil" in éadan an Euro. In Éirinn, b'ionann luach an Euro agus seachtó is a naoi bpingine. Tugadh an *tréimhse eatramhach* ar an tréimhse idir 1ú Eanáir 1999 agus 31ú Nollaig 2001. Cuireadh eagras speisialta, Bord na hÉireann um an Aistriú go dtí an Euro, ar bun chun comhairle agus cúnamh a thabhairt do dhaoine i dtaobh na n-athruithe a bhí ag teacht. Lá Coille na bliana 2002, tosaíodh ar na sean-nótaí agus ar na seanbhoinn Éireannacha a tharraingt siar agus an Euro a chur ina n-áit. Ón naoú lá Feabhra i leith ní ghlactaí leis an bPunt Éireannach i ngnáth-idirbhearta níos mó. Bhí an t-aistriú go dtí an Euro curtha i gcrích faoi 1 Iúl 2002.

Nótaí Euro agus Boinn

Tá 7 gcinn de nótaí bainc Euro ann, sna hainmníochtaí seo a leanas: €5, €10, €20, €50, €100, €200 agus €500.

Tá ocht mbonn euro ann, sna hainmníochtaí seo a leanas:1, 2, 5, 10, 20 agus 50 cent agus €1 agus €2. Céad cent atá in Euro amháin.

Grúpaí sainleasmhara agus an Euro

D'aithin Bord na hÉireann um an Aistriú go dtí an Euro go raibh grúpaí sainleasmhara ann laistigh den phobal, mar shampla daoine le míchumas, daoine níos sine, daoine den lucht siúil agus daoine le fadhbanna litearthachta a raibh ábhair imní ar leith orthu faoin airgeadra nua. Bunaíodh painéal comhairleach d'eagraíochtaí a dhéanann ionadaíocht ar a son chun riachtanais speisialta a aithint agus freastal orthu.

8.4 An chéad léamh: litriú, gramadach, poncaíocht

Is gnách liomsa an téacs a léamh trí huaire agus díriú ar ghné amháin den chóipeagarthóireacht le gach léamh acu. Ní lia duine ná tuairim agus ní lia eagarthóir ná gnás. Tá daoine ann a thosaíonn ag tús an téacs agus a cheartaíonn gach uile rud atá le ceartú, dar leo, idir mhílitriú, abairtí débhríocha agus mhíchruinneas fíricí. Admhaím nach féidir lochtanna sa téacs a rangú chomh néata ná chomh córasach agus ba mhaith linn. Bíodh sin mar atá, measaim gur nós inmholta díriú ar phointí 'meicniúla' sa chéad léamh. Má chuirtear slacht ar litriú, ar ghramadach agus ar phoncaíocht an téacs, is fearr a bheifear ábalta díriú ar ghnéithe níos caolchúisí níos faide anonn.

8.5 Cleachtadh

Seo a bhfuil le déanamh sa chéad chéim seo den phróiseas cóipeagarthóireachta:

- Ceartaigh gach mílitriú, míchruinneas gramadaí agus botún foclóra/téarmaíochta sa téacs samplach.
- Glacaimis leis gur téacs caighdeánach a theastaíonn agus go mbeidh na leaganacha malartacha le caighdeánú.
- Cuir slacht ar an bponcaíocht.
- Cuir d'iarracht i gcomparáid leis na nótaí san aguisín 'Tráchtaireacht ar na cleachtaí in Aonad 8'?

8.6 Do bhileog oibre féin

Nós inmholta, nuair a bhítear ag obair le téacsanna fada, do bhileog oibre féin a réiteach. Is é atá ina leithéid de bhileog ná taifead ar na cinntí a ghlacann tú le linn na hoibre. Ní hé go gcaithfidh tú gach uile chinneadh a thaifead; déantar botúin litrithe ('córás' seachas 'córas') agus botúin ghramadaí ('I lár na cathrach atá an t-oifig') a cheartú gan nóta a dhéanamh de. Is amhlaidh a bhaineann an bhileog le poncaíocht, le foclóir agus le leagan amach an téacs. Taifead atá ann ar na roghanna a dhéanann tú – go háirithe na cinntí a bhaineann le gnéithe den teanga scríofa nach mbítear ar aon aigne fúthu. Is treoir agus taca duitse í. B'fhéidir gur shocraigh tú i dtús na hoibre gur cheart uimhreacha faoi bhun a deich (agus uimhreacha atá iniolraithe faoi dheich) a scríobh amach i litreacha seachas i bhfigiúirí. An gcoinneoidh tú cuimhne air sin agus tú ar an leathanach deiridh?

Cabhraíonn bileog oibre leis an téacs a dhéanamh comhleanúnach. Tugtar míleanúnachas an údair chun solais freisin. Má tá 'Dubhghlas de hÍde' i gcaibidil amháin níor chóir 'Dúghlas de Híde' a bheith i gcaibidil eile.

Seo thíos cuid de na nótaí a bhreac mé féin síos agus mé ag obair ar an téacs samplach. Rinne mé na hathruithe a thaifead faoi cheannteidil áirithe de réir mar a tháinig siad aníos sa téacs.

Acrainmneacha: AE (seachas EU)

Ainmneacha: ainmneacha gairide na dtíortha (seachas an t-ainm fada oifigiúil)/

Conradh Maastricht (seachas Conradh Mhaastricht)/Limistéar an euro (seachas An Limistéar Euro)/Bord na hÉireann um an Athrú go dtí an euro (seachas Aistriú)

Cás íochtair ar an alt in ainm tíre (an Ostair) mura bhfuil sé i dtús abairte/ar an bhfocal euro ach amháin in ainmneacha eagraíochtaí

Ceannteidil: *Gan return* /Gan a bheith ina ndlúthchuid den téacs

Dátaí: 1 Eanáir 2002 (seachas 1ú Eanáir 2002 nó Eanáir 1 2002)

Foclóir: go dtí seo (seachas go nuige seo) rátaí malairte (seachas rátaí malartacha)

Pointí urchair: Ceannlitreacha/aon chineál amháin?

Cló: gan cló iodálach a úsáid chun téarmaí/coincheapa nua a chomharthú

Uaschamóga: singil.

8.8 An dara léamh: stíl, comhréir agus loighic

Is mar seo a bhí an téacs samplach i ndiaidh dom na hathruithe ón gcéad léamh a chur i bhfeidhm air.

An euro

Is é atá ann ná airgeadra aonair atá in úsáid i sé cinn déag de bhallstáit an AE, Éire san áireamh. Is iad na cúig thír déag eile i Limistéar an Euro, in ord aibítre, ná an Ostair, an Bheilg, an Chipir, an Fhionlainn, an Fhrainc, an Ghearmáin, an Ghréig, an Iodáil, Lucsamburg, Malta, an Ísiltír, an Phortaingéil, an tSlóvaic, an tSlóivéin agus an Spáinn. Shocraigh Rialtas na Ríochta Aontaithe a gcinneadh siúd i dtaobh an euro a chur ar an méar fhada.

Tháinig nótaí agus boinn airgid euro i gcúrsaíocht den chéad uair ar 1 Eanáir 2002. Tá an t-airgeadra nua ina pháirt den phróiseas i dtreo Aontais Eacnamaíoch agus Airgeadaíochta (EMU) san Eoraip, de réir mar a fhoráiltear i gConradh Maastricht. Ghlac vótálaithe na hÉireann leis an gConradh sin i reifreann a ritheadh ar 2 Meitheamh 1992. Is é an euro an toradh is feiceálaí ar an bpróiseas go nuige seo, ach ba chéim thábhachtach eile bunú an Bhainc Ceannais Eorpaigh neamhspleáigh.

Sochair an euro

Tá an euro i ndiaidh dul chun sochair do thomhaltóirí ar go leor bealaí:

- Is fusa praghsanna a chur i gcomparáid ó thír go tír laistigh de Limistéar an euro.

- Ó 1 Eanáir 2002 i leith níor ghá do shaoránaigh Limistéar an euro airgeadraí iasachta a mhalartú, mar bhí an euro in úsáid ar fud an Limistéir.

- Beidh praghsanna níos cobhsaí.

Conas a cuireadh an euro i gcúrsaíocht?

I dtús na bliana 1999 rinneadh rátaí malairte na mballstát a bhí chun ballraíocht a bhaint amach i Limistéar an euro ar ball, rinneadh iad a 'bhuanghlasáil' in aghaidh an euro. In Éirinn, b'ionann luach an euro agus seachtó is a naoi bpingine. Tugadh an 'tréimhse eatramhach' ar an tréimhse idir 1 Eanáir 1999 agus 31 Nollaig 2001. Cuireadh eagraíocht ar leith, Bord na hÉireann um an Athrú go dtí an Euro, ar bun chun comhairle agus cúnamh a thabhairt do dhaoine i dtaobh na n-athruithe a bhí ag teacht. Lá Caille na bliana 2002, tosaíodh ar na sean-nótaí agus ar na seanbhoinn Éireannacha a tharraingt siar agus an euro a chur ina n-áit. Ó 9 Feabhra i leith ní ghlactaí leis an bPunt Éireannach i ngnáth-idirbhearta níos mó. Bhí an t-aistriú go dtí an euro curtha i gcrích faoi 1 Iúil 2002.

Nótaí euro agus boinn

Tá seacht gcinn de nótaí bainc euro ann, sna hainmníochtaí seo a leanas: €5, €10, €20, €50, €100, €200 agus €500.

Tá ocht mbonn euro ann, sna hainmníochtaí seo a leanas:1, 2, 5, 10, 20 agus 50 cent agus €1 agus €2. Céad cent atá in euro amháin.

Grúpaí sainleasa agus an euro

D'aithin Bord na hÉireann um an Athrú go dtí an Euro go raibh grúpaí sainleasa ann laistigh den phobal, mar shampla daoine le míchumas, daoine níos sine, daoine den lucht siúil agus daoine le fadhbanna litearthachta, a raibh ábhair imní ar leith acu faoin airgeadra nua. Bunaíodh painéal comhairleach d'eagraíochtaí a dhéanann ionadaíocht ar son na ndaoine sin chun a sainriachtanais a aithint agus freastal ar na riachtanais sin.

Is sa dara léamh is gnách liom díriú ar chúrsaí stíle: abairtí débhríocha a dheisiú, clásail a aistriú timpeall chun ciall an téacs a shoiléiriú. Bím ag faire amach le haghaidh míloighice i dteilgean na smaointe, i struchtúr an téacs agus sna hargóintí a chuirtear chun tosaigh ann.

Maidir le struchtúr de, tá botún i bhfíorthús an téacs seo. Ní cuid dhílis den pharagraf é an ceannteideal, ach ábhar ar leith atá scartha amach ón gcuid eile den téacs. Níor chóir go mbeadh ciall an pharagraif ag brath ar an gceannteideal, ach féach go dtosaíonn an téacs le 'Is é atá ann ná airgeadra aonair...' Céard atá 'ann'? An euro breá atá luaite sa cheannteideal. Caithfidh sin a cheartú.

Tá fadhb mhór leis an liosta tíortha atá 'in ord aibítre'. Is dócha gur baineadh an liosta as téacs Béarla a raibh na tíortha san ord ceart ann: *Austria, Belgium, Cyprus...*

Tá míchruinneas i gcuid den téacs nach mbaineann le stíl ná le comhréir. Féach, mar shampla, an tagairt do 'saoránaigh Limistéar an euro'. Ní stát atá i Limistéar an euro le go mbeadh duine ar bith ina shaoránach de. Bheadh 'saoránaigh na mballstát i Limistéar an euro' níos beaichte.

Níl mé róthógtha leis an gcéad sraith de phointí urchair agus an tic 'ceart'. Is dócha, áfach, gur roghnaigh an t-údar an tic úd d'aon turas, toisc gur rudaí dearfacha atá liostaithe. Is olc a oireann sé do na pointí cruinne a thagann ina dhiaidh. Níor mhiste athrú a chur i gcead an údair.

8.8 Cleachtadh

Is mian linn anois tuilleadh feabhais a chur ar an téacs samplach:

- Abairtí bacacha a dheisiú.
- Débhríocht a chur ar ceal.
- An réim cheart a aimsiú don seánra téacs.
- Téarmaí/coincheapa deacra a shoiléiriú.
- Cuir d'iarracht i gcomparáid leis na nótaí san aguisín 'Tráchtaireacht ar na cleachtaí in Aonad 8'.

8.10 An tríú léamh: ábhar agus struchtúr an téacs

Féachaimis ar an téacs samplach agus na hathruithe ar fad ón gcéad agus ón dara léamh curtha i bhfeidhm air.

An euro

Is é atá san euro ná airgeadra aonair atá in úsáid i sé cinn déag de bhallstáit an AE, Éire san áireamh. Is iad na cúig thír déag eile i Limistéar an euro ná an Ostair, an Bheilg, an Chipir, an Fhionlainn, an Fhrainc, an Ghearmáin, an Ghréig, an Iodáil, Lucsamburg, Malta, an Ísiltír, an Phortaingéil, an tSlóvaic, an tSlóivéin agus an Spáinn. Shocraigh Rialtas na Ríochta Aontaithe a gcinneadh siúd i dtaobh an euro a chur siar.

Tháinig nótaí agus boinn airgid euro i gcúrsaíocht den chéad uair ar 1 Eanáir 2002. Tá an t-airgeadra nua ina pháirt den phróiseas i dtreo Aontais Eacnamaíoch agus Airgeadaíochta (EMU) san Eoraip, próiseas a leagadh síos i gConradh Maastricht. Ghlac vótálaithe na hÉireann leis an gConradh sin i reifreann a ritheadh ar 2 Meitheamh 1992. Is é an euro an toradh is feiceálaí ar an bpróiseas go dtí seo, ach glacadh céim thábhachtach eile nuair a bunaíodh an banc neamhspleách úd, an Banc Ceannais Eorpach.

Sochair an euro

Tá an euro i ndiaidh dul chun sochair do thomhaltóirí ar go leor bealaí:

- Is fusa praghsanna a chur i gcomparáid ó thír go tír laistigh de Limistéar an euro.

- Ó 1 Eanáir 2002 i leith ní gá do shaoránaigh na mballstát atá i Limistéar an euro airgeadraí iasachta a mhalartú, mar tá an euro in úsáid ar fud an Limistéir.

- Tá cobhsaíocht níos mó ann maidir le praghsanna i.e. ní bhíonn praghsanna ag ardú agus ag titim mar a bhíodh.

Conas a cuireadh an euro i gcúrsaíocht?

I dtús na bliana 1999 rinneadh 'buanghlasáil' ar rátaí malairte na mballstát a bhí chun dul isteach i Limistéar an euro i.e. socraíodh pé ráta a bhí acu in aghaidh an euro san am a choimeád go buan. In Éirinn, b'ionann luach an euro agus seachtó is a naoi bpingine. Tugadh an 'tréimhse eatramhach' ar an tréimhse idir 1 Eanáir 1999 agus 31 Nollaig 2001. Bunaíodh eagraíocht ar leith, Bord na hÉireann um an Athrú go dtí an Euro, chun comhairle agus cúnamh a thabhairt do dhaoine i dtaobh na n-athruithe a bhí ag teacht. Lá Caille na bliana 2002, tosaíodh ar na sean-nótaí agus ar na seanbhoinn Éireannacha a tharraingt siar agus an euro a chur ina n-áit. Ó 9 Feabhra i leith ní ghlactaí leis an bPunt Éireannach i ngnáth-idirbhearta níos mó. Bhí an t-aistriú go dtí an euro curtha i gcrích faoi 1 Iúil 2002.

Nótaí agus boinn euro

Tá seacht gcinn de nótaí bainc euro ann, sna hainmníochtaí seo a leanas: €5, €10, €20, €50, €100, €200 agus €500.

Tá ocht mbonn euro ann, sna hainmníochtaí seo a leanas: 1, 2, 5, 10, 20 agus 50 cent agus €1 agus €2. Céad cent atá in euro amháin.

Grúpaí sainleasa agus an euro

D'aithin Bord na hÉireann um an Athrú go dtí an Euro go raibh grúpaí ar leith sa phobal, mar shampla daoine le míchumas, daoine aosta, an lucht siúil agus daoine le fadhbanna litearthachta, a raibh ábhair imní ar leith acu faoin airgeadra nua. Bunaíodh painéal comhairleach d'eagraíochtaí a dhéanann ionadaíocht ar son na ndaoine sin chun a sainriachtanais a aithint agus freastal ar na riachtanais sin.

Déarfadh daoine, b'fhéidir, go bhfuil deireadh le hobair an chóipeagarthóra ag an bpointe seo. Is léir gur cuireadh comaoin mhór ar an téacs le linn na heagarthóireachta. Réitíodh cuid mhór de na lochtanna a liostaíodh in ailt 1.1 agus 1.3 ach tá pointe amháin díobh sin nár mhiste a lua arís anseo i.e. 'míchruinneas fíricí, míloighic nó laige i dtéis nó in argóint an téacs'.

Níl ach caolbhaint ag a leithéid sin leis an ngnáth-thuiscint ar cad is cóipeagarthóireacht ann ach is deacair a shamhlú cé a dhéanfadh cúram de mura ndéanfadh an cóipeagarthóir Gaeilge é. Níl ach méid áirithe is féidir a dhéanamh. Ní i gcónaí a bhíonn an t-am ann chuige. Seans nach mbeadh an t-eagarthóir chomh heolach sin ar ábhar an téacs agus go dtiocfadh leis/léi breithiúnas a thabhairt ar cé chomh cruinn nó chomh leanúnach is atá sé. Rud eile de: bíonn faitíos ar eagarthóirí an peann a bhaint as lámh an údair. Fiú má mheasann an t-eagarthóir go gcuirfeadh leasuithe áirithe le brí agus le héifeacht an téacs, b'fhearr iad a chur i gcead an údair. Tá gnéithe áirithe den téacs samplach nár mhiste a fhorbairt agus a shoiléiriú. A leithéid seo:

- 'Shocraigh Rialtas na Ríochta Aontaithe a gcinneadh siúd i dtaobh an euro a chur siar.' Measaimse sin a bheith saghas lom. Spreagann sé ceisteanna in aigne an léitheora: 'Cén fáth ar cuireadh an cinneadh siar?' nó 'Cá huair a dhéanfar cinneadh?' Is fíor nach bhfuil spás ann le haghaidh míniú fada ach ní chuirfeadh sé mórán le fad na habairte an scéal a mhíniú: 'Leag Rialtas na Ríochta Aontaithe critéir bhallraíochta dá chuid féin síos. Ní rachaidh an RA isteach i Limistéar an euro go dtí go gcomhlíonfar na critéir sin.'

- Ní téacs dlí é seo ach teastaíonn cruinneas ar leith i dtéacs ar bith a bhaineann le disciplín na heacnamaíochta. Sa tagairt sin do luach an euro ba chóir a shoiléiriú gur 'seachtó is a naoi bpingine *Éireannacha*' a bhí i gceist.

- Is ait liom an tagairt úd do 'ábhair imní ar leith' a bheith ag dreamanna áirithe i dtaca leis an euro. Cén t-ábhar imní a chuirfeadh sé ar an lucht siúil thar dhream ar bith eile sa phobal? Ní chuirfeadh sé mórán le fad an téacs sampla nó dhó a lua m.sh. cuid de na boinn nua a bheith cosúil le seanbhoinn Éireannacha.

8.10 Struchtúr na bparagraf

Níl locht ar bith ar leagan amach na bparagraf sa téacs samplach. Is minic a bhíonn, áfach, agus sin cúram eile de chúramaí an chóipeagarthóra. Ba chóir go bpléifí topaic ar leith, nó gné ar leith den topaic, i ngach uile pharagraf. Céim nua i bhforbairt an téacs is ea gach paragraf agus ba chóir tús agus clabhsúr soiléir a bheith air. Féach an sampla thíos.

> Lean Simone de Beauvoir den teagasc ar feadh an Dara Cogadh Domhanda. Bhí an Fhrainc á réabadh as a chéile san am agus spreag an tragóid sin chun pinn í.
>
> Trí leabhar ar fad a d'fhoilsigh sí le linn na 1940idí – trí leabhar dhúshlánacha a chuir a hainm in airde i measc scríbhneoirí na Fraince. Is iontu a fuarthas an chéad léargas ar fhealsúnacht na mná neamhspleáiche seo.
>
> Ar ndóigh, ní ar chúrsaí liteartha a bhí aird na bhFrancach an t-am sin ach, nuair a bhí an cogadh thart, thosaigh de Beauvoir ag scríobh le haghaidh *Les Temps Modernes*, ceann de na hirisí polaitíochta ba mhó gradam i measc aos eagna na hardchathrach. Bhí díolaíocht réasúnta maith ar an iris agus bhí beirt chairde dá cuid ag plé léi – Jean Paul Sartre agus Maurice Merleau-Ponty.
>
> Is beag a shíl siad go mairfeadh an iris ar feadh cúig bliana is fiche ná go mbainfeadh sí ceannas amach i saol intleachtach na Fraince.

An chéad rud atá le tabhairt faoi deara ná go bhfuil cuid de na paragraif iontach gairid. Seans go ndearnadh sin d'fhonn preab a bhaint as an léitheoir. Is fíor gurb ait le léitheoirí paragraif ghearra; is mar gheall air sin ba chóir a bheith spárálach leo. Eisceacht is ea sleachta cainte nó dialóige, a leagtar amach i bparagraf i gcónaí is cuma cé acu fada gairid iad.

Ach tá lochtanna struchtúrtha níos bunúsaí fós sa sampla seo. Is é ábhar an chéad pharagraif ná mar a thosaigh de Beauvoir ag scríobh le linn an chogaidh. An t-ábhar ceannann céanna atá sa dara paragraf. Ba loighciúla agus b'éifeachtaí paragraf amháin a dhéanamh díobh.

Tá tús fíor-mhíshlachtmhar ar an tríú paragraf, agus ní hé fad na habairte atá i gceist agam. Is é ábhar an pharagraif ná an saothar a rinne de Beauvoir i ndiaidh an chogaidh. Cén fáth, mar sin, a dtosaítear le habairt ag cur síos ar easpa suime na bhFrancach i gcúrsaí liteartha le linn don chogadh a bheith fós ar siúl? Is dócha gur iarracht a bhí ann droichead a thógáil idir an dá thréimhse. Tá eolas tábhachtach ann chomh maith: ní go dtí an tréimhse tar éis an chogaidh a fuair de Beauvoir an gradam a bhí tuillte aici. Bíodh sin mar atá, níl an abairt ró-éifeachtach mar cheangal idir na paragraif. B'fhearr tús éigin a thabharfadh achoimre ar a bhfuil le teacht, nó ráiteas éigin a fhoilsíonn cad é a phléifear sa pharagraf.

Níl ach dhá líne sa pharagraf deiridh. Ar mhaithe le tionchar éigin a imirt ar an léitheoir a rinneadh sin. Is dócha gur ar an chúis chéanna a scaradh é ón bparagraf roimhe. Tá ábhar againn bheith buíoch nár cuireadh ponc uaillbhreasa ag deireadh na habairte. B'fhearr aird an léitheora a spreagadh le scríbhneoireacht shlachtmhar ghonta seachas le gimicí.

Lean Simone de Beauvoir den teagasc ar feadh an Dara Cogadh Domhanda. Bhí an Fhrainc á réabadh as a chéile san am agus spreag an tragóid sin chun pinn í. Trí leabhar ar fad a d'fhoilsigh sí le linn na 1940idí – trí leabhar dhúshlánacha a chuir a hainm in airde i measc scríbhneoirí na Fraince. Is iontu a fuarthas an chéad léargas ar fhealsúnacht na mná neamhspleáiche seo.

Ní go dtí go raibh an cogadh thart a tarraingíodh aird ar shaothar de Beauvoir mar is ceart. Thosaigh sí ag scríobh le haghaidh *Les Temps Modernes*, ceann de na hirisí polaitíochta ba mhó gradam i measc aos eagna na hardchathrach. Bhí díolaíocht réasúnta maith ar an iris agus bhí beirt chairde dá cuid ag plé léi – Jean Paul Sartre agus Maurice Merleau-Ponty. Is beag a shíl siad go mairfeadh an iris ar feadh cúig bliana is fiche ná go mbainfeadh sí ceannas amach i saol intleachtach na Fraince.

Prionsabail ghinearálta atá i gceist anseo. Is furasta a shamhlú go mbeadh paragraf ghairide an-éifeachtach ar fad i gcomhthéacsanna áirithe, mar shampla cur síos ar chath nó ar rás nó ar eachtra chorraitheach éigin. Seans gurbh fhearr paragraf atá iontach fada a bhriseadh ar eagla go gcuirfeadh an bloc mór téacs beaguchtach ar léitheoirí óga nó ar léitheoirí nach bhfuil ardchumas sa Ghaeilge acu.

8.11 Cruinneas fíricí

Tá dualgas áirithe ar an gcóipeagarthóir maidir le cruinneas na bhfíricí sa téacs. Deirim 'dualgas áirithe' mar is é an t-údar is mó a bhíonn freagrach as an ngné sin den obair. Sampla clúiteach is ea an t-úrscéal *Lord of the Flies* (1963) le William Golding. Tá radharc amháin san úrscéal ina n-úsáidtear péire spéaclaí chun tine a lasadh istigh i bhforaois. Is fíor gur féidir an cleas sin a dhéanamh le gloine mhéadaithe nó le spéaclaí de chineál áirithe; níl le déanamh ach solas na gréine a fhrithchaitheamh tríd an ngloine ar dhuilliúr tirim nó ar cibé brosna a bheadh ann. Ní fhéadfaí sin a dhéanamh sa chás áirithe seo, áfach. Luaitear in áit eile sa leabhar gur gearr-radharcach atá an carachtar ar leis na spéaclaí. Ní dhéanfadh a chuid spéaclaí gnó gloine méadaithe choíche; ní dhéanfadh na lionsaí ach gathanna na gréine a scaipeadh. Míchruinneas sách caolchúiseach é sin agus is ar éigean a d'fhéadfaí an locht a chur ar an gcóipeagarthóir nár thug faoi deara é.

Bíodh sin mar atá is locht ar théacs eolas míchruinn a bheith ann, agus ba chóir don chóipeagarthóir teacht roimhe. Tá an dáta 1963 luaite agamsa thuas mar dháta foilsithe *Lord of the Flies*. Tá sin mícheart. Eisíodh an scannán sa bhliain 1963. Sa bhliain 1954 a foilsíodh an leabhar. CAITHFIDH DÁTAÍ A SHEICEÁIL!

Is iomaí tuaiplis/míleanúnachas eile a d'fhéadfadh a bheith ann:

- Ní hannamh a bhíonn níos mó ná leagan amháin d'ainm nó de shloinne ann, mar shampla Anton Chekov nó Anton Chekhov. Tá roinnt mhaith alt ar an nGréasán mar gheall ar William Goulding, an té a scríobh *Lord of the Flies*, más fíor. Ba chóir go mbeadh ainmneacha de réir a chéile san aon téacs amháin.

- Bíonn an ghuagacht chéanna ag baint le logainmneacha. Is iomaí logainm Éireannach, cuir i gcás, a gcuirtear focal cáilithe leis, m.sh. Dúrlas Éile, Rinn Ó gCuanach, Aonach Urmhumhan, Iúr Cinn Trá. Más téacs oifigiúil atá ann b'fhearr leas a bhaint as na leaganacha faofa ar *www.logainm.ie* agus Dúrlas, an Rinn, an tAonach agus an tIúr a scríobh. Níor chóir, i gcás ar bith, go mbeifí siar is aniar idir an dá leagan.

- Bíonn níos mó ná litriú amháin ar a lán logainmneacha eachtrannacha. Corruair úsáidtear an gnáthleagan Béarlaithe. Corruair roghnaítear an leagan a úsáidtear i dteanga na tíre. Tá bailte ann a bhfuil níos mó ná ainm Béarlaithe amháin orthu, m.sh. Cracow na Polainne, nó Krakow na Polainne, más fearr leat. Seans gurbh fhearr leis an údar an t-ainm Polannach, Kraków a úsáid. Ba chóir go mbeadh na hainmneacha seo de réir a chéile agus is furasta a leithéid a chuardach anois i dtéacsanna leictreonacha. Seachain, áfach, an *Find and Replace All*. Seans go mbeadh Cracow ag an údar agus Krakow i sliocht athfhriotail as foinse eile. Ba chóir sin a fhágáil mar atá agus d'aird a dhíriú ar chuid an údair den téacs a dhéanamh leanúnach.

- Bíonn tábhacht le huimhreacha i dtéacs freisin. Botún tromchúiseach is ea botún ar bith a bheadh sna suimeanna airgid a thugtar sna ráitis airgeadais le tuarascáil bhliantúil.

8.12 Leabhal agus sárú cóipchirt

Bíonn súil amuigh ag cóipeagarthóirí le haghaidh rud ar bith sa téacs a d'fhéadfadh a bheith leabhlach. Tá cuntas maith achomair ar an ngné sin den dlí ag Delap (2007). Seans go measfadh cóipeagarthóir Gaeilge nach bhféadfaí conspóidí dlí éirí as na téacsanna a mbíonn sé/sí ag plé leo. Bheadh iontas ort! Cuimhnigh ar an ngáir a tógadh nuair a foilsíodh an t-úrscéal *Ardfhear* le Diarmuid Ó Donnchadha sa bhliain 1992. Cuireadh i leith an leabhair gurbh aoir fhollasach a bhí ann ar phearsa poiblí. Cuireadh an scéal faoi chaibidil sna meáin. Dhiúltaigh ÁIS an leabhar a dháileadh. Bhí sé ina raic. Níl litríocht na Gaeilge chomh fann sin ar fad nach gcuireann sí cor di ó am go chéile.

Is ar éigean a chuirfeadh tuarascáil bhliantúil Chomhairle Contae Ros Comáin an lasóg sa bharrach, dar leat. Ach cuimhnigh gur leor botún cló nó sciorradh focal chun olc a chur ar dhaoine. Cuireadh alt chugamsa uair amháin ag maíomh go raibh Tom Parlon ina cheannaire an-éifeachtach ar an IRA. Cumann na bhFeirmeoirí (IFA) a bhí i gceist gan dabht, ach níor mhaith leat go gcuirfí cló ar a leithéid.

Tagann sárú cóipchirt i gceist chomh maith. Is gnách go mbíonn alt sa chomhaontú foilsitheoireachta a dhéanann an t-údar freagrach as cead a fháil chun sleachta as saothair atá faoi chóipcheart a úsáid. Seo, mar shampla, sliocht as comhaontú foilsitheoireachta le Cois Life.

> Tugann an t-údar barántas agus slánaíocht don fhoilsitheoir nach ndéanfaidh an saothar aon chóipcheart a mhaireann faoi láthair a shárú, agus nach mbeidh ní ar bith ann atá graosta, mígheanasach, leabhlach, clúmhillteach, nó scannalach i gcarachtar, agus tabharfaidh an t-údar slánú don fhoilsitheoir, in aghaidh aon chailliúna, díobhála nó damáiste (costais dlí agus costais a eascraíonn go dleathach san áireamh), a tharla don fhoilsitheoir mar thoradh ar aon sárú ón údar (i ngan fhios don fhoilsitheoir) ar an mbarántas.

Bíodh sin mar atá, caithfidh an cóipeagarthóir a bheith ar an airdeall. Tá tábhacht ar leith leis seo i gcás na Gaeilge. Tá claonadh ann talamh slán a dhéanamh de nach dtabharfar sárú cóipchirt faoi deara toisc líon na léitheoirí a bheith chomh beag sin. Le linn dom bheith i m'eagarthóir ar *Comhar* is iomaí aistriúchán Gaeilge ar shaothar le húdair bheo a cuireadh chugam. Fíorannamh a lorgaíodh ná a fuarthas cead. Ní miste do dhaoine saothar atá faoi chóipcheart a aistriú mar chaitheamh aimsire dóibh féin. Sárú dlí a bheadh ann é a fhoilsiú. Tá sé ráite go hachomair ag Stainton (1991: 11):

> Permission must be obtained from its publisher for quotations from a publication beyond what is considered "fair use," and must be acknowledged with an appropriate, or sometimes a stipulated, credit line. Quoting a few paragraphs or a few lines of poetry normally is considered "fair use." But permission is needed for using a long excerpt or an accumulation of briefer excerpts and for using a whole poem and any table, chart or figure. The copyeditor must check, if another editor has not already done it, that all permissions and acknowledgements are in order.

Tá tuilleadh eolais ar shuíomh Gréasáin Ghníomhaireacht na hÉireann um Cheadúnú Cóipchirt: *www.icla.ie.*

8.13 Seicliosta

Treoir atá sna nótaí thuas. Is mar sin a théimse i mbun na hoibre. Aimseoidh daoine an modh oibre is fearr a oireann dóibh le cleachtadh agus le himeacht ama. Bíodh sin mar atá, ba chóir do gach aon duine seicliosta ar nós an liosta seo thíos a líonadh nuair a bheidh deireadh leis an bpróiseas cóipeagarthóireachta. Molaim an seicliosta seo a úsáid mar theimpléad agus cur leis nó baint de de réir mar is gá. Roinnt pointí tábhachtacha ina thaobh:

- Tá rudaí ginearálta luaite ann agus rudaí a bhaineann le téacsanna de chineál faoi leith, mar shampla aistriúcháin go Gaeilge.

- B'fhearr go ndéanfaí athruithe agus leasuithe i gcead an údair, ach tuigim nach féidir sin a dhéanamh i gcónaí. Tá an méid sin curtha san áireamh sa seicliosta.

SEICLIOSTA CÓIPEAGARTHÓIREACHTA

1   Ceartaíodh mílitriú/botúin chló.

2   Ceartaíodh míchruinneas gramadaí.

3   Rinneadh caighdeánú ar struchtúir chanúnacha agus ar leaganacha malartacha de réir mar a oireann don seánra téacs.

4   Tá comhleanúnachas sa téacs ó thaobh téarmaíochta agus logainmneacha de.

5   Díríodh aird an údair ar shleachta atá doiléir/débhríoch/ródheacair agus moladh leasú; sin nó rinne an t-eagarthóir na sleachta a leasú.

6   Díríodh aird an údair ar shleachta atá míloighciúil nó neamhiomlán agus moladh leasú; sin nó rinne an t-eagarthóir na sleachta a leasú.

7   Díríodh aird an údair ar mhíchruinneas fíricí agus moladh leasú; sin nó rinne an t-eagarthóir an míchruinneas a cheartú.

8   Díríodh aird an údair ar shárú cóipchirt agus ar shleachta a d'fhéadfadh bheith leabhlach agus moladh leasú; sin nó rinne an t-eagarthóir na sleachta a leasú.

9   Tá friotal an téacs neodrach maidir le hinscne, cúlra eitneach, claonadh gnéasach, dearcadh polaitiúil agus creideamh de (de réir mar a oireann don seánra téacs).

10 Tá poncaíocht agus ceannlitreacha ceart comhleanúnach de réir na stíle atá in úsáid.

11 Tá na clónna (iodálach, trom, folínithe) agus méid an chló ceart comhleanúnach de réir na stíle atá in úsáid.

12 Tá uimhriú ceart comhleanúnach ar na caibidlí/na haonaid, ar na leathanaigh, ar na hailt/fo-ailt agus ar na fonótaí.

13 Tá míreanna i liostaí san ord ceart uimhreach nó aibítreach.

14 Tá na suimeanna a thugtar i liostaí nó i dtáblaí figiúirí cruinn agus ceart.

15 Tá liostaí agus sraitheanna de phointí urchair de réir a chéile maidir le spásáil, ceannlitreacha agus poncaíochta de.

16 Tá na ceannteidil agus na fo-cheannteidil de réir a chéile i gclár na n-ábhar agus i gcorp an téacs.

17 Tá crostagairtí sa téacs cruinn ceart.

18 Tá ceanntásca agus buntásca de réir a chéile ó thaobh stíle agus foclaíochta de.

19 Tá an téacs comhleanúnach maidir le spásáil idir focail, idir abairtí agus idir paragraif.

20 Tá an téacs roinnte i bparagraif loighciúla.

21 Má tá cleachtaí nó ceisteanna sa téacs, tugtar na freagraí agus tá na freagraí sin cruinn ceart.

22 Tugtar sleachta athfhriotail agus fonótaí go cruinn comhleanúnach de réir na stíle atá in úsáid.

23 Tá tagairtí d'fhoilseacháin i gcorp an téacs agus sa leabharliosta cruinn comhleanúnach de réir na stíle atá in úsáid.

24 I gcás aistriúcháin, rinneadh deimhin de go bhfuil an t-aistriúchán iomlán agus nár fágadh aon chuid den téacs foinseach ar lár.

25 I gcás aistriúcháin, rinneadh deimhin de gur tugadh ciall agus stíl an téacs fhoinsigh slán de réir mar a oireann don seánra téacs.

26 Tá an téacs cuí curtha le léaráidí, graif agus táblaí agus tá na léaráidí sna háiteanna cearta.

27 Tá gach rianú agus nóta tráchta glanta agus tá an téacs réidh le seoladh chun an chliaint. I gcás aistriúcháin, rinneadh an téacs a ghlanadh san fheidhmchlár aistriúcháin.

28 Seiceáladh go bhfuil uimhreacha na leathanach, agus uimhreacha aguisíní sa chlár ábhar ag teacht leis an leagan deiridh den téacs.

8.14 Uirlisí na ceirde

Is ar scáileán a ríomhaire féin, de ghnáth, a dhéanann eagarthóirí téacsanna a léamh agus a leasú. Is ag an ríomhaire fosta a dhéantar ceartúcháin agus athruithe a iontráil, murab ionann agus cóip chrua a mharcáil agus na hathruithe a dhéanamh ag céim éigin ina dhiaidh sin. Tá feabhas nach beag tagtha ar na feidhmeanna eagarthóireachta sna leaganacha is déanaí de Microsoft Word.

An bhfuil buntáistí ar bith le gnóthú as cóip chrua den téacs a úsáid? Deir roinnt eagarthóirí gur maith leo radharc a fháil ar an leathanach iomlán, murab ionann agus an sciar beag de a thaispeántar ar scáileán ríomhaire in aon am ar leith. Deirtear in amanna nach mbíonn cóip chrua leath chomh dian ar na súile, ach feictear dom gur eagarthóirí a bhfuil seantaithí acu ar mhodhanna traidisiúnta oibre is mó a mbíonn an dearcadh sin acu. Tá glúin na ríomhairí breá cleachta faoin am seo leis an léitheoireacht ar scáileán. Cuimhnigh go bhfuil seifteanna ann chun an léitheoireacht a éascú, mar shampla méid an chló mar a thaispeántar ar an scáileán é a mhéadú go 150 faoin gcéad. (Ní hionann sin agus an cló féin a mhéadú, rud a chuirfeadh formáidiú an téacs as a riocht.) Is fiú scáileán 17 nó 21 orlach a cheannach, nó scáileán níos mó fós. Cuimhnigh gur féidir gile an scáileáin a shocrú díreach mar a dhéanfá le teilifíseán.

8.15 Léamh comparáideach

Bíonn léamh dátheangach le déanamh in amanna i.e. an téacs foinseach Béarla agus an t-aistriúchán Gaeilge a léamh agus a chur i gcomparáid le chéile. Agus iad i mbun na hoibre sin is nós le daoine áirithe (1) cóip chlóite den dá théacs a úsáid nó (2) cóip chrua de théacs amháin a chur i gcomparáid leis an téacs a thaispeántar ar an scáileán. Dar leo gur fusa é sin ná bheith ag útamáil le scáileáin roinnte ná dul ó théacs go téacs i bhfuinneoga éagsúla. Gach duine is a chomhairle féin aige, ach níl aon amhras ná go bhfuil feabhas mór tagtha ar chumas Microsoft Word dhá théacs a thaispeáint ar aon scáileán amháin. Féach *Compare/View Side by Side*, atá le fáil faoin roghchlár Window in Word 2003 agus faoi *View > Windows* in Word 2007. Tá an fheidhm seo i bhfad níos slachtmhaire ná mar a bhíodh, go háirithe nuair is ar scáileán mór a dhéantar an obair. Is féidir scrollú síos suas ceachtar den dá leathanach ar an scáileán.

Tá cabhair freisin i bhfeidhmchláir aistriúcháin mar Trados nó Wordfast a dhéanann an téacs a dheighilt in abairtí: abairt den téacs foinseach Béarla agus an t-aistriúchán Gaeilge thíos faoi. Is leagan amach é sin a oireann go fíormhaith don léitheoireacht dhátheangach. Bíonn na sleachta Béarla gearr go leor chun gur féidir cuimhne a choinneáil orthu agus cinneadh a dhéanamh faoi cé chomh sásúil is atá an t-aistriúchán Gaeilge. Deir Bríd Ní Fhlathúin, Saineolaí Teanga sa ghníomhaireacht aistriúcháin eTeams, gur laistigh den fheidhmchlár aistriúcháin a dhéanann siadsan an léitheoireacht dhátheangach i gcónaí. Is le Wordfast a d'aistrigh mise an téacs thíos.

{0> When Shannon Free Airport Development Company, or Shannon Development, as we are known today, was formally inaugurated in 1959, ambitious plans were put in place for the development of Shannon as an industrial and tourist location. <0|> Sa bhliain 1959, nuair a cuireadh Cuideachta Forbartha Aerfort Neamhchustam na Sionna, nó Forbairt na Sionna mar a thugtar orainn inniu, ar bun go foirmiúil, ceapadh pleananna uaillmhianacha chun réigiún na Sionainne a fhorbairt mar láthair thionsclaíochta agus thurasóireachta. <0|

{0>
At that time, transit passengers accounted for almost all traffic at Shannon Airport and the Shannon Free Zone did not exist.

<|0|>
San am sin, ba phaisinéirí idirthurais a bhí sna paisinéirí go léir, beagnach, a thagadh trí Aerfort na Sionainne, agus níorbh ann do Limistéar Neamhchustaim na Sionainne in aon chor.

<0|

Is cuidiú breise don aistritheoir an litreoir a bheith ann. Sa chás seo tugadh faoi deara go bhfuil 'Neamhchustam' agus 'Neamhchustaim' ann. Cuireadh líne dhearg faoi 'Neamhchustaim'. Níor mhiste don eagarthóir beagán taighde a dhéanamh faoi cé acu leagan is fearr.

8.16 Athruithe a rianú

Seans go mbeadh an t-eagarthóir ag iarraidh taifead cruinn soiléir a choinneáil ar na hathruithe a dhéantar ar an téacs. B'fhéidir go dtabharfaí an taifead sin don údar/aistritheoir chun go bhfeicfidh sé/sí na botúin a rinneadh, le súil agus iad a sheachaint feasta. Ba ghnách sin a dhéanamh ar chóip chrua agus na hathruithe a mharcáil go soiléir le siombailí profaithe. Is nós le daoine inniu *Track Changes* a úsáid chun an taifead a choinneáil. Is fíor go ndeir roinnt eagarthóirí gur deacair dóibh bheith ag plé le *Track Changes*, go mbíonn an folíniú agus an dathchódú míshlachtmhar, doiléir. Bíonn an gearán céanna acu maidir leis an rogha Compare Documents, atá le fáil faoi *Track Changes* in *Tools* agus a thaispeánann na difríochtaí idir leaganacha éagsúla den doiciméad céanna, mar shampla Tuarascáil Bhliantúil Dréacht 1.doc agus Tuarascáil Bhliantúil Dréacht 2.doc. Féach, mar shampla, mar a léirítear na difríochtaí idir an dara agus an chéad dréacht den téacs sa léaráid thíos.

Fáilte go Ré an Eolais
Tá geilleagar an domhain ag athrú. Ní geilleagar tionsclaíoch a
bheidh ann feasta, ach geilleagar eolais. Tá ríomhairí agus an
tIdirlíon tar éis modhanna oibre a athrú go mór. Más mian
linn bheith iomaíoch i Ré seo an Eolais, caithfimid díriú ar
bhonneagar, ar oideachas, ar thraenáil agus ar sholáthar
seirbhísí leathanbhanda.

Deleted: Geilleagar Tionsclaíoch

Deleted: Geilleagar Eolais

Deleted: infreastruchtúr

Deleted: soláthar

Deleted: Leathanbhanda

Tá na leasuithe sin an-soiléir ar fad: baineadh na ceannlitreacha de 'geilleagar
tionsclaíoch', 'geilleagar eolais' agus 'leathanbhanda'. Cuireadh an réamhfhocal 'ar' le
gach ainmfhocal sa tsraith san abairt dheireanach. Cuireadh an téarma faofa
'bonneagar' in áit 'infreastruchtúr'.

Cuimhnigh fosta gur féidir na dathanna agus an formáidiú a úsáideann *Track Changes* a
athrú mar is mian leat féin. Féach *Tools > Track Changes > Options*. Is féidir, mar
shampla, an líne úd a chuirtear trí théacs scriosta (~~a leithéid seo~~) a chur ar ceal. Níl aon
amhras ach gur uirlis an-chumhachtach i lámha an eagarthóra é *Track Changes*. Tá
iarracht den daonlathas ag baint leis chomh maith, mar is féidir glacadh leis na
hathruithe atá molta ag an eagarthóir nó diúltú dóibh.

8.17 Nótaí tráchta a bhreacadh

Is é an bealach is éifeachtaí chun aiseolas a thabhairt don údar i bhfoirm leictreonach ná
nóta tráchta nó *Comment* a chur leis an téacs.

- Bíodh an cúrsóir san áit ar mian leat an nóta tráchta a chur isteach.
- Gabh go dtí *Insert* agus roghnaigh *Comment*.
- Scríobh an nóta tráchta san fhuinneog ag bun an scáileáin, mórán mar a dhéanfá le
  fonóta.
- Dún agus gabh ar ais go dtí an téacs.

Taispeántar gach nóta tráchta ar leith de réir mar a ghluaiseann an cúrsóir thar an
bpointe iontrála, sin nó is féidir *Comments* a roghnú ón roghchlár *View* chun na nótaí
go léir a léamh in aon sraith amháin. Cuireann *Edit Comment* ar do chumas cur leis an
nóta tráchta nó baint de mar is mian leat féin. Bealach an-éifeachtach atá ann chun
aiseolas a thabhairt d'údair, go háirithe faoi phointí caolchúiseacha.

Ceisteanna téarmaíochta atá i dtreis sa sampla thíos.

Fáilte go Ré an Eolais
Tá eacnamaíocht domhain ag athrú. Ní geilleagar tionsclaíoch a bheidh ann feasta, ach geilleagar faisnéise. Tá ríomhairí agus an tIdirlíon tar éis modhanna oibre a athrú go mór. Más mian linn bheith iomaíoch i Ré seo an Eolais, caithfimid díriú ar bhonneagar, ar oideachas, ar thraenáil agus ar sholáthar seirbhísí leathanbhanda.

> Comment [AML1]: B'fhearr 'geilleagar' a úsáid tríd síos.

> Comment [AML2]: B'fhearr 'eolas' a úsáid tríd síos.

Tarlaíonn sé in amanna go mbíonn níos mó ná eagarthóir amháin ag plé leis an téacs. Seans go mbeifí ag iarraidh a thaispeáint cé a scríobh an nóta tráchta: eagarthóir A nó eagarthóir B. Is féidir ainm an úsáideora, nó túslitreacha an ainm, a chur le gach nóta tráchta.

Is ar éigean is gá a rá gur chóir tráchtaireacht mhúinte réasúnta a bheith sna nótaí tráchta agus gan cumas scríbhneoireachta ná intleacht an údair a dhíspeagadh ar aon bhealach. Ba chóir na nótaí tráchta go léir a scrios sula gcuirtear an téacs ar aghaidh go dtí an cliant.

8.18 Litreoirí

Is fada ó shin a cuireadh na chéad litreoirí Béarla ar fáil le haghaidh Microsoft Word agus Mac. Tá fadhbanna áirithe leo i gcónaí. Breac isteach logainm nó ainm pearsanta Éireannach nach bhfuil i stór focal an litreora agus siúd an líne dhearg faoi bhun an fhocail ag comharthú go bhfuil sé 'mícheart'. Ní miste sin; níl le déanamh ach neamhaird a thabhairt air nó an focal a iontráil i bhfoclóir an ríomhaire (cliceáil ar thaobh clé na luchóige agus roghnaigh *Add).* Is measa i bhfad an fheidhm sin AutoCorrect, atá faoi Tools in Microsoft Word, mar athraíonn sé focail Ghaeilge go focail Bhéarla gan rabhadh ná rogha a thabhairt duit.

> Is léiriú ar conas atá meon an tsaoil ghnó dulta i bhfeidhm ar an gcóras sláinte go dtugtar 'client' ar other.

'Cliant' agus 'othar' a theastaíonn sa sliocht thuas, ach tá *AutoCorrect* i ndiaidh cinneadh eagarthóireachta dá chuid féin a dhéanamh agus *client* agus *other* a dhéanamh díobh. Is féidir leis an eagarthóir Gaeilge *AutoCorrect* a mhúchadh ar fad nó na roghanna is mó a chuireann an téacs as a riocht a scrios, mar shampla an réamhfhocal 'i', a ndéanann *AutoCorrect* 'I' de.

- Gabh go *Tools > AutoCorrect*.
- Bain amach an tic atá sa bhosca *Replace text as you type*.
- Cliceáil *OK* agus dún.

Is olc a oireann bogearraí Béarla don phróiseáil focal i nGaeilge. Is maith, mar sin, go bhfuil litreoirí curtha ar fáil atá dírithe ar an nGaeilge. Tá dhá áis eagarthóireachta curtha ar fáil ag an gcuideachta Cruinneog. Litreoir is ea Gaelspell agus gramadóir/litreoir is ea Ceart. Féach *www.cruinneog.com*. Tá litreoir dá chuid féin forbartha ag Microsoft ar féidir é a íoslódáil ón suíomh *www.microsoft.com*. Cuardaigh *Office XP Add-in: Irish Proofing Tools*. Níl an litreoir sin oiriúnach ach do roinnt bheag córas oibriúcháin, áfach.

Seans go measfadh duine nach fiú mórán dua a chaitheamh le litriú, ach an litreoir ríomhaire a úsáid chun an téacs Gaeilge a sheiceáil. Áis thábhachtach don eagarthóir is ea an litreoir ach is iomaí cinneadh eagarthóireachta a bhíonn le déanamh fós.

- Ní aithneoidh an litreoir focal atá litrithe mar is ceart ach nach n-oireann don chomhthéacs. Caithfidh bheith faichilleach le focail atá an-ghar dá chéile maidir le litriú ach nach ionann ciall dóibh in aon chor m.sh. 'buile' = *rage* vs 'buille' = *blow* nó 'triail' = *trial* vs 'triall' = *travel*. Ní bhfaighidh an litreoir locht ar bith ort má scríobhann tú 'iarann' in áit 'iarrann' nó 'cáilitheacht' *(entitlement)* in áit 'cáilíocht' *(qualification)*.

- Bíonn cinneadh le déanamh nuair a bhíonn míréir idir na foinsí tagartha m.sh. 'reáchtáil' in FGB agus 'reachtáil' in EID nó 'dáréag' in *Gramadach na Gaeilge agus Litriú na Gaeilge: An Caighdeán Oifigiúil* agus 'dháréag' in FGB. Bíonn cinneadh eagarthóireachta le déanamh ina leithéid sin de chás m.sh. tús áite a thabhairt do FGB.

- Ní aithneoidh an litreoir gur mian leis an údar focail a rá faoi dhó m.sh. 'Tabhair mo bheannacht do do mháthair', 'Ní fhillfidh siad go deo deo' nó 'A stór, a stór nach dtiocfaidh tú?'

Ar ndóigh, níl litreoir dá mhéad ann a chuimseodh gach uile fhocal Gaeilge, go háirithe nuair a chuimhnítear ar na hathruithe a théann ar fhocail mar gheall ar infhilleadh agus claochlú tosaigh. Bítear ag súil go gcuirfidh úsáideoirí leis an bhfoclóir de réir mar a bhíonn siad ag obair. Caithfidh bheith fíorchúramach faoi sin; más mílitriú a shábháiltear is mílitriú a chuirfidh an litreoir ar fáil feasta.

8.19 An téacs a chuardach

Uirlis chumhachtach eile a chuir an próiseálaí focal i lámha an eagarthóra ná *Find and Replace*. Má thugtar faoi deara go bhfuil teideal an fhoilseacháin i gcló iodálach ar leathanach amháin agus i gcló rómhánach ar leathanach eile is féidir sciuird ghasta a thabhairt tríd an téacs agus an leanúnachas a chur i bhfeidhm. Má tá botúin áirithe ag teacht aníos arís agus arís eile mar shampla. 'an tseachtain seo chaite' nó 'Comhairle Condae', is féidir gach botún a aimsiú agus a chur ina cheart. Má tá sé de nós ag duine dhá spás a chur idir litir agus ponc ceiste nó idirstad, is féidir gach uile shampla a aimsiú agus a cheartú.

Tugann Suzanne Gilad (2007: 267) an focal mílitrithe *teh* ('the bastard cousin of *the*') mar shampla den leas is féidir a bhaint as *Find and Replace All.*

> If you don't want to go through the hassle of replacing the typos one by one, you can click the Replace All button, and in every single place the bastard cousin appears, its correct relative will replace it.

Tá go breá, ach tá fainic le cur ar eagarthóirí nua i dtaobh *Find and Replace All*. Is é an rogha núicléach é, agus is iomaí téacs a cuireadh as a riocht dá bharr. Cuir i gcás go dtugtar botún téarmaíochta faoi deara, mar shampla úsáidtear 'acht' nuair is 'bille' ba chóir a bheith ann. Má dhéantar *Find and Replace All* air sin d'fhéadfadh gach sampla de 'acht' *taobh istigh* d'fhocal a athrú chomh maith: 'bunrebille' ('bunreacht') nó 'febilleas' ('feachtas'). Is fíor go bhféadfadh spás a chur ar gach taobh den fhocal 'acht' sa bhosca cuardaigh ach ní aimseofaí samplaí infhillte ('an achta', 'an t-acht', 'achtanna') ná samplaí a bhfuil camóg nó lánstad nó comhartha poncaíochta eile taobh leo. Agus cuir i gcás go n-úsáidtear 'acht' i gciall eile ar fad, mar shampla, 'ar acht nó ar éigean' nó 'ar acht nach ndéanfadh sé arís é'. Is é an toradh a bheadh air sin ná 'ar bille nó ar éigean' agus 'ar bille nach ndéanfadh sé arís é.' Seans gur deimhin leat leagan áirithe a bheith mícheart, mar shampla 'Condae', ach cuir i gcás gurb é sin an leagan a úsáidtear i dteideal seanleabhair éigin atá luaite sa téacs? Níor chóir a leithéid a athrú.

Is críonna an mhaise don eagarthóir cloí leis an rogha Find agus cinneadh a dhéanamh faoi gach 'acht' ina chomhthéacs féin. Beidh cuardach le déanamh faoi dhó nó faoi thrí: 'acht' agus spás ar gach taobh ar dtús sa chaoi is nach dtaispeánfar gach 'bunreacht' agus 'feachtas' duit. Sin nó is féidir Find whole words only a roghnú. Bheadh *Match case* fíorúsáideach dá mba rud é gur 'Acht' a bheadh á lorg agat.

8.21 Taifead oibre

Más saoreagarthóir thú is dócha go mbeidh tú ag iarraidh íocaíochta de réir an ama atá caite agat ar jab faoi leith. Fiú amháin más eagarthóir foirne thú, is deas súil a chaitheamh ar an méid ama a chaitear le jabanna áirithe chun gur féidir an obair a bhainistiú níos éifeachtaí feasta. Thiocfadh an t-am den lá a dtosaítear ag obair a bhreacadh síos ar phár agus an cleas céanna a dhéanamh arís nuair a bheidh an seisiún oibre thart. Ní i gcónaí a chuimhníonn daoine air sin, áfach. Tá roinnt bealaí ann chun taifead leictreonach a choinneáil. Ceann díobh sin ná an *File > Properties* in Microsoft Word. Má chliceáiltear ar *Statistics* tugtar eolas faoin uair a cruthaíodh an comhad, na huaireanta a osclaíodh agus a athraíodh é. Tá taifead cuairteanna agus taifead ama ann chomh maith.

Revision number: 8

Total editing time: 188 minutes.

Ar ndóigh, níl sa taifead sin ach cuntas ar an achar ama a raibh an comhad oscailte agat; d'fhéadfadh sé gur ag amharc amach ar an bhfuinneog a bhí tú ar feadh an ama, nó ag ithe lóin nó ag freagairt do chuid ríomhphoist.

Tá roghanna eile ann is féidir a íoslódáil ón nGréasán. Saorearra is ea Time Stamp *(www.syntap.com)* a bhfuil leagan amach an-tarraingteach ar fad air. Coinníonn sé taifead ar an am atá caite ar an jab agus ríomhann an íocaíocht atá dlite díot de réir pé ráta íocaíochta a shocraíonn tú. Is féidir an taifead sin a phriontáil nó a shábháil mar chomhad téacs. Ach is é an feidhmchlár is fearr ar fad, dar liomsa, ná ExactSpent *(www.exactspent.com)* atá an-chosúil le Time Stamp ach a bhfuil buntáiste nach beag aige: is féidir é a shocrú sa tslí is go meabhróidh sé duit nár leag tú méar ar an méarchlár le tamall.

8.21 Próifíl: Agallamh le Séamus Mac Conmidhe

Tá Séamus Mac Conmidhe ina shaoraistritheoir agus ina eagarthóir le tionscadal acmhainní oideachais a chuireann ábhair léitheoireachta ar fáil do scoileanna Gaeltachta agus scoileanna lán-Ghaeilge. D'iarr mé air cur síos dom ar an bpróiseas eagarthóireachta agus ar a mhodhanna oibre féin.

Tá slán fágtha aige, mórán mór, leis an eagarthóireacht peann agus pár.

'Is fearr i bhfad liomsa an téacs a léamh ar scáileán, go háirithe má tá eagarthóireacht le déanamh air, seachas botúin a mharcáil ar phár. Uair amháin a iarradh orm sin a dhéanamh – b'éigean dom an téacs a chló ó chomhad PDF agus na profaí a mharcáil le peann luaidhe. Bhí uimhir le cur le gach athrú agus ansin nótaí le scríobh i bhformáid MS Word. Crá croí a bhí ann agus cha ghlacaim le hobair mar sin arís má bhíonn neart agam air.'

Úsáideann Séamus na feidhmeanna *Track Changes* agus *Comment* in MS Word chun aiseolas a thabhairt do scríbhneoirí. Ní i gcónaí, áfach, a chuirtear leasuithe ar an téacs i gcead an údair.

'Braitheann sin ar an údar. Go minic iarrann duine níos sinsearaí ná mé téacs a cheartú ó thaobh gramadaí agus litrithe de agus é a chur ar aghaidh chuig an fhoilsitheoir. Má tá a dhath doiléir nó as alt chuirfinn an téacs ar ais go dtí an t-údar ag iarraidh an scéal a shoiléiriú. Amanna bíonn próiseas cruthaitheach i gceist agus bheadh, abair, scéal ag dul anonn is anall idir mé, an bunúdar agus b'fhéidir eagarthóir eile. B'fhéidir go mbeadh sraith nó dhó eagarthóireachta ann ina dhiaidh sin agus go mbeadh na heagarthóirí sin ag cur athruithe faoi mo bhráidse. In amanna is 'comhúdar' a bhíonn ionam de bharr an méid athruithe a dhéanaim.

'Má tá an t-údar ag iarraidh aischothú a fháil is gnách liom na hathruithe a dhéanaim ar an téacs a rianú. Má shílim go mbeadh ceist ann cuirim ráiteas beag leis an téacs a mhíníonn an t-athrú. Maidir le hathruithe móra, b'fhéidir go mbeadh comhrá ann ar dtús. Cuirim fáilte roimh cheisteanna i gcónaí. Tarlaíonn sé anois agus arís go mbíonn dul amú orm agus go gcuireann an t-údar ar bhealach mo leasa mé.'

Tá an dá threo ann, mar sin. Bíonn eagarthóirí agus scríbhneoirí buíoch as comhairle a chéile. Ní bhíonn fios gach feasa ag aon duine.

'Bítear an-bhuíoch agus, ar ndóigh, bímse buíoch as comhairle fosta, nuair is ormsa a bhíonn an dul amú. Tá sé tábhachtach go dtuigeann cliant nach Asarlaí Oz é an t-eagarthóir. Bíonn seisean ag brath ar fhoinsí chomh maith le duine ar bith eile. Féadann sé tarlú go síleann eagarthóir go bhfuil dul cainte nó litriú focail nó riail ghramadaí ar bharr a ghoib aige. Níor cheart, áfach, athrú a dhéanamh gan é a bheith dearbhaithe sna foinsí údarásacha. Caithfear, fosta, bheith béasach múinte i gcónaí.'

AONAD 9
AISTRIÚCHÁIN A ATHBHREITHNIÚ

Cuspóirí an aonaid seo

- Na téarmaí 'eagarthóireacht' agus 'athbhreithniú' a shainmhíniú agus na difríochtaí idir an dá chineál oibre a léiriú.
- Na cuir chuige éagsúla a mhíniú.
- Léargas ar an aistriúchán droim ar ais.
- Léargas ar dhea-chleachtais le Bríd Ní Fhlathúin.
- Plé ar fhadhbanna teanga a bhaineann go sonrach leis an aistriúchán.

9 Intreoir

Glacaimis leis, de ghrá na héascaíochta, gur ó Bhéarla go Gaeilge a bhíonn treo an aistriúcháin. Le fírinne, is beag aistriúchán a dhéantar sa treo eile. Bíonn cláir theilifíse Ghaeilge le fotheidealú i mBéarla, ceart go leor. Déantar corrshaothar liteartha a aistriú go Béarla, go háirithe iad sin a chuirtear ar shiollabas scoile nó ollscoile. Seans go mbeadh comhfhreagras agus corrdhoiciméad oifigiúil a scríobhadh i nGaeilge le haistriú, mar shampla iarratais ar mhaoiniú a chuirtear faoi bhráid na Comhairle Ealaíon nó na Comhairle Oidhreachta; ach níl obair sheasmhach ann d'aon duine a dhéanfadh speisialtóireacht den aistriúchán ó Ghaeilge go Béarla.

Aistriúcháin ó Bhéarla is ea formhór mór na dtéacsanna Gaeilge a fhoilsítear faoi Acht na dTeangacha Oifigiúla 2003, idir bhileoga eolais, fhoirmeacha iarratais, thuarascálacha bliantúla, shuímh Ghréasáin, dhoiciméid bheartais agus eile. Ní háibhéil a rá go bhfuil ár lagiarracht féin chun an dátheangachas a bhaint amach ag brath ar chaighdeán an aistriúcháin go Gaeilge; ní bhainfear aon leas as seirbhísí ná téacsanna Gaeilge mura mbeidh muinín ag daoine astu. Ach tá dearcadh diúltach ag cuid mhór de lucht na Gaeilge i leith na n-aistriúchán céanna, mar atá ráite ag Máiréad Ní Chinnéide (2002: 12):

Le cúpla bliain anuas tá Banc na hAlban ag cur leagan gearr dá thuairisc bhliantúil ar fáil agus moladh go hard iad, ní amháin as an pholasaí seo a bheith acu, ach as a shoiléire sholéite a bhí an leagan Gaeilge. Ach léiriú é ar a laghad dul chun cinn atá déanta againn ó aimsir de hÍde, nuair a dhéantar rud mór as dea-aistriúchán go Gaeilge: agus ní mór dom a rá go bhfuil tuairiscí feicthe agam ina bhfuil an Ghaeilge ina haistriúchán lom, focal ar fhocal, ar dhroch-Bhéarla agus is dóigh liom gur mó dochar ná maitheas a dhéanann sin don teanga.

Is dearcadh an-tomhaiste é sin, a admhaíonn go bhfuil an dea-eiseamláir ann chomh maith leis an aistriúchán bacach. Is ea, ba chóir go mbeadh gach aistriúchán Gaeilge soiléir soléite. Cén fáth nach mbíonn? Tá cúiseanna sochtheangeolaíocha leis nach féidir a phlé anseo. Ní luafaidh mé ach fadhb bhunúsach amháin a bhaineann leis an leagan amach atá ar thionscal an aistriúcháin ó Bhéarla go Gaeilge faoi láthair: is saoraistritheoirí iad formhór mór na ndaoine a bhíonn ag aistriú go Gaeilge. Cuireann siad Gaeilge ar an téacs agus, más aistritheoirí scrupallacha iad, déanfaidh siad toradh a saothair a léamh, a mheas agus a cheartú. Dá dhíograisí a bheadh duine i mbun na hoibre sin is léir nach socrú sásúil é. Ní léir dúinn ár gcuid botún féin; dá mba léir ní dhéanfaimis iad. Bíonn ár dtuiscintí pearsanta féin againn ar chiall focal is nathanna. Déanaimid ginearálú ar ghnéithe áirithe den ghramadach agus rócheartú ar ghnéithe eile. Gach seans go dtuigfimidne ciall an aistriúcháin, muidne a bhí sáite san obair, ach nach dtuigfeadh an dara duine é gan tagairt siar don téacs Béarla.

Dá mbeadh an saol mar is ceart bheadh gach uile shaoraistritheoir in ann tarraingt ar chomhairleoirí ardoilte a dhéanfadh an téacs Gaeilge a mheas go fuarchúiseach oibiachtúil. Is fada uainn an lá sin, áfach. Idir an dá linn beidh saoraistritheoirí freagrach as slacht a chur ar a saothar féin. Caithfear scileanna a theagasc dóibh chun go mbeidh ar a gcumas sin a dhéanamh go ceart córasach. Is é cuspóir an aonaid seo roinnt dea-chleachtas agus prionsabal a leagan síos. 'Prionsabail' a deirim, agus ní rialacha dochta daingne. Ní mór aistritheoirí a chur a smaoineamh faoin ngné seo den obair, mar is léir don saol go bhfuil neamart á dhéanamh inti. Is iomaí sin saoraistritheoir nach ngearrann táille ar obair athbhreithnithe – comhartha cinnte nach bhfuiltear ag caitheamh an dua is dual léi nó, rud níos measa fós, nach mbactar léi ar chor ar bith.

9.1 Eagarthóireacht nó athbhreithniú?

Úsáidtear téarma ar leith – 'athbhreithniú' – chun trácht ar an tseiceáil agus leasú a dhéantar ar aistriúcháin. Tá sainmhíniú gonta ag Mossop (2001: 83):

Revising is that function of professional translators in which they identify features of the draft translation that fall short of what is acceptable and make appropriate corrections and improvements.

De ghrá na héascaíochta, úsáidtear 'athbhreithniú' sna nótaí seo ag trácht ar (1) obair a dhéanann athbhreithneoirí ar shaothar aistritheoirí eile agus (2) ar a gcuid aistriúchán féin. Disciplín óg is ea Léann an Aistriúcháin agus tá an téarmaíocht scaoilte go maith go fóill. Tugaimse 'athbhreithniú' ar an obair a dtabharfadh daoine eile 'profú' nó 'eagarthóireacht' uirthi. Mar sin féin, sílim gur cabhair dúinn dealú a dhéanamh idir athbhreithniú agus an ghnátheagarthóireacht mar go mbíonn gné chomparáideach i gceist san aistriúchán nach mbíonn i ngnáthobair an eagarthóra. Ní hamháin go mbíonn an t-aistriúchán le meas mar théacs Gaeilge; is amhlaidh a bhíonn sé le meas i bhfianaise an téacs Béarla chomh maith. Ar tugadh an chiall slán? Ar fágadh sleachta den téacs foinseach ar lár san aistriúchán? Rud eile de: bíonn lochtanna teanga ar aistriúcháin Ghaeilge nach mbíonn ar bhuntéacsanna Gaeilge de ghnáth, mar a phléitear in Aonad 10.

Bíonn athbhreithneoirí sa tóir ar na pointí míchruinnis agus doiléire atá liostaithe in ailt 1.1 agus 1.3 ach coinníonn siad súil ghéar ar roghanna an aistritheora chomh maith. Tugann siad breithiúnas ar cé chomh bailí is atá na roghanna sin i gcomhthéacs sheánra, chuspóir agus spriocléitheoirí an téacs aistrithe. Is iomaí sin fadhb a thagann aníos le linn d'aistriúchán a bheith á athbhreithniú agus níl aon fhadhb is coitianta ná an sprioctheanga a bheith curtha as a riocht ag comhréir, ag cora cainte agus ag gnásanna na teanga foinsí. Tugtar 'aistriúcháinis' ar an bhfriotal mínádúrtha a bhíonn i dtéacsanna aistrithe. Tá sampla breá ag Vera agus Danilo Nogueira (2004):

> Translationese is that strange language you only see in translation. There is no reason for a translation to look weird. If you are working in English, for instance, look out for things like 'The legislator of our fatherland found it to be a good thing to allow such action, being that under the previous legislation it was held to be illegal.'

Tá lorg na Gearmáinise, nó teanga atá gaolmhar léi, ar an sliocht gairid sin. Ní nós le Béarlóirí an focal *fatherland* a úsáid agus iad ag caint ar a dtír féin. Is mó seans go ndéarfaidís *parliament* seachas *legislator* nó *legislature*, ar an taobh abhus den Atlantach ar aon nós. Nath fadálach go leor is ea *found it to be a good thing to allow such action*. Dá mba chainteoir dúchais Béarla a scríobhfadh an téacs an chéad lá riamh is cinnte go mbeadh sé níos gonta agus níos soiléire.

Parliament decided to allow this by changing existing legislation.

Ní san aistriúchán amháin a fheictear a leithéid sin de fhriotal lochtach. Deir daoine gur 'aistriúcháinis' atá i roinnt mhaith buntéacsanna Gaeilge, toisc tionchar an Bhéarla a bheith le brath chomh mór sin ar a bhfriotal agus ar a gcomhréir. Is dócha nach bhfuil sé áibhéalach a rá go mbíonn próiseas éigin atá cosúil le haistriúchán ag dul ar aghaidh; gur i mBéarla a bhíonn na scríbhneoirí ag smaoineamh agus nach ndéanann siad ach culaith Ghaeilge a chur ar chreatlach Bhéarla. Bíodh sin mar atá, is ar théacsanna aistrithe is troime a bhíonn lorg an Bhéarla. A leithéid seo, a baineadh as bileog eolais ag moladh slite ina bhféadfadh daoine páirt a ghlacadh i Lá Idirnáisiúnta na dTeangacha.

Cruinniú Bricfeásta Mór-roinnigh[1]	**Continental Breakfast Meeting**
Tosaigh sa chaoi a bhfuil sé i gceist agat leanúint ar aghaidh[2] le cruinniú bricfeasta mór-roinnigh. Socraigh seachadadh[3] croissants, taosrán Danmhargach, pumpernickel, feolta fuara nó cáise chomh maith le caifé[4] ó áiteanna ar fud an domhain, nó iarr ar gach ball foirne rud éigin a thabhairt isteach.	Start as you mean to go on, with a continental breakfast briefing or meeting. Arrange a delivery of croissants, Danish pastries, pumpernickel, cold meats or cheese as well as coffees from around the world or ask each staff member to contribute something.

Dhéanfadh eagarthóir ar bith an mílitriú a cheartú – 'bricfeasta' in áit 'bricfeásta' i dteideal an ailt agus 'caife' in áit 'caifé'. Tá mionphointe poncaíochta ann: b'fhearr 'd' beag seachas ceannlitir a úsáid i dtús na haidiachta 'danmhargach' mar ní tagairt don náisiúntacht atá ann. Ach is 'mí-aistriú' is cúis leis an téacs Gaeilge a bheith díreach chomh ciotach is atá, mar is léir ón tráchtaireacht seo thíos. Tá na huimhreacha sna nótaí ag tagairt do na huimhreacha atá breactha ar an téacs thuas.

1 Aistriúchán rólitriúil ar fad. Toisc gur aidiacht atá sa téacs Béarla roghnaigh an t-aistritheoir aidiacht Ghaeilge. Cuireadh an aidiacht sin sa tuiseal ginideach, mar bharr ar an donas.

2 Béarla agus sínte fada air. Tá neart frásaí simplí coitianta i nGaeilge a thugann an chiall leo.

3 Caithfear ciall an Bhéarla a aimsiú ar dtús. Níl i gceist ach bia a ordú nó a cheannach. Tá réim i bhfad ró-ard le 'socraigh seachadadh'. Ní téacs dlí é seo.

4   *coffees from around the world…* a bhí sa téacs Béarla. In ainneoin go dtugtar an t-iolra sna foclóirí, bheadh cuma ait ar 'caifí'. B'fhearr focal cáilithe a chur leis an ainmfhocal chun an t-iolra a chur ar fáil: 'cineálacha caife'.

Ceithre leasú ar fad, mar sin, ach féach mar a chuireann siad comaoin ar an aistriúchán Gaeilge.

Cruinniú Bricfeasta ar nós na Mór-roinne

Cén chaoi ab fhearr le tús a chur ar an lá ná cruinniú bricfeasta ar nós na Mór-roinne? Ordaigh roinnt croissants, taosráin dhanmhargacha, pumpernickel, feolta fuara nó cáis agus cineálacha caife ó gach cearn den domhan; sin nó iarr ar gach duine den fhoireann rud éigin a thabhairt isteach ar maidin.

Seans nár mhiste *pumpernickel* a thraslitriú mar atá déanta ag an gCoiste Téarmaíochta ('pumpairnicil'). Ach is mionrud é sin.

9.2 Cleachtadh

Seo thíos téacs eile a bhaineann le Lá Idirnáisiúnta na dTeangacha.

- Léigh an téacs agus breac síos samplaí de róthionchar an Bhéarla ar an aistriúchán Gaeilge.
- Bí ag smaoineamh ar na rudaí seo a leanas: cé chomh hoiriúnach is atá na leaganacha cainte agus na téarmaí a roghnaigh an t-aistritheoir?
- An bhfuil an chomhréir oiriúnach don Ghaeilge?
- Cad iad na rudaí nach mbeifeá ag súil leo i dtéacs a scríobhadh i nGaeilge an chéad lá riamh?
- Déan iarracht d'athleagan féin a chur ar fáil, atá saor ó aistriúcháinis.
- Cuir an tráchtaireacht agus an t-athleagan i gcomparáid leis na nótaí san aguisín 'Tráchtaireacht ar na cleachtaí in Aonad 9.'

Lón 'tabhair leat' Síneach

Cleacht do chuid Sínise agus bíodh béile blasta agat ag an am céanna. Labhair le do bhialann áitiúil 'tabhair leat' Shíneach i Sínis – is cinnte go rachaidh sé i bhfeidhm orthu! Nuair a thagann an bia, pléigh chomh blasta is atá an béile roimh leanúint ar aghaidh go dtí ábhair eile, cinn a bhaineann le cúrsaí oibre agus cinn nach mbaineann. De rogha air sin, tóg do cheiliúradh go dtí do bhialann áitiúil agus bain triail as do chuid scileanna teanga ar an bhfoireann freastail chomh maith le triail a bhaint astu le chéile.

Chinese take-away lunch

Practise your Chinese and have a tasty meal at the same time. Speak to your local take-away in Chinese – they are sure to be impressed! When the food arrives, discuss how delicious the meal is before moving on to different topics, work-related or otherwise. Alternatively, take your celebration to your local restaurant and try your language skills on the waiting staff as well as each other.

9.3 Cleachtadh

Cuir slacht ar na paragraif seo as an leabhrán dátheangach *Preparing for Major Emergencies/Ag Ullmhú i gComhair Mór-éigeandálaí.*[1] Úsáid an modh oibre céanna is a d'úsáid tú sa Chleachtadh thuas faoi 9.3. Níl tráchtaireacht ar bith déanta ar an sampla seo. Fút féin atá sé!

Introduction

By sending this handbook to every home in the country, the Government seeks to provide reassurance that there are well thought out plans in place to be used in the event of a major emergency.

There is no reason to think that a major emergency is likely in the immediate future. However no matter how unlikely

Réamhrá

Is mian leis an Rialtas, tríd an lámhleabhar seo a chur chuig gach teach sa tír, dearbhú don phobal go bhfuil pleananna dea-ullmhaithe ar bun a chuirfear i bhfeidhm má tharlaíonn móréigeandáil.

Níl cúis le ceapadh gur dócha go dtarlóidh mór-éigeandáil sa todhchaí atá romhainn. Ach is cuma cé chomh neamhdhóchúil atá

---

1 An Oifig um Pleanáil Éigeandála a d'fhoilsigh, 2008. Ghlan mé na botúin litrithe sa chaoi is go dtiocfadh díriú ar thionchar an Bhéarla ar an nGaeilge.

some of the scenarios outlined in this handbook may be, knowing that they have been planned for will make it easier to remain calm and confident if one does happen.

Behind the scenes, many public servants including members of An Garda Síochána and the Defence Forces are constantly preparing and updating the actions necessary in the event of an emergency.

I would like to thank those who work on preparing these plans and to pay tribute to all those involved in emergency planning for their continued commitment to protecting the public.

Bertie Ahern TD, Taoiseach

cuid de na cnámhscéalta atá leagtha amach sa lámhleabhar seo más eol go ndearnadh pleananna lena n-aghaidh, beidh sé níos éasca bheith socair agus muiníneach má tharlaíonn aon cheann acu.

Agus iad ag obair faoi choim, leanann roinnt de na seirbhísí poiblí, comhaltaí an Gharda Síochána agus de na Fórsaí Cosanta, ar aghaidh i gcónaí ag ullmhú agus ag síorleasú na mbeart a bheadh riachtanach in am an ghátair.

Ba mhaith liom buíochas a ghabháil leo siúd a oibríonn ar na pleananna seo, agus ómós a thabhairt dóibh siúd go léir go bhfuil baint acu le pleanáil éigeandála as a ngealltanas leanúnach chun an pobal a chosaint.

Parthalán Ó hEathírn TD, Taoiseach

9.4 Cé chomh cuimsitheach?

Ní athscríobh ó bhonn atá san athleagan a rinneadh ar *Continental Breakfast Meeting*. Ach oiread le gnátheagarthóirí, bíonn dualgas ar athbhreithneoirí meas a bheith acu ar roghanna an aistritheora agus gan an téacs a athrú mura bhfuil cúis mhaith leis. Is amhlaidh a bhíonn an t-aistritheoir agus an t-athbhreithneoir ag obair de réir na dtéarmaí tagartha céanna. Ní féidir leis an aistritheoir straitéis aistriúcháin a roghnú gan eolas áirithe a bheith aige/aici ná ní féidir leis an athbhreithneoir breithiúnas a thabhairt ar cé chomh héifeachtach is atá an t-aistriúchán in éagmais an eolais chéanna:

• Cén cineál aistriúcháin a theastaíonn ón gcliant m.sh. aistriúchán dílis, saoraistriúchán nó eile?

• Cé hiad na spriocléitheoirí m.sh. daoine fásta, daltaí scoile, saineolaithe nó an pobal trí chéile?

- Stádas an téacs m.sh. an téacs 'leathoifigiúil' é ar nós na dtuarascálacha bliantúla a fhoilsíonn comhlachtaí stáit chun eolas a scaipeadh, nó an amhlaidh gur téacs oifigiúil é a dteastaíonn cruinneas agus dílseacht thar mar is gnách ann?

D'fhéadfadh ceisteanna eile teacht aníos. Cuir i gcás gur bileog eolais faoi sheirbhísí sláinte i nGaeltacht Mhúscraí atá le haistriú. Seans go mbeadh an cliant ag iarraidh blas na canúna a bheith ar an téacs, sa dóigh is nár mhiste don aistritheoir imeacht ón gcaighdeán oifigiúil thall is abhus. Tarlaíonn sé ar uairibh gur mian leis an gcliant go gcloífí le téarmaí ar leith m.sh. 'faireachán' in áit 'monatóireacht'. Admhaím nach gnách le heagraíochtaí na hearnála poiblí a leithéid de mhachnamh a dhéanamh i dtaobh an aistriúcháin Ghaeilge, ach caithfidh an t-aistritheoir agus an t-athbhreithneoir araon cibé riachtanais a bheadh ag an gcliant a chur san áireamh.

Bíonn tionchar ag stádas an téacs agus ag mianta an chliaint ar an straitéis aistriúcháin agus ar an bpróiseas athbhreithnithe araon. Is dá réir sin a dhéantar cinneadh faoi cé chomh cuimsitheach agus a bheidh an t-athbhreithniú. An t-athbhreithniú is cuimsithí ar fad ná léamh dátheangach ar an téacs foinseach iomlán agus ar an aistriúchán iomlán. Cuirtear an dá théacs i gcomparáid abairt ar abairt, leathanach ar leathanach. Teastaíonn a leithéid sin de mhionléamh ar théacsanna dlí, chun deimhin a dhéanamh de nár bhain an t-aistritheoir míthuiscint as cuid ar bith den téacs foinseach, go n-úsáidtear an téarmaíocht Ghaeilge go comhleanúnach cruinn agus mar sin de.

Ní i gcónaí a bhíonn an t-am ann chun an mhionchomparáid sin a dhéanamh. Caithfidh saoraistritheoirí agus aistritheoirí foirne cinneadh a dhéanamh i gcomhthéacs thábhacht agus chastacht an téacs. B'fhéidir go mbeadh an t-aistriúchán ag teastáil go práinneach, mar shampla preasráiteas a chaithfear a aistriú agus a fhoilsiú i mbeagán ama. Seans go measfadh daoine nach bhfuil an preasráiteas céanna chomh tromchúiseach sin ar fad, agus nach fiú léamh comparáideach a dhéanamh ar an téacs Béarla agus ar an aistriúchán Gaeilge. Sa chás sin, léitear an t-aistriúchán Gaeilge amháin agus déantar é a leasú de réir mar is gá, faoi mar a dhéanfaí le téacs a scríobhadh i nGaeilge an chéad lá riamh. Is é an léamh aonteangach sin, go mór fada, is minice a dhéanann saoraistritheoirí Gaeilge.

Deir aistritheoirí agus athbhreithneoirí a bhfuil seantaithí acu ar a gceird nach gá dóibh an téacs foinseach a léamh chun mí-aistriúchán a aithint agus a rianú siar go dtí an Béarla. Cuir i gcás go dtagann siad ar aistriúcháinis den chineál seo:

Is tríd an bhfoghlaim ón bhfeachtas seo ar féidir linne uile an tairbhe fhollasach de chuid theicneolaíocht na faisnéise agus den Ghréasán Domhanda a bhaint.

Bíonn a fhios acu gur rud éigin mar seo a bhí sa Bhéarla:

It is through learning from this campaign that we can all enjoy the obvious benefits of information technology and the Worldwide Web.

Is ea, bíonn an-tuiscint ag athbhreithneoirí ar an droch-Ghaeilge. Is féidir leo slacht a chur ar an abairt Ghaeilge dá bharr sin, gan an Béarla a cheadú in aon chor.

Cabhróidh an feachtas seo linn go léir tairbhe a bhaint as an teicneolaíocht faisnéise agus as an nGréasán Domhanda.

Fiú mura bhfuiltear chun gach paragraf den téacs foinseach agus den aistriúchán a chur i gcomparáid go córasach ba chóir i gcónaí an téacs foinseach a cheadú má tá sleachta san aistriúchán nach féidir aon chiall a bhaint astu. Níor chóir 'buille faoi thuairim' a thabhairt ar an gciall nuair is féidir an téacs foinseach a cheadú chun deimhin a dhéanamh de. A leithéid seo, as an leabhrán *Na hAchtanna um Stádas Comhionann 2000 go 2004* a d'fhoilsigh an tÚdarás Comhionannais:

Déanann na hAchtanna um Stádas Comhionann 2000 go 2004:

• An comhionannas a chur chun cinn
• An chlaonleanúint a thoirmeasc…

Ná bíodh díomá ort mura dtuigeann tú an focal 'claonleanúint'. *Victimisation* atá i gceist agus is cosúil gur chum an t-aistritheoir an téarma as a stuaim féin, in ainneoin 'íospairt' a bheith ann cheana. Tá ciall éigin le 'claon' ach fágann 'leanúint' an léitheoir bocht ag tochas a chinn ag iarraidh ciall an téarma a fhuascailt. Dar le duine gur *stalking* atá i gceist. Níl duine dá oilte a thiocfadh sin a cheartú gan tagairt siar don téacs foinseach.

Contúirt eile a bhaineann leis an léamh aonteangach ná nach féidir a bheith cinnte gur aistríodh an téacs go léir. Is minic a fhágtar focail, clásail, abairtí agus sleachta iomlána ar lár. Tá contúirt ar leith ag baint le téacs atá 'leabaithe' mar shampla ceanntásca agus buntásca *(headers and footers)*, nó téacs a bheadh istigh i ngraf nó i léaráid. Más amhlaidh a rinneadh an t-aistriúchán faoi bhrú is faoi dheifir ní miste líon na bparagraf agus na bpointí urchair a chomhaireamh sa téacs foinseach agus san aistriúchán, féachaint an bhfuil siad de réir a chéile.

Is gnách le haistritheoirí anois leas a bhaint as feidhmchláir ar nós Trados nó Wordfast, a chuireann ar a gcumas abairtí nó sleachta a aistríodh cheana a 'athchúrsáil' as cuimhne aistriúcháin. Is mór an chabhair na feidhmchláir chéanna ach bíonn an chontúirt ann i gcónaí go mbainfear mí-úsáid astu. D'fhéadfadh, mar shampla, seanaistriúchán a roghnú ón gcuimhne agus é a iontráil sa téacs reatha agus gan iad a bheith ag meaitseáil a chéile go huile is go hiomlán. Ní aithneodh an t-athbhreithneoir an mhíréir a d'eascródh as sin gan an téacs foinseach Béarla agus an t-aistriúchán Gaeilge a chur i gcomparáid le chéile.

Buntáiste a bhaineann leis na feidhmchláir aistriúcháin ná go dtaispeántar an téacs foinseach Béarla agus an t-aistriúchán Gaeilge taobh le chéile ar an scáileán, rud a éascaíonn an léitheoireacht chomparáideach go mór.

Ní miste, fiú mura gcomhlíonann an téacs na critéir don léamh dátheangach, sleachta randamacha as an dá théacs a chur i gcomparáid. Tugaimis 'spotseiceáil' air sin. Is furasta súil a chaitheamh ar gach cúigiú nó gach deichiú leathanach den aistriúchán (nó ar pharagraf nó dhó ar na leathanaigh sin) agus é a mheas i bhfianaise an téacs fhoinsigh. Má bhíonn míréir shuntasach ann, nó má theipeann go minic ar an aistritheoir ciall an téacs fhoinsigh a thabhairt slán, is dócha go gcaithfear athbhreithniú níos déine a dhéanamh nó an téacs a aistriú an athuair.

Cad iad na critéir don léamh dátheangach, mar sin?
- Má tá feidhm dhlíthiúil nó reachtúil leis an téacs foinseach, sa chaoi go dteastaíonn aistriúchán an-dílis ar fad m.sh. reachtaíocht Éireannach agus Eorpach, doiciméid atá le húsáid in imeachtaí dlí, conarthaí fostaíochta.
- Má tá stíl nó ábhar an téacs fhoinsigh casta, deacair.
- Más aistritheoir anaithnid nó aistritheoir ar bheagán taithí a rinne an obair.
- Más amhlaidh a rinneadh an t-aistriúchán faoi bhrú mór ama.

Is dócha, i gcás go ndearnadh an jab faoi dheifir, nach mbeidh mórán ama ann don athbhreithniú ach oiread. D'fhéadfaí an jab a roinnt ar fhoireann athbhreithneoirí chun an obair a thapú. Ar a laghad ar bith ba chóir sleachta randamacha a léamh sa dá theanga.

9.5 Conas athbhreithniú a dhéanamh

Baineann athbhreithneoirí úsáid as na cleachtais eagarthóireachta a liostaítear in Aonad 8. Tá roinnt pointí breise le lua a bhaineann go dlúth le téacsanna aistrithe.

- Níor chóir, mar atá ráite thuas, tosú ar aistriúchán a athbhreithniú mura bhfuiltear ar an eolas faoi sheánra agus chuspóir an téacs, faoi na spriocléitheoirí agus faoi cibé riachtanais a bheadh ag an gcliant i dtaca le cur chuige aistriúcháin, téarmaíocht nó eile.
- Más amhlaidh atá tú chun aistriúchán a rinne tú féin a athbhreithniú b'fhearr tréimhse chomh fada agus is féidir a bheith ann idir an t-aistriúchán a dhéanamh agus é a athbhreithniú.
- Ba chóir go mbeadh cinneadh soiléir déanta maidir leis an gcineál athbhreithnithe atá le déanamh: léamh dátheangach, léamh aonteangach agus/nó spotseiceáil.

Beidh impleachtaí móra ag an gcinneadh deireanach sin maidir leis an modh oibre. Más léamh dátheangach atá le déanamh, mar shampla, cé acu téacs ba chóir a léamh i dtosach: an téacs foinseach Béarla nó an t-aistriúchán Gaeilge? Molaimse an t-aistriúchán Gaeilge iomlán a léamh i dtosach gan an téacs Béarla a cheadú ar chor ar bith. Ní hí an mhicreagarthóireacht is tábhachtaí le linn na chéad léitheoireachta seo; tabharfar botúin faoi deara ceart go leor, ach chuirfí isteach ar shruth na léitheoireachta dá mbeifeá chun iad a mharcáil, a sheiceáil agus a cheartú. Ag an gcéim seo bítear ag iarraidh an t-aistriúchán a léamh díreach mar a dhéanfadh an spriocléitheoir, gan bacadh le ceartú ná le comparáid. Obair mhacraileibhéil atá ann. Má tá lochtanna bunúsacha ar chur chuige an aistritheora feicfidh an t-athbhreithneoir trí shúile an spriocléitheora iad, mar shampla foclóir agus comhréir an aistriúcháin a bheith ródheacair do na spriocléitheoirí nó an t-aistriúchán a bheith róscaoilte nuair is aistriúchán dílis a theastaíonn.

B'fhearr tús áite a thabhairt don aistriúchán Gaeilge fiú nuair a thosaíonn an mhicreagarthóireacht i gceart; abairt den aistriúchán a léamh agus an téacs foinseach a léamh ina fhianaise sin. Dá dtosófaí leis an mBéarla is baolach go rachadh an t-athbhreithneoir féin faoi anáil na teanga sin agus nach gcuirfí sonrú i leaganacha aistriúcháinise sa Ghaeilge. Nuair is é an téacs Béarla an pointe fócais is mó an fonn a bhíonn ar an athbhreithneoir sleachta a athaistriú, fonn nár cheart géilleadh dó go rómhinic.

Beidh an t-aistriúchán le léamh níos mó ná uair amháin, mar ní féidir freastal ar gach cúram san aon léamh amháin. Má tá aird an athbhreithneora dírithe ar chruinneas téarmaíochta san aistriúchán, mar shampla, is féidir nach n-aimseofar míleanúnachas nó míchruinneas i ngnéithe eile. Má tá an t-athbhreithniú le déanamh go héifeachtach beidh ar an athbhreithneoir léamh agus athléamh a dhéanamh, agus díriú ar ghnéithe faoi leith le gach léamh acu: leagan amach, cruinneas nó stíl. Ba chóir modh oibre a shocrú de réir mar a mholtar in Aonad 8.

9.6 Ceartúcháin a dhéanamh

Bíonn an chontúirt ann go ndéanfaidh an t-athbhreithneoir an iomarca ceartúchán: ciútaí stíle nach dtaitníonn leis/léi a scrios, an prós a fheabhsú nó fiú amháin sleachta fada den téacs foinseach a athaistriú. Is ionann sin agus imeacht ó chúram an athbhreithnithe. Cad é a dhéanfá leis an téacs seo thíos, cuir i gcás?

Fuinneamh, an todhchaí agus tusa	**Energy, the future and you**
Dealraíonn sé gach lá a osclaímid an nuachtán nó a chuirimid an nuacht ar siúl go mbíonn gné-alt ann nó gnéchlár ar siúl faoin athrú aeráide, faoin téamh domhanda nó faoi chaomhnú fuinnimh.	It seems like everyday we open the paper or turn on the news there is a feature on climate change, global warming or energy conservation.

Tá an t-aistriúchán slán i dtaca leis an ngramadach agus litriú de ach níl sé gan locht ina dhiaidh sin.

- Tá tús na habairte beagáinín ait – cad é an rud seo a 'dhealraíonn gach lá'?
- Ba chabhair don léitheoir na gnáthfhocail 'alt' nó 'clár' a úsáid in ionad 'gné-alt' agus 'gnéchlár'.
- Tá an-chuid athrá san abairt, idir 'nuacht', 'ar siúl' agus 'gné'.

B'fhurasta leagan Gaeilge níos dúchasaí agus níos nádúrtha a chur ar fáil.

Níl lá a théann thart nach mbíonn alt nó clár nuachta ann faoin athrú aeráide, faoin téamh domhanda nó faoin gcaoi chun fuinneamh a chaomhnú.

Ach fan ort go fóill beag. An seoid litearatha atá uainn nó téacs pragmatach a chuirfeadh teachtaireacht shimplí i láthair an léitheora? Is é atá ann ná bróisiúr beag eolais ó Bhord Soláthair an Leictreachais. Tá dhá aidhm leis (1) a fhógairt go bhfuil comórtas á rith acu agus (2) daoine a threorú go dtí suíomh Gréasáin ar a bhfaighidh siad tuilleadh eolais faoi shlite chun fuinneamh a chaomhnú sa bhaile. Crá síoraí atá i ndán don té nach féidir leis aistriúchán beag measartha mar sin a scaoileadh thairis gan tosú ar é a aistriú arís as an nua.

Ní hionann sin a rá nár chóir a leithéid d'aistriúchán 'beagthábhachtach' a cheartú.

- Nuair atá míchruinneas nó míleanúnachas ann mar a liostaítear in alt 1.1.
- Nuair nach féidir é a thuiscint gan an téacs foinseach a cheadú m.sh. 'Ná fág d'araid rothaí folmhaithe ar an gcosán go buan. Tabhair ar ais ar do mhaoin féin í.'
- Nuair nach féidir é a thuiscint ach le mórdhua mar gheall ar mhí-aistriú (murab ionann agus an t-ábhar féin a bheith deacair, casta) m.sh. 'Is furasta dúinn brath nach féidir linn aon ní a dhéanamh nuair a fhéachaimid ar an bPictiúr Mór'.

Agus lochtanna den chineál sin á gceartú i dtéacs neamhoifigiúil is fusa agus is tapúla go mór an t-aistriúchán féin a dheisiú seachas dul siar go dtí an téacs foinseach agus d'aistriúchán úrnua féin a dhéanamh. Rachaidh tú in abar ag iarraidh cruinnchiall an Bhéarla a thabhairt leat nó ag iarraidh d'abairt úrnua a fhí isteach sa téacs thart uirthi, nuair nach bhfuil le déanamh dáiríre ach slacht a chur ar an abairt Ghaeilge mar a dhéanfadh eagarthóir ar bith.

> Ná fág an araid rothaí amuigh ar an gcosán. Tabhair isteach ón tsráid í tar éis don Chomhairle an bruscar a bhailiú.

> Ní hionadh ar bith é, agus muid ag féachaint ar a bhfuil ag tarlú sa saol mór, go mbraithimid nach féidir linn aon ní éifeachtach a dhéanamh.

Glac comhairle ó Brian Mossop (2001: 128):

> Write 'do not retranslate' on a piece of paper and post it in front of you: recite it 100 times before going to bed, play a quiet recording of it while you sleep so that the idea enters your subconscious. A reviser who constantly retranslates is an economic burden on the organization and a cause of low morale among translators.

Is é an focal is tábhachtaí ansin ná *constantly*. Teastaíonn athaistriú ó am go chéile. Is seift thar a bheith éifeachtach é chun cruinneas agus dílseacht an aistriúcháin a mheas, mar a mhínítear in alt 9.10.

Is fíor go mbíonn níos mó ceartúchán le déanamh ar aistriúcháin Ghaeilge ná mar a bhíonn ar aistriúcháin sna mórtheangacha. Bíonn iontas ar chuid de mo chomhghleacaithe a bhíonn ag plé le Fraincis nó le Gearmáinis nuair a deirim leo go bhféadfadh os cionn céad ceartú a bheith le déanamh ar aistriúchán míle focal sa Ghaeilge. Dar leo nach bhfuil sin inghlactha. Admhaím go mbíonn ualach mór oibre ar an athbhreithneoir Béarla–Gaeilge. Ceist a éiríonn as sin: cé chomh holc agus a chaithfeadh aistriúchán a bheith sula ndéarfadh an t-athbhreithneoir 'Níl caighdeán na hoibre seo inghlactha. Molaim é a thabhairt ar ais don aistritheoir le go gcuirfidh sé/sí féin slacht air nó aistriúchán úrnua a dhéanamh.' Níl freagra simplí air sin. Braitheann sé ar acmhainní agus ar am. Ach is mairg don duine féinfhostaithe a thoileodh aistriúchán a athbhreithniú gan é a fheiceáil ar dtús.

9.7 Cleachtadh agus pointí plé

Ag seo thíos na chéad trí pharagraf as bileog eolais turasóireachta faoi na seanmhuilte sna Sceirí i gContae Bhaile Átha Cliath. Léigh an t-aistriúchán agus déan do mhachnamh ar na ceisteanna thíos faoi. Más i rang nó i seimineár atá tú, pléigh do thuairimí féin faoin téacs le lucht an ranga.

> **Iarsmalann oidhreachta mhuileann tionsclaíoch Sceirí**
>
> Tá muilte faoi leith, a oibríonn i gcónaí, lonnaithe sna Sceirí, baile beag cois farraige 30 km ó thuaidh ó Bhaile Átha Cliath. Tá muileann uisce ann a sholáthraíonn roth uisce, muileann túir 5 sheol agus muileann gaoithe ceanntuí 4 sheol.
>
> Baineann na muilte úsáid ghlan agus éifeachtach as cumhacht uisce agus gaoithe agus is iarsmaí annamha iad ó stair thionsclaíoch an 17ú, 18ú agus 19ú céad. Tá linn mhuilinn, sruthanna muilinn agus riasc ar láthair na muilte agus tá sé suite i lár Pháirc an Bhaile atá ann anois, a bhuaigh gradaim náisiúnta timpeallachta, oidhreachta agus tógála.
>
> Tá na tagairtí is luaithe a deir go raibh muileann ar an láthair ón 16ú céad. Sa bhliain 1538, nuair a dhún Anraoi VIII na mainistreacha bhí muileann uisce dar luach 40 scilling i measc ghabháltas Mhainistir Inis Pádraig. Roinnt bheag blianta ina dhiaidh

sin, sa bhliain 1578, tugadh gabháltas na sean-mhainistreach do Thomás Mac Liam ó Baggotrath, Baile Átha Cliath, muileann uisce agus muileann gaoithe ina measc ar chnoc Chanon nó Shallock. Luaitear muileann gaoithe eile i roinnt scríbhinní.

Ceisteanna

- Cuir i gcás gur eagarthóir/athbhreithneoir féinfhostaithe thú. I bhfianaise a bhfuil léite agat den aistriúchán go dtí seo, an mbeifeá sásta tabhairt faoi é a athbhreithniú nó an molfá don chliant an téacs a aistriú arís as an nua?
- Ag glacadh leis go bhfuil an t-aistriúchán go léir ar an gcaighdeán céanna, cá mhéad ama a theastódh chun an obair a chur i gcrích? Déan na paragraif thuas a athbhreithniú agus a cheartú agus coinnigh taifead ar an am a caitheadh leis. Méadaigh an tréimhse ama sin faoi dheich (tá tríocha paragraf san aistriúchán).
- An bhfuil sliocht ar bith ann nach féidir leat a thuiscint gan an téacs foinseach Béarla a cheadú?

Tá roinnt nótaí san aguisín 'Tráchtaireacht ar na cleachtaí in Aonad 9' chun an plé a éascú.

9.8 Ceartúcháin agus athruithe a iontráil

Pointe spéisiúil a éiríonn as an aistriúchán samplach thuas: ní leor na siombailí profaithe traidisiúnta chun na botúin sa téacs a mharcáil agus na leasuithe atá riachtanach a thaispeáint go soiléir. A leithéid seo:

Tá na tagairtí is luaithe a deir go raibh muileann ar an láthair ón 16ú céad.

Tugann an abairt sin le fios go raibh muileann ar an láthair ón 16ú céad i leith. Ní fios cad a d'imigh ar na tagairtí a luaitear i dtús na habairte. Caithfidh slacht a chur ar an abairt (murab ionann agus í a athaistriú).

Is ón 16ú céad na tagairtí is luaithe a deir go raibh muileann ar an láthair.

Is deacair dianeagarthóireacht a dhéanamh agus fanacht i muinín na siombailí profaithe traidisiúnta. Is fusa i bhfad don athbhreithneoir féin na hathruithe a iontráil ag a ríomhaire féin seachas cóip chrua a mharcáil agus an obair iontrála a dhéanamh am éigin níos faide anonn. Más mian taifead a choinneáil ar na hathruithe, ar iarratas an chliaint nó an aistritheora féin, is féidir leas a bhaint as feidhmeanna mar *Track changes* agus *Comments* mar a mhínítear in Aonad 8.

Más i ngníomhaireacht nó in institiúid aistriúcháin a dhéantar an t-athbhreithniú is dócha gur aistritheoir sinsearach nó athbhreithneoir saincheaptha a bheidh ina bhun. Gach seans gur ball foirne nó saoraistritheoir ar conradh a dhéanfaidh an t-aistriúchán. Ba chóir, más mian linn caighdeán an aistriúcháin ó Bhéarla go Gaeilge a fheabhsú, go mbeadh plé agus cumarsáid idir na páirtithe sin agus go dtabharfaí aiseolas éigin d'aistritheoirí faoi bhotúin choitianta, faoi mhíthuiscintí agus, go deimhin, faoi na buanna atá acu agus faoi na dea-roghanna a rinne siad. Fíorannamh a bhíonn a leithéid de chumarsáid ann san earnáil aistriúcháin ó Bhéarla go Gaeilge. Is trua sin, mar méadaíonn sé ar obair an athbhreithneora chomh maith. Ba chóir go mbeadh deis éigin ag an aistritheoir roghanna conspóideacha a rinne sé/sí a mhíniú. Fiafraigh de dhaoine cén Ghaeilge atá ar *deputy principal* agus is dócha gur 'leas-phríomhoide' a déarfaidh siad. 'Príomhoide tánaisteach' is rogha lena lán scoileanna i bPoblacht na hÉireann. Is furasta a shamhlú go 'gceartódh' an t-athbhreithneoir an leagan sin, le haineolas ar ghnásanna téarmaíochta an chliaint. Nó seans go mbeidh ar an athbhreithneoir am a chur amú ar thaighde atá déanta ag an aistritheoir cheana féin. Is fiú, mar sin, iarraidh ar an aistritheoir gearrthuairisc a sholáthar faoi ghnéithe den aistriúchán a d'fhéadfadh ceisteanna a spreagadh, mar atá molta ag Geoffrey Samuelsson-Brown, in *A Practical Guide for Translators* (1996: 103).

An focal scoir i dtaca le ceartúcháin de: iarrann gníomhaireachtaí agus institiúidí aistriúcháin ar a gcuid aistritheoirí féin, agus ar aistritheoirí ar conradh, feidhmchláir aistriúcháin ar nós Trados agus Wordfast a úsáid agus an chuimhne aistriúcháin a chur ar fáil i ndiaidh an jab a chríochnú. Tá sé barrthábhachtach pé ceartúcháin a dhéantar ar an aistriúchán a thaifeadadh sa chuimhne aistriúcháin chomh maith. Is ag buanú botún a bheifear mura ndéantar sin.

9.9 Dea-chleachtais san aistriúchán: agallamh le Bríd Ní Fhlathúin

Tá Bríd Ní Fhlathúin ina Saineolaí Teanga le eTeams International, gníomhaireacht aistriúcháin a bunaíodh sa bhliain 1994 agus atá lonnaithe ar an Scairbh, Contae an

Chláir. Labhair mé le Bríd faoin gcaoi a dtéann an fhoireann aistritheoirí Gaeilge i mbun obair na heagarthóireachta.

Tríd is tríd tá deireadh leis na seanmhodhanna oibre 'peann agus pár'. Is annamh a bhíonn Bríd agus a comhghleacaithe ag plé le ceartúcháin a bhreacadh ar chóip chrua. Bíonn eisceacht ann anseo is ansiúd, go háirithe nuair a bhíonn an téacs i bhformáid éigin nach furasta athruithe a chur i bhfeidhm uirthi.

'Déanaimid jabanna CAS *(Check after Setting)* uaireanta. I gcás go bhfuil na clódóirí tar éis an téacs Gaeilge a leagan amach mar PDF, seiceálaimid go bhfuil gach rud ceart. Is le peann agus pár a dhéanaimse sin, mar go bhfeictear dom nach bhfuil sé éasca botúin a fheiceáil agus mé ag plé le dhá chomhad PDF ar an scáileán.'

Fiú sa chás sin bíonn na cliaint ag súil le haischothú a fháil le teachtaireacht ríomhphoist, seachas treabhadh trí na nótaí ar imeall an leathanaigh.

Tá buntáistí ag baint le bheith i do bhall d'fhoireann aistritheoirí. Bíonn treoir le fáil faoi chuid de na pointí deacrachta agus míréire is mó a chránn aistritheoirí agus iad ag obair ina n-aonar. Tá leabhrán beag ag eTeams ina leagtar amach stíl tí na gníomhaireachta. 'Ní doiciméad mór é, ach tá nótaí ann maidir le hacrainmneacha a láimhseáil, conas plé le teidil sa téacs, teidil daoine, ainmneacha gníomhaireachtaí, giorrúcháin Laidine, pointí gramadaí áit a bhfuil rogha ag duine idir dhá chur chuige atá ceart araon, agus rudaí mar sin.'

An buntáiste is mó ar fad ná go léitear gach dréachtaistriúchán. Tá roinnt céimeanna sa phróiseas eagarthóireachta in eTeams. An chéad chéim, ar ndóigh, ná an dréachtaistriúcháin a chur ar fáil. Ansin léitear an téacs Béarla agus an t-aistriúchán Gaeilge taobh le taobh laistigh den fheidhmchlár aistriúchán. 'Profú' a thugann foireann eTeams ar an gcéim sin den obair. Déantar an téacs Gaeilge a easpórtáil ansin i.e. é a bhaint as an bhfeidhmchlár aistriúchán agus a shábháil san fhormáid is mian leis an gcliant.

'Tagann an tríú céim, céim an athbhreithnithe, i gceist agus ábhar dlí nó reachtaíocht nó a leithéid á aistriú againn. Téann an téacs ar aghaidh chuig an tríú duine, a bhreathnaíonn thairis arís, agus a dhéanann stráicí den téacs Gaeilge anseo is ansiúd a léamh. Mura bhfuil sé sách maith, ar ais leis arís chuig céim a dó!'

Ní hé an duine a sholáthair an t-aistriúchán a bhíonn freagrach as é a sheiceáil. 'Tá baill ar leith den fhoireann a bhíonn ag léamh profaí, agus beirt a bhíonn i mbun athbhreithnithe go rialta.' Déantar iarracht freisin aiseolas a chur ar fáil don aistritheoir agus tabhairt ar an aistritheoir féin eolas tábhachtach i dtaobh an aistriúcháin a chur ar fáil don té atá chun é a léamh.

'Arís, tá dhá chéim anseo: aiseolas don aistritheoir agus aiseolas don té atá ag léamh profaí. Sa dá chás, tugtar barúil maidir le caighdeán na hoibre, treoir ghinearálta, agus roinnt nótaí maidir le botúin ar leith. Tá saineolaí gramadaí ar an bhfoireann againn a thugann cúnamh do dhaoine maidir le haon phointe a bhfuil deacracht acu leis, ag teacht as an aiseolas sin. Maidir leis na haistritheoirí, iarrtar orthu dul i dteagmháil leis an mbainisteoir, agus cuireann sise cibé ceisteanna nó nótaí a bheadh acu ar aghaidh chuig na teangeolaithe, nó chuig an té atá leis na profaí a léamh i gcomhair an tionscadail sin.'

Tá dea-chleachtais den chineál céanna i bhfeidhm i ngníomhaireachtaí eile a bhíonn ag plé leis an aistriúchán ó Bhéarla go Gaeilge. Is fíor nach mbíonn a leithéid de thacaíocht le fáil ag saoraistritheoirí ach ní hionann sin agus a rá go bhfuil cead acu neamhshuim a dhéanamh de chúram na heagarthóireachta. Is beag saoraistritheoir nach mbíonn páirteach i ngréasán éigin. Úsáidtear na gréasáin sin chun jabanna móra nó téacs a theastaíonn go práinneach a roinnt idir beirt nó triúr. Níl cúis ar bith nach bhféadfaí gréasáin chomhairle agus cheartúcháin a bhunú, sa tslí is go mbeadh aistritheoirí ag athbhreithniú saothair a chéile. Is deacair a shamhlú go dtiocfaidh feabhas ar chaighdeán an aistriúcháin i nGaeilge go dtí go ndéantar gnáthnós de na cleachtais a mhínigh Bríd dom.

9.10 An t-aistriúchán droim ar ais

Is beag aistriúchán ó Ghaeilge go Béarla a dhéantar ar bhonn tráchtála ach ní fhágann sin nach mbaintear feidhm as ó am go chéile. I ndiaidh an chéad dréacht den aistriúchán a dhéanamh is féidir dul i muinín 'an aistriúcháin droim ar ais' i.e. cuirtear Béarla ar an aistriúchán Gaeilge agus cuirtear toradh na hoibre sin i gcomparáid leis an mbunleagan Béarla, féachaint an féidir ciall an téacs fhoinsigh a athshlánú trí mheán an aistriúcháin Ghaeilge.

Seift atá ann a chuireann le costas agus le fad na hoibre. Is fearr iarraidh ar an dara haistritheoir tabhairt faoin aistriúchán Béarla a sholáthar, seachas an t-aistritheoir a bhí sáite san obair ón tús agus a bhfuil cur amach aige/aici ar an téacs foinseach cheana. Fágann sin oibrí eile le híoc. Ní deacair a thuiscint cén fáth nach mbíonn an cineál seo aistriúcháin coitianta lasmuigh d'eagraíochtaí a bhfuil foireann aistritheoirí iontu. Is dócha go dtiocfadh le haistritheoirí aonair tairbhe a bhaint as an nós, ach am maith a ligean thart idir an chéad dréacht den aistriúchán a chur ar fáil agus tosú ar shleachta de a aistriú ar ais go Béarla.

Bítear spárálach leis an gcineál seo aistriúcháin fiú sna gníomhaireachtaí agus sna hinstitiúidí aistriúcháin. Is gnách é a chur i bhfeidhm ar théacsanna casta agus/nó ar théacsanna a bhfuil stádas dlíthiúil nó reachtúil acu. Is annamh a dhéantar aistriúchán droim ar ais ar dhoiciméad iomlán, ach ar shleachta áirithe a mheastar a bheith deacair nó doiléir. Seans gur prós casta dlúth a bheadh sa téacs foinseach, lán clásal agus fochlásal agus abairtí fada. Má tá an téacs Béarla deacair ní locht ar an aistriúchán Gaeilge a bheith deacair mar an gcéanna, ach an dtuigfeadh an saineolaí é? An dtugtar ciall an téacs fhoinsigh slán san aistriúchán? Cuir i gcás gur doiciméad de chuid na gCoimisinéirí Ioncaim atá ann agus go mbítear ag trácht go minic ann ar *tax avoidance* agus ar *tax evasion*. Botún tromchúiseach a bheadh ann an dá leagan sin a aistriú le 'seachaint cánach' mar tá difear mór idir an dá choincheap:

- Tá *tax avoidance* iomlán dleathach. Níl ann ach na seifteanna a úsáideann daoine chun an t-ualach cánach a laghdú m.sh. airgead a infheistiú i scéimeanna a bhfuil dreasachtaí cánach ag baint leo. 'Seachaint cánach' a thugtar air sin.
- Sárú dlí atá in *tax evasion*. An duine a cheileann foinsí ioncaim ar na Coimisinéirí, is amhlaidh atá sé ciontach as 'imghabháil cánach'.

Más 'seachaint cánach' a úsáideadh san aistriúchán Gaeilge is *tax avoidance* a bheidh san aistriúchán droim ar ais. Má chuirtear sin i gcomparáid leis an mbuntéacs Béarla, agus má fhaightear amach gur *tax evasion* ba chóir a bheith i sciar éigin de na samplaí, is léir go gcaithfear an t-aistriúchán Gaeilge a cheartú.

Is féidir leas a bhaint as an aistriúchán droim ar ais chun a léiriú d'aistritheoir go bhfuil locht ar abairt nó ar shliocht. A leithéid seo:

An accident is an unexpected event.

Is timpiste é nuair a tharlaíonn rud éigin gan choinne.

Is é an bealach is éasca chun an locht a mhíniú ná an leagan Gaeilge a aistriú go Béarla: *It's an accident when something unexpected happens.* Cleas úsáideach é sin; ní chun aistritheoirí a náiriú ach chun iad a chur ag smaoineamh go criticiúil faoina gcuid oibre féin.

AONAD 10
FADHBANNA TEANGA I DTÉACSANNA AISTRITHE

Cuspóirí an aonaid seo

- Léargas agus cleachtadh ar roinnt fadhbanna a bhaineann go sonrach leis an aistriúchán.

10 Intreoir

Tá plé in Aonaid 4–6 ar fhadhbanna coitianta comhréire agus foclóra i dtéacsanna Gaeilge. Bíonn na fadhbanna sin le réiteach san aistriúchán fosta ach, anuas air sin, tá roinnt saindeacrachtaí a bhaineann go dlúth leis an aistriú ó theanga amháin go teanga eile.

10.1 Coibhéis

Coincheap casta conspóideach i Léann an Aistriúcháin is ea an choibhéis *(equivalence)*. De ghrá na simplíochta déarfaimid gur coibhéiseach dá chéile atá focal Gaeilge agus focal Béarla nuair is ionann ciall dóibh. Tá coibhéis idir 'teilgeoir' agus *projector*, mar shampla, nó 'cuisneoir' agus *fridge*. Ba chóir don aistritheoir dul i dtreo na coibhéise oiread agus is féidir. Más *priest* atá le haistriú is 'sagart' ba chóir a scríobh murab ionann agus focal gaolmhar ar nós 'praeitseálaí' nó 'cléireach'. Ní i gcónaí a dhéantar amhlaidh, áfach.

Diúltaíonn aistritheoirí áirithe d'fhocail iasachta sa Ghaeilge a bhfuil coibhéis fhoirfe acu le focail Bhéarla díreach *toisc* gur focail iasachta iad, mar shampla 'beartú fadradharcach' a scríobh le haghaidh *strategic planning* in ainneoin go dtugann 'pleanáil straitéiseach' an chiall leis go foirfe. Fíor-Ghaelachas gan dealramh é sin a thagann idir an léitheoir agus tuiscint ar an téacs. Cá bhfios don léitheoir nach ionann 'beartú fadradharcach' agus *long-term planning*?

Measann roinnt aistritheoirí, go háirithe aistritheoirí atá ag tosú amach sa ghairm, gur cruthú ar a neamhspleáchas agus ar a samhlaíocht féin focal gaolmhar a úsáid seachas focal coibhéiseach. Más *handbook* atá sa téacs foinseach is dócha go scríobhfaidh siad 'bróisiúr' in ainneoin go bhfuil an focal 'lámhleabhar' díreach ceart. Is deas mar a thrácht an saineolaí Béarla Peter Newmark (1995: 75) ar an gclaonadh sin.

> There are all kinds of insidious resistances to literal translation. You may feel it is not a translation, it is mechanical, it is automatic, it is humdrum, it is not clever. You have been told at school not to practise it. It does not enrich your knowledge either of the source or the target language. It is too easy. We have to resist these arguments. Apart from translationese (i.e. inaccurate translation) the only valid argument against what I might find an acceptable literal translation of an ordinary language unit is that you find it unnatural.

Ní i gcónaí a bhíonn an focal coibhéiseach Gaeilge ar eolas ag an aistritheoir. Bíonn an easpa eolais sin an-suntasach i réimsí speisialtóireachta ar nós an dlí. Is minic a ghreamaítear brí ar leith d'fhocal coitianta i measc na n-eolaithe, sa chaoi is go n-úsáidtear an focal sin mar shaintéarma feasta. Bíonn ciall ar leith ag oideachasóirí don fhocal *error*, cuir i gcás i.e. botún a dhéantar de dheasca míthuisceana nó aineolais, seachas botún a dhéanfaí de dheasca brú ama nó easpa cúraim. 'Earráid' an téarma coibhéiseach, ach d'fhéadfadh aistritheoir aineolach 'meancóg', 'botún', 'dearmad' nó 'earráid' a scríobh gan dealú eatarthu ach oiread agus a dhéanfaí sa ghnáthchaint.

An ghné is achrannaí de scéal seo na coibhéise ná gur deacair an neamhchoibhéis a thabhairt faoi deara gan an t-aistriúchán agus an téacs foinseach a léamh agus mionchomparáid a dhéanamh eatarthu.

10.2 Míthuiscint ar an téacs foinseach

Corruair, aimsíonn aistritheoirí ciall sa téacs foinseach nach ann di ar chor ar bith. Is minic gur ag leibhéal an fhocail a tharlaíonn sin.

> Shannon Development is Ireland's only dedicated regional development company.
>
> Is í Forbairt na Sionna an t-aon chuideachta in Éirinn a bhíonn díograiseach dúthrachtach maidir leis an bhforbairt réigiúnach.

Níl aon bhaint ag *dedicated* le díograis ná le dúthracht. Is cosúil gurb í seo an t-aon chuideachta a bhíonn ag plé go sonrach leis an bhforbairt réigiúnach, nó a dhéanann cúram ar leith di nó atá tugtha suas go hiomlán di.

Ní hannamh a chuireann aistritheoirí a dtuiscint féin i bhfeidhm ar an téacs. Déantar deimhin den dóigh.

> The Law Enforcement Torch Run is a series of relays run by police officers carrying 'the Flame of Hope' to the Opening Ceremonies of major Special Olympics Games.

Ba é an t-aistriúchán a rinneadh ar thús na habairte sin ná 'Is é atá i Rith Tóirse na bPóilíní ná sraith de rásaí sealaíochta…' Ach ní deirtear áit ar bith sa téacs Béarla gur rás ná comórtas atá ann. Níl ann ach go mbíonn na póilíní ag sealaíocht ar a chéile agus iad ag rith i dtreo shearmanas oscailte na gCluichí. Is deacair botúin den chineál seo a thabhairt faoi deara gan léamh dátheangach a dhéanamh ar an téacs foinseach agus ar an aistriúchán araon. Shílfeá gur leor an téacs Gaeilge a léamh, nó go mbeadh míthuiscintí an aistritheora an-fhollasach ar fad. Ach féach gur abairt chiallmhar shlachtmhar atá san abairt Ghaeilge thuas. Tá ciall ann, ach ní hí an chiall a bhí ar intinn an údair í.

D'fhéadfadh sé gur débhríocht éigin sa téacs foinseach is cúis le míthuiscint an aistritheora. A leithéid seo:

> Shannon Development was set up in 1959 to promote Shannon International Airport in the post-jet era…
>
> Bunaíodh Forbairt na Sionna sa bhliain 1959 chun Aerfort Idirnáisiúnta na Sionainne a chur chun cinn sa ré iar-scairdeitleán…

Is beag duine a thógfadh ar an aistritheoir an réimír 'iar' a chur in áit na réimíre *post*, ach is é atá i gceist dáiríre ná an ré tar éis *theacht* na scairdeitleán, murab ionann agus an uair a tháinig deireadh leo (uair nár tháinig fós).

Tharlódh corruair go gcaithfí dul i dteagmháil le húdar an téacs chun an chiall a bhí uaidh/uaithi a chinntiú; má mhaireann an t-údar beo nó má tá faill air/uirthi.

Is annamh nach dtuigeann an t-aistritheoir rún an údair nuair is friotal tuairisciúil atá le haistriú. Bíonn deacrachtaí ann nuair is friotal fíortha *(figurative speech)* atá ann. An d'aon turas atá an t-imeartas focal sin ann? Cad é go díreach atá i gceist leis an meafar sin?

In Northern Ireland, however, public spending on education and training suffered as Conservative governments sought to put clear blue water between themselves and previous Labour administrations.

Sa chiall is cruinne, níl i gceist le *clear blue water* ach go raibh na Tóraithe ag iarraidh iad féin a dhealú amach ó Pháirtí an Lucht Oibre. Thiocfadh an meafar a aistriú ar an mbealach sin ach an féidir go bhfuil siombalachas polaitiúil ag baint leis an dath gorm, dath a shamhlaítear le páirtithe coimeádacha go hidirnáisiúnta? Cuirtear an nath i leith Michael Portillo, polaiteoir Sasanach a bhí ina laoch ag an eite dheis in aimsir Margaret Thatcher. An mbeadh 'dealú' ina aistriúchán leamh leadránach? An mbeadh 'casadh ar dheis ó chosán an Lucht Oibre' ag dul thar fóir? Níl freagra simplí air sin. Bíonn gach cás le meas ina chomhthéacs féin.

10.3 Rudaí nach gnách iad a aistriú

Bíonn an-díograis aistriúcháin ar lucht na Gaeilge agus corruair cuireann siad Gaeilge ar rudaí ab fhearr a fhágáil gan aistriú. Cuimhním ar chlub Gaeilge i mBéal Feirste a raibh 'Sólás an Deiscirt' (Southern Comfort) ar chlár na ndeochanna ann.

Seo thíos liosta de na nithe nach gnách iad a aistriú. Ní 'buan-rialacha' iad, ach treoir ghinearálta nach n-oireann do gach comhthéacs.

- Teidil saothair ealaíne agus litríochta nár aistríodh go Gaeilge nó nach bhfuil aistriúchán coitianta Gaeilge orthu m.sh. *Eine kleine Nachtmusik* nó *Portrait of the Artist as a Young Man.* Is féidir teidil a mhíniú i bhfonóta nó idir lúibíní, m.sh. *Eine kleine Nachtmusik* ('Blúirín de Cheol na hOíche').
- Ainmneacha branda agus gnó m.sh. Asprin, Brown Thomas, Virgin.
- Ainmneacha nuachtán, tréimhseachán, scannán agus clár teilifíse, m.sh. *The Irish Times, Prime Time, The Sopranos.*
- Sleachta as téacsanna údarásacha. Ba chóir taighde a dhéanamh ar ainmneacha achtanna Éireannacha seachas d'aistriúchán féin a sholáthar. Seans maith go mbeidh difríocht shuntasach idir an teideal Gaeilge a chuireann tú féin ar fáil agus an leagan a d'úsáid foireann Rannóg an Aistriúcháin. D'fhéadfadh an difríocht sin mearbhall a chur ar an léitheoir a bheadh ag lorg an achta ar ball. Fiú murar aistríodh an t-acht iomlán go Gaeilge beidh teideal agus achoimre Ghaeilge le fáil sa téacs Béarla. Féach an suíomh Gréasáin *www.oireachtas.ie/ViewDoc.asp?DocId=1&CatID=87&m=l*

- Má tá sliocht as an mBíobla ann, nó sliocht as aon leabhar atá naofa ag pobal creidimh, b'fhearr don aistritheoir leas a bhaint as aistriúchán atá ceadaithe ag an gcléir seachas féachaint lena leagan féin a sholáthar.

- Focail iasachta sa téacs Béarla. Ní gnách liom Gaeilge a chur orthu seo ná iad a mhíniú ach amháin má bhíonn faitíos orm nach dtuigfeadh an léitheoir iad, m.sh. *'This was an architect in touch with the zeitgeist.'* / 'B'ailtire é a bhí i dtiúin le spiorad na linne, nó an *zeitgeist.*' Tá rogha ann maidir le giorrúcháin choitianta Laidine; is féidir iad a fhágáil gan aistriú nó iad a aistriú go Gaeilge m.sh. 'per annum' ('in aghaidh na bliana'), 'per cent.' ('faoin gcéad'). Is é an rud is tábhachtaí ar fad ná leanúnachas; gan 'per cent.' a bheith i dtús an téacs agus 'faoin gcéad' ina lár.

- Logainmneacha iasachta. Is gnách (1) ainmneacha tíortha agus (2) ainmneacha príomhchathracha a aistriú go Gaeilge. Tá roinnt logainmneacha eile ann a bhfuil leaganacha seanbhunaithe Gaeilge orthu m.sh. Bostún, Briostó, Learpholl, Manchain.

Bíonn deacrachtaí ann maidir le giorrúcháin ar ainmneacha eagraíochta. Tá leaganacha Gaeilge de roinnt mhaith eagraíochtaí náisiúnta agus idirnáisiúnta ar *www.focal.ie*. Má tá an eagraíocht luaite sa reachtaíocht atá aistrithe ag Rannóg an Aistriúcháin, beidh a leagan oifigiúil Gaeilge le fáil ar *www.achtanna.ie*. Ach is é an fhadhb is achrannaí don aistritheoir ná an chaoi is fearr chun na hainmneacha sin a ghiorrú. Tá roinnt giorrúchán Gaeilge ann a chuaigh i gcion ar an bpobal, m.sh. BSL (Bord Soláthair an Leictreachais), CLG (Cumann Lúthchleas Gael) agus FÁS (Foras Áiseanna Saothair). Tá go breá, ach ní mórán daoine a thuigfeadh SPTÉ (Seirbhís Póilíneachta Thuaisceart Éireann) gan trácht ar ghiorrúcháin idirnáisiúnta ar nós EOECNA (Eagraíocht Oideachais, Eolaíochta agus Chultúir na Náisiún Aontaithe = UNESCO). Sa sliocht thíos, míníonn Gearóid Ó Casaide, Rannóg an Aistriúcháin, an cur chuige is coitianta i measc aistritheoirí i dtaca le giorrúcháin.

Nuair a bhíonn giorrúchán le húsáid is iondúil go n-úsáidimid an giorrúchán atá sa téacs atá le haistriú. Ciallaíonn sé sin gurb é an giorrúchán Béarla atá i gceist [de ghnáth]… I gcás eagraíochtaí idirnáisiúnta, tá claonadh ann cloí le giorrúchán amháin i ngach teanga. Tá sé sin soiléir nuair a fhéachtar ar na giorrúcháin atá ar fáil in *Multilingual Glossary of Abbreviations*…Sa liosta mór fada d'eagraíochtaí atá luaite san fhoilseachán sin áirítear Ciste Fiadhúlra an Domhain (*Fonts Mondial Pour La Nature* sa Fhraincis agus *World Wildlife Fund* i mBéarla) ach úsáidtear WWF mar ghiorrúchán sna teangacha go léir. Ní i gcónaí, áfach, a úsáidtear an giorrúchán céanna. Sampla de sin is ea an giorrúchán NATO i mBéarla agus OTAN sa Fhraincis: is é an leagan Gaeilge atá ann don eagraíocht sin ná Eagraíocht Chonradh an Atlantaigh Thuaidh ach is beag duine a d'aithneodh ECAT mar ghiorrúchán. (In Nic Eoin agus Mac Mathúna 1997: 45–6)

Bíonn taighde le déanamh freisin maidir le hainmneacha eagraíochtaí nach bhfuil teideal údarásach Gaeilge acu. Tá roinnt mhaith eagraíochtaí, go háirithe sna Sé Chontae, nach bhfuil ainm Gaeilge orthu, mar shampla *The Arts and Disability Forum*. Fiú ó dheas, fanann roinnt eagraíochtaí nuabhunaithe gan ainm Gaeilge ar feadh i bhfad, mar shampla *InterTrade Ireland*. Má chumann an t-aistritheoir ainm as a stuaim féin ('An Fóram um na hEalaíona agus Míchumas' nó 'TrasTráchtáil Éireann') is baolach (1) go bhfuil leaganacha eile cumtha ag aistritheoirí eile m.sh. 'Fóram Ealaíne na nDaoine le Míchumas' nó 'TrasTrádáil Éireann') (2) nach n-aithneofar an t-ainm Béarla ón aistriúchán. Má aistrítear na hainmneacha ba chóir an leagan Béarla a sholáthar ar an gcéad lua.

Gné eile den scéal ná go mbíonn eagraíochtaí áirithe an-scaoilte faoina n-ainm Gaeilge. Tá roinnt eagraíochtaí ann a bhfuil leagan amháin den ainm Gaeilge os cionn an dorais acu agus leagan eile ar fad ar an bpáipéar ceannteidil.

Pointe tábhachtach eile ná ainmneacha agus sloinnte daoine. Maidir le daoine nach bhfuil i mbéal an phobail, ach a luaitear sa téacs atá le haistriú, is nós inmholta *gan* a n-ainmneacha a thiontú go Gaeilge mura n-iarrann siad féin é. Tá roinnt cúiseanna leis sin:

- Is annamh is féidir bheith cinnte den leagan ceart Gaeilge gan taighde a dhéanamh. Cén Ghaeilge a chuirfeá ar Owen McGinley? Eoghan Mag Fhionnaile nó Eoin Mac Fhionnlaoich? Más Mary McKeown atá le haistriú cá bhfios cé acu is fearr, Máire Nic Eoin nó Máire Bean Mhic Eoin?

- Bíonn daoine teann faoi na cúrsaí seo, agus is mór acu a n-ainm dílis féin. Is 'Máire Mhic Ghiolla Íosa' an t-ainm Gaeilge a úsáideann Mary McAleese, in ainneoin go meastar an séimhiú sin a bheith mícheart. Ach siúd é an litriú is rogha léi féin.

- Bíonn baol míthuisceana ann i gcónaí. Luann Máirín Ní Ghadhra, iriseoir le RTÉ Raidió na Gaeltachta, sampla na beirte Teachta Dála, Éamon Ó Cuív agus Ned O'Keefe. Má chuirtear Gaeilge ar ainm an dara duine is é Éamonn Ó Caoimh a bheadh ann. (Luaite in Ní Ghallchobhair agus Nájera 2008: 62).

I gcás pearsana comhaimseartha, is annamh a dhéantar ainmneacha iasachta a aistriú ná a thraslitriú m.sh. Gordan de Brún ar Gordon Brown nó Ealáir Bean Mhig Fhiontáin ar Hilary Clinton. Tá leaganacha Gaeilge ar ainmneacha roinnt mhaith pearsana staire, mar shampla Cúbla Cán, Napoléon, Alastar. Is féidir iad a chuardach ar *www.focal.ie.*

10.4 Cleachtadh

An bhfuil aon chuid de na habairtí seo thíos arbh fhearr gan iad a aistriú? Mínigh cén fáth. Cuimhnigh nach ag iarraidh spás a shábháil ná líon na bhfocal a laghdú atá tú, ach ag aimsiú rudaí atá míloighciúil, mícheart. Cuir d'iarracht i gcomparáid leis na nótaí san aguisín 'Tráchtaireacht ar na cleachtaí in Aonad 10'.

(1)

Téacs foinseach: To highlight the National Year of Reading, the Blind Centre launched the *Speaking Volumes* series of 27 books by local authors made available on audio-cassette.

Aistriúchán: Mar cheiliúradh ar Bhliain Náisiúnta na Léitheoireachta, lainseáil Ionad na nDall sraith dar teideal *Imleabhair ag Caint* ar a bhfuil 27 leabhar le húdair áitiúla curtha ar fáil ar chaiséid fuaime.

(2)

Téacs foinseach: Officers will be assigned to duties in specific geographical areas.

Aistriúchán: Cuirfear oifigigh i mbun dualgas i gceantair gheografacha ar leith.

(3)

Téacs foinseach: Although she continues to write short stories, it is as a novelist that Edna O' Brien became known, with novels such as *The Country Girls* (1960), *Night* (1972) and *A Pagan Place* (1971).

Aistriúchán: Cé go bhfuil gearrscéalta á scríobh aici i gcónaí, is mar úrscéalaí a bhain Edna O'Brien clú amach di féin, le húrscéalta ar nós *Cailíní ón Tuath* (1960), *Oíche* (1972) agus *Áit Phágánach* (1971).

(4)

Téacs foinseach: Here are some of the phrases that are used in fraudulent e.mails:

Verify your account.

Respond within 48 hours or your account will be closed.

Click the link below to gain access to your account.

Aistriúchán: Seo cuid de na frásaí a úsáidtear i dteachtaireachtaí ríomhphoist calaoiseacha:

Deimhnigh do chuntas.

Freagair laistigh de 48 uair nó dúnfar do chuntas.

Cliceáil ar an nasc thíos chun do chuntas a rochtain.

(5)

Téacs foinseach: The Taoiseach (Prime Minister), the Tánaiste (Deputy Prime Minister) and the Minister for Finance must be members of Dáil Éireann (Irish Parliament). The other members of the Government must be members of either Dáil Éireann or Seanad Éireann (Irish Senate) but no more than two may be members of Seanad Éireann.

Aistriúchán: Caithfidh an Taoiseach (Príomh-Aire), an Tánaiste (Leas- Phríomh-Aire) agus an tAire Airgeadais bheith ina mbaill de Dháil Éireann. Caithfidh na baill eile bheith mar bhaill de Dháil Éireann (Parlaimint na hÉireann) nó Seanad Éireann (Seanad na hÉireann) ach ní féidir le níos mó ná beirt bheith mar bhall de Sheanad Éireann.

10.5 Ag cur leis an aistriúchán

Is téacsanna leathoifigiúla iad formhór na dtéacsanna a aistrítear go Gaeilge. Bíonn friotal neodrach, neamhphearsanta iontu ar furasta é a aistriú go dílis. Go deimhin, sin é an cur chuige is fearr ar fad: 'chomh dílis agus is féidir, chomh saor agus is gá.' Corruair, áfach, bíonn ar an athbhreithneoir rudaí a chur leis an aistriúchán nach raibh sa téacs foinseach in aon chor, d'fhonn teacht slán ar dhoiléire agus ar dhébhríocht. A leithéid seo:

When Shannon Free Airport Development Company, or Shannon Development, as we are known today, was formally inaugurated in 1959, ambitious plans were put in place for the development of Shannon as an industrial and tourist location.

Dá ndéanfaí aistriúchán iomlán dílis ar an abairt dheireanach scríobhfaí 'le haghaidh Sionainn a fhorbairt mar láthair thionsclaíochta agus thurasóireachta'. Deamhan locht air sin ach go mbeadh sé débhríoch nó ilbhríoch féin. Cé acu 'Sionainn' atá i gceist? An t-aerfort? An baile nua? Ní féidir gurb í an abhainn atá i gceist? Is rídhócha gurb é an réigiún a bhí i gceist agus níor mhiste sin a shoiléiriú san aistriúchán Gaeilge: 'le haghaidh réigiún na Sionainne a fhorbairt…'

Bhí sampla eile den 'iomlánú' seo sa doiciméad céanna, san abairt: *Our first Annual Report covering the period from inauguration to March 31, 1960…* Ba é an focal sin *inauguration* a bhainfeadh tuisle as an aistritheoir. Seo dhá iarracht air:

> Thaifead ár gcéad Tuarascáil Bhliantúil, a chuimsigh an tréimhse ó bhunú go Márta 31, 1960…

> Chuir ár gcéad Tuarascáil Bhliantúil, a chlúdaigh an tréimhse ón tús go dtí Márta 31, 1960…

Is í an cheist a spreagtar in aigne an léitheora nuair a fheiceann sé/sí 'ón tús' ná *the beginning of what?* Tús ama, an ea? Maidir le 'bunú' is ait linn é nuair nach luaitear cad é go díreach a bunaíodh. Arís, caithfidh cúpla focal breise a chur san aistriúchán chun freastal ar riachtanais na léitheoirí Gaeilge.

> Tuairiscíodh inár gcéad Tuarascáil Bhliantúil, a bhaineann leis an tréimhse *ó bhunú na cuideachta* go dtí 31 Márta, 1960…

Cinnte, níl an focal *company* luaite sa téacs foinseach, ach féach go gcuireann sé ar ár gcumas dúinn fadhbanna comhréire agus tuisceana a shárú. Sin mar ba chóir téacs a iomlánú san athbhreithniú, mura bhfuil sé déanta ag an aistritheoir cheana. Ní ceart focail a chur leis an téacs gan chúis gan ábhar, ach is minic a éascaíonn a leithéid d'iomlánú tuiscint an léitheora.

10.6 Cleachtadh

Léigh na habairtí Béarla agus na haistriúcháin Ghaeilge thíos. An bhféadfaí focal nó frása a chur leis na haistriúcháin chun a gciall a shoiléiriú? Cuir d'iarracht i gcomparáid leis na nótaí san aguisín 'Tráchtaireacht ar na cleachtaí in Aonad 10'.

(1)

Téacs foinseach: Public transport must improve, and soon.

Aistriúchán: Caithfear feabhas a chur ar iompar poiblí agus sin a dhéanamh gan mhoill.

(2)

Téacs foinseach: Earthquakes and volcanic eruptions are caused by this shifting of the tectonic plates.

Aistriúchán: Is mar gheall ar ghluaiseacht seo na bplátaí teicteonacha a tharlaíonn maidhmeanna talún agus bolcáin.

(3)

Téacs foinseach: Funds for which they could not find a borrower.

Aistriúchán: Cistí nach bhféadfaidís iasachtaí a aimsiú ina gcomhair.

(4)

Téacs foinseach: We work with government, other public bodies and the private sector.

Aistriúchán: Bímid ag obair le rialtas, le comhlachtaí poiblí eile agus leis an earnáil phríobháideach.

10.7 Cleachtadh

Is iomaí gné den obair nach féidir a phlé anseo, cheal spáis. Níor pléadh, mar shampla, athbhreithniú a dhéanamh ar aistriúcháin ó ríomhaire – nós nach raibh forleathan sa Ghaeilge go dtí seo ach a thiocfaidh chun cinn go mór san am atá romhainn.

Mar chlabhsúr ar an aonad seo déanfaimid athbhreithniú ar fhógra a d'fhoilsigh an Roinn Gnóthaí Pobail, Tuaithe agus Gaeltachta sna nuachtáin náisiúnta roinnt blianta ó shin.

Modh oibre

- Léigh an t-aistriúchán Gaeilge uair amháin ó thús deireadh gan rud ar bith a mharcáil.

- Léigh arís go cúramach é agus cuir líne faoi gach leagan a mheasann tú a bheith mícheart, neamhchaighdeánach nó lochtach ó thaobh na stíle de. Cuir líne faoi gach leagan atá le seiceáil agat. Gabh siar ar an téacs nó ar chodanna de chomh minic agus is gá.

- Léigh an téacs Béarla uair amháin.

- Cuir an téacs Béarla agus an t-aistriúchán Gaeilge taobh le chéile. Léigh abairt den aistriúchán ar dtús agus ansin léigh an abairt sa bhuntéacs Béarla.

- An dtugann an t-aistriúchán Gaeilge ciall an téacs Béarla slán?

- An bhfágtar focail thábhachtacha nó frásaí ar lár san aistriúchán Gaeilge?

- Gabh tríd an aistriúchán Gaeilge arís agus breac na ceartúcháin agus na leasuithe go léir os cionn na líne nó ar thaobh an leathanaigh.

- Más i rang nó i seimineár atá an cleachtadh á dhéanamh bí réidh le do chuid ceartúchán a mhíniú.

Cuir d'iarracht féin i gcomparáid leis na nótaí san aguisín 'Tráchtaireacht ar na cleachtaí in Aonad 10'.

CISTE NA GCUNTAS DÍOMHAOIN 2006

Glaoch ar Iarratais Cistíochta le h-aghaidh Tionscnaimh a oibríonn le Daoine le Míchumas Orthu

Tá suas le €13.5 milliún á chur ar fáil as Ciste na gCuntas Díomhaoin i 2006 chun tacaíocht a thabhairt do ghrúpaí a oibríonn le daoine le míchumas orthu.

Ar son an Roinn Sláinte agus Leanaí, agus an Roinn Gnóthaí Pobail, Tuaithe agus Gaeltachta, lorgaíonn Pobal iarratais ó **ghrúpaí pobail agus deonacha, bunaithe go háitiúil**, go bhfuil taithí acu bheith ag obair le daoine le míchumas orthu.

Lorgaítear iarratais ó ghrúpa intofa le h-aghaidh na gceithre gníomhaíochtaí/ tionscnaimh seo a leanas go bhfuil cistíocht **CAIPITIL** ar fáil dóibh:

- Tionscnaimh thógála ar scála beag agus tionscnaimh uasghrádaithe foirgneamh in aonaid chúram chónaithe le h-aghaidh daoine le míchumas orthu;

- Soláthar tithe/aonaid chónaithe a thugann an cumas do dhaoine le míchumas orthu aistriú ó láithreacha cúraim cónaithe chuig tithíocht bunaithe sa phobal;

- Cúnaimh agus fearais le h-aghaidh daoine le míchumas fisiceach nó céadfach orthu;

- Deontais le h-aghaidh iompair insroichte chun teacht ar don gcéad uair nó chun uasghrádú a dhéanamh ar an dteacht i láthair chuig seirbhísí míchumais lae/seirbhís pobail do dhaoine i gceantair thuaithe agus i gceantair iargúlta.

Lorgaítear iarratais ó ghrúpaí intofa, chomh maith, le h-aghaidh an dá ghníomhaíocht/thionscnamh seo a leanas go bhfuil cistíocht **FHEIDHMIÚCHÁIN** agus **CHAIPITIL** ar fáil dóibh:

- Tionscnaimh a thugann an cumas do dhaoine le míchumas trom orthu freastal orthu agus/nó páirt a ghlacadh in ócáidí spóirt speisialta;

- Tionscnaimh chun tacaíocht a thabhairt do dhaoine le míchumas de chineál go leanann iompar fíor-dhúshlánach é.

Tá na bearta laistigh den Aicme seo (Daoine le Míchumas orthu) dírithe agus sonrach, agus mar sin iarrtar ar na h-iarrthóirí féachaint go cúramach ar na treoirlínte foilsithe, agus smaoineamh ar a n-oiriúnacht sula ndéanann siad iarratas.

Socraíodh go gcuirfí líon beag seisiúin eolais poiblí réigiúnach ar siúl i rith mí Deireadh Fómhair/mí na Samhna le haghaidh eagraíochtaí míchumais agus eagraíochtaí intofa eile. Féach ar suíomh gréasáin Pobal agus san preas náisiúnta le do thoil.

Tá Foirmeacha Iarratais agus Treoirlínte le critéir iarratais breise iontu le fáil ó Pobal, Fón 01 2400700, nó ar fáil le h-íoslódáil ag *www.pobal.ie*.

Ba chóir iarratais líonta a chur chuig:

Pobal

Ciste na gCuntas Díomhaoin

Teach Holbrook

Sráid Holles

Baile Átha Cliath 2

Sé an dáta deiridh do iarratais ná

5. i.n. Dé hAoine 1ú Nollaig 2006

TABHAIR FAOI NDEARA, LED THOIL: NÍ GHLACFAR LE HIARRATAIS TRÍ MHACASAMHAIL, NÓ TRÍ RÍOMHPHOST

Téacs Béarla

Ag seo an buntéacs Béarla ónar aistríodh an leagan Gaeilge a foilsíodh.

DORMANT ACCOUNTS FUND 2006

Call for Funding Applications For Projects with Persons with a Disability.

Up to €13.5 million is being made available from the Dormant Accounts Fund in 2006 to support groups working with persons with a disability.

On behalf of the Department of Health and Children, and the Department of Community, Rural and Gaeltacht Affairs, Pobal invites applications from **locally based community and voluntary groups** who have experience of working with persons with a disability.

Applications are invited from eligible groups for the following four actions/projects for which **CAPITAL** funding is available:

- Small scale building enhancement projects in residential care units for people with disabilities;

- Provision of residential houses/units which allow for the transition of people with disabilities from residential care settings to community based housing;

- Aids and appliances for people with physical and sensory disabilities;

- Grants for accessible transport to provide first time or enhanced access to disability day services / community service for people with disabilities in rural and isolated areas.

Applications are also invited from eligible groups for the following two actions/projects for which both **REVENUE** and **CAPITAL** funding is available:

- Projects which enable people with profound disabilities to attend and/or participate in special sporting events;

- Projects to support persons with a disability who present with severely challenging behaviour.

Measures within this Category (Persons with a Disability) are targeted and specific, therefore applicants are asked to carefully consider the published guidelines, and to consider their suitability before making an application.

It is envisaged that a small number of regional public information sessions for disability organisations and other eligible organisations will be held in October/November. Please refer to Pobal's website and national press. Application Forms and Guidelines with additional application criteria are available from Pobal, Telephone; 01 2400700, or are available to download on *www.pobal.ie*

Completed applications should be sent to:

Pobal

Dormant Accounts Fund

Holbrook House

Holles Street

Dublin 2

The closing date for applications is

5pm Friday 1st December 2006

PLEASE NOTE: APPLICATIONS WILL NOT BE ACCEPTED
VIA FAX OR EMAIL

AGUISÍN 1
MÍRÉIR IDIR NA FOINSÍ TAGARTHA

1 Doiléire i Lámhleabhar an CO

Is go <u>drogallach</u>, shílfeá, a cheadaigh údair lámhleabhar an CO nósanna áirithe. Luaitear cuid acu i réamhrá an leabhair ach ní thugtar samplaí sna caibidlí chun a n-úsáid a léiriú; rud a thabharfadh ort a rá gur nósanna iad nach bhfuil ag teacht go huile is go hiomlán le cuspóirí an CO. Is é an toradh a bhí air sin go mbíodh na scríbhneoirí is oilte in amhras faoina stádas agus gur éiríodh as na nósanna sin. Cineál de chaighdeánú breise atá ann. Féachaimis anois ar chuid acu.

1.1 An fhoirm <u>choibhneasta</u> den bhriathar

'Sin an fear a dhéanfaidh an obair duit' a scríobhtar, nó, san aimsir ghnáthláithreach, 'Sin an fear a dhéanann an obair go slachtmhar.' I gcuid mhór den Ghaeltacht, go háirithe i gConnachta agus i nDún na nGall, deir daoine: 'Sin an fear a dhéanfas an obair duit' nó, san aimsir ghnáthláithreach: 'Sin an fear a dhéanas (nó a dhéananns) an obair go slachtmhar.' Sin í an fhoirm choibhneasta den bhriathar, foirm atá <u>teoranta</u> don chaint inniu, den chuid is mó. <u>Ní minic a fheictear é i dtéacsanna</u> oifigiúla/leathoifigiúla toisc go <u>meastar é a bheith 'taobh amuigh'</u> den Chaighdeán. Is é a deirtear i réamhrá lámhleabhar <s>an CO:</s>

> ⚡ ...cé nach bhfuiltear á ligean isteach mar chaighdeán, ceadaíodh an fhoirm choibhneasta toisc bá mhór a bheith leis fós in dhá chanúint.

Cén chiall atá leis sin? Tá sé ceadaithe ach níl sé iomlán caighdeánach. Níos faide anonn, ar leathanach 46, deirtear gur 'cead sin a úsáid' agus 'Úsáidtear í i gcónaí i gcás an bhriathair *leanaim* in abairtí mar *na focail seo a leanas*.' Féach, áfach, go bhfuil 'bheas' ceadaithe mar leagan coibhneasta den bhriathar 'bí' in FGB, mar shampla 'Níl a fhios agam cén uair a bheas mé sa bhaile.'

1.2 Foirmeacha scartha agus foirmeacha táite

to state

Mhaígh an scríbhneoir Muimhneach, an tAthair Peadar Ó Laoghaire, go bhfuil na foirmeacha táite den bhriathar – iad siúd ina mbíonn fréamh an bhriathair agus an phearsa in éineacht – níos fearr ná na foirmeacha scartha. De réir na tuisceana sin is fearr 'Bhíos' ná 'Bhí mé' agus is fearr 'Bhíomar' ná 'Bhí muid'. Bród cúige ba chúis dó sin a mhaíomh, mar is i nGaeilge na Mumhan is treise atá na foirmeacha táite. Ach is fusa an bród sin a thuiscint ná rialacha an CO. Is deacair ciall a bhaint as an meascán foirmeacha ó phearsa go chéile agus ó aimsir go chéile. Má tá 'chuirfidís' inghlactha, cén fáth nach bhfuil 'chuireadar' inghlactha mar an gcéanna? Má tá an fhoirm tháite níos fearr ar shlí éigin, cén fáth nach gcloítear léi tríd síos?

1.3 Foirmeacha nach luaitear i lámhleabhar an CO

Is iomaí foirm nó nós teanga nach bhfuil luaite i lámhleabhar an CO ar chor ar bith. An féidir glacadh leis nach bhfuil na nósanna sin ceadaithe? Bheadh dul amú ar an té a dhéanfadh amhlaidh, de réir an Réamhrá:

> Tugann an caighdeán seo aitheantas ar leith d'fhoirmeacha agus do rialacha áirithe ach ní chuireann sé ceartfhoirmeacha eile ó bhail ná teir ná toirmeasc ar a n-úsáid.

Ach spreagann sin an cheist 'cad iad na ceartfhoirmeacha nach bhfuil luaite ann?' Úsáidtear an mhír bhriathartha dhiúltach 'cha' go forleathan i nDún na nGall in abairtí mar 'Cha raibh sí ann' nó 'Cha dtéim amach go minic'. Ní féidir a mhaíomh gur leagan malartach de 'ní' atá ann agus tugtar iontráil ar leith dó in FGB. Is 'ceartfhoirm' é, mar sin, ach tá an chuma air go mbíonn faitíos ar scríbhneoirí é a úsáid, fiú amháin i dtéacsanna a bhaineann leis an stát ó thuaidh. → *maidir le "cha" mar fhoirm dhiúltach*

1.4 Slán leis an tuiseal tabharthach?

Iad siúd a léann saothar na n-údar Gaeltachta a bhí i mbun pinn sa chéad leath den aois seo caite, beidh cleachtadh acu ar leaganacha ar leith d'fhocail sa tuiseal tabharthach i.e. tar éis réamhfhocail shimplí mar 'ag', 'i', 'do' nó tar éis réamhfhocail + an t-alt.

1 Ainmfhocail bhaininscneacha, m.sh. 'greanta i gcloich', 'ag an bhfuinneoig'.

2 Ainmfhocail de gach inscne san uimhir iolra, m.sh. 'sna bádaibh', 'slán leis na fearaibh'.

3 An t-ainm briathartha, m.sh. 'ag báistigh', 'ag feadalaigh'.

4 Tar éis ainm briathartha le 'ag', m.sh. 'ag baint mhóna', 'ag ól bhainne'.

5 Aidiachtaí a cháilíonn ainmfhocail bhaininscneacha: m.sh. 'don mhnaoi mhóir agus don mhaoi bhig.'

Tá cuid de na foirmeacha sin beo beathach i gceantair Ghaeltachta na hÉireann agus na hAlban, ach tá rialacha an CO, agus an treoir a thugtar in GGBC agus FBG, tar éis laghdú go mór ar a réim sa teanga scríofa chaighdeánach. Tá an tabharthach iolra (2) imithe ar fad, ach amháin i roinnt frásaí seanbhunaithe, mar shampla 'ó chianaibh'; 'in Ultaibh' agus 'ar na mallaibh'. Tá (4) teoranta do líon beag frásaí, mar atá 'ag fáil bháis', 'ag gabháil fhoinn' agus 'ag gabháil cheoil'.

Tá an scéal níos casta i gcás an ainmfhocail. Tá leaganacha den chineál atá i (1) agus (3) thuas ceadaithe ar leathanach a deich de lámhleabhar an CO:

Is féidir go hiondúil ceachtar de dhá fhoirm a úsáid don Tabharthach Uatha i gcás ainmfhocail a chríochnaíonn ar chonsan leathan:

1 foirm is ionann agus foirm an Ainmnigh Uatha

2 foirm leithleach is ionann agus foirm an Ainmnigh Uatha arna chaolú, e.g. clann, clainn; báisteach, báistigh.

Deimhnítear an méid sin in GGBC: 8.35, ach is dócha go ndéanfaí iontas de leaganacha ar nós 'don chlainn' nó 'ag an bhfuinneoig' i dtéacs 'caighdeánach' Gaeilge inniu. D'fhéadfá a rá go bhfuil caighdeánú níos doichte déanta ag lucht na Gaeilge ná mar a bhí ceaptha ag údair an CO féin.

Sin ráite, maireann foirm thabharthach ar leith den ainmfhocal sna cásanna seo a leanas:

• Roinnt frásaí seanbhunaithe, m.sh. 'bolg le gréin', 'cur i gcéill'.

• Ainmfhocal amháin de chuid an chúigiú díochlaonadh i.e. 'Éirinn'.

• Na cúig ainmfhocal 'bos', 'bróg', 'cluas', 'cos', 'lámh'.

Seo roinnt samplaí a léiríonn an úsáid atá molta in GGBC:

- Tá mé faoi bhois an chait acu.
- Ba dheas do chos i mbróig.
- Isteach i gcluais agus amach as cluais.
- Nach luath atá tú ar do chois?
- D'imigh siad lámh ar láimh.

Tugann CO agus GGBC le fios **go gcaithfidh** na foirmeacha tabharthacha mar atá sna cúig shampla sin a úsáid i gcónaí, agus nach bhfuil aon rogha ann mar atá i gcás ainmfhocal baininscneach eile den dara díochlaonadh.

Nach ait, mar sin, nach luaitear an fhoirm thabharthach sna hiontrálacha le haghaidh 'bos', 'bróg' agus 'cluas' in FGB? Ní hamháin sin ach tugtar samplaí a bhréagnaíonn comhairle lámhleabhar an CO agus GGBC, mar shampla 'Rud a chur ar do bhos' agus 'cogar i gcluas'. Maidir le 'cos' agus 'lámh' mínítear go n-úsáidtear 'cois' agus 'láimh' in *certain phrases*. Tá formhór na samplaí ag teacht le comhairle lámhleabhar an CO agus GGBC, ach féach 'Thug sé dom (isteach) i mo lámh é'; 'Oibriú as lámh le duine'; 'cos a chur thar an gcos eile'.

1.5 Ní ionann vs ní hionann

I réamhrá lámhleabhar an CO deirtear

> Féachadh le simplíocht agus slacht a lorg sna rialacha i dtaobh *h* a chur roimh fhocail. Socraíodh gan *h* a scríobh i ndiaidh *ní* ach amháin roimh na forainmneacha *é, í, iad, ea.*

D'fhágfadh seo gur 'ní ionann', 'ní amhlaidh' agus 'ní amháin' a bheadh sa Ghaeilge scríofa. A mhalairt de chomhairle a thugtar in FGB, áit a bhfuil 'ní hionann', 'ní hamhlaidh', 'ní hamháin'.

1.6 'Déan' vs 'dein'

Ar l. 62 de lámhleabhar an CO deirtear gur féidir 'dein' a úsáid de rogha ar 'déan', mar is nós le Muimhnigh. Ach má lorgaítear 'dein' in FGB treoraítear go dtí 'déan' thú, ionann agus a rá gur leagan malartach é 'dein'.

1.7 Idir

Deirtear ar l. 83 de lámhleabhar an CO nach gcuireann 'idir' séimhiú ach amháin i bhfrásaí ar nós *'idir bhuachaillí agus chailíní, idir bheag is mhór'*. Tá sé le tuiscint as sin go gcuirtear séimhiú ar ainmfhocail le linn do 'idir' a bheith in úsáid chun 'araon' a chur in iúl. Ní bheadh séimhiú, áfach, ar fhrásaí mar 'idir béilí' nó 'idir tithe'. Ach féach an treoir a thugtar in FGB: *'Lenites except in certain phrases with* **agus**...*'* I measc na samplaí a thugtar tá 'idir bhéilí' agus 'Is beannaithe thú idir mhná'.

1.8 Na huimhreacha pearsanta

Maítear ar l. 40 de lámhleabhar an CO:

> Is í foirm an ainmnigh uatha den ainmfhocal a thagann i ndiaidh *beirt, triúr* etc., de ghnáth, *e.g., beirt bhacach, ceathrar bádóir* – ach *beirt bhan, triúr (ceathrar, etc.) ban.*

Ach tugann na samplaí in FGB le fios go bhfuil riail eile ar fad ann i.e. gur foirm an ainmnigh uatha a úsáidtear le lagiolraí ('beirt fhear', 'triúr fear'), agus gur foirm an ainmnigh iolra a úsáidtear le tréaniolraí ('beirt mhúinteoirí', 'triúr múinteoirí'). Tacaíonn GGBC leis sin: 'Sa ghinideach iolra a bhíonn an t-ainmfhocal a cháilíonn siad'. Tugtar na samplaí 'beirt fhear' agus 'triúr banaltraí'.

AGUISÍN 2

TRÁCHTAIREACHT AR NA CLEACHTAÍ IN AONAD 2

2.2.2 Cleachtadh

Roghnaigh an t-iolra caighdeánach as an dá cholún i lár baill agus breac isteach sa cheathrú colún é. Cuir d'iarracht i gcomparáid leis na nótaí san aguisín 'Tráchtaireacht ar na cleachtaí in Aonad 2.'

Uatha	Iolra 1	Iolra 2	An t-iolra caighdeánach
éigeandáil	éigeandálacha	éigeandálaí	éigeandálaí
pictiúr	pictiúir	pictiúirí	pictiúir
figiúr	figiúirí	figiúir	figiúirí
síntiús	síntiúisí	síntiúis	síntiúis
éadach	éadaí	éadaigh	éadaí
cailleach	cailleacha	cailligh	cailleacha
post	postanna	poist	poist

Ceisteanna ag éirí as an gcleachtadh

Is ainmfhocal den chéad díochlaonadh é 'pictiúr' (ar aon dul le 'tionúr' nó 'pionsúr'). Ní hionann é agus focail de chuid an tríú díochlaonadh ('dochtúir') a dhéanann an t-iolra le 'í'. Is eisceacht i measc ainmfhocail an chéad díochlaonadh an t-iolra úd 'figiúirí'.

Is ionann 'éadaigh' agus an ginideach uatha den fhocal 'éadach'. Féach mar an gcéanna 'bealach' ('bealaí') agus 'cladach' ('cladaí').

2.6 Cleachtadh

Tá tráchtaireacht ar an gcleachtadh faoi bhun an téacs seo. Tá uimhir curtha le gach leagan malartach/struchtúr neamhchaighdeánach sa téacs. Tugtar an leagan caighdeánach agus míniú faoin uimhir chéanna sna nótaí.

Ba í 2009 an chéad bhliain iomlán a chaitheas[1] féinig [2] im'[3] Chathaoirleach ar Údarás RTÉ. Bliain ana-dhúshlánach[4], ana-ghnóthach[5] ab ea[6] í. Is mian liom, ar dtús[7], buíochas ó chroí do ghabháil[8] le comhaltaí an Údaráis. Do léiríodar[9] díograis thar na beartaibh[10] i gcaitheamh na bliana agus ba mhór an taithneamh[11] bheith ag obair le comhleacaithe[12] athá[13] chomh h-eolach[14] agus chomh h-oilte[15] leo.

D'fhoilsigh an Rialtas *The Broadcasting Amendment Bill, 2006,* bille go bhfuil[16] ana-thábhacht[17] leis agus a thugann aghaidh ar na hathruithe móra athá[18] tárluithe[19] sa tiúnscal[20] le déanaí. Fé[21] mar athá[22] ráite, tá an teilifís digiteach[23] linn cheana, agus chífimid[24] rogha níos leithne de chainéil sna blianta amach romhainn. Tá lucht féachana na tíre fachta[25] thar a bheith sofaisticiúil. Is mó[26] tigh[27] go bhfuil[28] dhá nó trí theilifíseán ann, ceann amháin dos na[29] daoine críonna agus ceann eile don gcleas[30] óg. Bíonn a riachtanais féinig[31] ag gach ceann des[32] na h-aoisghrúpaí[33] san[34] agus ní fuirist[35] gach éinne[36] do[37] shásamh. Ach níl puinn amhrais ná go mbeidh RTÉ ionchurtha[38] leis an ndúshlán[39] san[40].

---

1   *a chaith mé…* Molann an CO foirm scartha a úsáid sa chéad phearsa aimsir chaite i.e. an briathar agus an phearsa a bheith scartha ó chéile.

2   *féin…* Ní caighdeánach ach oiread an leagan séimhithe den fhocal: 'a chaith mé fhéin'.

3   *i mo…* Féach FGB: **im**[5] = **i mo** : I[2]. Tá an uimhir [5] scríofa taobh le 'im' chun é a dhealú ó fhocail eile a litrítear mar a chéile ach a bhfuil ciall eile ar fad leo, m.sh. *butter.* Tugann an comhartha ionannais (=) le fios nach bhfuil in **im** ach leagan malartach de **i mo**. Tá eolas tar éis an idirstad (:) freisin a thugann le fios go bhfuil tuilleadh eolais le fáil san iontráil le haghaidh an réamhfhocail I.

4   *an-dúshlánach…* Is minic, i gcanúintí na Mumhan, a chuirtear guta breise idir dhá mhír de chomhfhocal m.sh. 'lomalán' = 'lomlán'.

5   *an-ghnóthach…* Féach 4 thuas.

6   *ba ea í…* Tá **ab** an-fhorleathan sa chaint, áit a dtagann **ba** agus focal a thosaíonn le guta nó fh + guta le chéile. Ach tá srian ar a úsáid sa Ghaeilge scríofa. Is sa chlásal coibhneasta a úsáidtear é de réir FGB m.sh. 'an duine ab fhearr sa rang' *(the person **who** was the best in the class),* 'an té ab athair dom' *(the one **who** was my father).*

7   *ar dtús…* Féach FGB: **túis**[2]. **1.** *gs. of* TÚS. **2.** *f* = TÚS. Tá an uimhir 2 scríofa taobh le 'túis' chun é a dhealú ó fhocal eile a litrítear mar a chéile ach a bhfuil ciall eile ar

fad leis, is é sin *incense*. Is é 'túis' an ginideach uatha *(gs)* den fhocal **TÚS** freisin, agus bheadh an litriú sin breá caighdeánach, ar choinníoll gurb é an ginideach uatha a bheadh i gceist. Ach níl in **TÚIS** sa téacs seo againne ach leagan malartach den fhocal **TÚS**.

8   *a ghabháil…* Cloistear 'do' go minic i gcanúintí na Mumhan mar nasc idir cuspóir agus an t-ainm briathartha m.sh. 'tuilleadh eolais d'fháilt' agus 'an cluiche d'fheiscint'. Ach is é 'a' + séimhiú atá sa CO.

9   *Léirigh siad…* Lasmuigh de Chúige Mumhan, ní mhaireann 'do' ach roimh bhriathra a thosaíonn le guta nó fh + guta. Tá an méid sin féin teoranta don aimsir chaite shimplí, an aimsir ghnáthchaite agus an modh coinníollach: 'd'ól sí', 'd'óladh sí' & 'd'ólfadh sí'. Foirm scartha atá molta sa CO le haghaidh briathra sa tríú pearsa iolra, aimsir chaite shimplí.

10 *thar na bearta…* Seantuiseal tabharthach iolra atá sa chríoch úd '-aibh'. Ní mhaireann sé sa CO ach i roinnt seanleaganacha 'reoite' m.sh. 'ó chianaibh', 'ar na mallaibh'.

11 *taitneamh…* Is i ndeireadh na hiontrála le haghaidh **taitneamh** a thugtar an t-eolas faoin leagan malartach seo: (*Var:* **taithneamh**). Is minic a dhéantar sin in FGB nuair is miondifríocht atá idir an dá leagan.

12 *comhghleacaithe…* Féach FGB: **comhleacaí** = COMHGHLEACAÍ.

13 *atá…* Ní chuireann an mhír choibhneasta 'a' aon séimhiú ar an aimsir láithreach de na briathra 'bí' agus 'abair': 'An té atá gan locht', 'Cad é a deir tú leis sin?'

14–15 *chomh heolach agus chomh hoilte…* Tá réim i bhfad níos teoranta ag an bhfleiscín seachas mar a bhí. Ní bhíonn fleiscín idir 'h' agus guta i gcás ar bith m.sh. 'go héasca', 'go hAlbain'.

16 *a bhfuil…* Tá an clásal coibhneasta agus an chlaoninsint measctha ina chéile i gcanúintí na Mumhan. San áit a mbeifeá ag súil le forainm coibhneasta ('An fear a bhfuil a mhac tinn') úsáidtear cónasc mar 'go' nó 'nach' ('An fear go bhfuil a mhac tinn').

17 *an-tábhacht…* Féach nóta 4 thuas.

18 Féach nóta 13 thuas.

19 *tarlaithe…* Iarsma den seanlitriú is ea an síneadh fada ar an gcéad siolla. Tuigtear fuaim fhada a bheith le 'a' i bhfocail mar 'ard' agus 'tharla'. Níl aon difear fuaime idir 'tarlaithe' agus 'tarluithe' ach tá difear tromchúiseach céille eatarthu. Is ionann 'tarluithe' agus iolra an fhocail 'tarlú'. *Events* nó *happenings* an chiall atá leis. Is é 'tarlaithe' an aidiacht bhriathartha den bhriathar 'tarlaigh'. I gcás go mbeifeá in

amhras faoin aidiacht bhriathartha ní bheadh le déanamh ach dul go dtí *www.csis.ul.ie/focloir/* Is ag an seoladh sin atá an leagan ar líne de *An Foclóir Beag* a d'fhoilsigh an Gúm i 1991. Má chuirtear an t-ainm briathartha ('tarlú') isteach sa bhosca cuardaigh tugtar cuntas iomlán ar réimniú an bhriathair, an aidiacht bhriathartha san áireamh. Is féidir an cleas céanna a dhéanamh sa leagan is déanaí de *Gléacht*, an leagan leictreonach de FGB.

20 *tionscal…* Is leagan malartach é 'tiúnscal' nach bhfuil liostaithe in FGB. Is dúshlán don eagarthóir leaganacha den chineál sin a aithint.

21 *Faoi…* Féach FGB: **fé**[1] = FAOI[1]

22 *atá…* Féach nóta 13 thuas.

23 t*eilifís dhigiteach…* I gcuid de na canúintí ní bhíonn séimhiú ar aidiacht tar éis ainmfhocail bhaininscnigh san áit a dtagann DNTLS le chéile m.sh. 'Bean Dubh an Ghleanna'. Bheifeá ag súil le séimhiú i dtéacs caighdeánach, áfach. Féach GGBC: 4.21.

24 *Feicfimid…* Níor tugadh cead isteach do 'chí' sa CO agus cuireann FGB síos air mar leagan malartach den bhriathar 'feic'. Mar an gcéanna le 'gheibhim' (= 'faighim'), 'ním'/'ghním' (= 'déanaim'), 'abraim' (= 'deirim'), agus 'tigim' (= 'tagaim'). Ar chúis éigin ceadaíodh 'cluinim' chomh maith le 'cloisim'.

25 *faighte…* Féach FGB: *var. pp.of* FAIGH. Má táthar in amhras faoin leagan caighdeánach den aidiacht bhriathartha níl le déanamh ach é a lorg in *An Foclóir Beag* nó *Gléacht*.

26 *Is iomaí…* Féach FGB: **mó**[1], **1** = IOMAÍ[2]

27 *teach…*

28 *a bhfuil…* Féach nóta 16 thuas.

29 *do na…* Is minic, i gcanúintí na Mumhan, a chloistear an 's' sin sa tabharthach iolra. B'fhéidir gur faoi thionchar na fuaime 's' i leaganacha coitianta mar 'leis na' agus 'sna' a tháinig an nós sin chun cinn, ach níor ceadaíodh é sa CO.

30 *don chleas…* Séimhiú a leanann 'den', 'don' agus 'sa'.

31 *féin…* Féach nóta 2 thuas.

32 *de na…* Féach nóta 29 thuas.

33 *haoisghrúpaí…* Féach nótaí 14–15 thuas.

34 *sin…* I gcanúintí na Mumhan, úsáidtear 'san' agus 'so' tar éis ainmfhocal dar críoch leathan, 'an fear so' agus 'an garsún san'. Ach treoraíonn FGB ar ais go 'seo' agus 'sin' muid.

35 *furasta…* Féach FGB: **fuirist(e)** = FURASTA.

36 *aon duine…* Féach FGB: **éinne** = **aon duine** : DUINE 3 (d). Mar an gcéanna le 'éinní' agus 'aon ní'.

37 *a shásamh…* Féach nóta 8.

38 *inchurtha…* Ní i gcónaí a leantar na rialacha maidir le caol le caol agus leathan le leathan a thabhairt slán i gcomhfhocail.

39 *leis an dúshlán…* Ní chuirtear urú ar ainmfhocail a thosaíonn le d agus t, fiú tar éis réamhfhocail + an t-alt m.sh. 'sa Daingean', 'roimh an Taoiseach'.

40 *sin…* Féach nóta 34 thuas.

Ceisteanna ag éirí as an gcleachtadh

Seo cuid de na ceisteanna a thagann aníos nuair a dhéantar an cleachtadh seo i gceardlanna eagarthóireachta.

- Is nós le daoine athruithe stíle a dhéanamh. Ní chuige sin a bhíomar agus, ar aon nós, ní i gcónaí a chuireann na hathruithe feabhas ar bith ar an téacs. Scriostar na focail iasachta 'cainéal' agus 'sofaisticiúil' agus cuirtear focail 'ghlan-Ghaeilge' ina n-áit m.sh. 'stáisiún' agus 'cliste'.

- Déantar róchaighdeánú ar leithleachas Muimhneach mar 'críonna' agus 'puinn'. Cuirtear leaganacha mar 'aosta' agus 'aon' ina n-áit.

Bíonn roinnt plé ar an nath úd 'don chleas óg'. Tá an nod *Pej.* (*pejorative,* dímheasúil) leis an bhfocal 'cleas' in FGB agus tugtar an sainmhíniú 'Class (of persons), gang.' Dar leis na Muimhnigh nach focal moltach é, ach go n-úsáidtear mar fhocal neodrach é sa chaint neamhfhoirmiúil. Bítear ag caint, mar shampla, ar 'an cleas óg'.

2.6 Cleachtadh

Tá tráchtaireacht ar an gcleachtadh faoi bhun an téacs seo. Tá uimhir curtha le gach leagan malartach/struchtúr neamhchaighdeánach sa téacs. Tugtar an leagan caighdeánach agus míniú faoin uimhir chéanna sna nótaí.

Slándáil ar líne

Is iontach an gléas foghlama agus cumarsáide atá insan[1] Idirlíon, fá choinne[2] daoine fásta agus páistí ar aon[3]. Ní bréag a rá go bhfuil sé i ndiaidh saol daoine a athrach[4] go mór. Thig[5] le daoine bheith ag obair leo ar a suaimhneas sa bhaile in áit theacht[6] isteach 'na[7] hoifige. Bíonn cláracha[8] teilifíse agus scannáin le fáil ar líne, agus a oiread ceoil agus a choinneos[9] an t-aos óg gnoitheach[10] ag cóipeáil agus ag íoslódáil. Ach, cosúil le hachan[11] chineál teicneolaíochta, tá míbhuntáistí ag baint leis an Idirlíon fosta. Tá a fhios againn uilig[12] go bhfuil ábhair ann nach bhfuil fóirsteanach don aos óg – suíomhanna[13] ar a bhfoilsítear pornagrafaíocht, cuir i gcás. Caithfidh rialacha áirid[14] maidir le húsáid an Idirlín a leagan síos agus leanstan[15] ar aghaidh mar sin i gcónaí. Má thoisítear[16] amach i gceart beifear in ann cuid de na fadhbanna is coitianta a sheachnadh.[17] Ach is doiligh do thuismitheoirí súil a choinneáil ar a gcuid mac agus níonacha[18] gan an chuma a bheith orthu gur ag spíodóireacht[19] atá siad. 'Sé[20] atá sa leabhrán seo ná roinnt smaointí[21] a chuideos[22] le tuismitheoirí a gcuid páistí a chosaint agus a chuideos[23] leis na páistí lán tairbhe[24] a bhaint as an áis iontach eolais seo.

1. Cá gcuirfidh mé an ríomhaire?

Is iomaí páiste a bheas ag iarraidh ríomhaire sa tseomra [25]'s aige fhéin[26]. Ní nós ion-mholta[27] é sin, nó ní fhóireann sé in achan[28] chás. Seort[29] comhartha a bheadh ann nach bhfuil srianta ar bith ar úsáid an ríomhaire. Chan amháin go dtiocfadh leis an duine óg bheith ag amharc ar ábhair mhí-oiriúnacha ach thiocfadh leis barraíocht ama a chaitheamh leis an ríomhaire, ag imirt chluichí[30], cuir i gcás. Is fearr an ríomhaire a choinneáil in áit a mbíonn daoine i dtólamh – i gcúinne inteacht[31] den tseomra[32] suí nó sa tseomra[33] bídh[34]. Bí thusa[35] ag obair nó ag imirt ar an ríomhaire céanna, ó am go ham. Beidh faill agat amharc ar an fhillteán 'staire' a inseann[36] duit cad iad na suíomhanna[37] ar tugadh cuairt orthu. Níos fearr fós, bígí ag obair agus ag foghlaim i gcuideachta a chéile, i ndiaidh do na páistí pilleadh[38] ón scoil nó san oíche, i ndiaidh daofa[39] a gcuid obair scoile a dhéanamh.

1   *san...*

2   *faoi choinne...* In FGB maítear nach bhfuil sa réamhfhocal 'fá' ach leagan malartach de 'faoi'. Tá amhras éigin ina thaobh sin luaite ag Ciarán Ó Duibhín, a mhaíonn go bhfuil ciall ar leith le 'fá' i.e. 'timpeall', 'thart faoi'. Tugann an Duibhíneach samplaí mar 'Chaith sé seachtain fá Loch nEathach' (i.e. sa cheantar sin) & 'Shuigh an teaghlach uilig fán tábla' (i.e. timpeall an bhoird). Má chuirtear 'faoi' in áit 'fá' sna samplaí sin athraítear an chiall ar bhealach mífhortúnach. Féach suíomh Gréasáin

Uí Dhuibhín, *Acmhainní Gaedhilge* ar *www.smo.uhi.ac.uk/~oduibhin/*.

3 *araon…* Mar aon fhocal amháin a scríobhtar é.

4 *athrú…*

5 *Tig…*

6 *teacht…* Séimhítear 'dul' agus 'teacht' i gcónaí i gcanúintí áirithe ach, de réir an CO, ní gnách ainm briathartha a shéimhiú mura bhfuil cuspóir leis m.sh. 'Is féidir liom snámh' ach 'Ní fhéadfainn Loch Éirne a shnámh.'

7 *chun na…*

8 *cláir…* Thug an CO réim fhairsing don iolra caol. Is minic an t-iolra caighdeánach ag teacht salach ar an leagan is coitianta sa chaint.

9 *a choinneoidh…* Is annamh a fheictear an fhoirm choibhneasta den bhriathar i dtéacsanna caighdeánacha anois. Bheadh 'a choinneodh' inghlactha fosta.

10 *gnóthach…*

11 *gach aon…*

12 *uile…*

13 *suímh…* An t-iolra caol arís. Tugtar 'suíomhanna' mar uimhir iolra ar www.focal.ie ach, go dtí go bhfuil socrú cinnte déanta faoi na cúrsaí seo, mholfainn cloí le FGB.

14 *áirithe…*

15 *leanúint…*

16 *thosaítear…*

17 *sheachaint…*

18 *iníonacha…*

19 *spiaireacht…*

20 *Is é…*

21 *smaointe…*

22 *a chuideoidh…*

23 *a chuideoidh…*

24 *lántairbhe…* Nuair a úsáidtear 'lán' mar ainmfhocal, agus nuair a bhíonn ainmfhocal sa ghinideach ag teacht ina dhiaidh, is é an rud a bhíonn i gceist ná *full* nó *a full complement of.* Féach, mar shampla, 'lán seomra' (oiread agus a líonfadh seomra), 'lán doirn' (an méid a choinneofá i do dhorn). B'fhearr 'lán' a úsáid mar réimír i gcomhfhocal sa chomhthéacs seo m.sh. 'lándáiríre', 'lándícheall', 'lánseol'.

25 *sa seomra…* Ní caighdeánach 't' a chur le hainmfhocail fhirinscneacha i ndiaidh réamhfhocail + alt: 'leis an sagart', 'tríd an sráidbhaile'.

26 *seo aige féin…* An nath iomlán: 'sa seomra seo aige féin'.

27 *inmholta…* Ní i gcónaí a chloítear leis na rialacha 'caol le caol, leathan le leathan' i gcás comhfhocal.

28 *gach aon…*

29 *Sórt…*

30 *ag imirt cluichí…* Cloistear an séimhiú sin go minic i gcaint na Gaeltachta, go háirithe i nDún na nGall. Is seantabharthach atá ann ach níor tugadh cead isteach sa CO dó ach amháin i dtrí cinn d'eisceachtaí: 'ag fáil bháis', 'ag gabháil cheoil' agus 'ag gabháil fhoinn.'

31 *éigin…*

32 *den seomra…*

33 *sa seomra…*

34 *bia…* Ginideach malartach is ea 'bídh'.

35 *Bí tusa…* Cloistear an séimhiú sin sa Ghaeltacht, fiú amháin san uimhir iolra m.sh. 'Imígí shibhse' ach níl sé sa CO.

36 *a insíonn…*

37 *suímh…* Féach nóta 13 thuas.

38 *filleadh…*

39 *dóibh…*

Ceisteanna ag éirí as an gcleachtadh

Seo cuid de na ceisteanna a thagann aníos nuair a dhéantar an cleachtadh seo i gceardlanna eagarthóireachta.

- Déantar róchearrtú ar an leithleachas Ultach sa téacs, agus fiú amháin ar leaganacha nach bhfuil teoranta do Chúige Uladh m.sh. 'fosta' ('freisin'), 'fóirsteanach' ('oiriúnach'), 'doiligh' ('deacair'), 'amharc' ('féachaint' nó 'breathnú'), 'barraíocht' ('an iomarca'), 'i dtólamh' ('i gcónaí') agus fiú amháin 'i ndiaidh' ('tar éis').

- Is róchearrtú 'ar an fhillteán' a athrú go 'ar an bhfillteán'. Is caighdeánach séimhiú nó urú ar ainmfhocal tar éis réamhfhocail + an t-alt m.sh. 'ar an mbóthar' nó 'ar an bhóthar'. I gCúige Uladh is coitianta a bhíonn an séimhiú. Ba chóir cloí le nós amháin díobh. Féach GGBC: 4.22 & 5.3

- Tá roinnt leaganacha eile ann a bheadh lánchaighdeánach dá ndéanfaí athrú beag orthu, ach a gcuirtear leagan eile ar fad ina n-áit m.sh. 'Thig le' agus 'seort'. Shásódh 'Tig le' agus 'sórt' riachtanais an CO gan 'Is féidir le' agus 'saghas' a chur ina n-áit.

- Cuirtear 'Ní mór' nó 'ní foláir' in áit an fhocail 'caithfidh' san abairt 'Caithfidh rialacha áirithe maidir le húsáid an Idirlín a leagan síos...' Fiú má choinnítear 'caithfidh' is gnách le daoine an forainm 'sé' a chur leis nó é a athrú go dtí an aimsir fháistineach den saorbhriathar: 'Caithfear rialacha áirithe...' Míthuiscint is cúis leis sin. Féach an sampla in FGB '**Caithfidh (sé) go raibh deifir orthu**, they must have been in a hurry.' Tá lúibíní thart ar 'sé' chun a chomharthú nach gá é a úsáid. Tá 'Caithfidh go raibh deifir orthu' chomh bailí céanna. Ní bheadh ciall ar bith leis an saorbhriathar san aimsir fháistineach ach oiread: 'Caithfear go raibh deifir orthu'. Seans go measfadh an t-eagarthóir go bhfuil barraíocht den leithleachas Ultach ag baint le 'Caithfidh…' mar leagan, agus go ndéanfaí cinneadh é a athrú. Ach ní 'ceartú' a bheadh ann.

- Tá comhartha ceiste faoi bhfocal 'bheas' san abairt 'a bheas ag iarraidh ríomhaire'. Dar le GGBC gur 'taobh amuigh den chaighdeán oifigiúil' atá na foirmeacha coibhneasta dar críoch 's' ach tugtar 'bheas' in FGB mar fhoirm choibhneasta den bhriathar substainteach 'bí'.

Bíonn plé i gcónaí faoin leagan 'chan amháin'. Ní féidir 'leagan malartach' a thabhairt air. Ní leagan den mhír dhiúltach 'ní' atá ann agus tugtar iontráil ar leith dó in FGB. Is amhlaidh a díorthaíodh 'cha' agus 'ní' as an mhír dhiúltach Sean-Ghaeilge 'nícon'. Coinníodh an chéad leath den fhocal sin i gcanúintí na hÉireann go léir agus coinníodh an dara leath i gcanúintí na hAlban agus Chúige Uladh. Tá 'ní' agus 'cha' in úsáid i gcónaí i nDún na nGall. Ní hionann sin agus a rá gur chóir é a choimeád sa téacs. Bíonn rudaí le cur san áireamh seachas leagan a bheith 'caighdeánach' nó 'neamhchaighdeánach', 'ceadaithe' nó 'gan a bheith ceadaithe'.

Caithfidh cuimhneamh ar réim an téacs chomh maith. Ní fheictear 'cha' sna scríbhinní oifigiúla nó oideachasúla atá curtha ar fáil ó bunaíodh Saorstát Éireann ó dheas. Níl cleachtadh againn ar a leithéid seo a léamh: 'Cha bhíonn ús le gearradh ort má íocann tú an bille iomlán laistigh de líon áirithe laethanta, ar a dtugtar an tréimhse saor ó ús.' In ainneoin é a bheith ceadaithe sa CO agus in FGB is mó a shamhlaítear 'cha' leis an gcaint ná le scríbhinní oifigiúla, foirmiúla. Bheinnse i bhfabhar 'ní' a chur ina áit sa téacs áirithe seo.

Bíonn daoine in amhras faoin 'a' sa leagan 'a oiread ceoil agus a choinneoidh an t-aos óg gnóthach'. An aidiacht shealbhach (tríú pearsa firinscneach) atá ann agus í in úsáid díreach mar atá i nathanna mar 'Níl a bhuíochas ort'. An bhfuil sé riachtanach? Is cinnte nach gcloisfí an dá ghuta i ndiaidh a chéile sa chaint. Deir an iontráil le haghaidh 'oiread' in FGB 'm. poss. a **a**, often omitted.' Molaimse é a scríobh, le nach bhfaighidh duine éigin locht ar an téacs toisc an 'a' a bheith ar lár. Mar an gcéanna leis an réamhfhocal 'de' i bhfrásaí mar 'ó thaobh na heacnamaíochta de'. Ní léir go bhfuil sé iomlán riachtanach; is furasta samplaí a aimsiú i saothar scríbhneoirí maithe a thabharfadh le fios nach bhfuil. Bítear ag súil leis, áfach, agus caithfidh eagarthóirí iad a chosaint, mar atá ráite ag Mossop (2001: 37):

> Also, many readers of your edited text will be displeased by 'incorrect' usages...
> Since the various published authorities often do not agree on particular points
> of usage, you will need to adopt an approach to each contentious point.

Déan nóta, mar sin, de na pointí caolchúiseacha sin a thagann aníos san obair ó am go ham, agus bíodh gnás agat chun déileáil leo.

2.7 Cleachtadh

Tá tráchtaireacht ar an gcleachtadh faoi bhun an téacs seo. Tá uimhir curtha le gach leagan malartach/struchtúr neamhchaighdeánach sa téacs. Tugtar an leagan caighdeánach agus míniú faoin uimhir chéanna sna nótaí.

Séard[1] atá agam sa leabhar seo, seanráite a tháinig as trí foinsí[2] i.e. béalaithris, láimhscríbhinní[3] agus páipéirí[4]. Ní saothar duine aonraic ar fad é, ach chuidigh go leor leis ar bhealaí éagsúla. 'Sé[5] an tosach a bhí leis, comórtas a thúsaigh[6] an Roinn Oideachais leis an gcnuasacht[7] ab fhearr de sheanfhocla[8] Chonnacht a chur ar fáil. Cinneadh leabhar a chur i dtoll a chéile as na bailiúcháin seanfhocal a fritheadh[9], agus tharla gur mise a bhain an duais a tairgeadh sa gcomórtas[10], fúmsa a fágadh an leabhar a chur in eagar.

Is áibhéil an mol[11] mór cainteanna a bhí le scagadh agam, agus is ioma[12] áit a ndeacha[13] orm a rá le cinnteacht ar sheanfhocal ceart aon insin[14] áirid[15], ach sa deireadh chinn mé chuile[16] leagan, olc nó maith, a raibh cuma seanrá air, a chur isteach sa leabhar dá bhféadfaí suim a chur ann ó thaobh snoiteacht cainte, ciall focail, béaloideasa[17], nó eile. Dá bhrí sin, gheobhfar[18] riar maith ráite sa leabhar nach seanfhocla[19] sa dearbh-chéill[20] iad, ach seanchainteanna, ráite pisreoige[21], leaganacha cainte, nó i gcorráit níl ann ó cheart ach focal siamsa. Tá an cnuasach chomh hiomlán is a d'fhéadas[22] a dhéanamh, ach ba dhoiligh[23] a rá gur fíoriomlán bailiúchán ar bith, cuma cén teanga atá i gceist...

1 *Is éard.* An leagan iomlán ab fhearr i dtéacs caighdeánach.

2 *trí fhoinse...*Is mó a bheifeá ag súil le 'trí fhoinse' i gcomhthéacs na comhairle seo i lámhleabhar an CO: 39: 'Is í foirm an ainmnigh uatha den ainmfhocal a chuirtear leis na bunuimhreacha…' Tá eisceachtaí air sin. Úsáidtear foirm an ainmnigh iolra, nó foirmeacha iolra ar leith, le hainmfhocail áirithe a chuirtear leis na bunuimhreacha.

Ainmneach uatha	Ainmneach iolra le bunuimhir
ceann	trí cinn
cloigeann	cúig cloigne déag
bliain	seacht mbliana
fiche	trí fichid
uair	naoi n-uaire

3 *lámhscríbhinní...* Ní i gcónaí a chloítear leis an riail 'caol le caol, leathan le leathan' i gcomhfhocail. Is é is cúis leis sin ná go mbíodh réimíreanna áirithe á gcur as a riocht, ar shlí gur deacair iad a aithint: 'bainchléireach' ('ban' + 'cléireach'), 'coimhréir' ('comh' + 'réir'), 'leithbhliain' ('leath' + 'bliain'). Measadh gurbh fhearr an t-aon fhoirm amháin den réimír nó den túsfhocal a choinneáil, beag beann ar chaoile agus leithne: 'banchléireach', 'comhréir' agus 'leathbhliain'. Mar an gcéanna le 'lámh' + 'scríbhinn', a scríobhtar mar 'lámhscríbhinn' inniu.

4 *páipéir...* An t-iolra caighdeánach.

5 *Is é...* An leagan iomlán ab fhearr i dtéacs caighdeánach.

6 *thosaigh...*

7 *gcnuasach...*

8 *seanfhocail...* An t-iolra caighdeánach.

9 *fuarthas...* Leagan malartach is ea 'fritheadh' (nó 'frítheadh').

10 *sa chomórtas...* Tá dhá chlaochchlú tosaigh is féidir dul ar ainmfhocal tar éis réamhfhocail agus an ailt. Séimhiú ('ar an bhealach') is coitianta i gCúige Uladh. Urú ('ar an mbealach') is coitianta sna canúintí eile. Tá an dá nós ceadaithe sa CO ach moltar séimhiú i gcónaí tar éis 'den', 'don' agus 'sa(n)': 'den chapall', 'don bhó', 'sa chathair', 'san fhuinneog'. Dá réir sin, is é 'sa chomórtas' ab fhearr i dtéacs caighdeánach.

11 *moll..*

12 *iomaí...* Tá teorainn le líon na leaganacha malartacha a d'fhéadfaí a sholáthar in FGB. Ní thugtar 'ioma', mar shampla, agus is minic a chaithfidh eagarthóirí brath ar a n-iomas féin chun an leagan caighdeánach a aimsiú.

13 *a ndeachaigh...*

14 *insint...*

15 *áirithe...*

16 *gach uile...*

17 *béaloidis...* Ginideach malartach is ea 'béaloideasa'.

18 *gheofar...*

19 Féach 8 thuas.

20 *sa dearbhchiall.* Níl gá le fleiscín. Féach GGBC: 36. Is é atá san fhocal 'céill' an tuiseach tabharthach uatha den fhocal baininscneach 'ciall'. Amach ó roinnt frásaí seanbhunaithe ('cur i gcéill', 'gan chéill') is é foirm an ainmnigh uatha a úsáidtear: 'sa dearbhchiall'.

21 *ráite piseoige...* Leagan malartach de 'piseog' is ea 'pisreog'.

22 *a d'fhéad mé...* Foirm scartha den bhriathar a mholtar sa chéad phearsa uatha, aimsir chaite.

23 *ba dhoiligh...* I gcuid de na canúintí ní bhíonn séimhiú ar d, t, s tar éis 'ba' sa mhodh coinníollach ná san aimsir chaite.

Ceisteanna ag éirí as an gcleachtadh

Ní bheidh beirt ar bith ar aon aigne faoin dara cuid den chleachtadh. Is é a dhéanfainn féin ná an chuid is mó de na hiolraí neamhchaighdeánacha a athrú agus an nualitriú a chur ar fhocail mar 'mol'. Tá leagan nó dhó nár mhiste a phlé le saineolaí ar an gcanúint nó a chur i gcead an fhoilsitheora. Is leaganacha iad a bhfuil blas na canúna orthu maith go leor, ach a bheadh deacair ag an ngnáthléitheoir, b'fhéidir.

Le coinneáil	Le caighdeánú	Le plé
séard	trí foinsí	ioma
thúsaigh	láimhscríbhinní	ndeacha
fritheadh	páipéirí	insin
sa gcomórtas	'Sé	cuma (seachas 'is cuma')
áirid	cnuasacht	
chuile	mol	
pisreoige	gheobhfar	
ba doiligh	sa dearbhchéill	
	d'fhéadas	

Is iomaí cinneadh caolchúiseach a bhíonn le déanamh ag eagarthóirí agus seantéacsanna á n-athchóiriú acu. Is eiseamláir mhaith den obair athchóirithe sin na hatheagráin de sheanleabhair Ghaeilge a fhoilsíonn an Gúm ó thráth go chéile.

AGUISÍN 3
TRÁCHTAIREACHT AR NA CLEACHTAÍ IN AONAD 3

3.2 Cleachtadh

Tá tráchtaireacht ar an gcleachtadh faoi bhun an téacs seo. Tá uimhir curtha le gach leagan mícheart/neamhchaighdeánach sa téacs. Tugtar an leagan ceart, caighdeánach agus míniú faoin uimhir chéanna sna nótaí.

Éigse an Oileáin Úir

Chuala muid[1] go léir scéal an imirce[2] as Éire[3] go dtí an Oileán Úr[4]. Is beag an tÉireannach[5] nach bhfuil gaolta aige/aici i Meiriceá ná[6] i gCeanada. Scéal nach gcluintear leath chomh minic ná scéal na Gaeilge sna tíortha sin. Bhí baicle bheag údair[7] ann a d'fhág cuntas beo bríomhar ar shaol na n-imirceoirí[8] agus ar na hathraithe[9] móra a bhí ag titim amach taobh abhus agus taobh thall den Atlantach.

An té ba thábhachtaí díobh, agus an té ab fhearr stíle[10], ná Pádraig Phiarais Cundún, a rugadh sa bhliain 1777 láimh le Baile Mhac Óda i gContae Chorcaí. Murb ionann[11] agus na daoine óga a chuaigh anall[12] leis, bhí sé ina fhear críonna ag dul go Meiriceá dó sa bhliain 1826. Chuaigh sé chun cónaí[13] i stát[14] Nua-Eabhrac, áit a d'éirigh[15] leis feirm chuíosach mhór[16] a cheannacht[17]. Tá sé sa tseanchas[18] go raibh feirmeacha le fáil ar praghas níos ísle[19] fós, ach gur cheannaigh Pádraig an talamh dhaor[20] chun go mbeadh sé i ndán[21] freastal ar aifreann[22] an Domhnaigh i séipéal nach raibh i bhfad ar shiúil[23] uaidh. Deerfield Hills a thugadh lucht an Bhéarla ar an fheirm ach is é rud[24] a bhaist Pádraig uirthi 'Machaire an Fhia'.

D'imigh seacht mbliana sula dtáinig[25] fonn air scéala a chur ar ais go dtí a chomharsain[26] sa mbaile[27]. Sraith litreacha a scríobh sé, i nGaeilge dar ndóigh. Tá idir phrós agus dánta iontu agus tá difear mór idir an dá chineál. Tá an prós stuama, praiticiúil[28]. Ní raibh in Éirinn ach bochtanas[29] agus cos-ar-bolg[30]. B'é[31] Meiriceá tír na saoirse agus bhí saol níb fhearr[32] ann nó[33] mar a bhí i dtír a shinsir.[34]

I gcnuasach Leabharlainne Náisiúnta na hÉireann[35], Baile Átha Cliath, tá láimhscríbhinn[36] suimiúil[37] a rinne fear darbh ainm dó[38] Eoin Mac Cathail sa bhliain 1926. B'as Contae Luimnigh do Mhac Cathail agus is cosúil gur chaith sé sealad i marc-shlua[39] na Stát Aontaithe. Ceapadh é ina ghiúistís in Pentwater, Michigan nó, mar ba ghnáth[40] leis féin a scríobh, 'Uisce Glas, Misiga, Tír na nÓg'. Ba é 'Tír na nÓg' an t-ainm Gaeilge a bhí aige ar Mheiriceá. 'Bó allta' a bhí aige ar *buffalo* agus 'faolchú an mhachaire' a bhí aige ar *coyote*. Dár leis[41] go dtéann daoine de phobal dúchasacha[42] Mheiriceá go 'flaitheas na sealgaireachta' tar éis a mbáis. Agus ar chuala tú mar bhásaigh[43] an Ginearál Custer ag 'Cath na hAdhairce Bige Móire'? Ní raibh aon teora[44] le cumadóireacht Eoin ó thaobh na téarmaíochta de, ach níorbh fhile gan locht é. Is cosúil go bhfuil a chuid scríbhinní féin go mór faoi tionchar[45] na n-úirscéalta[46] beaga saor[47] a bhí faiseanta san am. Féach, mar shampla, an eachtra dochreidte[48] ina ndéantar príosúnach de féin agus dena chara[49], Tomás. Tá na 'fir dhearga' i bhfách lena marú ach labhrann[50] Eoin le 'taoiseach na bhfear dearg', ag iarraidh trócaire. Déanann Eoin a dhícheall le clú muintir na hÉireann[51] a chosaint:

Ná creid gach scéal a chloiseann tú féin

Tá gach cine ar domhan cam bréagach is mealltach

Ach na hÉireannaigh amháin tá siad gan chlaon

Tá siad fialmhar is cneasta, cairdeach is fiúntach.

Tugann an taoiseach freagra air sin (tá Gaeilge aige, dar ndóigh):

Ní hé sin an cháil atá orthu le fada

Ach deir mo chara go bhfuil siad go greannmhar

Go dtógann siad bolgam d'uisce na beatha

Ansin tá siad ullamh chun comhraic go fíochmhar.

Saol fada lán d'iontaisí[52] a bhí ag Mac Cathail, ach tá a bhfuil againn óna pheann ró-áibhéileach[53] ar fad.

1 *Chualamar...* An fhoirm tháite den bhriathar a mholtar sa CO sa chéad phearsa iolra.

2 *scéal na himirce...* Focal baininscneach is ea 'imirce'.

3 *as Éirinn...* Tá foirm thabharthach ar leith ag 'Éire'.

4 *go dtí an tOileán Úr...* Ní réamhfhocal é 'go dtí' agus ní bhíonn aon tionchar gramadaí aige ar an ainmfhocal a leanann é.

5 *Is beag Éireannach...* Bheadh ciall eile le 'Is beag an tÉireannach...' i.e. go gcaithfeadh an tÉireannach áirithe sin a bheith beag. Féach, mar shampla, 'Is beag duine a dhéanfadh an obair sin' *(Few would do that work)* agus 'Is beag an duine a dhéanfadh an obair sin' *(Anyone doing that work would have to be small).*

6 *i Meiriceá nó i gCeanada...* Is minic 'nó' agus 'ná' trína chéile sa chaint ach is 'nó' a scríobhtar nuair is rogha idir dhá rud atá i gceist: *in (either) America or Canada.* 'Nó' a úsáidtear sa chás sin. Úsáidtear 'ná' i ráitis dhiúltacha m.sh. 'Níl gaolta agam i Meiriceá ná i gCeanada.'

7 *baicle bheag údar...* Is lagiolra é 'údair'. Féach GGBC: 8.22–8.27.

8 *ar shaol na n-imirceach...* Leagan malartach is ea 'imirceoir'.

9 *na hathruithe...* Botún coitianta é sin. Is ionann 'athraithe' agus an ginideach uatha den ainmfhocal 'athrú' nó an aidiacht bhriathartha den bhriathar 'athraigh'.

10 *ab fhearr stíl...* Is é an tuiseal ainmneach den ainmfhocal a leanann an tsárchéim m.sh. 'an páirtí is mó tacaíocht', 'an nuachtán is mó gradam'.

11 *Murab ionann...* Féach an iontráil 'mura' in FGB.

12 *anonn... Contre sens,* i ngach ciall den fhocal, is ea 'anall'.

13 *chun cónaithe...* Tá 'chun' á úsáid mar réamhfhocal anseo agus leanann an tuiseal ginideach é.

14 *i Stát Nua-Eabhrac...* Is gnách ceannlitir a chur le hainm gach stáit.

15 *áit ar éirigh...* Coibhneas indíreach a leanann 'áit' i bhfrásaí dobhriathartha i.e. *the place in which...* Féach GGBC: 27–11.

16 *feirm cuibheasach mór...* Tá dhá athrú ansin. Is leagan malartach é 'cuíosach'. De réir an CO, ní shéimhítear an aidiacht má tá dobhriathar idir é agus an t-ainmfhocal m.sh. 'maidin sách fuar', 'bróg cuibheasach trom', 'bliain réasúnta tirim'.

17 *a cheannach.* Leagan malartach is ea 'ceannacht'.

18 *sa seanchas...*

19 *ar phraghas níos ísle...* Shílfeá ar dtús go bhfuil 'ar praghas' cosúil le 'ar cíos' agus leaganacha eile a chuireann staid nó suíomh in iúl. Ach séimhítear na leaganacha sin má cháilítear iad m.sh. 'ar chíos mór'. Féach GGBC: 4.8.

20 *an talamh daor...* Is fíor go bhfuil an dé-inscne ceadaithe sa tuiseal ginideach den fhocal 'talamh' m.sh. 'tiarna talaimh' nó 'tiarna talún' – ach is focal firinscneach é ó cheart.

21 *in ann...* Botún an-choitianta.

22 Spreagann an sampla seo ceist faoi idé-eolaíocht an eagarthóra. Is gnách ceannlitir a bheith ar an gcéad fhocal, agus sin mar atá in FGB: 'Aifreann'.

23 *ar shiúl...*

24 *is éard...* Féach an iontráil 'éard' in FGB.

25 *sular tháinig...*

26 *a chomharsana...* Iolra malartach is ea 'comharsain'.

27 *sa bhaile...*

28 *praiticiúil...*

29 *bochtaineacht...* Leagan malartach is ea 'bochtanas'.

30 *cos ar bolg.* Ní chuirtear fleiscín idir sraitheanna focal mar sin m.sh. 'cogar mogar', 'ar cosa in airde'. Ní comhfhocail iad, dáiríre. Eisceacht thábhachtach is ea 'bunoscionn', a scríobhtar mar aon fhocal amháin.

31 *Ba é...*

32 *ní b'fhearr...* Bíonn 'ní' agus 'ba' scartha ó chéile: 'carr ní ba cumhachtaí a cheannach'. Ní bheadh sé mícheart 'níos' a úsáid in ainneoin na haimsire caite. Féach GGBC: 11.27.

33 *ná mar a bhí...* 'Ná' a úsáidtear nuair is comparáid atá i gceist.

34 *i dtír a shinsear.* Is lagiolra 'sinsear'. Is fíor gur féidir 'sinsear' (uimhir uatha) a úsáid i gcomhthéacsanna áirithe. Tá 'peaca an tsinsir' nó 'peaca na sinsear' inghlactha. Is léir, áfach, gur sinsir Phádraic atá i gceist san abairt seo.

35 *I gcnuasach Leabharlann Náisiúnta na hÉireann...* Féach GGBC: 9.24–9.25.

36 *lámhscríbhinn...*

37 *lámhscríbhinn shuimiúil...* Is aidiacht shimplí é 'suimiúil'. Ní thagann na rialacha DNTLS i gceist.

38 *fear arbh ainm dó...* nó fear darbh ainm... Ní ceart an réamhfhocal 'do' a lua faoi dhó.

39 *marcshlua...*

40 *mar ba ghnách...* Is é 'gnách' an aidiacht *(habitual, usual).* Is ainmfhocal é 'gnáth' a úsáidtear sa nath 'de ghnáth'.

41 *Dar leis...* Úsáidtear 'dar' chun tuairimí, tuiscintí a chur in iúl m.sh. 'Tá an tír seo an-daor ar fad, dar liomsa.' Is éard atá san fhocal 'dár' ná an réamhfhocal 'do' + an aidiacht shealbhach 'ár'. Úsáidtear é i bhfrásaí mar 'Is duine dár ndream féin é'.

42 *de phobal dúchasach...* Is ainmfhocal uatha é 'pobal' agus is aidiacht uatha a leanann é. Seans gur ginearálú ar 'beirt' agus 'muintir' atá ann, dhá ainmfhocal a ghlacann aidiacht iolra m.sh. 'an mhuintir óga', 'beirt bhan chróga'. Féach GGBC: 11.18.

43 *mar a bhásaigh...* Is minic a d'fhágtaí an mhír choibhneasta 'a' ar lár i seantéacsanna, agus is cinnte nach gcluintear sa chaint i gcónaí é.

44 *teorainn...* Leagan malartach is ea 'teora'.

45 *faoi thionchar...*

46 *na n-úrscéalta...*

47 *saora...* Tá ainmfhocal iolra á cháiliú ag 'saor'.

48 *an eachtra dhochreidte...* Focal baininscneach is ea 'eachtra'.

49 *dá chara...* Sin an fhoirm a úsáidtear áit a dtagann na réamhfhocail 'de' nó 'do' agus an aidiacht shealbhach 'a' le chéile.

50 *labhraíonn...*

51 *clú mhuintir na hÉireann...* Féach GGBC: 9.24–9.25.

52 *lán d'iontais...* Iolra malartach is ea 'iontaisí'.

53 *ró-áibhéalach...*

Ceisteanna ag éirí as an gcleachtadh

Seo cuid de na ceisteanna a thagann aníos nuair a dhéantar an cleachtadh seo i gceardlanna eagarthóireachta. 'Ceartaítear' roinnt leaganacha atá ceart, caighdeánach, mar shampla 'cluintear', 'scéala' agus 'sealad'. Ach ní leaganacha malartacha de 'cloistear', 'scéal' nó 'seal' iad. Féach na hiontrálacha in FGB. Ag seo thíos roinnt samplaí eile.

- Is í an fhoirm thabharthach a úsáidtear sa nath 'láimh le'. Ní ceart é a athrú go 'lámh le'.

- Athraítear 'cuibheasach' go 'cuíosach', ach is é 'cuibheasach' an leagan caighdeánach.

- Tá an séimhiú ar 'ar an fheirm' iomlán ceart ach ba chóir don údar a bheith leanúnach agus gan urú a úsáid áit eile sa téacs. Bheadh sé níos fusa gnáthúsáid an údair a dhéanamh amach i dtéacs níos faide.

- Cuireann daoine 'ná' isteach sa líne 'is é rud a bhaist Pádraic uirthi [ná] Machaire an Fhia'. Focal *pleonastic* is ea 'ná' de réir FGB i.e. níl sé riachtanach.

- Athraítear 'Contae Luimnigh' go 'Contae Luimní' trí earráid. Bítear ag aithris ar shampla 'Corcach' > 'Contae Chorcaí' ach féach gur ainmfhocal baininscneach é 'corcach'.

- Athraítear 'dar ndóigh' go 'ar ndóigh'. Tá an dá leagan ceart.

- Cuirtear séimhiú lochtach ar 'dánta' sa fhrása 'idir phrós agus dánta'. Is fíor go mbíonn séimhiú ar an dá ainmfhocal sa struchtúr sin de ghnáth m.sh. 'idir bhuachaillí agus chailíní'. Ach ní bhíonn séimhiú ar an dara hainmfhocal má thosaíonn sé le d, s nó t m.sh. 'idir shúgradh is dáiríre', 'idir chléir agus tuath'. Féach GGBC: 4.10.

- Athraítear 'i bhfách lena marú' go 'i bhfách le iad a mharú'. Arís, táthar ag ceartú leagain nach bhfuil mícheart. Is féidir an aidiacht shealbhach a úsáid in áit an fhorainm i bhfrása infinideach. Féach na samplaí in FGB faoin gceannfhocal a[5]: '**Bhí orm a chur, a cur, a gcur ar scoil**, I had to send him, her, them to school.' Gach seans go measfadh an t-eagarthóir an struchtúr sin a bheith ródheacair do léitheoirí áirithe, ach is cinneadh é sin a bhaineann le cúrsaí stíle seachas cruinneas gramadaí.

- Athraítear 'in Pentwater' go 'i bPentwater'. Ach is logainm coimhthíoch é 'Pentwater' agus is gnách gan claochlú tosaigh a chur ar a leithéid. Is mar gheall air sin a úsáidtear 'in' seachas 'i' + urú.

Is fíor nach bhfuil stádas ar bith ag an leagan 'Misiga' ach is mairg a d'athródh go 'Michigan' é. Is é 'Misiga' atá sa lámhscríbhinn. Tá roinnt leaganacha sna véarsaí a bhfaightear blas ait orthu, mar shampla 'go bhfuil siad go greannmhar', 'uisce na beatha' ach teastaíonn na gutaí breise chun an rithim a thabhairt slán.

Róchaighdeánú mar an gcéanna a bheadh ann dá n-athrófaí an focal 'cairdeach' go 'cairdiúil' sa líne 'Tá siad fialmhar is cneasta, cairdeach is fiúntach.' Siúd is nach scoth na héigse é, is dán é seo agus ba chóir na leaganacha malartacha ann a choimeád. Agus ní cinnte fiú amháin gur leagan malartach atá ann. Tá an dá chiall le 'cairdeach' de réir FGB: '(1) Generous about giving respite or credit. (2) = CAIRDIÚIL.' Is fearr a oireann an chéad bhrí do na haidiachtaí eile sa líne.

Fágann sin ceist na leaganacha malartacha. Ag brath ar ghnásanna an nuachtáin nó na hirise ar a bhfuil an t-alt le foilsiú, d'fhéadfaí na leaganacha malartacha a fhágáil ann: 'chuala muid', 'imirceoirí', 'sula dtáinig' nó 'bochtanas'. Níor dheacair do léitheoir réasúnta cumasach ceann ar bith acu a thuiscint nó a aimsiú mar leagan malartach in FGB.

3.3 Cleachtadh

Tá tráchtaireacht ar an gcleachtadh faoi bhun an téacs seo. Tá uimhir curtha le gach leagan mícheart/neamhchaighdeánach sa téacs. Tugtar an leagan ceart, caighdeánach agus míniú faoin uimhir chéanna sna nótaí.

An Straitéis Náisiúnta um Athrú Aeráide 2007–2012

Cad é atá cearr?

Tá an plainéad[1] á théamh agus tá an aeráid á athrú[2] mar gheall ar na gásanna ceaptha teasa[3] a sceitear san atmaisféar de bharr gníomhartha an chine daonna[4]. Is liosta le n-áireamh[5] na rudaí a mbíonn tionchar docharach[6] acu ar chúrsaí aeráide: an déantúsaíocht, an fheirmeoireacht nó díreach do theach cónaithe féin a théamh. Is de thoradh sin[7] agus gníomhartha eile a cruthaítear[8] gásanna dáinséaracha[9], leithéidí de[10] mheatán, an dé-ocsaíd charbóin (CO_2) agus an ocsaíd nítriúil. Dá leanfadh[11] cúrsaí ar aghaidh mar seo is cinnte go mbeidh geimhridh[12] níos fuaire agus samhraidh[13] níos tirime ann, go n-ardófar léibhéil[14] na mara agus go mbeidh stoirmeacha níos déine ná riamh ann. Is é an leath is boichte den Domhan, na tíortha atá i mbéal forbartha, is measa a bheidh buailte.

Ní foláir srian a chur ar astúcháin chun an Domhain a thabhairt slán[15]. Teastaíonn sprioc cinnte[16] agus plean gníomhaíochta chun gur féidir iarrachtaí an phobail idirnáisiúnta a stiúrú[17]. Comhaontaíodh a leithéid de phlean ag níos mó ná céad rialtas[18] a shínigh an Prótacal Kyoto[19] sa bhliain 1992. Faoi dheireadh thiar thall tá clár oibre ann a chabhróidh linn dul i ngleic leis an téamh domhanda go héifeachtach, córásach[20]. I gcás na hÉireann tá geallúint[21] ann CO_2 a laghdú faoi 80 milliún tonna i rith na tréimhse[22] 2008–2012. Ní gan dua a dhéanfar sin. Beidh an rialtas ag obair i gcomhpháirtíocht[23] le soláthraithe fuinnimh chun an céadatán[24] leictreachais a ghintear as foinsí inathnuaite[25] a mhéadú go 15% faoi 2010 agus go 33% faoi 2020. Ach táimid ag brath ortsa agus ar do chuid lucht aitheantais[26] leis an cuspóir sin a bhaint amach[27]. Is iad na roghanna a dhéanann tusa is tábhachtaí ar fad. Ní mór gluaisteáin agus trucailí a bhíonn an-trom ar ola a fhágáil sa gharáiste. Ní mór feabhas teacht ar iompar poiblí[28]. Gheobhaidh tú roinnt moltaí sa bhilleog[29] seo a chabhróidh leat na roghanna cearta a dhéanamh.

---

1 *an pláinéad...*

2 *á hathrú...* Is ainmfhocal baininscneach é 'aeráid'. Bíonn 'á' ag brath ar uimhir agus

ar inscne agus bíonn tionchar gramadaí aige dá réir sin. Róghinearálú atá ann an tríú pearsa firinscneach a úsáid i gcónaí.

3 *na gáis cheaptha teasa...* Iolra caol atá ar 'gás'.

4 *de bharr ghníomhartha an chine dhaonna.* Tá dhá athrú air sin. Séimhiú a theastaíonn ar thúsfhocal an aonaid chéille 'gníomhartha an chine'. Aidiacht shimplí is ea 'daonna' agus ba chóir é a shéimhiú.

5 *liosta le háireamh...*

6 *dochrach...*

7 *Is dá thoradh sin...*

8 *a chruthaítear...* Is fíor nach séimhítear an saorbhriathar san aimsir láithreach i gcanúintí áirithe. Séimhítear de réir an CO é, ach amháin san aimsir chaite shimplí m.sh. 'an fear a maraíodh', 'an t-amhrán a canadh.'

9 *gáis dhainséaracha...* Tá trí athrú air sin. 'Gáis' an t-iolra caighdeánach. Séimhíonn sé an aidiacht. Níl síneadh fada ar an gcéad siolla de 'dainséarach'.

10 Níl feidhm ar bith leis an réamhfhocal 'de' anseo. Is dócha gur faoi thionchar an Bhéarla a scríobhadh é: *the likes of...* Is ainmfhocal é 'leithéid' agus is sa tuiseal ginideach a bheadh ainmfhocal ar bith a leanfadh é: 'leithéidí meatáin...' Féach GGBC: 9.37–9.60. Seans go raibh an t-aistritheoir ag iarraidh gan 'dé-ocsaíd charbóin' a chur sa ghinideach. B'fhearr 'mar' a úsáid chun an ginideach a sheachaint.

11 *Má leanann...* Tugtar 'coinníoll an amhrais' ar 'dá'. Úsáidtear é ag trácht ar rudaí éadóigh m.sh. 'Chreidfinn i dtaibhsí dá bhfeicfinn ceann.' Ní dócha go bhfeicfidh. Creideann an t-údar go dtarlóidh na rudaí a luaitear san abairt seo; a fhianaise sin an aimsir fháistineach. Féach GGBC: 32.9.

12 *geimhrí...*

13 *samhraí...* Is fíor gurb annamh a fheictear ainmneacha na séasúr san iolra. Is mó a bheifeá ag súil le leagan éigin ar nós 'go mbeadh an aimsir níos fuaire le linn an gheimhridh agus níos teo le linn an tsamhraidh' nó a leithéid. Is fíor, áfach, go bhfuil blas teicniúil, eolaíoch ar an téacs seo agus go bhfuil go leor leaganacha ann nach den ghnáthchaint iad.

14 *leibhéil...*

15 *chun an Domhan a thabhairt slán.* Ní chuirtear ainmfhocail sa ghinideach i ndiaidh 'chun' nuair is cuspóir atá i gceist m.sh. 'chun Fraincis a fhoghlaim'. Féach GGBC: 9.28.

16 *sprioc chinnte...* Ainmfhocal baininscneach is ea 'sprioc'.

17 *a stiúradh.*

18 Tá ceartú níos deacra le déanamh air seo. Ní féidir gníomhaí (na rialtais) a lua leis an mbriathar saor (comhaontaíodh). An uair amháin a luaitear gníomhaí leis an mbriathar ní saor atá sé níos mó. Theastódh athchóiriú éigin mar seo: 'Rinneadh a leithéid de phlean a chomhaontú nuair a shínigh níos mó ná céad rialtas Prótacal Kyoto.'

19 Ní theastaíonn an t-alt. Tá 'Prótacal Kyoto' cinnte cheana féin. Tugtar leagan Gaeilge an logainm ar *www.focal.ie:* Kiótó.

20 *córasach...*

21 *gealltanas...* Leagan malartach is ea 'geallúint'.

22 *le linn na tréimhse...* Is ionann 'i rith' agus i gcaitheamh na tréimhse, ó thús deireadh.

23 *i gcomhpháirt...* Is ionann 'comhpháirtíocht' agus *a partnership.*

24 *céatadán...*

25 *in-athnuaite...* Is gnách fleiscín a chur áit a dtagann dhá réimír le chéile, m.sh. 'fíor-dhrochaimsir', 'neamh-infhillte'. Féach GGBC: 3.6.

26 *do lucht aitheantais...* Tá nós ann 'cuid' a úsáid i ndiaidh na n-aidiachtaí sealbhacha i gcónaí. Bíonn toradh aisteach air sin in amanna, nuair a úsáidtear 'cuid' le rudaí teibí nach bhfuil inranna m.sh. 'Mo chuid eagla', 'mo chuid cos'. 'M'eagla' agus 'mo chosa' ab fhearr ansin.

27 *leis an gcuspóir sin a bhaint amach.* Ní eisceacht ar an gclaochlú tosaigh ainmfhocal a bheadh ina chuspóir i gclásal infinideach m.sh. *leis an ngnó a dhéanamh, an teanga a athbheochan tríd an nGaeilge a mhúineadh sna scoileanna.*

28 Seo fadhb den chineál a thagann aníos go minic i dtéacsanna aistrithe. Is aistriú an-dílis ar *public transport* é 'iompar poiblí' ach tá débhríocht ann freisin *(public behaviour)*? B'fhearr 'córas iompair phoiblí'.

29 *sa bhileog...*

Ceisteanna ag éirí as an gcleachtadh

Tá roinnt fadhbanna friotail sa téacs seo den chineál a bhíonn an-choitianta i dtéacsanna a aistrítear go Gaeilge. Tá tuilleadh plé air sin in Aonad 9.

Bíonn tuiscint áirithe ag daoine den fhocal 'trucail'. Dar lena lán gurb ionann é agus *handcart* den chineál a bhíodh ag mangairí fadó. Is cinnte gur suarach na hastúcháin a chuirfeadh a leithéid sin de. Ach féach go bhfuil brí níos leithne ag 'trucail' sna téarmaí 'trucail dumpála' agus 'trucail ladhar-ardaitheora' *(forklift truck)*. B'fhéidir nár mhiste 'leoraithe' a mholadh mar shlí éalaithe.

Tá cinneadh le déanamh faoi aimsir an bhriathair i 'trucailí a bhíonn an-trom ar ola'. D'fhéadfaí a mhaíomh gur de bhuncháilíocht na bhfeithiclí sin iad a bheith trom ar ola, agus gur fearr a d'oirfeadh 'trucailí atá an-trom ar ola.' Seans go mbeadh 'faoin gcéad' le breacadh isteach in áit na siombaile %, ag brath ar nós an chliaint agus ar an nós a chleacht an t-údar sa chuid eile den téacs.

3.4 Cleachtadh

Tá tráchtaireacht ar an gcleachtadh faoi bhun an téacs seo. Tá uimhir curtha le gach leagan mícheart/neamhchaighdeánach sa téacs. Tugtar an leagan ceart, caighdeánach agus míniú faoin uimhir chéanna sna nótaí.

Brian Ó Nualláin

Áirítear Brian Ó Nualláin i measc mórscríbhneoirí Éireannacha an fichiú aois[1]. Tá greann osréalaíoch[2] aibhéiseach[3] ina chuid scríbhinní ach cé a shéanfadh nach bhfuil intleacht agus samhlaíocht thar meon[4] iontu freisin? Níor scríbhneoir é a bhí ag brath ar scéalta beaga grinn, ach scoláire a raibh tuiscint thar na beartaibh[5] aige ar litríocht Gael is Gall.

Ar an Srath Bán, i gContae Thír Eoghain a beireadh[6] é, sa bhliain 1911. Bhí fórsaí na réabhlóide ag bailiú nirt, agus níorbh fhada go raibh Éire ina chíor tuathail[7] amach is amach, idir ghníomhaithe teangan[8] agus díograiseoirí poblachtánacha[9]. Le Gaeilge a tógadh Brian agus a dhearthair Ciarán. Ba annamh[10] sin sa bhaile mór, cé go raibh Gaeilgeoir corr[11] le fáil faoin dtuath[12] agus glan-Ghaeilge Thír Eoghain fós á labhairt mar ghnáth-theanga ag roinnt seanóirí. Bhí Ciarán, a bhí ina iriseoir cumasach Gaeilge an lá is faide anonn, bliain amháin níba shine[13] ná Brian. Sa dírbheathaisnéis *Óige an Dearthár*, tugann Ciarán cuntas dúinn ar na chéad iarrachtaí liteartha a rinne Brian, agus é ar choláiste[14] ar an gCarraig Dhubh. Dánta beaga gairide a chum sé ach níl ceann ar bith acu fós ar mharthain[15]. Seans gur fearrde clú Bhriain na dánta sin a bheith ar lár!

Thug Brian faoi iris grinn[16] a bhunú sa bhliain 1934, ach ní raibh saol fada in ann[17] don fhiontar sin ach oiread. Ní raibh *Blather* leathbhliain ar an bhfód gur thit an tóin as. Ní raibh Brian sásta dul i bhfiacha leis an foilseachán a choimeád ag imeacht[18]. Is deacair gan a shamhlú go raibh Brian ag súil lena bheatha a thabhairt i dtír leis an scríbhneoireacht. Cá fios[19] cad iad na seoda litearthachta[20] a chuirfeadh sé ar fáil dá raibh[21] sé ag dul[22] don scríbhneoireacht Domhnach is Dálach[23]? Ach rinneadh státsheirbhíseach[24] de Bhrian Ó Nualláin. Fágadh an scríbhneoireacht faoi Myles na gCopaleen agus Flann O'Brien. Is faoi na hainmneacha cleite sin a foilsíodh formhór a shaothar[25].

1 *i measc mhórscríbhneoirí Éireannacha an fichiú haois.* Tá dhá athrú air sin. Ba chóir séimhiú a chur ar thúsfhocal an aonaid chéille 'mórscríbhneoirí Éireannacha an fichiú haois'. Féach go gcuirfeadh 'fichiú' 'h' le tús ainmfhocail a thosaíonn le guta.

2 *osréalach...*

3 *áiféiseach...* Is focal dlisteanach é 'aibhéiseach' *(abysmal, like an abyss)*. Ní cabhair d'eagarthóir an litreoir i gcás mar sin.

4 *thar meán...*

5 *thar na bearta...*

6 *a rugadh é...*

7 *ina cíor thuathail...* Dhá athrú air sin. Ainmfhocal baininscneach is ea Éire agus is baininscneach don aidiacht shealbhach dá réir sin, ar bhealach nach gcuireann séimhiú. Bíonn séimhiú, áfach, ar ainmfhocal eile a thagann i ndiaidh 'cíor'.

8 *idir ghníomhairí teanga...* Ginideach malartach is ea 'teangan'.

9 *poblachtacha.* Leagan malartach is ea 'poblachtánach'.

10 *B'annamh...*

11 *corr-Ghaeilgeoir...* Tá ciall eile le 'Gaeilgeoir corr'. Ní shéanaim go bhfuil a leithéid ann.

12 *faoin tuath...*

13 *ní ba shine...*

14 *ar coláiste...* Ar aon dul le 'ar muir', 'ar bord'.

15 *ar marthain...*

16 *iris ghrinn...* Focal baininscneach is ea 'iris'.

17 *i ndán...*

18 *leis an bhfoilseachán (nó leis an fhoilseachán) a choimeád ag imeacht.*

19 *Cá bhfios...*

20 *liteartha... Contre sens.* Is ionann 'litearthacht' agus *literacy.*

21 *dá mbeadh...*

22 *ag gabháil don litríocht...* Féach an iontráil 'gabh > gabh do' in FGB.

23 *Domhnach is dálach...* Ní lá seachtaine é 'dálach'.

24 *státseirbhíseach...* Ní bhíonn séimhiú idir DNTLS i gcomhfhocail m.sh. 'spotsolas', 'cúldoras'.

25 *formhór a shaothair.* Tá 'saothar' faoi réir an ainmfhocail 'formhór'.

Ceisteanna ag éirí as an gcleachtadh

Seo cuid de na ceisteanna a thagann aníos nuair a dhéantar an cleachtadh seo i gceardlanna eagarthóireachta.

• Is nós le daoine 'Gael is Gall' a shéimhiú tar éis 'litríocht' díreach mar a dhéanfá le 'cathair Dhoire' nó 'oidhreacht Pheig'. Ní ainmneacha dílse iad, áfach, in ainneoin na gceannlitreacha.

• Baineann daoine an t-alt as an nath 'an lá is faide anonn.' Níl sé mícheart, áfach. Féach an iontráil 'anonn' in FGB.

• Bíonn buanséimhiú ar an bhfocal 'céad' tar éis an ailt uatha agus iolra. Tá 'na chéad iarrachtaí' iomlán ceart.

• Athraíonn daoine 'ar an gCarraig Dhubh' go 'sa Charraig Dhubh'. Is gá, go hiondúil, 'ar' a úsáid in ionad 'i' i gcás logainmneacha a bhfuil an t-alt iontu m.sh. 'ar an gCeathrú Rua', 'ar na Cealla Beaga'.

• Is nós le daoine 'Seans gur fearrde clú Bhriain na dánta sin a bheith ar lár!' a chur san aimsir chaite ('Seans gurbh fhearrde...'). Ach is é clú Bhriain san am i láthair atá i gceist. Tá débhríocht ag baint le 'Seans gurbh fhearrde' mar mheasfá gurb é an modh coinníollach atá ann: *Brian's reputation would have been greater had those poems been missing.*

• Cuireann daoine 'go dtí' roimh 'gur' san abairt 'Ní raibh *Blather* leathbhliain ar an bhfód gur thit an tóin as'. Níl sé sin riachtanach. Tá 'Fan go dtiocfaidh Úna' chomh ceart le 'Fan go dtí go dtiocfaidh Úna.'

- Cuireann daoine séimhiú ar ainm amháin nó ar an dá ainm ag deireadh an ailt: 'faoi Mhyles na gCopaleen agus Fhlann O'Brien.' Ní ainmneacha Gaeilge iad, cé gur díorthaíodh as an nGaeilge iad. Is ait linn claochlú tosaigh orthu.

- Ní téacs oifigiúil ná leathoifigiúil é seo. Ag brath ar ghnásanna an nuachtáin nó na hirise ar a bhfuil an t-alt le foilsiú, d'fhéadfaí na leaganacha malartacha a fhágáil ann i.e. 'thar meon', 'thar na beartaibh', 'teangan', 'poblachtánach', 'faoin dtuath'.

Baineann castacht nach beag leis an abairt 'Is deacair gan a shamhlú go raibh Brian ag súil lena bheatha a thabhairt i dtír leis an scríbhneoireacht.' Tá claonadh ag daoine í a athrú go 'Is deacair gan samhlú go raibh Brian ag súil lena bheatha a thabhairt i dtír leis an scríbhneoireacht.' Tuigim dóibh ach is rócheartú é. 'Is féidir liom tiomáint' a deirtear, gan 'a' gan séimhiú mar níl cuspóir ar bith san abairt. 'Is féidir liom leoraí a thiomáint' a deirtear, toisc 'leoraí' a bheith ina chuspóir ag 'tiomáin'. Ní léir ar an gcéad fhéachaint cá bhfuil an cuspóir san abairt 'Is deacair gan a shamhlú go raibh Brian ag súil lena bheatha a thabhairt i dtír leis an scríbhneoireacht.' Ach is cuspóir atá sa chlásal iomlán 'go raibh Brian ag súil lena bheatha a thabhairt i dtír leis an scríbhneoireacht'. Sin é an rud atá le samhlú. Míníonn Gearóid Stockman mar a úsáidtear 'a' mar fhorainm réamhthagrach sa leabhar breá úd *Cruinneas Gramadaí agus Corrfhocal Eile:* 61–3.

AGUISÍN 4

TRÁCHTAIREACHT AR NA CLEACHTAÍ IN AONAD 4

4.3 Cleachtadh

1 Is leor suíochán a áirithint.

2 Is ionann 'giuirléidí' agus *personal belongings.*

3 Ní shéanaim nach bhfuil comhthéacsanna ann ina mbeadh 'an teanga Ghaeilge' díreach ceart ach ba leor 'an Ghaeilge' sa chás áirithe seo.

4 Nach leor 'teagmhálaí'?

5 Dá mbeifí chun sin a aistriú go Béarla is é a bheadh ann *An investigation is being set up into the circumstances relating to her death.* Nach ionann 'cúinsí' agus na rudaí sin a bhaineann le rud ar leith? Nach leor 'cúinsí a báis'?

4.5 Cleachtadh

1 Is dócha gur *canvassing will automatically disqualify* a bhí le haistriú nó a bhí ar aigne an údair. Ach níl i gceist ach gur leor duine a bheith ciontach as stocaireacht chun é/í a dhícháiliú.

2 Tá an comhaonad lochtach. Is amhlaidh a dhéantar rudaí nua a fhionnachtain, seachas teacht ar fhionnachtain!

3 Sampla eile den dúil atá ag scríbhneoirí Gaeilge san aimsir ghnáthláithreach agus an eagla a bhíonn orthu roimh an gcopail. Is dócha gur féidir seo a rianú siar go dtí *The people directly elect the President.*

   Is é an pobal, i dtoghchán díreach, a thoghann an tUachtarán.

4 Gan ach méid measartha cnónna a ithe, is dócha. Is minic dobhriathar an Bhéarla ag cur mearbhaill ar scríbhneoirí Gaeilge. A leithéid seo:

Go heacnamaíoch, tá dul chun cinn suntasach déanta ag Éirinn.

Tugann 'go heacnamaíoch' le fios go ndearnadh rud éigin ar shlí atá 'eacnamaíoch'. Céard é féin? Tá sé an-deacair ciall a bhaint as gan é a rianú siar go dtí an téacs Béarla: *Economically Ireland has made great strides*. Is é a déarfadh an Ghaeilge: 'Tá dul chun cinn suntasach déanta ag Éirinn ó thaobh na heacnamaíochta de.'

5   An aimsir ghnáthláithreach arís agus an chopail á seachaint.

Is ar dhaoine aosta, go minic, a thagann an diaibéiteas.

4.7 Cleachtadh

1   Is ón bhfisic núicléach a tháinig 'mais chriticiúil' isteach sa chaint. A chiall theicniúil: *The minimum quantity of fissile material required for a nuclear chain reaction.* A chiall mheafarach: *The minimum number of people with shared understanding or needs to tip the balance or instigate change.* Tá an nath in úsáid go meafarach i nGaeilge, mar is léir ó chuardach gasta *Google*.

Is faoin eagarthóir atá sé rogha a dhéanamh idir 'mais chriticiúil' agus parafrása a thugann an chiall leis, mar shampla 'dóthain cainteoirí Gaeilge'. Is dócha go dtuigfeadh léitheoirí 'mais chriticiúil', mura mbeadh ann ach go n-aithneoidís ón mBéarla é. Má tá tú chun 'mais chriticiúil' a úsáid mar mheafar ná bí leithscéalach faoi. Féach an sampla seo, ina bhfuil 'geata' á úsáid go meafarach sa chiall phleanála *gateway city*.

Straitéis lonnaíochta a chur le chéile agus a chur i bhfeidhm don réigiún, straitéis a thógfaidh 'mais chriticiúil' sa 'gheata', Gaillimh.

Cineál de lagchosaint ar an údar is ea na camóga sin. Mura bhfuiltear muiníneach faoin meafar níor chóir é a úsáid.

2   Ní mheasaim go bhfuil gá ar bith le 'óstaíonn', a tháinig chugainn ó *hosting* sa Bhéarla. Níl ann ach go mbíonn an taighde ar siúl san ollscoil, nó faoi scáth na hollscoile.

3   Tá an chuma ar *user-friendly* gur téarma é ach níl i gceist ach gur féidir leas a bhaint as rud éigin gan mórán stró. Is féidir an parafrása sin a úsáid gan aon chuid den chiall a chailleadh. Seans gur tugadh an iomarca ómóis don nath béarlagair nuair a ceapadh an téarma 'úsáidchúntach'.

4 Mar an gcéanna le *state of the art*. Cumadh an leagan 'úrscothach' chun freagairt dó ionann agus gur téarma é. Ach níl ann ach béarlagair agus is féidir é a aistriú ar do rogha bealach fad is a thugtar an chiall slán. Más *state of the art facilities* atá i gceist is fearr i bhfad 'na háiseanna is fearr agus is úire' ná 'áiseanna úrscothacha'.

5 Tá 'U-chasadh' in úsáid sna meáin Ghaeilge le tamall. Níl i gceist ach 'cúlú' nó 'tarraingt siar' nó 'loiceadh' agus is féidir ceann ar bith de na parafrásaí sin a chur ina áit. Ach is dócha go roghnódh an t-údar 'U-chasadh' díreach toisc é a bheith chomh difriúil ón ngnáthchaint. Ní hé ról an eagarthóra cosc a chur ar nuálaíocht sa teanga. Mura dtaitníonn 'U-chasadh' leat bí réidh chun a mhíniú cén fáth agus bíodh meas agat ar rogha an scríbhneora.

4.12 Cleachtadh

1 Measaimse gur féidir an tagairt do 'mhac léinn' a chur san uimhir iolra gan dochar don chiall. Go deimhin, tá an buntéacs féin anonn is anall idir uatha is iolra.

ÁIT CHÓNAITHE I RITH AN TÉARMA Faoi réir aon rialachán ginearálta a d'fhéadfaí a leagan síos ó am go ham, féadfaidh mic léinn nach bhfuil ina gcónaí lena muintir a n-áit chónaithe féin a roghnú i rith an téarma. Cabhróidh an Ollscoil le mic léinn lóistín cuí a aimsiú trí Oifig Lóistín na Mac Léinn. San áit chónaithe sin, ba chóir do mhic léinn a bheith airdeallach ar na cuspóirí is mian leo a bhaint amach; agus ina gcaidreamh leis an tiarna talún agus le daoine eile ina gcónaí san áit chónaithe sin, ba chóir dóibh a chinntiú go dtagann a n-iompar leis na caighdeáin a mbeifí ag súil leo sa phobal.

2 *Working like blacks,* is dócha, atá ar a chúl seo. Ach is saothar litríochta ó ré eile atá ann agus b'fhearr é a fhágáil mar a scríobhadh é.

3 Rud amháin is ea 'fear ceamara' nó 'fear teanga' nó 'fear oibre' a rá agus rud eile ar fad iad a scríobh. Ní fios, san abairt seo, cé acu fear nó bean a bheidh i mbun na hoibre agus b'fhearr 'ceamaradóir'. Mar an gcéanna le 'teangaire', 'oibrí' agus ainmfhocail eile atá neodrach ó thaobh inscne de.

4 Níl dímheas ná masla ar bith ar intinn daoine a úsáideann leaganacha mar 'banachas tí'. Léiriú a bhí ann ar leagan amach traidisiúnta na hoibre sa teaghlach in Éirinn. Is

cinnte gur mar sin a bhí in aimsir an té a scríobh an abairt seo. Ach is iomaí athrú a thagann ar an saol. Inniu, bheifeá ag súil le 'obair tí'.

5 Dúradh an méid sin le linn díospóireacht Dála 27 Meitheamh, 1990. Is cinnte nár mhian leis na cainteoirí dream ar bith a dhíspeagadh, ach tá débhríocht mhífhortúnach sa leagan 'daoine míchumasacha'. Lean an díospóireacht ar aghaidh agus maíodh gur chóir tuilleadh daoine míchumasacha a earcú in Údarás na Gaeltachta. Chuaigh an scéal chun áiféise ar fad. Tá 'duine le míchumas' ag teacht le leagan atá ag éirí níos coitianta i measc lucht míchumais. Is fearr leo *a person with a disability* a rá seachas *a disabled person*. Dar leo nár cheart an duine a shainiú i gcomhthéacs a mhíchumais amháin.

4.15 Cleachtadh

1 Tá gaol gairid idir seo agus fadhb eile a phléitear in alt 4.19. Dar leat in amanna go mbíonn cáin le díol ar bhriathra a úsáid.

> Is minic a bhíonn gach cuma air go bhféadfaí dul chun cinn a dhéanamh ach nach bhfuiltear cinnte an mbeadh drochthoradh ar an bhforbairt go fadtéarmach.

2 Is dócha gur *local residents* a bhí le haistriú nó a bhí ar aigne ag an té a scríobh 'cónaitheoirí áitiúla.' Tá sé go holc, is cuma cén t-údar a bhí leis. Is ait linn fosta coincheap teibí mar 'míchaoithiúlacht' a bheith á mhéadú nó á laghdú.

> Is san oíche a dhéanfar an obair, chun nach gcuirfear isteach an iomarca ar mhuintir na háite.

3 Cad é atá ann ach gur fusa áit pháirceála a fháil?

4 Níl i gceist ach go mbíonn níos mó Gardaí sa phobal.

5 Ní dhamnóinn an sampla seo as éadan. Is léir go mbaineann sé le tráchtas nó le taighde acadúil de shaghas éigin. Tá réim áirithe i dtéacsanna den chineál sin agus tá an teibíocht ar cheann dá comharthaí sóirt. Tá sé de bhuntáiste ag an bhfocal teibí go gcuimsíonn sé gach pearsa, sa chaoi is go seachnaítear na fadhbanna a bhaineann le hathleagan ar nós 'cérbh é údar na dtéacsanna'. Níl an leagan saor ó locht, áfach.

Níl 'údarthacht' in FGB agus maítear ar *www.focal.ie* gur téarma 'dímholta' é. 'Údaracht' atá molta ina ionad.

4.17 Cleachtadh

Focal Béarla	Réim ard	Réim neodrach nó íseal
pram	naíchóiste	pram
optician	radharceolaí	lia na súl
breakfast	céadphroinn	bricfeasta
lots, a large number	iliomad	go leor
spouse	nuachar	céile
primer, a book for beginners	uraiceacht	bunleabhar
nose	srón	caincín
to give an injection	instealladh a thabhairt	an biorán a thabhairt
insane	ina g(h)ealt	craiceáilte
tree	bile	crann

Ceisteanna ag éirí as an gcleachtadh

Is minic a bhíonn dhá fhocal ar choincheapa a bhaineann le cúrsaí leighis. Bíonn focail ghnáthchainte mar 'galar an tochais' agus 'an galar craosach' ann agus focail theicniúla mar 'scaibéis' agus 'diaibéiteas'.

4.19 Cleachtadh

1   Tá 'diúltú na colainne don ghéag nua a sheachaint' fíorchiotach.

    Tar éis na hobráide, tugtar ceimiceáin don othar ionas nach ndiúltóidh an cholainn don ghéag nua.

2   Chuirfeadh ceangal coibhneasta comaoin nach beag ar an abairt.

    Tá córacha leighis ann a laghdaíonn an gá a bhíonn ag an gcroí le hocsaigin.

3 Is é a bhí ar intinn an údair, is dócha, ná *In packing the fridge...* Ní mheasaim go bhfuil an uimhir iolra de 'bia' riachtanach.

> Agus an cuisneoir á phacáil, ba cheart bia so-lofa a stóráil sa chuid is fuaire de.

4 An rud is measa faoi shraith ainmfhocal a chur i ndiaidh a chéile ná go gcaithfidh freastal ar an gclaochlú tosaigh agus ar an infhilleadh a ghabhann leis sin. Is geall le fadhbchluiche an sampla áirithe seo. Is nós le daoine séimhiú a chur i ndiaidh 'athchócaráil' mar is ainmfhocal baininscneach é. Dar le daoine eile go bhfuil 'bia' ina chuspóir ag 'athchócaráil' agus gurbh fhearr é a fhágáil lom ar aon dul le 'buachailleacht bó' nó 'forbairt pobail'. Bíonn samplaí ag daoine eile a bhréagnaíonn an chomhairle sin. Nuair a iarraim ar dhaoine an séimhiú ar an aidiacht 'díreoite' a mhíniú bíonn a scéal féin ag gach duine sa seomra. Fágann go leor daoine an aidiacht gan séimhiú ach ní féidir leo a mhíniú cén fáth.

Dar liomsa go bhfuil sé iomlán dlisteanach ag eagarthóirí pointí deacrachta den chineál seo a sheachaint, fad is nach ndéantar an abairt a chur as a riocht.

> Tá contúirt ag baint le bia díreoite a athchócaráil.

5 Arís eile is é an t-infinideach réiteach na faidhbe anseo. Go deimhin, tá an chéad leagan débhríoch. D'fhéadfaí a thuiscint as go bhfuil Dáil Éireann scortha cheana féin ar neamhchead an Uachtaráin, murab ionann agus an tUachtarán bheith ag diúltú í a scor.

> D'fhéadfaí go ndiúltódh an tUachtarán Dáil Éireann a scor.

4.22 Cleachtadh

Ag seo thíos athleagan samplach den téacs. Beidh a leagan féin ag gach uile dhuine.

> Ba as Críoch Lochlann iad na Lochlannaigh, is é sin le rá as an Iorua agus as an tSualainn. Ba san Iorua a tháinig na Lochlannaigh le chéile mar phobal an chéad uair riamh. Ón 8ú go dtí an 11ú hAois AD is iomaí turas farraige agus is iomaí ionsaí a rinne siad ar chóstaí Iarthuaisceart na hEorpa. Bhí droch-chlú orthu mar gheall ar na

hionsaithe sin. Feirmeoirí agus seoltóirí a bhí sna Lochlannaigh. Bhí siúinéirí agus saoir adhmaid acu a bhí in ann longa breátha a dhéanamh le haghaidh na dturas fada farraige ar an Atlantach. Ba mhór an buntáiste dóibh é sin.

Rinne na Lochlannaigh an chéad ionsaí ar Éirinn sa bhliain 795. D'ionsaigh siad Reachrainn (oileán amach ó cósta Átha Cliath) agus Í (oileán amach ó chósta na hAlban). Bhunaigh Colm Cille mainistir ar Í sa séú hAois. Bhí spéis mhór ag na Lochlannaigh sna mainistreacha, mar bhí saibhreas mór le fáil i gcuid acu. Bhí earraí luachmhara agus sclábhaithe le fáil ag na Lochlannaigh iontu.

Ceisteanna ag éirí as an gcleachtadh

- B'fhearr cuid de na focail neamhchoitianta a fhágáil ar lár, m.sh. 'acmhainneach', 'imeallbhord' agus 'airnéis'.

- Tá an t-ainm teibí céime ('a thréithí is a bhí') róchasta ar fad. Bheadh 'cé chomh tréitheach' nó 'cé chomh cumasach' níos fearr.

- Ní miste tuilleadh eolais a thabhairt chun leaganacha áirithe a shoiléiriú, mar shampla na tíortha i gCríoch Lochlann a ainmniú. Má dhéantar sin ní miste an abairt faoin gcaoi ar tháinig ann don chine san Iorua a aistriú go dtí tús an pharagraif.

- Cabhraíonn 'siúinéirí' le brí 'saoir adhmaid' a shoiléiriú.

- Tá 'seoltóirí' níos soiléire ná 'maraithe', leagan atá iomlán ceart ach atá róchosúil le focal eile.

- Níl maith ar bith sna nótaí míniúcháin 'Reachrainn (ar imeallbhord Átha Cliath) agus Í (oileán de chuid Inse Gall na hAlban)'. An té nach bhfuil a fhios aige cá bhfuil Í Cholm Cille is ar éigean a d'aithneodh sé 'Inse Gall'. Níor mhiste na hainmneacha Béarla Lambay agus Iona a thabhairt an chéad uair a luaitear Reachrainn agus Í.

- Friotal iomarcach, dar liomsa, is ea focail mar 'abhainn', 'loch' agus 'oileán' a lua le logainmneacha: 'cois abhainn na Life', 'i lár Loch Éirne' nó 'Rí Oileán Thoraí'. Is é a déarfadh an cainteoir maith 'cois Life', 'i lár na hÉirne' agus 'Rí Thoraí'. Bíodh sin mar atá, seans nár mhiste 'oileán Í' a scríobh sa chás seo. Measaim go gcabhródh sin leis an léitheoir an téacs a thuiscint.

AGUISÍN 5
TRÁCHTAIREACHT AR NA CLEACHTAÍ IN AONAD 5

5.2 Cleachtadh

> Ar na mí-úsáidí[1] a bhí forleathan san Eaglais Chaitliceach san am bhí an tIolrachas[2], is é sin dhá phost eaglaise nó níos mó a bheith ag duine amháin san aon am amháin. Bhíodh ceannasaithe[3] na hEaglaise, ón bPápa anuas, ag díriú ar chúrsaí domhanda[4] níos mó ná aon rud eile. Ba é an toradh a bhí air gur dhiúltaigh daoine d'údarás an Phápa agus gur thug siad a n-aghaidh ar fhoirmeacha difriúla den Chríostaíocht.

1 Is dócha gur faoi thionchar an natha sin *child sexual abuse*, a chloistear go forleathan sna meáin inniu, a measadh gurb ionann i gcónaí *abuse* agus 'mí-úsáid'. Is gnách go mbíonn cuspóir leis an mbriathar 'mí-úsáid' – déantar rud éigin a mhí-úsáid. Ní léir go bhfuil a leithéid de chuspóir san abairt seo. B'fhearr 'míchleachtas' nó a leithéid.

2 Deamhan sampla is fearr a léiríonn tábhacht na nod sna foclóirí. Bhí 'iolrachas' go mór faoi thrácht in Éirinn nuair a bhí na reifrinn maidir le colscaradh agus ginmhilleadh ar siúl. Iad siúd a bhí i bhfabhar an iolrachais, mhaígh siad gur chóir a aithint go bhfuil tuairimí éagsúla i measc an phobail i dtaca le cúrsaí creidimh agus cúrsaí sóisialta de. Tugann an nod *Phil.* in EID le fios go mbaineann an t-iolrachas leis an bhfealsúnacht agus leis an smaointeoireacht. Tugtar leagan eile in EID faoin iontráil *pluralism*. 'Ilfheidhmeannas' an focal sin agus tá na noda *Ecc.* agus *Adm.* taobh leis – rud a thugann le fios gur riar na heaglaise atá i gceist. Is é sin an focal atá uainn anseo. Níl ann dáiríre ach *double-jobbing*.

3 Is mó a shamhlaítear an focal 'ceannasaí' le heagraíocht nó le gnólacht, mar shampla 'Ceannasaí RTÉ'. Úsáidtear an teideal go forleathan san arm chomh maith. *Commander* nó *controller* a thugtar mar shainmhíniú in FGB. B'ait a leithéid de theideal ar cheannaire eaglasta. Go deimhin, 'ceannairí' an focal is oiriúnaí anseo.

4 Is ionann 'domhanda' agus 'idirnáisiúnta'. Is é an focal a theastaíonn ná 'saolta' i.e. gan a bheith spioradálta.

Ceisteanna ag éirí as an gcleachtadh

Bíonn claonadh ag daoine focail a athrú ar bheagán cúise. Bítear in amhras, mar shampla, faoi 'aghaidh a thabhairt ar rud'. Cuimhníonn daoine ar leaganacha ar nós 'Thug Tadhg agus Séamas aghaidh ar a chéile sa phub aréir', a chiallaíonn go raibh sé ina throid eatarthu. Ach tá ciall eile leis an nath atá soiléir ón gcomhthéacs i.e. dul i dtreo, díriú ar rud éigin.

Faightear locht ar 'foirmeacha' chomh maith, agus cuirtear 'cineálacha' nó 'saghsanna' ina áit. B'fhéidir gur fearr a thuigfí na leaganacha sin, ach is ceist stíle é sin; níl 'foirmeacha' mícheart.

5.5 Cleachtadh

1 Ball troscáin is ea 'caibinéad'. 'Comh-aireacht' an focal a theastaíonn.

2 Ní *populate* ina chiall tíreolaíochta atá i gceist, ach go bhfuil an téacs agus na híomhánna á 'luchtú' ar an leathanach. 'Líonadh' an téarma Gaeilge a úsáidtear chun cur síos air sin.

3 Is furasta an botún seo a rianú siar go dtí *the relevant literature.* Ach ní dán ná scéal ná dráma atá le seoladh chun an iarrthóra. Ní bheadh locht ar bith ar 'eolas'.

4 Míthuiscint faoin nGaeilge is fearr a d'oirfeadh do *Service Delivery.* Is ionann 'seachadadh' agus 'tabhairt chun tí'. B'fhearr 'soláthar seirbhísí'. Maidir le *Customer Satisfaction* b'fhéidir go mbeadh 'Sástacht Custaiméirí' níos fearr ná 'Sásamh Custaiméirí'.

5 Focal ilbhríoch is ea *identity*. Freagraíonn 'féiniúlacht' do chiall amháin i.e. na tréithe sin a chruthaíonn pearsantacht nó náisiúntacht. Bheadh 'féiniúlacht' go breá i gcás *cultural identity* nó a leithéid. 'Fianaise aitheantais' nó 'fianaise chéannachta' a theastaíonn anseo.

6 Is téarma tíreolaíochta é *catchment area* i.e. 'the area of land bounded by watersheds draining into a river, basin, or reservoir' *(Collins)*. Úsáidtear go meafarach é i mBéarla ach ní mholtar é a úsáid sa Ghaeilge. 'Scoilcheantar' an focal a theastaíonn sa sampla seo.

7 Míthuiscint faoin bhfocal *installation*. Úsáidtear 'insealbhú' ag tagairt don searmanas ina gcuirtear duine in oifig – uachtarán nó easpag, mar shampla. 'Suiteáil' a úsáidtear nuair nach bhfuil ann ach bogearra a chur ar ríomhaire.

8 Is é an focal Béarla *excess* údar na míthuisceana anseo. Is ionann 'farasbarr' agus fuíoll nó *surplus*. Is dócha gur 'an iomarca fíona' nó 'barraíocht fíona' a bhí i gceist.

5.8 Cleachtadh

Coincheap	Gnáthchaint	Teanga shainfheidhme
Expenses (cuntasaíocht, riarachán)	Costais	Speansais (Caithfidh cuntasóirí dealú idir *costs* agus *expenses*)
Firm (gnó, fostóir)	Comhlacht	'Gnólacht' an focal is coitianta inniu. Úsáidtear 'gnóthas' thall is abhus.
Certificate (doiciméad dlíthiúil)	Teastas	'Deimhniú' a úsáidtear go han-mhinic ar fad m.sh. 'Deimhniú Imréitigh Cánach'. Is fíor go bhfuil 'teastas breithe' ann le haghaidh *birth certificate*.
Embezzlement (sárú dlí)	Caimiléireacht	'Claonchasadh' an téarma dlí. Tá an focal 'cúigleáil' ann, a shainmhínítear mar seo in FGB: 'to cheat at cards & embezzle'. Foclóir ginearálta is ea FGB, ar ndóigh, agus b'fhearr 'claonchasadh' a úsáid i dtéacsanna oifigiúla.
Asthma (leigheas)	Plúchadh nó giorra anála	'Asma' ab fhearr anseo. Is minic a úsáidtear téarma idirnáisiúnta i dtéacsanna míochaine

5.9.3 Cleachtadh

Cé acu leagan den abairt, a nó b, is fearr a oireann?

1   Is fearr i bhfad a thuigfí b ('páirceáil'). Feictear 'locadh' i dtéacsanna oifigiúla agus in
    achtanna. Bíonn dualgas áirithe ar fhoireann Rannóg an Aistriúcháin cloí le 'fasach',
    is é sin le rá na téarmaí atá sa reachtaíocht ó bunaíodh an Rannóg sa bhliain 1919
    agus ar foilsíodh sciar díobh in *Téarmaí Dlí* (1959). Tá cuid de na téarmaí sin tar éis
    dul ar gcúl agus tá cuid eile acu nach bhfuair leitheadas riamh sa ghnáthchaint.
    Luann Liam Prút (1997: 241) an sampla 'locadh' in alt a scríobh sé faoi mhodhanna
    oibre na Rannóige:

    > Ar uaire braitear tromanáil na bhfasach agus an údaráis ar na téarmaí a
    > chuirtear sa chúrsaíocht dhlíthiúil, m.sh. an téarma 'beartú muiríne' i
    > reifreann áirithe san áit a mbeadh 'pleanáil chlainne' sa ghnáthchaint nó an
    > téarma 'locadh' in áit 'páirceáil' sna hAchtanna um Thrácht ar Bhóithre. Go
    > minic is gá cloí le téarma 'aduain' den sórt sin toisc gurbh in an leagan a
    > cuireadh air in Acht a mbeifí á leasú nó toisc gan stádas cinnte a bheith ag
    > focal a bheadh i mbéal an phobail.

2   Tá b ('steiriliú') níos cruinne ó thaobh na céille de. Is téarma bitheolaíochta é
    'aimridiú' a chiallaíonn duine nó ainmhí a dhéanamh seasc. Tugann *An Foclóir
    Bitheolaíochta* an sainmhíniú seo ar 'steiriliú': 'freeing from micro-organisms'.

3   Luann Íosold Ní Dheirg (1988) an sampla 'cartlann' agus 'aircív', a tháinig aníos le linn
    don leabhrán *Téarmaí Leabharlainne* a bheith á thiomsú. Téarma dúchasach is ea
    'cartlann' a díorthaíodh as an bhfocal 'cairt' *(chart, charter, parchment, deed)* agus an
    iarmhír '-lann' i.e. 'áit a mbíonn cairteanna le fáil'. Fuarthas locht ar an téarma sin ó tharla
    go bhfuil réim i bhfad níos leithne leis an gcoincheap *archive*. Tá *sound archives* ann, agus
    film archives agus *picture archives* nach bhfuil baint dá laghad acu le cairteanna ná le
    cáipéisí de chineál ar bith. Ach tá 'cartlann' seanbhunaithe, coitianta agus ba dheacair é a
    ruaigeadh ar fad. Ba é an réiteach a bhí ann an dá théarma a chur sa leabhrán.

    > There could be no question of dropping the well-established native term. Although
    > more restricted in meaning (as pointed out by specialist users), it has long since
    > acquired all the connotations associated with the 'international' term. However, the
    > fact that the specialists have declared their preference for the 'international' term
    > guarantees its inclusion in the projected vocabulary.

Bheadh luí agam féin le 'cartlann' ach níl ann ach mo thuairim féin.

4 Bheadh luí agam féin leis an bparafrása 'ar sheirbhís mhíleata' nó fiú 'ar dualgas leis an Arm' mar measaim gur fearr a thuigfeadh an gnáthléitheoir é sin. Braitheann sé ar an gcomhthéacs. Tá 'fiannas' (a litrítear mar 'fianas' chomh maith) seanbhunaithe i dtéacsanna oifigiúla. Luaitear i mBunreacht na hÉireann é, cuir i gcás. Pléann Mícheál Ó Cearúil é ina staidéar cuimsitheach ar théacs Gaeilge Bhunreacht na hÉireann (1999: 10, 531).

5 Tá b ('aigneolaíocht') tugtha in FGB chomh maith le 'síceolaíocht'. Dar le hÍosold Ní Dheirg (1992: 30–1) go bhfuil an focal 'aigne' róghinearálta. Tá an iomarca bríonna ann atá níos leithne ná an tsícé dhaonna m.sh. *disposition, man's mind, way of thinking, spirit, cheerfulness, intention, strong spirit, stomach* (FGB).

6 Tugtar b ('cathróireacht') le haghaidh *Civics* in EID. Is ionann é agus *citizenship* de réir FGB. Is cinnte gur thug 'saoránaíocht' an svae leis mar ainm ar an ábhar scoile.

7 Tá b ('músaem') an-choitianta anois agus go minic is fearr a oireann sé do chuspóir na hinstitiúide. B'ait linn 'iarsmaí' a bheith ar taispeáint i ngailearaí nua-ealaíne.

8 Rinne údair na hathbheochana iarracht 'saíocht' a chur i réim le haghaidh an choincheapa *culture*. Maireann iarsmaí áirithe den iarracht sin, go háirithe i dteidil institiúidí agus eagraíochtaí mar 'An Brú Ríoga: Ionad Saíochta agus Ealaíon na hÉireann' *(The Royal Hospital: National Centre for Culture and the Arts)*. Ach tá an téarma iasachta 'cultúr' tar éis an cath a bhaint agus is beag nach bhfuil dearmad déanta de 'saíocht', sa chomhthéacs seo ar aon nós. Is dócha go raibh sé lochtach riamh. Tá gaol gairid aige leis an bhfocal 'saoi' agus is cosúil nár chuimsigh sé ach gné amháin den choincheap *culture* i.e. na healaíona agus an léann. Sin mar a thuairiscítear sna foclóirí é:

Learning, erudition (FGB)

Wisdom, lore, culture, expert knowledge… (Dineen)

Ach ní 'ardchultúr' amháin a bhíonn faoi chaibidil ag daoine. Bítear ag caint ar *drugs culture*, cuir i gcás. B'ait linn 'saíocht drugaí'. Cad é faoin *material culture* ar a mbíonn na seandálaithe ag déanamh taighde? Tá feidhm againn leis an téarma iasachta 'cultúr'.

5.9.5 Cleachtadh

Dílárú nó díbirt?

In ainneoin go bhfuil fostaithe na hearnála poiblí ag cur ina choinne, maíonn Fianna Fáil agus an Comhaontas Glas go ndéanfaidh an comhrialtas roinnt comhlachtaí stáit a dhílárú as Baile Átha Cliath. 'D'éirigh leis an dílárú fud fad an Aontais Eorpaigh,' a dúirt urlabhraí inné. 'Níl aon rud eisceachtúil sna moltaí seo againne. Is próiseas normalach[1] idirnáisiúnta é seo.'

Ní mar sin a fheictear do cheannairí na gceardchumann é. 'Tá an Rialtas fós dall ar an iarmhairt[2] a bheidh aige seo ar na hoibrithe agus, go deimhin, ar gach dream de na páirtithe leasmhara,' a deir Miriam Bell. 'Dar le páirtithe an Rialtais go bhfuil vótaí le baint acu as roinnt céadta post a thabhairt go dtí dáilcheantair tríd an tír. B'fhéidir é, ach ná dearmad gur dáilcheantar[3] sách mór atá san earnáil phoiblí chomh maith. Tá vótaí againne freisin, agus cá bhfios nach mbeadh fonn díoltais orainn amach anseo?'

Ina ainneoin sin ar fad tá Fianna Fáil sásta dul sa seans. 'Níl ach codán[4] beag bídeach d'fhostaithe na seirbhíse poiblí i gceist,' a dúirt T.D. amháin. 'Dar linne go mbeadh bunáite na n-oibrithe breá sásta imeacht as Baile Átha Cliath ach go bhfuil faitíos orthu sin a rá glan amach. Smaoinigh air sealad – éalú ón mbrú tráchta, ón gcoiriúlacht,[5] ón ardchostas maireachtála. Tá na ceardchumainn in ainm agus ionadaíocht a dhéanamh ar son na n-oibrithe, ach níl a seasamh ar an gceist áirithe seo réasúnta ná ionadúil.'[6]

Is eol freisin go bhfuil na Glasaigh imníoch faoi ghnéithe áirithe de bheartas an Rialtais. Admhaíonn siad go bhfuil dílárú cumhachta agus fostaíochta ina aidhm dhlisteanach ag gach gluaiseacht timpeallachta[7] san Eoraip. 'Bíodh sin mar atá, ní leor a leithéid de dhílárú chun an neamart fada a rinneadh in infreastruchtúr[8] na réigiún a leigheas,' a dúirt urlabhraí linn. 'Níor tugadh príoireacht[9] riamh d'fhorbairt na réigiún in aon Chlár Rialtais ó bunaíodh an stát. Tá na bóithre fós sách dona in áiteanna. Níl seirbhísí leathanbhanda ann. Cá bhfuil na dreasachtaí chun fuilleamhóirí[10] príobháideacha a mhealladh? Ní fiú a bheith ag caint ar 'dhílárú saorálach' nuair atá an phríomhchathair chomh fada sin chun tosaigh ar an gcuid eile den tír.'

1   *Is próiseas normalach idirnáisiúnta é seo.* Is fearr 'normalach' a choiméad don mhatamaitic agus don anailís staitisticí. Níl cúis ar bith nach n-úsáidfí leagan simplí coitianta mar 'gnáthphróiseas' anseo.

2 *Tá an Rialtas fós dall ar an iarmhairt a bheidh aige seo ar na hoibrithe...* Ní dócha gurb é 'iarmhairt' an focal is fearr sa chomhthéacs seo. *Consequence* atá san 'iarmhairt' – toradh a eascraíonn as cúis éigin. Má bhreathnaítear ar na samplaí ar *www.focal.ie* feicfear nach ionann é agus *impact*. Níl cúis ar bith nach n-úsáidfí leagan simplí coitianta mar 'tionchar' anseo.

3 *... ná dearmad gur dáilcheantar sách mór atá san earnáil phoiblí freisin.* Úsáidtear an focal Béarla *constituency* ag tagairt do ghrúpa sainleasa sa phobal, mar shampla *That won't play well with the business constituency.* Ní hionann sin agus an ceantar geografach a chruthaítear le haghaidh vótála i dtoghcháin Dháil Éireann. Ní gá téarma a úsáid in aon chor, ach athleagan éigin mar 'Ná dearmad go bhfuil neart vótaí ag oibrithe na hearnála poiblí freisin.'

4 *Níl ach codán beag bídeach d'fhostaithe na seirbhíse poiblí i gceist.* Ní úsáidtear 'codán' mar a úsáidtear *fraction* sa Bhéarla. Téarma matamaitice amach is amach atá ann. B'fhearr 'sciar beag' nó 'líon beag' nó 'cuid bheag' nó a leithéid.

5 *... éalú ón mbrú tráchta, ón gcoiriúlacht...* Is ionann 'coiriúlacht' agus *criminology: the study of crime or criminal behaviour.* 'Coireacht' an téarma ceart ar *crime*.

6 *... níl a seasamh ar an gceist áirithe seo réasúnta ná ionadúil.* Corruair tugtar difear céille slán sa deireadh a chuirtear le focal. Is ionann 'ionadaíoch' agus *representative* nó *representational* agus sin é an focal a theastaíonn uainn anseo. Is é is ciall le 'ionadúil' ná *alternative (taking the place of something/someone else).*

7 *... gach gluaiseacht timpeallachta san Eoraip...* Is gnách 'timpeallacht' a úsáid ag trácht ar an saol nithiúil thart ort. Úsáidtear 'comhshaol' sa chiall theibí, mar shampla 'cúrsaí comhshaoil'. Féach na samplaí ar *www.focal.ie*.

8 *... infreastruchtúr na réigiún...* Tá 'infreastruchtúr' tite go mór as an teanga fhoirmiúil le tamall. Go deimhin tá 'bonneagar' i ndiaidh an ruaig ar fad a chur air, amach ó roinnt ainmneacha seanbhunaithe. Féach *www.focal.ie*, áit a dtugtar an nod seo: = bonneagar.

9 *Níor tugadh prióireacht riamh d'fhorbairt na réigiún...* Níl aon seasamh ag an leagan 'prióireacht' sa teanga fhoirmiúil, cé gur éirigh sé an-choitianta le tamall. Tá dhá locht air. An chéad locht ná go bhfuil ciall eile ar fad le 'prióireacht' i.e. *priory*. An dara locht ná go bhfuil focal breá Gaeilge ann ar *priority* i.e. 'tosaíocht'.

10 *Cá bhfuil na dreasachtaí chun fuilleamhóirí a mhealladh...* Is fíor go bhfuil 'fuilleamhóir' in FGB ach tá an téarma 'infheisteoir' i bhfad níos coitianta.

Ceisteanna ag éirí as an gcleachtadh

Ní fiú bheith ag caint ar 'dhílárú saorálach'… Seans gurbh fhearr linn an focal coitianta 'deonach' ach tá go leor samplaí ann a léiríonn gur féidir 'saorálach' a úsáid mar seo. Féach na samplaí ar *www.focal.ie.*

Ní téarma é 'bunáite' ach gnáthfhocal a chiallaíonn 'formhór' nó a leithéid. Níl sé mícheart.

Ní téarma é 'sealad' ach gnáthfhocal a chiallaíonn 'tamall' nó 'seal'. Mheasfá gur leagan malartach de 'seal' atá ann ach tugtar iontráil ar leith dó in FGB. Tá go leor samplaí eile in FGB mar shampla 'fiáin' agus 'fiánta', 'fuíoll' agus 'fuílleach' nó 'fial' agus 'fialmhar'. Má thugtar iontráil ar leith don fhocal ní féidir a mhaíomh gur leagan malartach é. Ba chóir é a fhágáil mar atá.

5.11 Cleachtadh

1 Is amhlaidh a thagann páirtithe ar chomhaontú, murab ionann agus é 'a shroicheadh.' Bheadh 'comhaontú a dhéanamh' go maith fosta.

2 'An Banc Ceannais' atá ar an *Central Bank.*

3 Tugtar 'ealaín oscartha' ar *martial art.* Tá 'ealaín troda' coitianta go leor fosta, in ainneoin go bhfuil an nod 'dímholta' leis ar *www.focal.ie.* Ní gá cúrsaí airm a lua ar chor ar bith.

4 Ainmfhocal amháin, 'conairt' atá ar *pack of hounds* sa Ghaeilge.

5 Is dócha gur ó *rude health* a fuarthas 'sláinte bhorb' ach tá go leor leor bealaí chun an coincheap a chur in iúl sa Ghaeilge, mar shampla 'togha na sláinte', 'chomh folláin le breac' nó 'sláinte an bhradáin'.

AGUISÍN 6

TRÁCHTAIREACHT AR NA CLEACHTAÍ IN AONAD 6

6.2 Cleachtadh

1   Dar le duine gur fhás an teicneolaíocht istigh sa tuarascáil taighde. Is fíor nach débhríocht thromchúiseach é sin. Bheadh léitheoirí in ann an chiall a fhuascailt, ach cén fáth a gcuirfí a oiread saothair orthu?

> D'fhoilsigh Fiontraíocht Éireann tuarascáil taighde sa bhliain 2001 ina ndearnadh tagairt do na deiseanna fostaíochta a bheadh ann d'iarthar na hÉireann a bhuí d'fhás na teicneolaíochta.

2   Tá an abairt rófhada.

> Más fíor do thráchtairí áirithe, is gnás seanbhunaithe i gcórais sláinte thíortha forbartha iarthar na hEorpa tinneas a dhiagnóisiú trí scrúdú coirp agus déileáil le gach othar ionann is nach féidir é a leigheas ach le cógas nó le hobráid éigin. Diúltaíonn 'lianna nádúrtha' don ghnás sin.

3   Níl an idiraisnéis ('atá i bhfad ann') róshlachtmhar. Bíodh is nach aistriúchán atá sa téacs is dócha go raibh *long-standing* nó a leithéid ar aigne an údair. Bheadh dearmad déanta ag an léitheoir go bhfuil an forainm 'siad' i ndeireadh na habairte ag tagairt siar go 'clár' agus 'beartas' i dtosach na habairte. Faisnéis bhreise atá sa chuid dheireanach den abairt ('agus tá siad seo...'). Ba chóir an méid sin a chur in abairt nua.

> Le fada an lá táimid tiomanta do chearta daonna agus do chothroime sa chaidreamh idirnáisiúnta. A fhianaise sin ár gclár oibre agus ár mbeartas maidir le comhar forbartha, atá ina gcuid dhílis de bheartas eachtrach na hÉireann san iomlán.

4   Tá an abairt rófhada agus ní léir cén gaol atá idir na forainmneacha agus na páirtithe éagsúla atá luaite. Is cosúil gurb é an coiste bainistíochta atá ag dul chun dlí mar gheall ar chead a diúltaíodh 'di'.

Tá coiste bainistíochta ar scoil náisiúnta i gCorcaigh ag tabhairt dhúshlán na Roinne Oideachais as cead a dhiúltú don scoil iompú ina Gaelscoil. Tá an cás le héisteacht san Ard-Chúirt san fhómhar, a dearbhaíodh inné.

5   Bheadh cathú ar dhuine athruithe níos bunúsaí a dhéanamh ar an abairt seachas na clásail a aistriú timpeall. Sin ráite is féidir an chiall a shoiléiriú gan an iomarca dánachta a dhéanamh.

Níor cheart duit, chun na buntáistí sláinte seo a fháil duit féin, brostú amach chun piollairí vitimíní a cheannach agus a lán díobh a ithe. Is amhlaidh a bheadh sé tocsaineach an iomarca díobh a ithe, go mór mór vitimíní A agus D, atá intuaslagtha i ngeir.

6   Tá an chiall soiléir ach tá an abairt liopasta. Teastaíonn athscríobh áirithe anseo chomh maith le struchtúr na habairte a athrú. Tá na frásaí réamhfhoclacha 'daoine a raibh sé ar a gcumas acu' agus 'na deiseanna a chuir an fás eacnamaíoch ar fáil' saghas ciotach. Cabhraíonn an mhír thaispeántach 'sin' le codarsnacht a chruthú idir an dá dhream daoine.

Tá bearnaí idir ioncam na ndaoine a bhí in ann leas a bhaint as na deiseanna a tháinig leis an bhfás eacnamaíoch agus ioncam na ndaoine sin nach raibh in ann é sin a dhéanamh. Tá na bearnaí sin ag éirí níos leithne.

7   Ba chóir an clásal deireanach ar fad a thabhairt chun tosaigh.

Bíonn sé de cheart agat, agus tú ag taisteal i dtacsaí, nach ngearrfaí táille níos mó ort ná an táille a thaispeántar ar an méadar nó an táille a socraíodh ag tús an turais.

8   Chuirfeadh *fronting* comaoin mhór ar an abairt sin. Níor mhiste dhá abairt a dhéanamh di ach oiread.

Feiniméan neamhchoitianta aimsire is ea hairicín. Is minic gur teocht ard ar dhromchla an aigéin a chruthaíonn hairicín.

6.4 Cleachtadh

1 B'fhearr liom féin briathar cúnta a úsáid (ar an gcéad lua ar scor ar bith): 'Rinneadh leabhal ar an Uasal Albert Reynolds ar an *Sunday Times*.'

2 'Ní mór árachas a chur ar gach feithicil' ab fhearr liom i dtéacs ar bith a bheadh dírithe ar an ngnáthphobal.

3 Bítear ag caint anois ar phobail agus ar dhaoine a chumasú agus is dócha go bhfuilimid i ndiaidh dul i dtaithí air sin. Tá fadhb, áfach, le 'faisnéisiú'. Is é 'faisnéis' an t-ainm briathartha caighdeánach. Déantar scéal nó eolas éigin a fhaisnéis ach ní dhéantar daoine a fhaisnéis. Is amhlaidh a bhítear ag faisnéis do dhaoine. Ar aon chaoi, is fearr a thuigfeadh daoine briathra coitianta ar nós 'craobhscaoileadh' nó 'poibliú'.

4 Ní bheadh aon deacracht ag léitheoirí 'margú' a thuiscint, agus sin é an critéar is tábhachtaí ar fad.

5 Is mó a bheinn ag súil le 'aonrú' i dtéacs eolaíoch. Déantar othair a bhfuil aicíd thógálach orthu a 'aonrú', mar shampla. Ach tá gontacht ann nach bhfuil i bparafrása mar 'daltaí leochaileacha a scaradh amach ó na daltaí eile'. B'fhéidir nár mhiste 'aonrú' a mhíniú le parafrása an chéad uair a luaitear é.

6.7 Cleachtadh

1 Is é an rud a thuigfeadh cuid mhór Gaeilgeoirí as 'cailleadh trian de na léitheoirí' ná *one third of the readers died*. Débhríocht léacsach atá ann agus spreagann sé ceist a gcaithfidh eagarthóirí dul i ngleic léi ó am go chéile. Is i gcanúintí an iarthair agus an deiscirt a thuigtear gurb ionann 'cailleadh' agus 'bás a fháil'. Ar chóir diúltú do leagan Gaeilge toisc é a bheith débhríoch i gcanúint ar leith? Ní gá i gcónaí, ach caithfear é a chur san áireamh, fiú in obair na téarmaíochta. Bhíothas ag tabhairt 'stocaire' ar *lobbyist* ar feadh fada go leor in ainneoin ciall eile a bheith leis i gcanúintí áirithe, is é sin *sponger* nó *gatecrasher*. Is minic a thugtar 'brústocaire' ar a leithéid anois, leis an dá chiall a dhealú ó chéile.

2 Is dócha gur *funding organizations* atá i gceist ach d'fhéadfadh sé gur *funded organizations* a bheadh ann. Is deacair dealú a dhéanamh idir an aidiacht bhriathartha ('oifigeach fiosraithe' = *investigated officer*) agus an tuiseal ginideach

den ainm briathartha ('oifigeach fiosraithe' = *investigating officer*). Fuarthas réiteach ar an bhfadhb sin i gcás roinnt ainmneacha briathartha, is é sin an chríoch 'úcháin' a chur leis an bhfréamh, mar shampla 'bord scrúdúcháin' = *examining board*, 'binse fiosrúcháin' = *tribunal of enquiry*. Ní gá dul i muinín na seifte sin sa sampla áirithe seo. Ó tharla gur abairt atá ann is féidir parafrása a chur ar fáil: 'Oibrímid i gcomhpháirt le heagraíochtaí eile a chuireann maoiniú ar fáil.' Féach, áfach an leagan a mholann *www.focal.ie* ar *funding agency* i.e. 'gníomhaireacht mhaoiniúcháin'. Comhairle mhaith í sin, mar bheadh 'gníomhaireacht mhaoinithe' thar a bheith débhríoch mar aonad céille neamhspleách.

3   Tugann 'lascaine €90' le fios go bhfuil an méid sin le baint de luach an chúrsa, sa chaoi is nach gcosnóidh sé ach €40. Ní dócha gurb é sin an socrú a bhí ar intinn an dreama a d'eagraigh é. 'Táille speisialta €90' nó 'lamháltas €90' a theastaíonn chun an chiall a thabhairt slán.

4   Ní i gcónaí gur faoin eagarthóir a bhíonn an cinneadh in aon chor. Taitneodh sé leat nó ná taitneodh is é 'Iar-Phoblacht Iúgslavach na Macadóine' nó *Former Yugoslav Republic of Macedonia* ainm oifigiúil an stáit. Tá débhríocht éigin i dtús an ainm. Thabharfadh 'Iar-Phoblacht' le fios nach poblacht níos mó í, nó gur cuireadh an teaghlach ríoga i réim arís. Ach tá loighic san ainm mar sin féin. Bhí an tír ina Poblacht Iúgslavach ach níl níos mó. Sin é an t-aonad céille.

5   D'fhéadfadh 'saoire aithreachais' a bheith cruinn go leor i gcásanna áirithe ach seans gurbh fhearr 'saoire atharthachta'.

6.13 Cleachtadh

1   Ní léir cad dó a bhfuil 'é seo' ag tagairt. An iad na suímh a luadh atá i gceist? Nó an é nós na híoslódála atá i gceist? Más ea, b'fhearr gan forainm ar bith a úsáid, ach ainmfhocal éigin a roghnú: 'Tá an nós sin ag cur thionscal an cheoil i mbaol.' Is ait liom an mhír thaispeántach 'seo' a bheith ag tagairt siar d'fhaisnéis atá luaite cheana. Is fearr a d'oirfeadh 'sin' don chuspóir sin. Nuair a chloistear 'seo' bítear ag súil le heolas éigin teacht sna sála air. A leithéid seo:

> Tá an turas ródhaor agus tá mé gafa le cúramaí eile. Ar na cúiseanna sin, caithfidh mé do chuireadh a dhiúltú.

Caithfidh mé do chuireadh a dhiúltú, ar na cúiseanna seo: tá an turas ródhaor agus tá mé gafa le cúraimí eile.

2 An cógas, gan amhras, atá le caolú le huisce. Is féidir ord na bhfocal san abairt a athrú mura bhfuiltear ag iarraidh an cógas a lua faoi dhó:

Déan an cógas a chaolú le huisce má dhiúltaíonn an t-othar é a ól ar aon bhealach eile.

3 Is san uimhir uatha atá 'rialtas'. Nár cheart an aidiacht shealbhach nó cibé forainm a d'úsáidfí a bheith san uimhir uatha mar an gcéanna? Scéal casta atá ann a ndéantar tagairt dó in GGBC: 13.28.

Is iondúil go ngéilleann an forainmneach dá ainmfhocal ina uimhir... Ach is gnách go ngabhann cnuasainm uatha forainmneach iolra más iad baill indibhidiúla an chnuais atá i gceist: *tá beirt amuigh agus iad ag troid; an mhuintir a raibh mé leo, cuireadh a dteach trí thine; theithfeadh an tréad dá bhfeicidís faolchú.* Ach *is mór an tréad é.*

Is dócha go bhfuil an rialtas ag feidhmiú mar aon ghrúpa amháin sa sampla áirithe seo.

4 Cé a dhéanfadh aghaidh na seantithe a mhilleadh? B'fhearr gan pearsa ar bith a lua.

Ba chóir doirse a athdhearadh sa chaoi is go mbeidh daoine i gcathaoireacha rotha ábalta dul isteach san fhoirgneamh. Níor chóir go ndéanfaí aghaidh seantithe a mhilleadh, áfach.

5 Thiocfadh gach débhríocht a chur ar ceal ach mionathrú a dhéanamh ar ord na bhfocal.

Ina leabhar nua, ríomhann Breandán Ó Buachalla saol agus saothar Aogáin Uí Rathaille.

6 Cé dó ar tugadh an chraobh? Don chéad duine a luaitear, is dócha, ach tá sé i bhfad ó bheith soiléir.

Scríbhneoir cumasach a bhí i Seosamh, agus ba é sin do Shéamus leis. Ach is do Sheosamh a thugtar an chraobh i measc scríbhneoirí Gaeilge Thír Chonaill.

AGUISÍN 7

Tráchtaireacht ar na cleachtaí in Aonad 7

7.3 Cleachtadh

Ba[1] é guí Wolfe Tone[2] go dtiocfadh na hEasaontóirí[3] agus na Caitlicigh[4] le chéile agus buille a bhualadh ar son na hÉireann nár buaileadh a leithéid ó bhí Cogadh na Naoi mBlian[5] ann. Scéal corrach is ea scéal a bheatha. Chaith sé seal ina rúnaí ar Choiste na gCaitliceach[6], agus ba lena linn sin a thosaigh Fear Ionaid an Rí[7] agus údaráis an Chaisleáin[8] ag cur suime in imeachtaí an fhir óig. Ba dheacair dóibh é a thuiscint; de réir cosúlachta ní raibh aon mhórmheas aige ar Phápa na Róimhe[9] ná ar Rí na Breataine[10]. Cuireadh cor i gcinniúint Tone in earrach na bliana 1793, tráth a d'fhógair an Fhrainc cogadh ar Sheán Buí[11] agus ar Theaghlach Oráiste na hOllainne[12]. I dTeach na dTeachtaí[13] i Londain, rinneadh iarracht bille faoisimh a rith a thabharfadh fóirithint dóibh siúd a bhí lasmuigh den Chomaoin Anglacánach[14]. Chuir beirt ardeaspag a n-ainm leis ach ba léir go raibh dóchas na nGael anois i gCumann na nÉireannach Aontaithe[15]. Spreag Réabhlóid na Fraince[16] go mór iad agus bhí saothar úd Thomas Paine, *The Rights of Man*[17] mar a bheadh bíobla nua ann i súile an aosa óig. Ba é a dúirt Tone: 'Athraíodh[18] polaitíocht na hÉireann i bhfaiteadh na súl.' Rinneadh Ardaidiúnach[19] in Arm na Fraince[20] de Tone, lá is faide anonn. Chonaic sé brúidiúlacht na 'Direachtóireachta'[21] lena shúile cinn féin, brúidiúlacht nach bhfacthas a leithéid ar mhór-roinn na hEorpa ó na Meánaoiseanna[22] nó ó aimsir na Cúistiúnachta[23]. Ní gan ábhar a tugadh Ré an Uafáis[24] ar an tréimhse chéanna. Ní raibh sé de chroí ag Tone Poblacht na Fraince a cháineadh, eisean a chuir dóchas chomh mór sin inti. Bhí deireadh le dóchas i ndiaidh gur theip go tubaisteach ar Éirí Amach 1798[25]. Bhain fórsaí na Corónach[26] díoltas millteanach amach ar an gcosmhuintir. Ba é guí cách go ndéanfadh Dia[27] a thrócaire ar Éirinn.

1 Ba chóir, ar ndóigh, abairt a thosú le ceannlitir. Déantar an ceartú sin síos tríd an téacs.

2 Bíonn ceannlitir ar ainmneacha dílse. Déantar an ceartú seo síos tríd an téacs.

3 Tá ceannlitir air seo toisc gur pobal creidimh atá i gceist. Féach, áfach: 'Glacadh leis an rún, cé gur chuir roinnt bheag easaontóirí ina choinne go láidir.'

4 Pobal creidimh.

5 Cuirtear ceannlitreacha ar ainmneacha cogaí agus cathanna m.sh. 'An Dara Cogadh Domhanda', nó 'Briseadh na Bóinne'. Tá 'Cogadh na Naoi mBliana' ar *www.focal.ie* ach is leagan seanbhunaithe é 'Cogadh na Naoi mBlian'.

6 Cuirtear ceannlitir ar ainm páirtí nó eagraíochta.

7 Teideal oifige atá ann. Féach mar an gcéanna 'Ceann Comhairle', 'Stát-Rúnaí an Tuaiscirt'.

8 Is ainm dílis é 'Caisleán Bhaile Átha Cliath' gan amhras. Tá luach cultúrtha leis chomh maith ón uair a bhí sé ina lárionad ag Rialtas na Breataine in Éirinn. Bhítí ag caint ar 'lucht Caisleáin' agus *Castle Catholics*.

9 Bíonn ceannlitir ar thagairtí díreacha do cheannaire na gCaitliceach. Féach, áfach: 'Bhí sé ar dhuine de na pápaí ba léannta a bhí riamh ann.'

10 Bíonn ceannlitreacha ar thagairtí díreacha do theaghlaigh ríoga m.sh. 'An Prionsa Séarlas', 'Shah na hIaráine'.

11 Tá ceannlitir ar an aidiacht 'buí' mar is cuid den ainm dílis é.

12 Féach nóta 10.

13 Bíonn ceannlitreacha ar ainmneacha parlaimintí agus tionól reachtach.

14 Féach nóta 3.

15 Féach nóta 6. Féach freisin nach mbíonn fleiscín roimh cheannlitir.

16 Cuirtear ceannlitreacha ar ainmneacha mórócáidí agus ar thréimhsí staire m.sh. 'An Cogadh Cathartha', 'An Réabhlóid Thionsclaíoch'.

17 Cuirtear ceannlitreacha ar theideal leabhair.

18 Cuirtear ceannlitir ar thúslitir sliocht iomlán athfhriotail.

19 Cuirtear ceannlitreacha ar theidil mhíleata m.sh. 'Ginearál', 'Aimiréal'.

20 Bíonn ceannlitreacha ar ainmneacha fórsaí cosanta náisiúnta.

21 Cineál rialtais a bhí ann. Bíonn ceannlitreacha ar a leithéid.

22 Bíonn ceannlitreacha ar ainmneacha tréimhsí staire m.sh. 'an Iarannaois', 'an Chlochaois'.

23 Cuirtear ceannlitreacha ar ainmneacha gluaiseachtaí stairiúla.

24 Féach nóta 16.

25 Féach nóta 16.

26 Féach nóta 10.

27 Bíonn ceannlitir ar 'Dia' agus ar na focail atá aon bhrí leis m.sh. 'an Dúileamh', 'an Tiarna'. Seans gurbh fhearr le daonnachtaithe gan an cheannlitir a úsáid, ar chúiseanna idé-eolaíocha.

Ceisteanna ag éirí as an gcleachtadh

Bíonn claonadh ag daoine ceannlitir a chur ar 'rúnaí' san abairt 'Chaith sé seal ina rúnaí ar Choiste na gCaitliceach…' ach ní teideal na hoifige atá ann. Féach, áfach: 'I measc na gcainteoirí beidh Síle Ní Mháille, Rúnaí an Chumainn.'

Is minic a chuirtear ceannlitir le hainmneacha na séasúr m.sh. In Earrach na bliana 1793. B'fhéidir gur ginearálú é sin ar na rialacha a bhaineann le hainmneacha na míonna m.sh. Feabhra, Nollaig.

Ní teideal atá sna focal 'bille faoisimh'. Dá mba ea, bheadh ceannlitreacha ar an dá fhocal: 'Bille Faoisimh'.

Ní teideal oifige atá in 'beirt ardeaspag'. Féach, áfach: 'Ardeaspag Ard Mhacha'.

Ní tagairt don Bhíobla Naofa dáiríre an tagairt sin 'Bhí… *The Rights of Man* mar a bheadh bíobla nua ann…' Bíonn ceannlitreacha ar theideal leabhar naofa.

Is gnách le daoine 'go ndéanfadh Dia a thrócaire' a athscríobh mar seo: 'go ndéanfadh Dia A Thrócaire'. De réir na tuisceana sin caithfidh ceannlitir dul ar ainm Dé agus ar gach uile forainm a bhaineann leis. Féach, áfach GGBC: 3.5.

> Ní úsáidtear ceannlitir de ghnáth i gcás forainmnigh a thagraíonn do Dhia: *is tú mo Dhia; maithfidh sé ár bpeacaí dúinn; go dtaga do ríocht; ina aingil agus ina naoimh.*

7.12 Cleachtadh

1. Sliocht as bileog eolais faoi Chonradh Liospóin

Is mar seo a leanas an gnáthbhealach a dhéantar dlíthe an AE: déanann an Coimisiún moladh; pléann Comhairle na nAirí agus Parlaimint na hEorpa é agus féadfaidh siad araon athruithe a dhéanamh; déanann an Chomhairle agus an Pharlaimint an cinneadh deiridh i gcomhar lena chéile ansin (tugtar "nós imeachta an chomhchinnidh" air seo).

Ceisteanna ag éirí as an gcleachtadh

- Seans gurbh fhearr comharthaí athfhriotail singile ar 'nós imeachta an chomhchinnidh', ag brath ar nós an chliaint.
- Thiocfadh camóga a úsáid leis na míreanna eolais a thosaíonn le 'déanann an Coimisiún moladh…' a scaradh ó chéile. Níl an t-idirstad riachtanach mar níl camóga ar bith sa liosta.

2. Sliocht as téacs faoi rialacháin scrúduithe ollscoile

Más é breithiúnas Uachtarán na hOllscoile go bhfuil an t-iarrthóir tar éis aon cheann de na Rialacháin a shárú, nó go bhfuil an t-iarrthóir ciontach in iompar míchuí de shaghas ar bith eile, is amhlaidh atá sé de chumhacht ag an Uachtarán an scrúdú, nó aon chuid de, a bhaint den iarrthóir agus, anuas air sin, ainm an iarrthóra a fhoilsiú ag dearbhú gur baineadh an scrúdú iomlán nó páirt den scrúdú de/di toisc na Rialacháin a bheith sáraithe aige/aici. Agus tá sé de chumhacht ag an Uachtarán, faoi réir achomhairc, an t-iarrthóir a eisiamh ón scrúdú ar feadh tréimhse nach faide ná dhá bhliain.

Ceisteanna ag éirí as an gcleachtadh

- D'fhéadfaí cuid de na camóga a fhágáil ar lár gan an chiall a athrú. Is dócha gur mar sin a bheadh i dtéacs dlí, cuir i gcás. Ach is cabhair don léitheoir iad sa téacs áirithe seo.
- Tá an tslais (nó an 'soladas') de dhíth idir 'sé/sí'. Úsáidtear é i roinnt giorrúchán freisin m.sh. 'f/ch' ('faoi chúram').

3. Airteagal 31.2 de Bhunreacht na Éireann

Is iad na daoine seo a leanas a bheidh ina gcomhaltaí den Chomhairle Stáit:

i De bhua oifige: an Taoiseach, an Tánaiste, an Príomh-Bhreitheamh, Uachtarán na hArd-Chúirte, Cathaoirleach Dháil Éireann, Cathaoirleach Sheanad Éireann, agus an tArd-Aighne.

ii Gach duine ar cumas dó nó di agus ar fonn leis nó léi gníomhú mar chomhalta den Chomhairle Stáit, agus a bhí tráth i seilbh oifige mar Uachtarán nó mar Thaoiseach nó mar Phríomh-Bhreitheamh, nó mar Uachtarán ar Ard-Chomhairle Shaorstát Éireann.

iii Aon duine eile a cheapfar ag an Uachtarán faoin Airteagal seo, má cheaptar aon duine, chun bheith ina gcomhaltaí den Chomhairle Stáit.

Ceisteanna ag éirí as an gcleachtadh

- Is spéisiúil go gcuirtear camóg roimh an 'agus' sa mhír dheireanach i bpointe (i).
- Tá na camóga timpeall ar an idiraisnéis 'má cheaptar aon duine' riachtanach chun an chiall a thabhairt slán.

AGUISÍN 8

TRÁCHTAIREACHT AR NA CLEACHTAÍ IN AONAD 8

8.5 Cleachtadh

An Euro[1]

Is é atá ann ná airgeadra amháin[2] atá in úsáid i sé cinn déag de bhallstáit an EU[3], Éire san áireamh. Is iad an 15 tír[4] eile i Limistéar an Euro, in ord aibítre, ná An[5] Ostair;[6] An Bheilg; An Chipír[7]; An Fhionlainn; An Fhrainc; An Ghearmáin; Poblacht Heilléanach na Gréige[8]; An Iodáil; An Lucsamburg[9]; Málta[10]; An Ísiltír; An Phortaingéil; An tSlóvaic; An tSlóivéin agus An Spáinn. Shocraigh Rialtas na Ríochta Aontaithe a gcinneadh siúd i dtaobh an Euro a chur ar an méar fhada.

Tháinig nótaí agus boinn airgid Euro i gcúrsaíocht den chéad uair ar 1 Eanáir 2002. Tá an t-airgeadra nua ina pháirt den phróiseas i dtreo Aontais Eacnamaíoch agus Airgeadaíochta (EMU) san Eoraip, de réir mar a fhoráiltear i gConradh Mhaastricht[11]. Rinne vótálaithe na hÉireann an Conradh sin a dhaingniú[12] i Reifreann[13] a ritheadh ar Mheitheamh 2 1992[14]. Is é an Euro an toradh is feiceálaí ar an bpróiseas go nuige seo, ach ba chéim thábhachtach eile bunú an Bhainc Ceannais Eorpaigh neamhspleáigh.

Sochair an Euro[15]

Tá an Euro i ndiaidh dul chun sochair do thomhaltóirí ar go leor bealaigh[16–17]

- is fusa praghasanna[18] a chur i gcomparáid ó thír go tír laistigh den Limistéar Euro[19]

- ón gcéad lá de mhí Eanáir 2002[20] i leith níor ghá do shaoránaigh an Limistéir Euro airgeadraí iasachta a mhalartú, mar bhí an Euro in úsáid ar fud an Limistéir.[21]

- beidh praghasanna níos cobhsaí

Conas a cuireadh an Euro i gcúrsaíocht?

I dtús na bliana 1999 rinneadh rátaí malartacha[22] na mballstát a bhí chun ballraíocht a bhaint amach i Limistéar an Euro ar ball, rinneadh iad a "bhuanghlasáil"[23] in éadan an

Euro[24]. In Éirinn, b'ionann luach an Euro agus seachtó is a naoi bpingine. Tugadh an tréimhse eatramhach[25] ar an tréimhse idir 1ú Eanáir 1999 agus 31ú Nollaig 2001[26]. Cuireadh eagras[27] speisialta[28], Bord na hÉireann um an Aistriú go dtí an Euro[29], ar bun chun comhairle agus cúnamh a thabhairt do dhaoine i dtaobh na n-athruithe a bhí ag teacht. Lá Coille[30] na bliana 2002, tosaíodh ar na sean-nótaí agus ar na seanbhoinn Éireannacha a tharraingt siar agus an Euro a chur ina n-áit. Ón naoú lá Feabhra[31] i leith ní ghlactaí leis an bPunt Éireannach i ngnáth-idirbhearta níos mó. Bhí an t-aistriú go dtí an Euro curtha i gcrích faoi 1 Iúl[32] 2002.

Nótaí Euro agus Boinn[33]

Tá 7[34] gcinn de nótaí bainc Euro ann, sna hainmníochtaí seo a leanas: €5, €10, €20, €50, €100, €200 agus €500.

Tá ocht mbonn euro ann, sna hainmníochtaí seo a leanas:1, 2, 5, 10, 20 agus 50 cent agus €1 agus €2. Céad cent atá in Euro amháin.

Grúpaí sainleasmhara[35] agus an Euro

D'aithin Bord na hÉireann um an Aistriú go dtí an Euro go raibh grúpaí sainleasmhara ann laistigh den phobal, mar shampla daoine le míchumas, daoine níos sine, daoine den lucht siúil agus daoine le fadhbanna litearthachta[36] a raibh ábhair imní ar leith orthu[37] faoin airgeadra nua. Bunaíodh painéal comhairleach d'eagraíochtaí a dhéanann ionadaíocht ar a son[38] chun riachtanais speisialta[39] a aithint agus freastal orthu[40].

1   *An euro...* Is gnách túslitir ainm an airgeadra a litriú i gcás íochtair, ach amháin in ainmneacha roinnt eagraíochtaí agus grúpaí. Tá an leasú le déanamh go minic tríd an alt.

2   *Single currency* a bhí i gceist ach tá ciall eile le 'airgeadra amháin' i.e. *one (particular) currency*. B'fhearr 'airgeadra aonair'.

3   Tá léitheoirí Gaeilge i dtaithí ar 'AE' ('An tAontas Eorpach') faoin am seo. Thiocfadh brí na litreacha a mhíniú ar an gcéad lua má mheastar gur gá sin.

4   *Is iad na cúig thír déag...* Mínítear an riail i lámhleabhar an CO: 40 agus in GGBC: 7.4. B'fhearr an uimhir a scríobh ina litreacha chun go mbeadh sí ag teacht le 'sé cinn déag de bhallstáit'.

5 Níl aon ghá le ceannlitir ar an alt. Tá an leasú sin le déanamh ar ainmneacha na dtíortha go léir. Tá an leasú le déanamh go minic tríd an alt.

6 Is féidir an leathstad a úsáid chun míreanna i liosta a scaradh ó chéile ach is gnách an chamóg a úsáid mura bhfuil camóga cheana féin sna míreanna sa liosta.

7 *an Chipir...*

8 *an Ghréig...* Bíonn ainm fada oifigiúil ag gach stát, fearacht 'Poblacht Heilléanach na Gréige', a úsáidtear i ngnóthaí oifigiúla. Níl cúis ar bith leis an ainm oifigiúil sa liosta seo.

9 *Lucsamburg...* Níl an t-alt le hainm na tíre. Is botún coitianta é sin. Féach freisin 'An Iosrael'.

10 *Malta...* Gan síneadh fada.

11 *i gConradh Maastricht...* Ní chuirtear claochlú tosaigh ar ainmneacha iasachta nach bhfuil traslitrithe.

12 *Contre sens.* Is ionann 'daingniú' agus *ratification.* Is é an tOireachtas a dhéanann an gnó sin. Is amhlaidh a ghlac na vótálaithe leis an gConradh.

13 *i reifreann...* Ní teideal atá ann, ach tagairt do reifreann áirithe.

14 *2 Meitheamh 1992...* Tá modh scríofa an dáta athraithe. B'fhearr a bheith leanúnach.

15 Tá spás *return* idir an ceannteideal seo agus an téacs. Níl sin áit ar bith eile.

16 *ar go leor bealaí...*

17 B'fhearr idirstad ná dais chun liosta a chur i láthair.

18 *praghsanna...* Tá an leasú céanna le déanamh sa phointe deireanach sa liosta.

19 *de Limistéar an euro...* Tá an leasú céanna le déanamh sa chéad phointe eile sa liosta.

20 *1 Eanáir 2002...* Tá modh scríofa an dáta tar éis athrú arís.

21 Is abairt é seo dáiríre. Ba chóir ceannlitir a bheith ag tús gach míre agus lánstad a bheith ag deireadh gach míre.

22 *rátaí malairte...*

23 *a 'bhuanghlasáil'...* Is minic a chuirtear uaschamóga le téarma nó le coincheap nua deacair. Uaschamóga singile ab fhearr agus gan nósanna eile a úsáid chun an gnó céanna a dhéanamh.

24 Is dócha gur *against the euro* a bhí i gceist. Ní mheasaim gurb é 'in éadan' an focal is oiriúnaí ansin. Is fearr a thuigfí 'in aghaidh'.

25 *'an tréimhse eatramhach'...* Féach nóta 23.

26 *1 Eanáir 1999 agus 31 Nollaig 2001...* Tá modh scríofa an dáta tar éis athrú arís.

27 *eagraíocht...*

28 B'fhearr 'faoi leith' ná 'speisialta'.

29 *Bord na hÉireann um an Athrú go dtí an Euro...* B'in é an t-ainm oifigiúil. Tá an leasú céanna le déanamh sa pharagraf deiridh.

30 *Lá Caille...* Féach FGB faoin iontráil 'caileann'.

31 *Ó 9 Feabhra...*

32 *Iúil...*

33 *agus boinn...* Níl ceannlitreacha ar fhocail sna ceannteidil eile.

34 *seacht gcinn...* Tá uimhreacha áirithe litrithe amach mar fhocail agus cuid eile ina bhfigiúirí. Ba chóir leanúnachas éigin a bheith ann. Ní miste na liostaí a fhágáil mar atá m.sh. '€5, €10, €20, €50, €100, €200 agus €500' ach ba chóir uimhreacha eile sa téacs a scríobh ina litreacha, mar atá déanta formhór an ama.

35 *grúpaí sainleasa...* Sin é an leagan is coitianta. Tá débhríocht in 'sainleasmhar' i.e. go ndéanann na grúpaí seo leas dreama ar leith. Tá an leasú céanna le déanamh níos faide anonn sa pharagraf.

36 Teastaíonn camóg ansin chun an chiall a thabhairt slán.

37 *ábhair imní ar leith acu...* Is amhlaidh a bhíonn imní ar dhaoine, ach bíonn ábhair imní ag daoine.

38 Ní léir cén réamhtheachtaí atá ag an bhforainm. Níor mhiste 'ar son na ndaoine sin' a bhreacadh isteach.

39 Samhlaítear ciall eile le 'riachtanais speisialta' i gcomhthéacs oideachais. B'fhearr 'sainriachtanais' nó a leithéid.

40 Freastal ar na daoine nó ar na riachtanais?

8.8 Cleachtadh

An euro

Is é atá ann[1] ná airgeadra aonair atá in úsáid i sé cinn déag de bhallstáit an AE, Éire san áireamh. Is iad na cúig thír déag eile i Limistéar an euro, in ord aibítre, ná an Ostair, an Bheilg, an Chipir, an Fhionlainn, an Fhrainc, an Ghearmáin, an Ghréig, an Iodáil, Lucsamburg, Malta, an Ísiltír, an Phortaingéil, an tSlóvaic, an tSlóivéin agus an Spáinn.

Shocraigh Rialtas na Ríochta Aontaithe a gcinneadh siúd i dtaobh an euro a chur ar an méar fhada[2].

Tháinig nótaí agus boinn airgid euro i gcúrsaíocht den chéad uair ar 1 Eanáir 2002. Tá an t-airgeadra nua ina pháirt den phróiseas i dtreo Aontais Eacnamaíoch agus Airgeadaíochta (EMU) san Eoraip, de réir mar a fhoráiltear i gConradh Maastricht[3]. Ghlac vótálaithe na hÉireann leis an gConradh sin i reifreann a ritheadh ar 2 Meitheamh 1992. Is é an euro an toradh is feiceálaí ar an bpróiseas go nuige seo[4], ach ba chéim thábhachtach eile bunú an Bhainc Ceannais Eorpaigh neamhspleáigh[5].

Sochair an euro

Tá an euro i ndiaidh dul chun sochair do thomhaltóirí ar go leor bealaí:

- Is fusa praghsanna a chur i gcomparáid ó thír go tír laistigh de Limistéar an euro.

- Ó 1 Eanáir 2002 i leith níor ghá[6] do shaoránaigh Limistéar an euro[7] airgeadraí iasachta a mhalartú, mar bhí[8] an euro in úsáid ar fud an Limistéir.

- Beidh praghsanna níos cobhsaí[9].

Conas a cuireadh an euro i gcúrsaíocht?

I dtús na bliana 1999 rinneadh rátaí malairte na mballstát a bhí chun ballraíocht a bhaint amach i Limistéar an euro ar ball, rinneadh iad a 'bhuanghlasáil' in aghaidh an euro.[10] In Éirinn, b'ionann luach an euro agus seachtó is a naoi bpingine. Tugadh an 'tréimhse eatramhach' ar an tréimhse idir 1 Eanáir 1999 agus 31 Nollaig 2001. Cuireadh eagraíocht ar leith, Bord na hÉireann um an Athrú go dtí an Euro, ar bun[11] chun comhairle agus cúnamh a thabhairt do dhaoine i dtaobh na n-athruithe a bhí ag teacht. Lá Caille na bliana 2002, tosaíodh ar na sean-nótaí agus ar na seanbhoinn Éireannacha a tharraingt siar agus an euro a chur ina n-áit. Ó 9 Feabhra i leith ní ghlactaí leis an bPunt Éireannach i ngnáth-idirbhearta níos mó. Bhí an t-aistriú go dtí an euro curtha i gcrích faoi 1 Iúil 2002.

Nótaí euro agus boinn[12]

Tá seacht gcinn de nótaí bainc euro ann, sna hainmníochtaí seo a leanas: €5, €10, €20, €50, €100, €200 agus €500.

Tá ocht mbonn euro ann, sna hainmníochtaí seo a leanas:1, 2, 5, 10, 20 agus 50 cent agus €1 agus €2. Céad cent atá in euro amháin.

Grúpaí sainleasa agus an euro

D'aithin Bord na hÉireann um an Athrú go dtí an Euro go raibh grúpaí sainleasa ann laistigh den phobal, mar shampla daoine le míchumas, daoine níos sine[13], daoine den lucht siúil[14] agus daoine le fadhbanna litearthachta, a raibh ábhair imní ar leith acu faoin airgeadra nua. Bunaíodh painéal comhairleach d'eagraíochtaí a dhéanann ionadaíocht ar son na ndaoine sin chun a sainriachtanais a aithint agus freastal ar na riachtanais sin.

---

1. *Is é atá san euro…* Theastaigh an euro a lua anseo chun nach mbeadh an chiall ag brath ar an gceannteideal, nach cuid dhílis den téacs é.

2. *… a chur siar.* Tá 'cur ar an méar fhada' ró-íseal ó thaobh na réime de.

3. *… próiseas a leagadh síos i gConradh Maastricht.* Tá iomrall aimsire ag baint le 'foráiltear' ag trácht ar Chonradh a foilsíodh sna 1990idí. Téarma deacair atá ann fosta.

4. *go dtí seo…* Leagan deacair neamhchoitianta is ea 'go nuige seo'.

5. *glacadh céim thábhachtach eile nuair a bunaíodh an banc neamhspleách úd, an Banc Ceannais Eorpach.* Is fearr an ginideach a sheachaint anseo.

6. *ní gá…* Is fearr an aimsir láithreach. Ní hé nach bhfuil an buntáiste áirithe seo le fáil níos mó ná go bhfuil athrú ar bith ann.

7. *ní gá do shaoránaigh na mballstát atá i Limistéar an euro…* Ní stát é Limistéar an euro le go mbeadh duine ar bith ina shaoránach dá chuid.

8. *tá…* Níl ciall leis an aimsir chaite. Is ann don euro i gcónaí.

9. *Tá cobhsaíocht níos mó ann maidir le praghsanna i.e. ní bhíonn praghsanna ag ardú agus ag titim mar a bhíodh.* Bhí rud éigin ait faoi bhreischéim an téarma 'cobhsaí'. Ní miste an téarma a mhíniú.

10. *rinneadh 'buanghlasáil' ar rátaí malairte na mballstát a bhí chun dul isteach i Limistéar an euro i.e. socraíodh pé ráta a bhí acu in aghaidh an euro san am a choiméad go buan.* Ba chóir coincheap na buanghlasála a mhíniú.

11. *Bunaíodh eagraíocht ar leith…* Cuireann an briathar 'bunaigh' ar ár gcumas dúinn an bhearna fhada sin idir 'Cuireadh' agus 'ar bun' a sheachaint.

12. *Nótaí agus boinn euro.* Bhí débhríocht sa leagan 'Nótaí euro agus boinn'. Nach cuid d'airgeadra an euro iad na boinn chomh maith leis na nótaí?

13 B'fhearr go mór 'daoine aosta' nó 'daoine scothaosta' nó a leithéid. Tá 'daoine níos
   sine' bunaithe ar *older people* an Bhéarla. Spreagann sé ceist in aigne an léitheora:
   níos sine ná céard go díreach?

14 Ba leor 'an lucht siúil'.

AGUISÍN 9

TRÁCHTAIREACHT AR NA CLEACHTAÍ IN AONAD 9

9.2 Cleachtadh

Lón 'tabhair leat' Síneach[1]

Cleacht[2] do chuid Sínise agus bíodh béile blasta agat ag an am céanna. Labhair le do bhialann[3] áitiúil 'tabhair leat' Shíneach i Sínis[4] – is cinnte go rachaidh sé i bhfeidhm orthu[5]! Nuair a thagann an bia[6], pléigh[7] chomh blasta is atá an béile[7] roimh leanúint[8] ar aghaidh go dtí ábhar eile, cinn a bhaineann le cúrsaí oibre agus cinn nach mbaineann[9]. De rogha air sin, tóg do cheiliúradh[10] go dtí do bhialann áitiúil agus bain triail as do chuid scileanna teanga[11] ar an bhfoireann freastail chomh maith le triail a bhaint astu le chéile[12].

---

1   'Bialann beir leat' atá molta ag an gCoiste Téarmaíochta ach níl mórán de dhifear ann. Is téarma nua, anaithnid é nach bhfuil taithí ag lucht na Gaeilge air. Luaitear níos faide anonn sa téacs Béarla gur *takeaway* atá i gceist. Is leor, mar sin, 'Lón Síneach' sa cheannteideal agus an téarma nua a úsáid i gcomhthéacs a shoiléiríonn an chiall.

2   Ní hionann mar a úsáidtear an modh ordaitheach ó theanga go teanga. Ceist úsáide atá ann; is annamh a chloistear 'Cleacht...' i dtús abairte sa Ghaeilge. Go deimhin, tá blas beagáinín borb air.

3   Tá 'iomlánú' ag teastáil anseo i.e. focal nach bhfuil sa téacs foinseach ar chor ar bith a thabhairt isteach san aistriúchán chun doiléire, débhríocht nó míloighic éigin a sheachaint. Ní gnách le daoine comhrá a bheith acu le bialann, is cuma cé chomh hocrach agus atá siad. B'fhearr 'Labhair le foireann' nó 'le lucht na bialainne...'

4   Pointe stíle seachas pointe aistriúcháin: is ait le léitheoirí focail atá cosúil le chéile ó thaobh fuaime de a bheith buailte le chéile san abairt (féach alt 6.10). Ba dheas 'Sínis' agus 'Síneach' a scaradh ó chéile mar atá déanta san athleagan leis seo.

5   *Contre sens.* Is é is ciall le *they are sure to be impressed* ná go mbeidh iontas orthu. Ní dócha gur 'dul i bhfeidhm ar' an leagan is oiriúnaí chun an chiall sin a thabhairt leis: 'Chuaigh an leabhar sin i bhfeidhm go mór orm' i.e. *that book made a great impression upon me, influenced my thought or had an emotional effect on me.*

6   Faoi thionchar an Bhéarla *when the food comes* a úsáidtear an aimsir ghnáthláithreach anseo. Ócáid aon uaire is ea teacht an bhia agus is ócáid í nár tharla fós. Phléigh Seán Mac Maoláin an fhadhb seo sa leabhar *Lorg an Bhéarla* atá le fáil ar líne ar *www.acmhainn.ie/athchlo/lorganbhearla/index.html.* Féach an chaibidil dar teideal 'Mí-úsáid Aimsire i mBriathra Gaeilge'.

7   Tá rud éigin ait faoin mbriathar 'pléigh' anseo. Cé leis a bhfuil an plé le déanamh? Tá an téacs foinseach rud beag lochtach ó thaobh na loighce de; ní fios go fóill cé acu a bheidh an bia le moladh nó le cáineadh. An mbeadh deis caighdeán an bhia a phlé i mbialann 'beir leat'?

8   Is féidir 'roimh' a úsáid le briathar ach is gnách go mbíonn réamhfhocal ann, sa chaoi is go mbíonn rogha idir dhá struchtúr: 'Roimh theacht isteach dom' nó 'Sular tháinig mé isteach.' Tá rud éigin ait faoi 'roimh leanúint ar aghaidh'.

9   Tá sé ceart ó thaobh na céille ach tá sé millteanach fadálach. Féach an t-athleagan thíos.

10 Is rídheacair a shamhlú go ndéarfadh aon duine 'tóg do cheiliúradh'. Dá ndéarfadh, ní thuigfí.

11 Thiocfadh tráchtas a scríobh faoi úsáid an fhocail sin 'cuid'. Tá nós ag teacht isteach sa chaint 'cuid' a chur le gach uile rud a bhfuil aidiacht shealbhach leis: 'mo chuid imní' nó 'a chuid scileanna teanga'. Mar sin féin, is ait liom 'cuid' á lua le rud atá teibí agus nach féidir a roinnt: 'do scileanna teanga' ab fhearr liom.

12 Leagan eile atá cruinn ó thaobh na gramadaí ach atá rófhadálach ar fad. Cén locht a bheadh ar 'nó in bhur measc féin'?

Tá pointe eile ann is fiú a lua. Fadhb mhór san aistriúchán Béarla-Gaeilge ná go mbíonn droch-Bhéarla sa téacs foinseach. Ní débhríocht ná doiléire amháin a bhíonn ann. Bhí roinnt rudaí míloighciúla sa téacs Béarla. Más *takeaway* atá sa bhialann ní bheadh deis agat an bia a mholadh, mura n-osclaíonn tú na boscaí agus an bia a bhlaiseadh agus tú i do sheasamh ag an gcuntar. Is dócha gur *sit-down restaurant* atá i gceist sa dara leath den téacs, ach ní deirtear sin glan amach. An rud is míloighciúla ar fad ná glacadh leis go bhfuil dhá bhialann Shíneacha i gceantar an léitheora, agus gur foireann Síniseoirí a bhíonn ag obair iontu.

Athleagan

Lón Síneach

Seo deis chun do chuid Sínise a chleachtadh agus béile blasta a bheith agat. Téigh go dtí bialann Shíneach 'beir leat' in aice láimhe agus labhair Sínis leis an bhfoireann – is cinnte go mbeidh a sáith iontais orthu! I ndiaidh dóibh an béile a thabhairt duit, bí cinnte agus an bia a mholadh. Is féidir díriú ar ábhair chainte eile ansin; cúrsaí oibre nó eile. Nó thiocfadh lón a ithe le chéile i mbialann áitiúil agus bhur scileanna teanga a chleachtadh in bhur measc féin nó leis na freastalaithe.

9.7 Cleachtadh agus pointí plé

Ní fios dom cá mhéad ama a bheidh de dhíth ar dhaoine chun na trí pharagraf a athbhreithniú. Ní féidir sprioocanna ama a leagan síos i ngnó a bhíonn ag brath ar chaighdeán an aistriúcháin, agus ar thaithí agus ar chumas an athbhreithneora. I gcás an téacs seo, mar shampla, bheadh taighde le déanamh i dtaobh na logainmneacha Baggotrath, Shallock agus Canon, a fágadh i mBéarla sa téacs Gaeilge. Is minic a bhíonn dua lena leithéid de thaighde. Gheofar toradh láithreach ar *www.logainm.ie* i gcás Baggotrath ('Ráth an Bhagóidigh') ach beidh taighde níos doimhne de dhíth sna samplaí eile. Thairis sin tá na gnáthlochtanna gramadaí agus poncaíochta ann a bhíonn ar théacs ar bith:

- Bíonn an t-alt seal ann agus seal as in ainm an bhaile (*recte* 'Na Sceirí')

- 'ceanntuí' (*recte* 'ceann tuí').

- Míchruinneas gramadaí m.sh. 'i measc ghabháltas Mhainistir Inis Pádraig' (*recte* 'i measc ghabháltais Mhainistir Inis Pádraig').

- Míréir uimhreach m.sh. luaitear linn, sruthanna agus riasc agus úsáidtear 'sé' mar fhorainm ag tagairt dóibh.

- Ní dhúntar na camóga i ndeireadh na sleachta idiraisnéise m.sh. 'Sa bhliain 1538, nuair a dhún Anraoi VIII na mainistreacha...'

- 'Anraí' a mholtar le haghaidh Henry ar *www.focal.ie* agus sa leabhar tagartha tábhachtach *An Sloinnteoir Gaeilge agus an tAinmneoir.*

- Ní osclaítear na camóga i ndeireadh na sleachta idiraisnéise m.sh. 'Roinnt bheag blianta ina dhiaidh sin, sa bhliain 1578, ...'
- Ní léir cén réamhtheachtach atá ag 'muileann uisce agus muileann gaoithe ina measc'. Cén rud a raibh siad 'ina measc'?
- 'na sean-mhainistreach' (*recte* 'na seanmhainistreach').

Is féidir ciall na sleachta aistriúcháinise a fhuascailt gan tagairt don téacs Béarla agus slacht a chur ar na habairtí Gaeilge seachas an téacs a aistriú as an nua.

Aistriúcháinis	An rud is dócha a bhí sa téacs Béarla	Athleagan
Tá muilte faoi leith, a oibríonn i gcónaí, lonnaithe sna Sceirí...	There are some special mills, which are still operational, located in Skerries...	Is muilte speisialta iad muilte na Sceirí. Tá siad fós in ord agus i bhfearas oibre...
Tá muileann uisce ann a sholáthraíonn roth uisce...	There is a water-mill which supplies a waterwheel...	Tá muileann uisce ann a choinníonn an roth uisce ag imeacht...
...is iarsmaí annamha iad ó stair thionsclaíoch...	...they are rare survivals of the industrial history of...	Is beag iarsma eile atá tagtha slán ó shaol tionsclaíoch...
...tá sé suite i lár Pháirc an Bhaile atá ann anois...	...it is situated at the centre of the existing Town Park...	...is i lár Pháirc an Bhaile atá siad suite...

AGUISÍN 10
TRÁCHTAIREACHT AR NA CLEACHTAÍ IN AONAD 10

10.4 Cleachtadh

1 Tá locht an-bhunúsach ar 'Imleabhair ag Caint'. Deirtear leithéidí *his silence spoke volumes* sa Bhéarla ach ní deirtear 'Labhair a thost imleabhair' i nGaeilge. Tá imeartas focal sa teideal Béarla nach féidir a thabhairt slán sa Ghaeilge.

2 Is é an fáth a bhfuil *geographical areas* sa Bhéarla ná go bhféadfaí *subject areas, discussion areas* agus a lán *areas* eile a bheith ann. Níl ach ciall amháin le 'ceantair' sa Ghaeilge, áfach – ciall gheografach.

3 Níor chóir teideal na leabhar a aistriú. Ní hé amháin nár aistríodh go Gaeilge riamh iad ach seans go mbeadh sé deacair teacht ar an teideal ceart Béarla ón aistriúchán Gaeilge: *The Country Girls* nó *Girls from the Country?* Níl na samplaí sa phíosa seo go holc ach bíonn ócáidí ann ina bhféadfadh an t-aistriúchán mearbhall a chur ar dhaoine i dtaobh ainm ceart an tsaothair.

4 Ní sheoltar a leithéid de theachtaireacht i nGaeilge. Más é cuspóir an téacs seo cabhrú le daoine teachtaireachtaí mailíseacha a aithint, b'fhearr iad a fhágáil sa teanga ina seoltar iad.

5 Cuireadh na leaganacha Béarla ar fáil sa téacs foinseach chun na téarmaí Gaeilge a mhíniú. Ní gá don aistritheoir téarmaí Gaeilge a mhíniú i dtéacs Gaeilge.

10.6 Cleachtadh

1 Tá débhríocht ag baint le 'iompar poiblí'. *Public behaviour* an ea? Níor mhiste 'seirbhísí' nó 'córais iompair phoiblí' a scríobh, cé nach bhfuil na focail sin sa téacs foinseach.

2   Is é a theastaigh ón aistritheoir, is dócha, ná go mbeadh 'talamh' agus 'bolcáin' araon faoi réir an ainmfhocail 'maidhmeanna'. Ní hé sin an chuma atá air, áfach. Is é an chiall a bhainfeadh léitheoirí as ná *earthquakes and volcanoes* seachas *earthquakes and volcanic eruptions*. Caithfear an t-ainmfhocal a athrá sa Ghaeilge ('maidhmeanna talún agus maidhmeanna bolcáin'), nó focal eile ar *eruptions* a fhí isteach, chun an chiall a shoiléiriú: 'Is mar gheall ar ghluaiseacht seo na bplátaí teicteonacha a bhíonn maidhmeanna talún agus brúchtadh bolcán ann.'

3   Is beag idir 'iasachtaí' *(borrower)* agus an uimhir iolra den ainmfhocal 'iasacht'. B'fhearr 'Cistí nach bhféadfadís páirtí ar bith a aimsiú chun iad a ghlacadh ar iasacht.'

4   Cé nach bhfuil an t-alt le *government* sa téacs foinseach is dócha go dteastaíonn sé sa Ghaeilge: 'Bímid ag obair leis an rialtas...'

10.7 Cleachtadh

CISTE NA GCUNTAS[1] DÍOMHAOIN 2006

Glaoch ar Iarratais Cistíochta[2] le h-aghaidh[3] Tionscnaimh[4] a oibríonn le Daoine le Míchumas Orthu[5]

Tá suas le €13.5 milliún á chur ar fáil as Ciste na gCuntas Díomhaoin i 2006 chun tacaíocht a thabhairt do ghrúpaí a oibríonn le daoine le míchumas orthu.[6]

Ar son an Roinn Sláinte agus Leanaí, agus an Roinn Gnóthaí Pobail, Tuaithe agus Gaeltachta, lorgaíonn Pobal iarratais ó **grúpaí pobail agus deonacha**[7]**, bunaithe go háitiúil**[8], go bhfuil taithí acu[9] bheith ag obair le daoine le míchumas orthu.

Lorgaítear iarratais ó ghrúpa intofa[10] le h-aghaidh na gceithre gníomhaíochtaí/tionscnaimh[11] seo a leanas go bhfuil cistíocht **CAIPITIL**[12] ar fáil dóibh:

- Tionscnaimh thógála ar scála beag[13] agus tionscnaimh uasghrádaithe[14] foirgneamh in aonaid chúram[15] chónaithe le h-aghaidh daoine le míchumas orthu;

- Soláthar tithe / aonaid chónaithe[16] a thugann[17] an cumas do dhaoine le míchumas orthu aistriú ó láithreacha cúraim cónaithe chuig tithíocht bunaithe sa phobal;[18]

- Cúnaimh[19] agus fearais le h-aghaidh daoine le míchumas fisiceach nó céadfach orthu[20];

- Deontais le h-aghaidh iompair insroichte chun teacht ar don gcéad uair nó chun uasghrádú a dhéanamh ar an dteacht i láthair chuig seirbhísí míchumais lae/seirbhís pobail do dhaoine i gceantair thuaithe agus i gceantair iargúlta.[21]

Lorgaítear iarratais ó ghrúpaí intofa, chomh maith,[22] le h-aghaidh an dá ghníomhaíocht/thionscnamh seo a leanas go bhfuil cistíocht **FHEIDHMIÚCHÁIN**[23] agus **CHAIPITIL** ar fáil dóibh:

- Tionscnaimh a thugann an cumas do dhaoine le míchumas trom orthu[24] freastal orthu agus/nó páirt a ghlacadh in ócáidí spóirt speisialta;[25]

- Tionscnaimh chun tacaíocht a thabhairt do dhaoine le míchumas de chineál go leanann[26] iompar fíor-dhúshlánach[27] é.

Tá na bearta laistigh den Aicme[28] seo (Daoine le Míchumas orthu) dírithe agus sonrach[29], agus[30] mar sin[31] iarrtar ar na h-iarrthóirí[32] féachaint go cúramach ar na treoirlínte foilsithe, agus smaoineamh ar a n-oiriúnacht sula ndéanann siad iarratas.[33]

Socraíodh go gcuirfí líon beag seisiúin eolais poiblí réigiúnach[34] ar siúl i rith[35] mí Deireadh Fómhair[36]/mí na Samhna le haghaidh eagraíochtaí míchumais agus eagraíochtaí intofa eile. Féach ar suíomh gréasáin[37] Pobal agus san preas[38] náisiúnta le do thoil.[39]

Tá Foirmeacha Iarratais agus Treoirlínte le critéir iarratais breise iontu[40] le fáil ó Pobal, Fón 01 2400700, nó ar fáil[41] le h-íoslódáil[42] ag *www.pobal.ie.*

Ba chóir iarratais líonta[43] a chur chuig:

Pobal

Ciste na gCuntas Díomhaoin

Teach Holbrook

Sráid Holles

Baile Átha Cliath 2

Sé[44] an dáta deiridh do iarratais[45] ná

5. i.n. Dé hAoine 1ú Nollaig[46] 2006

TABHAIR FAOI NDEARA[47], LED THOIL[48]: NÍ GHLACFAR LE HIARRATAIS[49] TRÍ MHACASAMHAIL[50],[51] NÓ TRÍ RÍOMHPHOST

Seo an tráchtaireacht. Tugtar an leagan ceart ar dtús agus míniú ina dhiaidh sin.

1   Déarfadh a lán daoine gur slachtmhaire go mór mion-cheannlitir a úsáid chun an claochlú tosaigh a chomharthú: CISTE NA GCUNTAS. Ceadaítear an cheannlitir, áfach. Féach GGBC: 3.2.

2   *iarratais chistiúcháin...* Tá críoch chaol ar 'iarratais' agus séimhítear ina dhiaidh. Tá mé in amhras faoi 'cistíocht'. Feictear dom gur ainm teibí é: *the business of funding.* Seans gur seachnaíodh 'cistiú' ar an ábhar go mbeadh 'iarratais chistithe' débhríoch. Níl an débhríocht sin ag baint le 'cistiúchán'.

3   *le haghaidh...* Agus i ngach áit eile sa téacs.

4   *le haghaidh tionscnamh...*Is lagiolra 'tionscnamh'. Rud eile: is gnách 'tionscadal' a úsáid le haghaidh *project.* Is ionann 'tionscnamh' agus *initiative.*

5   Tá deireadh na habairte thar a bheith ciotach. Dar leat nach n-oibreodh na tionscnaimh mura mbeadh daoine míchumasaithe ag plé leo. B'fhearr 'le haghaidh Tionscnamh ar son Daoine le Míchumas'.

6   *daoine le míchumas.* Agus i ngach áit eile sa téacs. Seans go mbeadh leagan eile in úsáid ag an Roinn m.sh. 'daoine faoi mhíchumas', ach tá 'daoine le míchumas orthu' mícheart amach is amach.

7   *ó ghrúpaí pobail agus ó ghrúpaí deonacha...* Bhí éagothroime san abairt mar gheall ar 'grúpaí' a bheith á cháiliú ag ainmfhocal sa ghinideach agus ag aidiacht shimplí.

8   *a bhíonn ag obair ar bhonn áitiúil...* Níl cuma ar bith ar an dobhriathar.

9   *agus a bhfuil taithí acu...* Bheifeá ag súil go mbeadh fógra oifigiúil sna meáin náisiúnta ag teacht leis an CO. An leasú céanna le déanamh gach áit sa téacs.

10 *incháilithe...* Féach 'Ceisteanna ag éirí as an gcleachtadh'. An leasú céanna le déanamh gach áit sa téacs.

11 *le haghaidh na gceithre ghníomhaíocht/tionscnamh...* Is gnách an uimhir uatha den ainmfhocal a úsáid tar éis na n-uimhreacha trí go dtí a deich. Féach GGBC: 9.1.

12 *cistiú CAIPITIL...*

13 Bheadh 'mionscála' níos fearr.

14 Ní hionann ar fad 'uasghrádú' agus *enhancement.* Féach 'Ceisteanna ag éirí as an gcleachtadh'. Ar aon nós, b'fhearr an ginideach a sheachaint anseo agus a leithéid seo a scríobh: 'tionscnaimh chun foirgnimh a fheabhsú'.

15 *aonaid chúraim...* Is í an chríoch chaol sin a shéimhíonn 'cónaithe'.

16 *Tithe/aonaid chónaithe a sholáthar...* Is léir gur dheacair don aistritheoir freastal ar riachtanais an tuisil ghinidigh. Ní miste é a sheachaint.

17 *a thabharfaidh...* Níl an obair déanta go fóill.

18 *a thabharfaidh deis do dhaoine le míchumas na haonaid chúraim a fhágáil agus cónaí i measc an phobail.* Tá an t-athrá ar 'cumas' fíorchiotach go deo. Ainmfhocal teibí is ea 'tithíocht'.

19 *Áiseanna...* (nó 'saoráidí'). Baineadh an chiall mhícheart as *aids*.

20 Scrios an focal 'orthu'.

21 *Deontais le haghaidh áiseanna iompair a chuirfidh rochtain ar fáil nó a éascóidh an rochtain ar sheirbhísí lae agus/nó ar sheirbhísí pobail do dhaoine le míchumas i gceantair tuaithe agus i gceantair iargúlta.* Bhí an t-aistriúchán Gaeilge dothuigthe. Féach 'Ceisteanna ag éirí as an gcleachtadh'.

22 B'fhearr an 'chomh maith' sin a chur i dtús na habairte. Ní léir cad dó a bhfuil sé ag tagairt.

23 *cistiú IONCAIM REATHA...* Féach 'Ceisteanna ag éirí as an gcleachtadh'.

24 *a thugann deis do dhaoine le míchumas trom...* Scrios an focal 'orthu'. Tá sé thar a bheith ciotach anseo, áit nach léir cén gaol atá ag an bhforainm leis an ainmfhocal.

25 *Tionscnaimh a thugann deis do dhaoine le míchumas trom freastal ar ócáidí spóirt speisialta agus/nó páirt a ghlacadh ina leithéid...* Tá débhríocht ag baint le 'freastal orthu'. Ní léir cé atá ag freastal nó cad air a bhfuil siad ag freastal. Focal ilbhríoch is ea 'freastal' mar bharr ar an donas.

26 *a leanann...*

27 *fíordhúshlánach...* Ní drochaistriúchán ar chor ar bith é sin ar *who present with severely challenging behaviour*. Is é an trua nach raibh an t-aistritheoir chomh féinmhuiníneach ón tús.

28 Ní hionann 'aicme' agus *category*. Féach 'Ceisteanna ag éirí as an gcleachtadh.'

29 *Bíonn spriocanna sonracha ag na bearta a dhéantar...*

30 Scrios 'agus' agus cuir isteach lánstad.

31 *Mar sin de,...*

32 *na hiarrthóirí...*

33 Smaoineamh ar a n-oiriúnacht féin nó ar oiriúnacht na dtreoirlínte? B'fhearr 'smaoineamh ar cé chomh hoiriúnach is a bheadh iarratas ar bith a dhéanfaidís.'

34 Tá mearbhall ar an aistritheoir mar tá gach rud sa ghinideach tar éis 'líon'. B'fhurasta sin a sheachaint: *Socraíodh go mbeadh líon beag cruinnithe poiblí réigiúnacha ann i mí Dheireadh Fómhair agus i mí na Samhna chun eolas a chur ar fáil d'eagraíochtaí míchumais agus d'eagraíochtaí incháilithe eile.*

35 *le linn...* Tá ciall bheag eile le 'i rith' i.e. 'ar feadh an ama'. Deamhan locht ar an réamhfhocal simplí 'i'.

36 *mí Dheireadh Fómhair...*

37 *ar shuíomh Gréasáin...* Dhá cheartú: séimhiú agus ceannlitir.

38 *sa...* Is annamh a úsáidtear an focal 'preas' mar ainmfhocal. Is mar mhír i gcomhfhocail is mó a úsáidtear é m.sh. 'preasráiteas', 'preasoifigeach'. B'fhearr go mór 'sna nuachtáin náisiúnta'.

39 Ba nádúrtha 'le do thoil' a chur taobh le 'Féach...' agus camóg ar gach taobh de.

40 Scrios 'iontu'. Is dócha gur cheart, ó tharla críoch chaol ar 'critéir' gur 'critéir iarratais bhreise' a bheadh ann.

41 Is deacair in amanna dealú a dhéanamh idir 'le fáil' agus 'ar fáil' ach is ait liom an dá leagan taobh le chéile anseo. An socrú is fearr ar fad ná 'le fáil' a fhágáil as agus leagan éigin mar seo a chur ina áit: 'nó is féidir iad a íoslódáil'.

42 *le híoslódáil...* Mura bhfuil athscríobh le déanamh ar an gcuid sin den téacs.

43 *iarratais chomhlíonta...* Ní léir go gcaithfidh *completed* a aistriú ar chor ar bith. Cé a sheoladh foirm iarratais isteach gan an t-eolas a thabhairt? B'fhearr 'Cuir d'iarratas chuig...' agus a bheith réidh leis an 'Ba chóir...' Níl coinníoll ar bith ann dáiríre.

44 *Is é...*

45 *d'iarratais...* Féach GGBC: 3.7.

46 *1 Nollaig...* Féach an nóta seo in *Maidir le do Litir* le Séamas Daltún (atheagrán 1998): 'Ní maise ar an scríbhinn é *ú* a chur le huimhir an lae. Ach in ionstraimí reachtúla etc., scríobhtar an dáta mar seo: an 2ú lá seo de Bhealtaine, 1999. Agus i scríbhinní dlí de chineálacha ar leith, ní mór an dáta ar fad a chur i bhfocail, e.g. An Dóú Lá Déag d'Fheabhra i mBliain Ár dTiarna Míle Naoi gCéad Nócha a Naoi. (:12–13)'

47 *faoi deara...* Leagan malartach is ea 'faoi ndeara'.

48 *le do thoil...*

49 Féach nóta 1 thuas.

50 'Facs' ab fhearr. Féach 'Ceisteanna ag éirí as an gcleachtadh.'

51 Scrios an chamóg.

Ceisteanna ag éirí as an gcleachtadh

Tagann roinnt mí-aistriúchán chun solais nuair a chuirtear an t-aistriúchán Béarla i gcomparáid leis an mbuntéacs.

- Úsáidtear an focal 'intofa' trí huaire chun *eligible* a aistriú. Ach ciallaíonn 'intofa' *eligible for election* seachas *eligible for a grant*.

- Tá difear beag idir 'tionscnaimh uasghrádaithe foirgneamh' agus *building enhancement projects*. Tugann *upgrading* le fios go bhfuil rangú nó aicmiú i gceist.

- Ní raibh mé in ann ciall a bhaint as 'Deontais le h-aghaidh iompair insroichte chun teacht ar don gcéad uair nó chun uasghrádú a dhéanamh ar an dteacht i láthair...' Is gnách leaganacha den fhocal 'rochtain' a úsáid nuair a bhítear ag caint ar *accessibility*.

- Is é an chiall atá le 'cistíocht FHEIDHMIÚCHÁIN' ná *EXECUTIVE funding* seachas REVENUE funding.

- Is ionann 'laistigh den Aicme seo' agus *within this Class*. Ní hé sin a bhí sa téacs Béarla: *within this Category*. Ní deacair an focal ceart a aimsiú: 'catagóir'.

Is mar seo a bheadh an téacs i ndiaidh na gceartúchán agus na leasuithe go léir a chur i bhfeidhm air.

CISTE NA gCUNTAS DÍOMHAOIN 2006

Glaoch ar Iarratais Chistiúcháin le haghaidh Tionscnamh ar son Daoine le Míchumas

Tá suas le €13.5 milliún á chur ar fáil as Ciste na gCuntas Díomhaoin i 2006 chun tacaíocht a thabhairt do ghrúpaí a oibríonn le daoine le míchumas.

Ar son an Roinn Sláinte agus Leanaí, agus an Roinn Gnóthaí Pobail, Tuaithe agus Gaeltachta, lorgaíonn Pobal iarratais ó **grúpaí pobail agus ó ghrúpaí deonacha a bhíonn ag obair ar bhonn áitiúil** agus a bhfuil taithí acu bheith ag obair le daoine le míchumas.

Lorgaítear iarratais ó ghrúpa incháilithe le haghaidh na gceithre ghníomhaíocht/tionscnamh seo a leanas a bhfuil cistiú **CAIPITIL** ar fáil dóibh:

- Tionscnaimh thógála ar mionscála agus tionscnaimh chun foirgnimh a fheabhsú in aonaid chúraim chónaithe le haghaidh daoine le míchumas;

- Tithe/aonaid chónaithe a sholáthar a thabharfaidh deis do dhaoine le míchumas na haonaid chúraim a fhágáil agus cónaí i measc an phobail;

- Áiseanna agus fearais le haghaidh daoine le míchumas fisiceach nó céadfach;

- Deontais le haghaidh áiseanna iompair a chuirfidh rochtain ar fáil nó a éascóidh an rochtain ar sheirbhísí lae agus/nó ar sheirbhísí pobail do dhaoine le míchumas i gceantair tuaithe agus i gceantair iargúlta.

Chomh maith leis sin, lorgaítear iarratais ó ghrúpaí incháilithe le haghaidh an dá ghníomhaíocht/thionscnamh seo a leanas a bhfuil cistiú IONCAIM REATHA agus CAIPITIL ar fáil dóibh:

- Tionscnaimh a thugann deis do dhaoine le míchumas trom freastal ar ócáidí spóirt speisialta agus/nó páirt a ghlacadh ina leithéid;

- Tionscnaimh chun tacaíocht a thabhairt do dhaoine le míchumas de chineál a leanann iompar fíordhúshlánach é.

Bíonn spriocanna sonracha ag na bearta a dhéantar laistigh den Chatagóir seo (Daoine le Míchumas). Mar sin de, iarrtar ar na hiarrthóirí féachaint go cúramach ar na treoirlínte foilsithe, agus smaoineamh ar cé chomh hoiriúnach is a bheadh iarratas ar bith a dhéanfaidís.

Socraíodh go mbeadh líon beag cruinnithe poiblí réigiúnacha ann i mí Dheireadh Fómhair/mí na Samhna chun eolas a chur ar fáil d'eagraíochtaí míchumais agus d'eagraíochtaí incháilithe eile. Féach, le do thoil, ar shuíomh Gréasáin Pobal agus sna nuachtáin náisiúnta.

Tá Foirmeacha Iarratais agus Treoirlínte le critéir iarratais bhreise le fáil ó Pobal, Fón 01 2400700, nó is féidir iad a íoslódáil ag *www.pobal.ie.*

Cuir d'iarratas chuig:

Pobal
Ciste na gCuntas Díomhaoin
Teach Holbrook
Sráid Holles
Baile Átha Cliath 2

Is é an dáta deiridh d'iarratais ná

5. i.n. Dé hAoine 1 Nollaig 2006

TABHAIR FAOI DEARA, LE DO THOIL: NÍ GHLACFAR LE HIARRATAIS A
SHEOLTAR TRÍ FHACS NÓ TRÍ RÍOMHPHOST

LEABHARLIOSTA

Asensio, Roberto Mayoral 2003. *Translating Official Documents*. Manchester, St. Jerome Publishing.

Baker, Mona 2005. *In Other Words*. Londain & Nua-Eabhrac, Routledge.
Bliss, Alan 1981. 'The Standardization of Irish' in *The Crane Bag*, Imleabhar 5 Uimhir 2: 76–82.

Butcher, Judith 1992. *Copy-editing: the Cambridge handbook for editors, authors and publishers*. Cambridge, Cambridge University Press.

Chesterman, Andrew & Wagner, Emma 2002. *Can Theory Help Translators?* Manchester, St. Jerome Publishing.

The Chicago Manual of Style 1993. Chicago: University of Chicago Press. Ar líne: *www.chicagomanualofstyle.org*

An Coimisiún Logainmneacha 1992. *Sráidainmneacha: Treoirlínte*. Baile Átha Cliath, An Coimisiún Logainmneacha.

Cois Life (nuashonraithe 2008). *Treoirlínte d'Udair*. Ar líne: *www.coislife.ie/treoir.pdf*.

Daltún, Séamas 1965. 'Traduttore, Traditore' in *An tUltach*, Márta: 3–5.

Daltún, Séamas 1998. *Maidir le do Litir* (atheagrán). Baile Átha Cliath, an Gúm.

de Fréine, Seán (eag.) 1990. *Croí Cine*. Baile Átha Cliath, an Clóchomhar.

Delap, Breandán 2007. *Ar an Taifead: fís, fuaim, focal*. Baile Átha Cliath, Cois Life.

Duff, Alan 1989. *Translation*. Oxford, Oxford University Press.

European Commission Directorate-General for Translation (gan dáta). *How to Write Clearly*. An Bhruiséil, Directorate-General for Translation. Ar líne: *ec.europa.eu/translation/writing/clear_writing/fight_the_fog_en.pdf*.

European Commission Directorate-General for Translation 2008. *English Style Guide.* An Bhruiséil, Directorate-General for Translation. Ar líne: *ec.europa.eu/translation/writing/style_guides/english/style_guide_en.pdf.*

Four Courts Press (gan dáta), *House Style Guide.* Ar líne: *www.fourcourtspress.ie/easyedit/files/FCP%20House%20Style%2019-01-06.pdf.*

Gilad, Suzanne 2007. *Copyediting & Proofreading for Dummies.* Indianapolis, Wiley Publishing.

Gowers, Sir Edward 1954. *The Complete Plain Words.* Londain, Penguin Books.

Gramadach na Gaeilge agus Litriú na Gaeilge, An Caighdeán Oifigiúil, 1958. Baile Átha Cliath, Oifig an tSoláthair. Ar líne: *http://ec.europa.eu/translation/language_aids/irish_en.htm.*

Graiméar Gaeilge na mBráithre Críostaí (Baile Átha Cliath: An Gúm, 1999) Ar líne: *http://ec.europa.eu/translation/language_aids/irish_en.htm*

Grayling, A.C 2006. *The Form of Things, Essays on Life, Ideas and Liberty in the 21st Century.* Londain, Weidenfeld & Nicolson.

Judd, Karen 1995. *Copyediting, a practical guide.* Londain, Robert Hale.

Mac Amhlaigh, Liam 2008. *Foclóirí agus Foclóirithe na Gaeilge.* Baile Átha Cliath, Cois Life.

Mac Maoláin, Seán 1929. *Feardorcha Truaillidhe.* Baile Átha Cliath, Oifig an tSoláthair.

Mac Maoláin, Seán 1957. *Lorg an Bhéarla.* Baile Átha Cliath, Oifig an tSoláthair. Ar líne: *www.acmhainn.ie/athchlo.htm & http://ec.europa.eu/translation/language_aids/irish_en.htm.*

Mac Mathúna, Liam 2008. 'Linguistic Change and Standardization' in Nic Pháidín, Caoilfhionn & Ó Cearnaigh, Seán (eag.), *A New View of the Irish Language:* 76–92. Baile Átha Cliath, Cois Life.

Mac Murchaidh, Ciarán 2006. *Cruinnscríobh na Gaeilge* (3ú heagrán, le dlúthdhiosca). Baile Átha Cliath, Cois Life.

Mc Cionnaith, Lambert 1935. *Foclóir Béarla agus Gaedhilge / English–Irish Dictionary.* Baile Átha Cliath, Oifig an tSoláthair.

Mhac Meanman, Seaghán 1955. *Crathadh an Phocáin.* Baile Átha Cliath, Oifig an tSoláthair.

Modern Humanities Research Association 2002. *MHRA Style Guide.* Leeds, Modern Humanities Research Association. Ar líne: *www.mhra.org.uk.*

Mossop, Brian 2001. *Revising and Editing for Translators.* Manchester, St. Jerome Publishing.

Newmark, Peter 1995. A *Textbook of Translation* (atheagrán). Londain, Prentice Hall

Nic Eoin, Máirín & Mac Mathúna, Liam (eag.) 1997. *Ar Thóir an Fhocail Chruinn.* Baile Átha Cliath, Coiscéim.

Ní Chinnéide, Máiréad 2002. 'Tionscal an Aistriúcháin: Leas nó Aimhleas na Gaeilge?' in *Comhar,* Feabhra: 11–12.

Ní Dheirg, Íosold 1988. 'The Open Door: Terminology in a Lesser-Used Language' in *Teanga* Iml. 8: 43–57.

Ní Dheirg, Íosold 1992. 'Glór gan chabhair choigcríche' in *Teangeolas* : 30–31: 12–15.

Ní Ghallchobhair, Fidelma & Nájera, Blanca (eag.) 2008. *Minority Languages and Terminology Policies.* An Vín: TermNet Publisher.

Nogueira, Vera & Nogueira, Danilo 2004. 'I am sick and tired' in *Ccaps Translation and Localization Newsletter,* Uimhir 7, Lúnasa. Ar líne: *www.ccaps.net/newsletter/08-4/art_1en.htm.*

Ó Baoighill, Aindrias (aist.) 1938. *Silas Marner.* Baile Átha Cliath, Oifig an tSoláthair.

Ó Bréartúin, Mícheál 2007. *Aibhléis.* Baile Átha Cliath, Coiscéim.

Ó Cadhlaigh, Cormac 1940. *Gnás na Gaedhilge.* Baile Átha Cliath, Oifig an tSoláthair.

Ó Ceallaigh, Phillip 2006. *Notes From a Turkish Whorehouse.* Baile Átha Cliath, Penguin Ireland.

Ó Cearúil, Mícheál 1999. *Bunreacht na hÉireann, a Study of the Irish Text.* Baile Átha Cliath, Rialtas na hÉireann. Ar líne: *http://ec.europa.eu/translation/language_aids/irish_en.htm*

Ó Domhnaill, Niall (aist.) 1932. *Scairt an Dúthchais.* Baile Átha Cliath, Oifig an tSoláthair.

Ó Domhnaill, Niall 1951. *Forbairt na Gaedhilge.* Baile Átha Cliath, Sáirséal agus Dill.

Ó Dónaill, Niall (eag.) 1977. *Foclóir Gaeilge–Béarla.* Baile Átha Cliath, An Gúm.

Ó Droighneáin, Muiris & Ó Murchú, Mícheál A. 2006. *An Sloinnteoir Gaeilge agus an tAinmneoir* (9ú heagrán). Baile Átha Cliath, Coiscéim.

Ó Grianna, Domhnall (aist.) 1936. *Gadaidheacht le Láimh Láidir*. Baile Átha Cliath, Oifig an tSoláthair.

Ó Muirgheasa, Éinrí 1936. *Seanfhocla Uladh*. Baile Átha Cliath, C.S. Ó Fallamhain i gcomhar le hOifig an tSoláthair.

Ó Muirthile, Liam 1995. *Ar Bhruach na Laoi*. Baile Átha Cliath, Comhar.

Ó Nolan, Gearóid 1920. *Studies in Modern Irish (Part II)*. Baile Átha Cliath, Educational Company of Ireland.

Ó Peaircín, Liam (eag.) 2007. *Ceart nó Mícheart? Seán Ó Ruadháin i bhFeasta*. Baile Átha Cliath, Coiscéim.

Ó Rinn, Liam 1939. *Mo Chara Stiofán*. Baile Átha Cliath, Oifig an tSoláthair.

Ó Rinn, Liam 1940. *Peann agus Pár*. Baile Átha Cliath, Oifig an tSoláthair.

Orwell, George 1946. 'Politics and the English Language'. Ar líne: *www.orwell.ru/library/essays/politics/english/e_polit*

Ó Ruairc, Maolmhaodhóg 2007. *Aistrigh Leat*. Baile Átha Cliath, Cois Life.

Ó Searcaigh, Cathal 2005. *Oíche dhrochghealaí*. Baile Átha Cliath, Coiscéim.

Prút, Liam 1996–97. 'Cúrsaí Aistriúcháin an Stáit', in *Irisleabhar Mhá Nuad*: 226–59. Má Nuad, An Sagart.

Ritter, Robert 2003. *The Oxford Style Manual*. Oxford, Oxford University Press.

Rosenstock, Gabriel 2000. 'The Translation Impulse' in *Éire-Ireland,* Earrach/Samhradh: 20–28.

Samuelsson-Brown, Geoffrey 1996. *A Practical Guide for Translators*. Clevedon, Multilingual Matters.

Stainton, Elsie Myers 1991. *The Fine Art of Copyediting*. Nua-Eabhrac, Columbia University Press.

Steinman, Michael (eag.) 1996, *The Happiness of Getting it Down Right: Letters of Frank O'Connor and William Maxwell, 1945-1966*. Nua-Eabhrac, Alfred A. Knopf.

Stockman, Gearóid 1996. *Cruinneas Gramadaí agus Corrfhocal Eile.* Béal Feirste, Lagan Press.

Ua Maoileoin, Pádraig (aist.) 1962. *Dlí na Fianaise in Éirinn.* Baile Átha Cliath, Oifig an tSoláthair.